“十二五”职业教育国家规划教材
经全国职业教育教材审定委员会审定
道路桥梁工程技术专业系列规划教材

公路工程施工图设计与招标文件示例

（第二版）

俞素平　主　编
宁金成　副主编
薛安顺　主　审

科学出版社
北　京

内 容 简 介

本书主要作为《公路工程定额与造价》（第三版）的配套用书，包括“公路工程施工图设计文件”和“施工招标文件”两部分。“公路工程施工图设计文件”提供了一份包括路基工程、路面工程、涵洞工程、隧道工程（洞身工程及隧道路面部分）等项目的施工图设计文件（含工程数量和图纸），作为《公路工程定额与造价》（第三版）一书的“公路工程施工图预算编制”项目背景材料；“施工招标文件”提供了一份包括路基工程、路面工程、涵洞工程、桥梁工程等项目的施工招标文件（含全部项目的工程量清单和桥梁工程的图纸），作为《公路工程定额与造价》（第三版）一书的“公路工程施工投标报价编制”项目背景材料。本书也可作为“道路勘测技术”、“道路工程”、“桥梁工程”等相关课程的教学项目背景资料。

图书在版编目（CIP）数据

公路工程施工图设计与招标文件示例 / 俞素平主编. —2 版. —北京：科学出版社，2015

（“十二五”职业教育国家规划教材・经全国职业教育教材审定委员会审定・道路桥梁工程技术专业系列规划教材）

ISBN 978-7-03-043022-9

Ⅰ. ①公… Ⅱ. ①俞… Ⅲ. ①道路工程-工程制图-高等职业教育-教材②道路工程-工程施工-招标-高等职业教育-教材Ⅳ. ①U412. 5②U415. 13

中国版本图书馆 CIP 数据核字（2015）第 009322 号

责任编辑：杜 晓/责任校对：刘玉靖

责任印制：吕春珉/封面设计：曹 来

科学出版社 出版

北京东黄城根北街16号

邮政编码:100717

http://www.sciencep.com

三河市骏杰印刷有限公司印刷

科学出版社发行　各地新华书店经销

*

2011 年 2 月第 一 版　开本：787×1092 1/8

2015 年 1 月第 二 版　印张：22

2016 年11月第六次印刷　字数：510 000

定价：46.00 元

（如有印装质量问题，我社负责调换〈骏杰〉）

销售部电话 010-62134988　编辑部电话 010-62132124（VA03）

第二版前言

《公路工程施工图设计与招标文件示例》第一版于2011年出版以来，广受读者欢迎。许多高职院校在“公路工程造价”等相关课程的教学过程中，使用本书提供的两个学习性工程项目作为项目背景材料来组织项目教学，取得了良好的效果。

本书在第一版的基础上，依据国家和交通运输部最新的政策法规、技术标准、规范和计价文件，结合近年来公路工程施工招投标实践，重点对“2.1 红旗桥至溪塔格公路改建工程施工招标文件”进行了全面的修编和完善，对书中其他部分内容也做了一定的修订。

本书具体编写分工如下：福建船政交通职业学院俞素平编写“项目1 碧里至将军帽港区疏港交通战备公路两阶段施工图设计文件”和“2.1 红旗桥至溪塔格公路改建工程施工招标文件”，河南交通职业技术学院宁金成编写“2.2 红旗桥至溪塔格公路改建工程两阶段施工图设计文件（内厝板中桥）”，福建船政交通职业学院陈世九参加部分绘图工作。本书由俞素平主编，宁金成副主编，陕西交通职业技术学院薛安顺主审。

在本书撰写过程中，得到了许多企业和专家的热情帮助，在此表示衷心的感谢。

由于编者水平有限，不足之处在所难免，敬请读者批评指正。

第一版前言

“公路工程造价编制”是道路桥梁工程技术专业一门核心课程，旨在培养学生从事公路工程施工图预算、投标报价、工程结算等造价文件编制的职业能力。本书是在深入推进“校企合作，工学结合”人才培养模式的大背景下，为适应“能力目标先行、以教师为主导、以学生为主体、以工程项目为载体、以造价编制流程为导向、以综合训练为手段、理论实践一体化”教学执行模式的需要编写而成。

本书依据实际工程项目的施工图设计文件和施工招标文件，结合教学需要并考虑篇幅的原因，对原有工程项目的资料加以改写，形成了两个“学习性工程项目”。在组织项目教学时，可将本书提供的两个“学习性工程项目”作为载体，以完成施工图预算编制和投标报价编制的项目学习任务为主线来组织安排各教学单元任务。

本书由福建交通职业技术学院俞素平主编并统稿，河南交通职业技术学院宁金成副主编，陕西交通职业技术学院薛安顺主审。

本书在编写过程中，福建交通职业技术学院陈世九参加了绘图工作，有关企业和专家提供了第一手资料，在此一并表示衷心的感谢。

由于编者水平有限，本书难免存在不妥之处，敬请读者批评指正。

目　　录

项目 1

碧里至将军帽港区疏港交通战备公路两阶段施工图设计文件

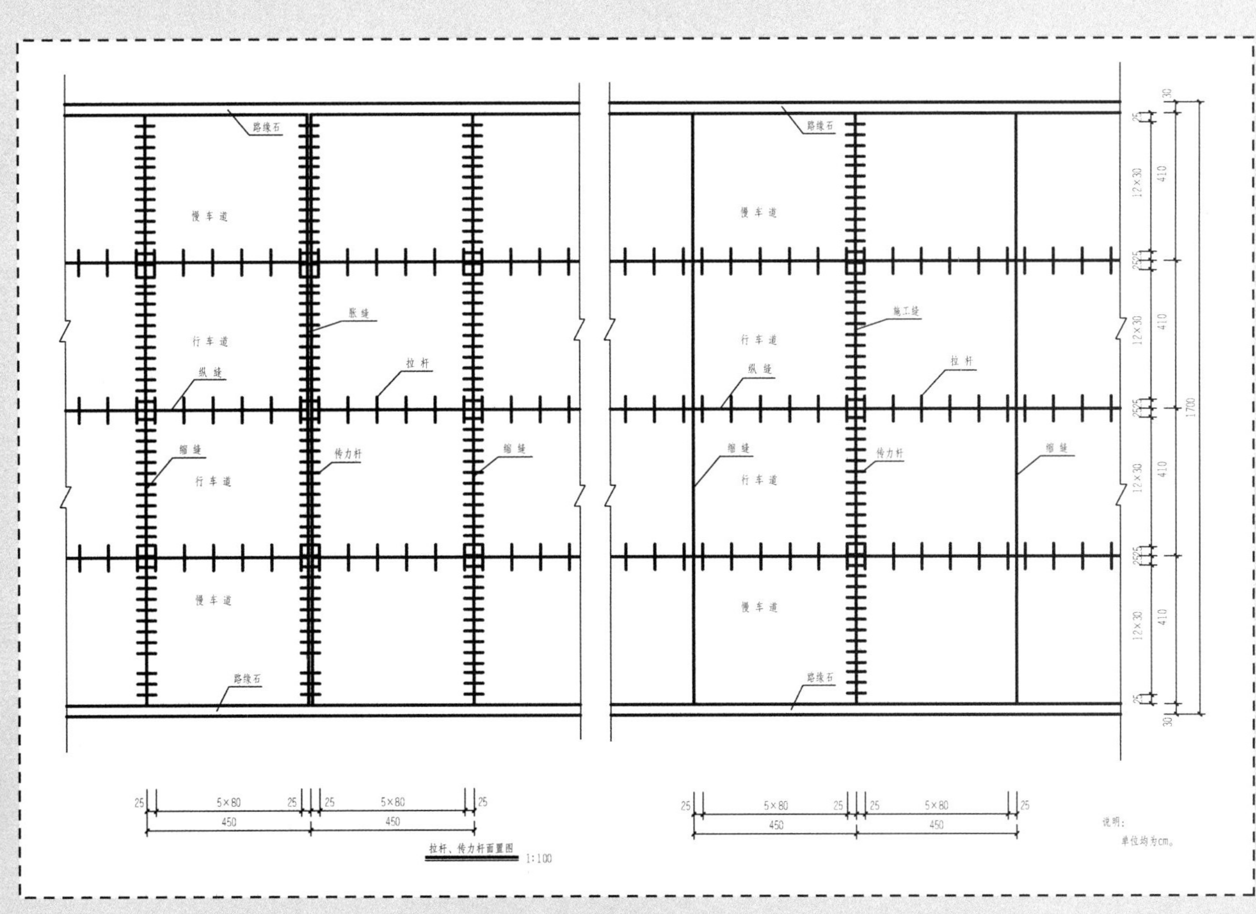

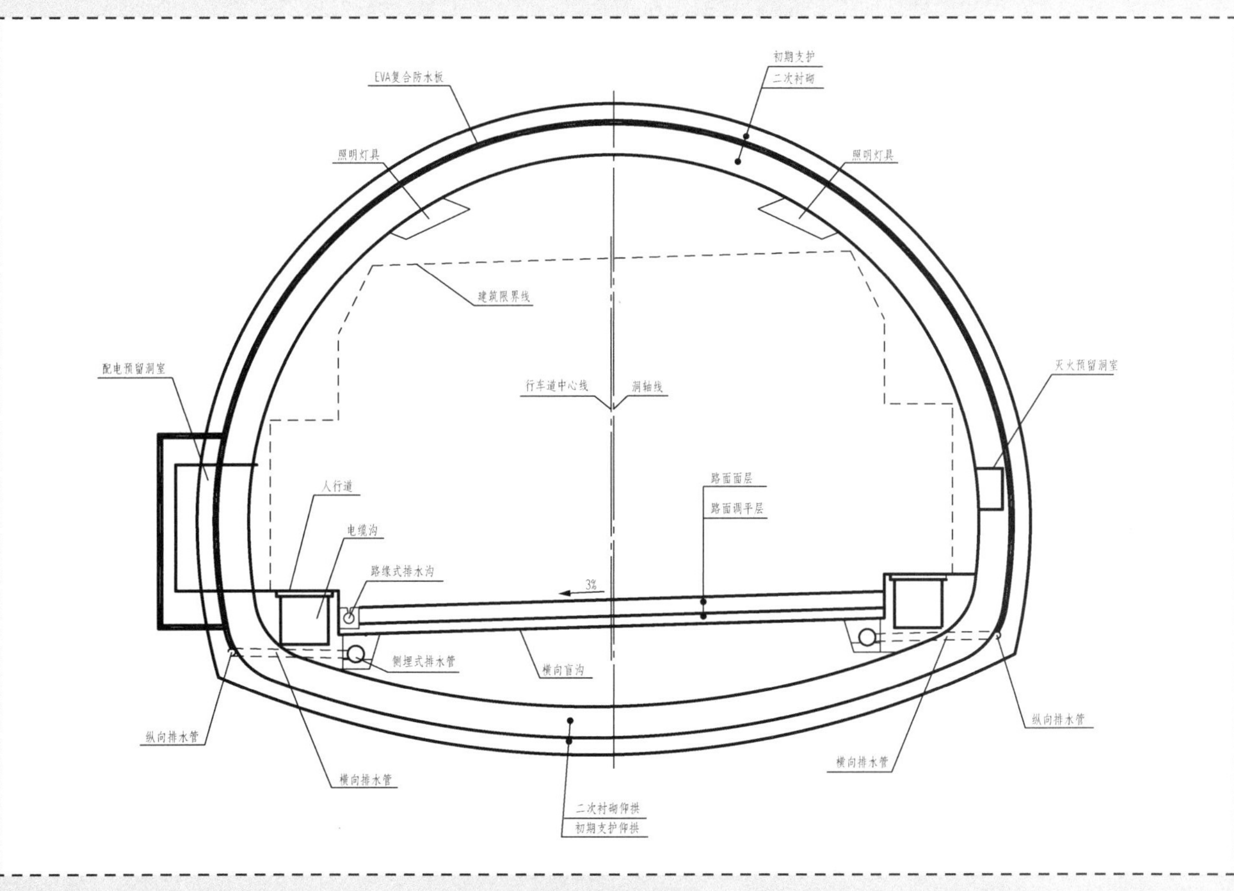

碧里至将军帽港区疏港交通战备公路（K8+897.992～K19+555.63）

项目文件目录

一、总说明书

第一篇　总 体 设 计

1. 概述

碧里至将军帽旧路为沥青路面及部分水泥路面，路基宽度5～6m，旧路弯道多，半径小，无法满足港区开发的需要。因此，碧里至将军帽港区疏港交通战备公路的建设将会完善省级干线路网布局和适应港区建设后的交通量发展的要求，同时对促进经济发展将具有十分重要的作用。

2. 设计标准

按交通部颁发的《公路工程技术标准》（JTG B01—2003）中车速为60km/h的二级公路进行测设，采用的主要技术标准见下表。

技术标准

设计速度		60km/h
平曲线最小半径	一般值/m	200
	极限值/m	125
不设超高最小平曲线半径/m		1500
停车视距/m		75
凸形竖曲线最小半径	一般值/m	2000
	极限值/m	1400
凹形竖曲线最小半径	一般值/m	1500
	极限值/m	1000
路基宽度/m		17
桥梁设计荷载		公路Ⅱ级
路面设计荷载		单轴双轮组100kN
设计洪水频率	大、中桥	1/100
	小桥涵、路基	1/50

第二篇　路　　线

1. 主要技术指标采用情况

本项目采用设计速度为60km/h的二级公路进行设计，采用的主要技术经济指标见下表。

主要技术经济指标

项目			单位	指标
路线长度			km	10.659 505
路基宽度			m	17
平曲线	转角点		个	14
	平均每公里		个	1.313
	最小半径		m/处	200.236/1
	最大直线长度		m/处	1543.404/1
	平曲线占路线总长		%	50.386
竖曲线	变坡次数		次	22
	平均每公里		次	2.064
	最小半径	凸形	m/个	2050/1
		凹形	m/个	1600/1
	最大纵坡		%/处	4.5/1
	最短坡长		m	92.008

2. 路线平、纵面设计

（1）平面设计

根据××船厂建设的需要，路线起于碧里村，顺接狮岐港疏港公路，桩号为K8+897.992（废弃已施工好的K8+897.992～K9+330.454段长约432.462m的公路）。路线根据××船厂规划线，沿垭口布线至K9+300处跨沟后，沿山边布线至梅花村，之后路线在K10+680（梅花船舶管理站）至中心K11+080段穿过山鼻后至亭下村前接上老路，接着路线沿老路布线至K11+630，并在桩号K11+917～K12+180处修建长263m的龟屿隧道，穿越龟屿山后。路线沿着山边阶地直插廉头村后，在K13+080处右转继续沿山后阶地布线。在K14+730及K15+690处分别穿过希望小学及牛坑中心小学后的山地，经下莲村、油杭村后至终点廉尾村接上老路（将军帽港区）。终点桩号为K19+555.630，全长10.659 505km（断链长1.867m）。

（2）纵面设计

本段路线纵断面设计主要控制标高为起终点的路面标高、××船厂路段的规划标高、龟屿隧道的坡度、沿线构造物以及沿海潮位等。同时还综合考虑了平纵组合要求、填挖平衡等因素。

路线起点高程及起讫纵坡接狮岐港疏港公路，起点高程为10.667m，坡度为2.435%，接坡后起始坡长为150m。后沿着××船厂后山（该段路基挖方由船厂结合厂区规划和公路纵坡一起开挖到位）爬坡绕至 K10+000，路线至梅花村口时由于受××船厂主入口及村庄高程的控制，路线设计标高控制在 5.5m 高程左右。路线从亭下村前经过后在 K11+660 处以 1.72% 的纵坡进入隧道，之后除翻越个别山包为减少挖方而采用较大坡度（坡度为 4.5%）外，其余纵坡均小于 4.5%。终点接上老路（将军帽港区），设计标高为 17.652m。

第三篇　路基、路面

1. 路基横断面布置及加宽超高设置

1）路基横断面宽度 17.0m，具体布置形式为：1.75m 硬路肩+3.25m 慢车道+2×3.5m 主车道+3.25m 慢车道+1.75m 硬路肩；龟屿隧道进出洞口处各设置 70m 长路基过渡渐变段，路基宽由 17m 过渡渐变至 11m。

2）路基超高方式。整体式路基超高绕未加宽前路基内侧边缘旋转，正常路面横坡为：行车道及硬路肩横坡均为 2.0%。

2. 路基设计

（1）设计依据

设计依据为《公路路基设计规范》（JTG D30—2004）和《公路工程技术标准》（JTG B01—2003）。

（2）路基设计高度

路基设计高度是根据沿线水文、地质、地形情况及旧路高程、桥涵泄洪、路基排水等要求，并结合路线纵坡的顺适、线型组合的要求，填挖工程量的平衡以及环境保护的要求等因素综合设计的。

（3）路基设计洪水频率

路基设计洪水频率为 1/50。

（4）路基填料

本路段路基填料大部分采用本路段开挖土石方为填料来源，不足部分从借土场取用，沿线池塘地段采用抛石挤淤等处理方案。

（5）路基边坡设计

本路线路基形式基本以挖方为主，全线地质情况良好。路基边坡视土质或岩性情况而定：挖土方边坡采用 1∶0.75～1∶125，挖石方边坡采用 1∶0.5～1∶0.75，填方边坡为 1∶1.5～1∶2.0。当挖方≥10m 或填方≥8m 时，采用变缓坡率设计，挖土方上边坡为 1∶1.0～1∶1.25，挖石方上边坡为 1∶0.75～1∶1，填方下边坡为 1∶1.75。高边坡路段，在边沟外侧设置宽 1.0m 的碎落台边坡中部设置台阶，高度每隔 10m 设护坡道一道，宽度 2m，平台设 4% 向内倾斜横坡，并设 25cm×25cm 纵向排水沟。

另外由于××船厂填方需要大量土石方，兼顾考虑到高边坡的稳定性，县政府与××船厂有限公司协调决定上边坡 30m 高处的挖方平台加宽至 20m，其中 K8+897.992～K10+000 路段的挖方由船厂负责开挖到位（该路段的挖方不在本工程设计范围），并根据开挖后边坡的实际地址情况进行边坡防护。

由于该段的高边坡路段较长，且上边坡最高约 72m，下边坡最深开挖 25m，而下边坡外侧即为××船厂厂区，因此该段高边坡的安全稳定性将不仅影响到本路线的行车安全，而且直接影响××船厂厂区的安全，因此在本项目实施之前，由县政府组织专家对该路段路基边坡的安全性进行评估。

（6）深挖路堑地段的设计

1）深挖路堑地段设计应根据工点的地质构造、水文地质与岩土类别决定开挖断面形式、边坡坡率和平台位置。在施工中发现水文、地质、岩土类别与设计有较大出入时，应及时反馈给设计部门进行调整。

2）在边坡顶外大于 5m 处设置截水沟，拦截边坡外的水流流向路堑，截水沟应顺着地形设置将截水沟的水流引入路基排水沟或直接从边坡低处排出。截水沟断面为倒梯形，底宽及深均为 60cm×60cm。挖方边坡为坚硬的石质路堑地段不设截水沟。

（7）半填半挖路基及陡坡上填土设计

1）在填方和挖方结合部的纵向必须设置过渡段，过渡段设在挖方内，长 10m，深 0.3～0.8m，在结合部的挖方段挖成过渡段尺寸的路槽，然后与填方段一起分层填筑，分层碾压，达到要求的密度。

2）在填方和挖方结合部的横向必须加强结合部之间的整体性，在挖方部分开挖宽度至少 2m 的台阶，阶面呈 4% 向内横坡，以加强挖填面之间连接；在横坡陡于 1∶5 的坡面上填土时，也必须先开挖台阶再填筑，台阶宽度不小于 2m。

（8）填石路堤

1）用风化石填筑路堤时，石块应摆平放稳，空隙用小石块或石屑填满铺平，再进行压实。

2）用不易风化的石块填筑路堤时，石块大面向下，石块间用小碎石或石屑填满再进行压实，而且在碾石的过程中填缝料要随时添加，直到饱满。边坡坡面应选用大于 25cm 的石块进行台阶式码砌，码砌厚度为 1～2m。

3）土石混填时，应把石块大面向下并拉开石块间距以保证石间空隙能容纳夯底面积，便于压实。

路基填筑各项工艺要求详见《公路路基施工技术规范》（JTG F10—2006），施工时必须认真遵照执行。

（9）特殊路基设计

根据省地质勘察院提供的工程地质初勘报告，在路线 K11+220～K11+550 亭下村路段滩涂地表分布有淤泥（Q_4^m），厚度达3～6m。经技术人员的研究后，采用清淤换填的方法进行处理。

施工时的注意事项：由于路线布设在滩涂近岸处，在软基路段清淤换填时，应注意潮位影响和保护好旧路护岸，施工时应进行跳槽清淤换填，开挖后应及时回填。

（10）水塘地段

水塘、鱼塘路段须先行围堰、抽水，后进行清淤，清淤务必彻底。在常水位加0.5m以下加以铺砌或码砌。

（11）软土路基设计

1）设计原则。一般路段容许工后沉降量≤0.5m，涵洞与通道容许工后沉降≤0.3m，路堤与桥梁相接处的工后容许沉降量≤0.2m，且应满足由工后沉降引起的纵坡变化率≤0.6%。

2）软基处理方案。软基处理方案有：①抛石挤淤；②换填土处理；③涵洞反开槽施工。

根据地质资料显示，本段不良地基分布在水稻田地段和鱼塘、水塘地段，它具有分布范围小、地基层较薄的特点。因此在设计中根据实际情况对不良地基进行处理：先挖除地表软土，换填透水性材料，再填筑路基。

3. 路基、防护工程设计

（1）路基排水系统

填方路段的路基排水系统主要依靠坡脚两侧的排水沟，排水沟设有纵坡并分段与附近的涵洞或河流连接；挖方地段主要依据60cm×60cm路基边沟，并通过急流槽、跌水沟等与路堤排水沟相衔接引入河沟或涵洞内等自然流水系统。路基地下排水应设置暗沟（管）、渗沟等地下排水设施，采用地下设施类型，位置尺寸应根据工程地质和水文地质条件决定。根据地下水位情况，个别路段还设置了坡体排水平孔。本工程边沟设置于路堑段，排水沟设置路堤段，挖方地段汇水面积较大的路段设置截水沟且截水沟设置于挖方边坡坡顶外至少5m处，急流槽设于陡坡地段将截水沟水引入边沟或涵洞、排水沟水引入自然流水系统，渗沟和盲沟用于降低或排除路基范围内地下水或渗水。

（2）路基防护设计

本工程在局部开挖较高的山包或山鼻地段，根据不同地质情况及边坡高度，分别采取喷草籽、网格骨架、拱型骨架、护坡等防护，对石质挖方边坡采用护坡、护面墙边坡挂网喷混凝土等形式，各种防护措施可配合使用，并注意互相衔接。

1）路堤边坡防护。路堤边坡原则上采用喷草籽防护，局部路段采用网格骨架防护、浆砌片石坡防护、浆砌片石护坡防护、浆砌片石拱形骨架内喷草籽防护等。本线在亭下村路段因受海浪冲刷影响，亭下村路段路堤临海面一侧，采用50cm厚干砌片石护坡，其下铺设垫层或反滤层，并在坡脚设置5m长抛石护底，防止海浪冲击路堤。同时路线经过在滩涂地路段均设置砌石护坡。

2）高边坡防护设计。本项目起点至亭下村路段，由于受××船厂厂区规划的影响，个别路段挖方边坡较高（>30m），主要分布在K9+450～K9+750及K9+980～K10+280段，设计过程中，通过工程地质勘察报告和技术人员的研究和计算后，确定了以下处理方案：根据工程地质初勘报告和××船厂路段开挖后的边坡地质情况，第一阶、第二阶、第三阶及第四阶基本采用边坡挂网喷混凝土，第五阶、第六阶及第七阶基本采用拱型骨架护坡，个别路段边坡采用护面墙防护，对××船厂路段的下边坡主要采用边坡挂网喷混凝土防护。

施工时的注意事项：由于边坡高，在路基土石方开挖时，应注意边坡开挖到位，边坡防护自上而下，根据施工图纸开挖一层，防护一层。

3）坡体排水。根据路堑边坡地下水具体情况，本设计对有些路段坡体进行埋管排水处理。

4. 取土、弃土设计方案，环保及节约用地措施

本段工程挖方大于填方，全线填方部分，除充分利用到路基开挖土方填筑外。全线弃土量较大，主要集中在起点2～3km内。本次设计共考虑了1处弃土场，K11+700右侧100m滩涂上，可弃大量的土方。在弃土过程中应注意不得占用河道。

5. 路面设计及土路肩加固形式的说明

（1）设计原则

路面设计根据路面的使用功能、等级、使用要求及所在地区的气候、水文、地质等自然条件，结合我省高等级公路路面设计、施工经验，进行路基路面综合设计，并本着技术先进、经济合理、安全适用、环境协调、合理选材、方便施工、利于养护原则进行路面方案的设计比选。

（2）设计依据

根据部颁《公路水泥混凝土路面设计规范》（JTG D40—2003）的有关规定及相应的施工、验收规范进行设计。

（3）设计标准

路面设计为单轴双轮组100kN标准轴载，水泥混凝土路面设计使用年限：20年。

（4）设计交通量

路面使用初期设计车道标准轴载（BZZ-100）作用次数为425轴次/日，设计基准期为20年。路面竣工后，设计年限内交通量的年增长率4.41%，计算得到基准期内设计车道属重交通等级。

（5）路面结构组合、材料组成及技术要求

根据交通量和公路对路面强度、平整度、透水性、防滑、耐磨耗、耐久性、行车舒适等

要求，并结合沿线气候、水文、地质、材料来源等情况进行综合设计。路面用砂应坚硬、洁净、无杂质、含泥量<2%。本工程行车道为水泥混凝土路面。路肩各结构层厚度与车道一致。

1）本段自然气候区划根据《公路自然区划图》为浙闽沿海山地中湿区（1V4）。

2）行车道路面结构组合，采用全路幅水泥混凝土路面。其结构分两种，其一为一般土质挖方路段及填方路段：24cm C35 水泥混凝土面层+18cm 5%水泥稳定碎石基层+15cm 填隙碎石底基层；其二为石质挖方路段：24cm C35 水泥混凝土面层+18cm 5%水泥稳定碎石基层+10cm 填隙碎石底基层。

3）路肩采用现浇水泥混凝土“硬化”处理。其结构与路面一致。

（6）路面结构材料的设计参数及要求

1）路槽底以下0~0.8m范围内的路床要求采用水稳定性好，强度较高的土质填筑。路槽底以下0~0.3m范围内路床土的最小强度（CBR）要求≥6%，0.3~0.8m范围内路床土的最小强度（CBR）要求≥4%；压实度均应≥95%。

2）5%水泥稳定碎石基层及填隙碎石底基层。基层是路面结构的主要承重层，根据沿线筑路材料的分布特点和工程地质情况，为了尽量利用本工程开挖的石方进行破碎，以降低工程造价。设计中基层选用5%水泥稳定碎石，底基层采用填隙碎石。其集料级配组成应符合部颁《公路路面基层施工技术规范》（JTJ 034—2000）的有关要求。

3）水泥稳定碎石基层混合料7d龄期的无侧限抗压强度4.0MPa，压实度应≥97%。水泥应选用初凝时间较长（6h左右），标号为32.5号或42.5号普通硅酸盐水泥；水泥稳定碎石基层的集料压碎值≤35%。

基层在拌和前应按《公路路面基层施工技术规范》（JTJ 034—2000）的要求进行配合比设计及有关试验，以确定混合料的最佳含水量及水泥、矿料的合适用量。

4）对沿线可供选用的砂、石、土及基层混合料分别采集有代表性的样品进行主要物理力学性质实验，以供设计中的选用，其实验结果详见各标段筑路材料实验资料表。

6. 后继工作应解决的问题及注意事项

（1）路基施工

1）全线路基土石方应采用机械化施工。

2）凡属填方地段两侧均应加宽50cm，以利于路基边缘压实后再刷坡及保证路基宽度（17m）。

3）高边坡地段施工时应先修好坡顶截水沟，后从坡顶逐层往下开挖。路基填挖交界处应保证路基压实度均匀，应把挖方部分表层挖松再行夯实。

4）当取土场距离既有线和居民区较近时，爆破断面临近既有线，安全施工要求高，难度大。为确保既有线行车安全，施工中采取浅孔松动爆破和双层排架防护。

5）非软基地段的填方及开挖土石方施工应至路槽底标高，软土地段的填方至预压线处，施工路面时再开挖。

6）路堤坡脚的排水沟应先随路基夯填后然后反开槽施工进行浆砌铺砌。

7）桥台台腔或台后、涵台后及其顶部、锥坡及挡土墙等构造物背后的填土均应分层压实分层检查，每一层压实松铺厚度不宜超过20cm。涵洞两侧的填土与夯实、桥台背后与锥坡填土与压实应对称或同时进行。

8）桥台、涵洞背后和涵洞顶部的填土压实度标准，从填方基底或涵洞顶部至路床顶面要求达到95%以上。

9）土石路堤的压实应按《公路路基施工技术规范》（JTG F10—2006）执行。

10）路面铺筑前应检查路槽底以下80cm范围的路基压实度是否达到95%以上。

11）种植草籽地段，均应在表面铺洒至少10cm厚的耕植土，耕植土可从清表土取得。

12）桥梁台背及明涵、明通道台背均回填透水性材料。

13）石质挖方地段，路槽采用10cm厚的碎石进行调平。

14）本路段路线经过水塘地段路基应先排水清淤后采用填石，边坡采用码砌，厚度为1.0m。碾压稳定后的填石高度应高于常水位0.5m以上。

15）应做好路基排水系统的边沟、排水沟相互的衔接。

（2）路面施工

1）为保证路面质量，水泥混凝土、水泥稳定碎石基层（底基层）混合料，均采用拌和站集中拌和供应，应采用机械摊铺法施工。

2）水泥混凝土路面、水泥稳定层的碎石粒料级配、配合比等均应在开工前通过实验进一步确定，并在施工中严格控制以保证达到设计要求的各项技术指标。

3）施工中请严格执行各有关施工技术规范，以提高工程质量。

第四篇　桥梁、涵洞

（1）涵洞概况

本工程共设涵洞37道，其中钢筋混凝土盖板36道、石拱涵1道，共长1155.58m。

（2）涵洞结构形式

钢筋混凝土盖板涵、石拱涵。

（3）主要材料

1）钢筋混凝土盖板涵。钢筋混凝土盖板采用C30现浇钢筋混凝土，涵台台身采用M7.5浆砌片块石，台帽根据情况采用C20现浇钢筋混凝土，支撑梁根据情况采用C25现浇钢筋混凝土，帽石采用M7.5粗料石，涵基、涵底、涵洞口铺砌采用M7.5浆砌片石。石料标号：MU30以上。

2）石拱涵。拱圈采用M10浆砌M50块石，护拱采用M7.5浆砌块石，涵台台身采用M7.5

浆砌块石，涵台基础采用C15片石混凝土，八字墙墙身采用M7.5浆砌片石，缘石采用M10浆砌粗料石，涵底、洞口铺砌采用M7.5浆砌片石。

（4）设计要点

1）钢筋混凝土盖板涵。

① 钢筋混凝土盖板涵采用程序计算进行设计。

② 处于地质较差或高填土的涵洞，采用整体式基础的盖板涵。

③ 非整体式基础的涵洞基础应设支撑梁。净跨径<2.0m时可采用块石砌筑；净跨径≥2.0m宜采用钢筋混凝土浇筑。

④ 钢筋混凝土盖板设置上、下两层钢筋具体布置详见《钢筋混凝土盖板钢筋构造图》。

⑤ 八字墙的水流扩张角一般按15°~30°设置。

2）石拱涵。

① 洞身与八字墙连接处及洞身每隔4~6m设置一道沉降缝，沉降缝必须贯穿整个涵台断面（包括基础），缝内填以沥青麻絮。

② 本涵洞为石拱涵，采用片块石标号不小于MU50。

（5）涵洞施工要点

1）钢筋混凝土盖板涵。

① 涵位各种形式的涵洞施工均按相应部颁标准图的施工要求及《公路桥涵施工技术规范》（JTJ 041—2000）有关条文办理。

② 涵位、涵底设计标高及进出口形式可根据实际情况作适当调整，边沟标高和进出口标高落差较大时应根据实际增设急流槽。进出口与上下游导流排水系统的连接应圆顺、稳固、保证流水顺畅，避免水流损害路堤、农田和道路等。

③ 涵洞基坑开挖后注意地基承载力能否满足设计要求，若达不到要求可采用换填土或砂砾垫层处理，以提高承载力。

④ 涵洞的基础采用换填的范围：a. 当换填深度小于等于1.5m时为涵基襟边两边缘外侧各加换填的深度长，涵长方向长度为涵洞进出口外各加换填的深度长；b. 当换填深度大于1.5m时为涵基襟边两边缘外侧各加1.7m，涵长方向长度为涵洞进出口外各加1.7m。涵洞基底换填范围，要求与前后路基同时分层夯实、压实，压实度要达到95%以上。具体实施按有关图纸办理。换填的材料采用级配碎石或砂砾等透水性材料，具体各个涵洞以各自的说明及图示为准。

⑤ 涵台台身的沉降缝一般沿涵长方向每隔4~6m设置一道，沉降缝必须贯穿整个涵台断面（包括基础），缝宽2cm，沉降缝的设置详见《涵洞布置图》。沉降缝处两端应竖直、平整、上下不设交错。

⑥ 沉降缝的防水措施在基础顶面以下，填嵌涂沥青砂，并在流水面边缘以1:3水泥砂浆填塞，深度约15cm。在基础顶面以上，接缝外侧以热沥青浸制麻筋填塞，深度约5cm，内侧以水泥砂浆填塞，深度约15cm，中间空隙填以黏土。

⑦ 钢筋混凝土盖板涵台背采用透水性材料回填，压实度达96%以上。

⑧ 凡是采用填石抬高的地基涵洞，压实度应满足填石路基要求。

⑨ 如基础开挖地质和交角有变化时应及时进行变更设计。

⑩ 涵洞与有关改沟、改渠的连接详见有关施工图。

⑪ 在兼人行过道涵洞的人行过道靠沟一侧应注意预埋栏杆的预埋件；洞外部分根据需要预埋栏杆的预埋件，当为爬坡或台阶时两侧必须设栏杆，同时也要注意预埋栏杆的预埋件。

⑫ 涵台台背回填应在盖板浇筑完毕后，在混凝土强度达到设计强度的100%后进行，并应平格按水平分层填筑碾压，同时注意两边对称进行。

⑬ 涵台支撑梁的施工应与涵台基础同时进行，之后进行支撑梁间涵底铺筑，在支撑梁混凝土浇筑完成强度达到100%后，方可对称进行涵台背回填。设计图及工程数量详见有关图纸。

⑭ 凡在地基土质变化较大，基础埋置深度不一或地基承载力发生较大变化及路基填挖交界处均设置沉降缝，但设置于岩石地基上的涵洞可不设沉降缝。

⑮ 施工中当涵洞顶上填土高度不足0.5m厚时，严禁采用振动式碾压设备对涵顶和涵洞范围内的填土进行碾压。

⑯ 盖板混凝土的现场浇筑施工应连续进行，避免施工接缝，接缝应设在涵身沉降缝处。

⑰ 在翼墙、涵身两侧填土时，需在混凝土强度达到100%时方可进行，填土需对称分层填筑夯实，不得采用大型机械碾压。

⑱ 施工应严格按照有关图纸及规范、规程进行，施工时若发现地质有异，应及时反馈有关部门，以便对其进行研究处理。

⑲ 应注意结构的整体观念，部分相关图纸需同时使用，有关预埋件不得遗漏。

⑳ 设计图中尺寸除注明外，标高和桩号以米计，钢材规格以毫米计，其余均以厘米为单位。

2）石拱涵。

① 涵洞的进出水口、洞身与八字墙应分离砌筑。

② 拱圈砌块受力面的砌缝应作辐射状并垂直与拱轴线。拱圈和出去口拱上端墙砌筑时应由拱脚向拱顶对称、均衡的进行。

③ 拱圈与涵台连接部分的拱座砌筑时，其砌缝应与拱轴线垂直。所有砌体均须使砌块丁顺相间、相互咬码。砌体均应密实，砂浆充填饱满，不得留有空隙。

④ 涵身在顺水流方向每隔4.0~6.0m设置沉降缝一道，沉降缝贯穿整个断面，缝宽2cm。坚实地基（如岩石等）上可不设沉降缝。

⑤ 凡在地基的土质变化较大、基础埋置深度不一或地基容许承载力发生较大变化，以及路基填挖交界处均应设置沉降缝。

⑥ 沉降缝的防水措施在基础顶面以下，填嵌涂沥青木板或沥青砂，也可以用黏土填入捣实，并在流水面边缘以1:3水泥砂浆填塞，深度约15cm。中间空隙填以黏土。

⑦ 台背排水设施，在北方干旱少雨地区可以取消，但在雨水较多地区，仍须按图示修建。高填土拱涵可以不考虑台背排水设施。

⑧ 为防止河床过度冲刷，可以采用铺砌措施对河床进行加固处理。对倾斜较大的岩石河床，基础和铺砌可以做成阶梯形。洞底和洞口铺砌必须注意平整，砂砾垫层必须均匀、密实。

⑨ 冬季进行混凝土或砌体施工时，应按照《公路桥涵施工技术规范》（JTJ 041—2000）中的相应要求注意防冻。

⑩ 涵台台后的填土应在涵洞砌体砂浆或混凝土强度达到设计强度的75%时方可进行，同时应严格按水平分层，对称地按照路基设计要求的压实度填筑、压实。对涵台较高，不易达到碾压效果的涵台台后填土，可在该范围内填筑碎石或砂性材料，并注意两边对称进行。

⑪ 施工中当涵顶填土高度大于0.5m时，方可采用振动式碾压设备对涵洞范围内的涵顶填土进行碾压。

第五篇　隧　　道

（见第五篇隧道设计说明）

第六篇　路 线 交 叉

1. 路线平面交叉情况

本段路线根据原有的交通情况及发展规划需要，全线共设一处平面交叉，即在K11+600 ~ K11+789处设亭下村平交口，设置Y形交叉，其被交路为路基宽7.5m，6.5m宽水泥混凝土路面。其路面结构为20cm C35水泥混凝土面层+15cm 5%水泥稳定碎石基层+15cm填隙碎石底基层。

2. 施工注意事项

1）平面交叉工程路基、路面施工时应注意与主线路基、路面的衔接。

2）平面交叉的路口及通道涵（桥）底施工时应注意路基排水沟布设。

3）施工时注意施工工艺及工序，遵循有关施工规范，把好质量关。

第七篇　交通工程及沿线设施

（本工程无相关内容）

第八篇　景 观 设 计

（略）

第九篇　其 他 工 程

1）本工程公路没有渡口和码头。

2）本工程设施工便道三处共0.58km（具体位置在K10+760 ~ K10+960右侧，0.2km；K11+080 ~ K11+180右侧，0.1km；龟屿道出口右侧0.28km）。

第十篇　筑 路 材 料

本段公路筑路材料的石料、土料、砂料均以自采、外购方式进行采集，汽车运输为主。水泥、钢材、木材等筑路材料由县内购买，沿线筑路石料质量较好，储量丰富，运输可通过现有公路运抵施工现场，各种筑路材料的具体情况如下。

1. 外购材料

水泥、钢筋、木材以市场供应为主，按县建材部门的仓库为起运点，个别材料按实际调查的生产厂家为起运点。

2. 地材

（1）石料

路线沿线岩石资源储量丰富，主要分布在沿线附近左侧山脚下，大部分为砂岩、花岗岩，适宜作为工程用料，工程使用石料可自采加工。

（2）中粗（细）砂

砂料、卵砾石本线区域内产量很少，拟采用外购采集，主要在县城购买，可满足公路使用，运输便利。

（3）黏土

沿线广泛分布第四系残坡积坡土，沿线均有分布储量丰富，尤其是低矮浑圆状的隆丘，以及坡度小于20°的剥蚀残丘，可作为借土场。

（4）工程用水

沿线水系发育，水质良好，矿化度低，可作为工程用水。

（5）工程用电

沿线村庄较为密集，均可就近接农电使用。

第十一篇　施工组织计划

1. 主要工程、控制工期的工程及特殊工程的施工方案

本工程公路主要工程及施工方案如下。

路线长：主线 10.659 505km；

路基土石方工程：总挖方 757.595km^3，总填方 536.418km^3，总废方 254.085km^3；

路面工程：水泥混凝土路面 10.595 05km；

涵洞工程：1167.58m 38 座。

本工程控制工期的主要项目为××船厂路段建设的进度及龟屿隧道，施工单位应认真做好施工组织设计，合理安排工期计划，在保证控制工程的前提下，兼顾其他工程，以保证本路段的修建能保质保量按期完工。

2. 施工组织、施工期限、主要工程的施工方法、工期、进度及措施

本工程宜采用国内招标，通过资格预审选择合格施工队伍。本项目施工单位要求具备公路工程、桥隧工程等二级以上的企业。

路线沿线均有农网公路通往施工现场，施工时均可采用农网公路作施工便道，且各主要工程的施工工序无相互制约，沿线隧道、涵洞、路基、路面工程的施工是本工程的关键，是制约工期的主要内容，因此必须做好施工组织计划。

本路段工程施工安排顺序计划：①整理临时设施等前期工程；②路基工程、涵洞工程平面交叉以及通道桥修筑等，本工程无材料供应、运输条件问题的存在，可同时全面开工；③路基防护工程、排水工程及其他工程施工；④路面施工；⑤安全设施、通信工程施工及其他修复工程。以上施工顺序仅作为总体概略，在施工中还应根据实际进行调整。同时，施工队伍应安排好关键的施工内容，严格控制主要工程工期并把好施工质量关。

3. 施工工期、进度及措施

本段公路施工计划 24 个月完成，根据县交通局安排，本段工程预定从 2007 年 12 月开工，2009 年 11 月竣工。

应选择具有二级公路施工资质和筑路机械配置较为完备，特别是配备重型压实机械的队伍负责施工。

从上述安排的工期，施工队伍应安排好关键的施工内容，严格控制主要工程工期并把好施工质量关。

4. 施工质量要求

本段公路为二级公路技术标准，施工单位应按照设计图纸要求及交通部颁发的有关公路施工规范及技术标准把好施工质量关。

5. 主要材料的供应，机具、设备的配备及临时工程的安排

主要材料的供应，设计预算按市场价格进行编制，碎石及片石等以自采为主，外购材料中，砂料、水泥、钢材、木材等均在地方市场采购。

临时工程：临时通信用手机或固定电话，并架临时通信线路长 1400m，施工用电沿线有农电可接用，需架设临时电力线路 1400m；本工程所处位置农村公路网发达，交通便利，可供施工便道使用，但全线施工期间为维持临时通车，在 K10+760 ~ K10+960 右侧、K11+080 ~ K11+180 右侧、龟屿道出口右侧设便道三处。

注：为节省篇幅，本书对原设计文件的说明进行了删减。

二、主要技术经济指标

主要技术经济指标

碧里至将军帽港区疏港交通战备公路　　　　第1页　共1页

序号	指标名称	单位	数量	备注	序号	指标名称	单位	数量	备注
	一、基本指标					宽17m	km	10.66	
1	公路等级	级	二级		2	土石方数量			
2	计算行车速度	km/h	60			（1）土方	km^3	213 267	
3	交通量	辆/日	9528	小客车		（2）石方	km^3	544 328	
4	拆迁房屋	m^2	8653.33		3	平均每公里土石方	km^3	71 068.949	
5	拆迁电力、电讯杆	根	229		4	防护砌体	m^3	40 657.96	
6	拆迁通讯光缆	m	8732		5	喷锚挂网	m^2	38 533	
7	征用土地	亩①	749.25		6	排水砌体	m^3	11 397.7	
	二、路线				7	路面结构类型及宽度			
1	路线总长	km	10.660			（1）水泥混凝土路面	m^2	140 582.5	
2	路线增长系数	倍	1.435			（2）硬路肩	m^2	35 385.6	
3	平均每公里交点数	个	1.313			四、桥梁、涵洞			
4	平曲线最小半径	m/个	200.236/1		1	设计车辆荷载		公路-Ⅱ级	
5	平曲线占路线总长	%	49.38		2	涵洞	m/道	1155.58/37	
6	直线最大长度	m	1543.404			五、叉道			
7	最大纵坡	%/处	4.5/1		1	平面交叉	处	2	
8	最短坡长	m	85.63	终点与接廉尾旧路（将军帽港区）		六、安全设施			
9	平均每公里纵坡变更次数	次	2.158		1	公里碑	块	11	
10	竖曲线最小半径				2	轮廓标	根	426	
	（1）凸形	m/个	2050/1		3	各类标志牌	块	38	
	（2）凹形	m/个	1600/1		4	公路标线	m^2	6927.4	
11	竖曲线长占路线总长	%	43.407		5	墙式护栏	m^3	1011.65	
	三、路基、路面								
1	路基宽度								

编制：　　　　复核：　　　　SⅠ-5

① 1亩=666.667m^2。

公路用地表（部分）

碧里至将军帽港区疏港交通战备公路　　　　第 3 页 共 3 页

序号	起讫桩号	长度/m	权属单位县（市、区）乡（镇）、村	面积/m^2	用地类型/亩								小计/亩	备注
					交通用地	滩涂	宅地	园地	非经济林地	经济林地	耕地	未利用地		
55	K17+717.569～K17+892.569	175	L 县碧里乡廉尾村	4568.7049								6.853	6.853	
	⋮													
65	K19+467.569～K19+555.630	88.061	L 县碧里乡廉尾村	3265.0002	0.660				3.023		0.106	1.108	4.897	
	本页小计	1838.06	0.00	55 372.72	0.87	0.00	0.00	10.20	8.20	7.28	16.01	40.50	83.06	
	合　计	10 704.84		392 236.82	19.46	20.30	12.98	130.00	104.50	20.64	38.56	241.92	588.36	

编制：　　　　复核：　　　　SⅡ-7

果树、青苗补偿表（部分）

碧里至将军帽港区疏港交通战备公路　　　　第 3 页 共 3 页

序号	起讫桩号	长度/m	所有者	补偿类型及数量												备注
				枇杷/棵	橘树/棵	桃树/棵	番石榴/棵	杨梅/棵	龙眼/棵		橄榄/棵			菜地/m^2	香蕉/丛	
									中	小	中	小	苗			
45	K16+142.569～K16+317.569	175							5							
	⋮															
64	K19+467.569～K19+555.630	88.061												71		
	本页小计	3413.061	0	16	0	1	0	5	415	8	1	0	0	616	129	
	合　计	10 657.64		26	4	10	31	6	2561	295	5			1629.67	254	

编制：　　　　复核：　　　　SⅡ-9

拆迁建筑物表（部分）

碧里至将军帽港区疏港交通战备公路　　　　第6页　共6页

序号	桩号	距中线距离/m		所属县、乡、村	建筑物种类及数量															备注
					所有者	砖混结构/(m²/间)	土房/(m²/间)	木房/(m²/间)	石木结构房屋/(m²/间)	砖石平房/(m²/间)	木棚/(m²/间)	井/口	蓄水池/个	厕所/蹲位		围墙/m²		坟墓/座		
		左	右											砖	木	砖	木	砖	木	
1	2			3		4	5	6	7	8	9	10	11	12	13	14	15	16	17	18
151	K19+457			L县碧里乡廉尾村														1		
	⋮																			
155	K19+524			L县碧里乡廉尾村														1		
	本页小计																	5		
	合　计					4929.86		727.26	1221.28	5493.57	543.22		2	31.5		388.6		141	9	

编制：　　　　复核：　　　　SⅡ-10

拆迁电力、电信及其他管线设施表（部分）

碧里至将军帽港区疏港交通战备公路　　　　第3页　共3页

序号	起讫桩号	交叉角度/(°)	长度/m	所属单位或个人	设备种类及数量						备注
					水泥电力杆/根	水泥通信杆/根	闭路电线杆/根	变压器/个	电信光缆/m	军用光缆/m	
45	K16+142.569～K16+317.569		175		2						
	⋮										
64	K19+467.569～K19+555.630		88.061		2						
	本页小计		3413.061		20	48	0	0	3153	0	
	合　计		10 657.64		67	147	15	5	7401	1331	

编制：　　　　复核：　　　　SⅡ-11

砍树、挖根、除草、清除表土数量表（部分）

碧里至将军帽港区疏港交通战备公路　　　　第3页　共3页

序号	起讫桩号或中心桩号	长度/m	宽度/m		所属单位	砍树及挖根	砍灌树木在10cm以下/km²		除草/km²	挖竹根/10m³	清除表土/100m³	备注
			左	右		直径10cm以上/棵	稀	密				
1	2	3	4	5	6	7	8	9	10	11	12	13
45	K16+142.569～K16+317.569	175			L县碧里乡牛坑村	64	0.01		2.21		5.6	
	⋮											
64	K19+467.569～K19+555.630	88.061			L县碧里乡牛坑村	203	0.05	0.01	0.121		2.5	
	本页小计	3413.061				1674	1.28	0.19	28.591		118.1	
	合　计					3802.00	3.74	2.08	52.89	3.69	454.84	

编制：　　　　复核：　　　　SⅡ-12

交通安全设施工程数量表

碧里至将军帽港区疏港交通战备公路

序号	桩　　号	标志名称	长度 /m	位置	工程数量									备　　注
					铝合金单柱标志 /面	公里牌 /块	百米桩 /块	热熔划线 /m^2	M10 浆砌条石护栏身 /m^3	M10 浆砌片石护栏基础 /m^3	2cm 厚 M10 护栏砂浆抹面 /m^2	公路界碑 /个	轮廓标 /个	
1	2	3	4	5	6	7	8	9	10	11	12	13	14	15
1	K8+897. 992 ~ K10+000		1102. 008			2	0	396. 7					44	
	K8+897. 992 ~ K10+000 段小计		1102. 008		0	2	0	396. 7	0. 0	0. 0	0. 0	0	44	
2	K10+000 ~ K10+719. 436		719. 436	右侧		0	0	259. 0					28	
3	K10+250	警告标志		右侧	1									警 27（村庄标志）
4	K10+300	地名标志		右侧	1									梅花村
5	K10+390	警告标志		右侧	1									警 3（T 形交叉标志）
6	K10+390	警告标志		右侧	1									警 39（慢行标志）
7	K10+490	警告标志		左侧	1									警 2（T 形交叉标志）
8	K10+550	地名标志		左侧	1									梅花村
9	K10+600	警告标志		左侧	1									警 27（村庄标志）
10	K10+600	警告标志		左侧	1									警 39（慢行标志）
	K10+000 ~ K10+719. 436 段小计		719. 436		8	0	0	259. 0	0	0	0	0	28	
11	K10+719. 436 ~ K19+555. 63		8838. 061			9		3181. 0					354	
12	K11+030	警告标志		右侧	1									警 27（村庄标志）
13	K11+080	地名标志		右侧	1									亭下村
14	K11+410	地名标志		左侧	1									亭下村
15	K11+460	警告标志		左侧	1									警 27（村庄标志）
16	K13+130	地名标志		右侧	1									廪头村
17	K13+300	地名标志		左侧	1									廪头村
18	K14+350	地名标志		右侧	1									溪边村
19	K15+000	地名标志		左侧	1									溪边村
20	K15+200	地名标志		右侧	1									牛坑村
21	K16+000	地名标志		左侧	1									牛坑村
22	K16+350	警告标志		右侧	1									警 27（村庄标志）
23	K16+400	地名标志		右侧	1									下莲村
24	K16+500	地名标志		左侧	1									下莲村
25	K16+550	警告标志		左侧	1									警 27（村庄标志）
26	K18+500	地名标志		右侧	1									廪尾村
27	K19+100	地名标志		左侧	1									廪尾村
28	K14+670	警告标志		右侧	1									警 19（注意儿童标志）
	本页合计				25	11		3836. 7					426	

编制：　　　　　　　　　　复核：　　　　　　　　　　SⅡ-15-1

交通安全设施工程数量表（续表）

碧里至将军帽港区疏港交通战备公路　　第 2 页　共 2 页

序号	桩　　号	标志名称	长度/m	位置	工程数量									备　　注
					铝合金单柱标志/面	公里牌/块	百米桩/块	热熔划线 m^2	M10 浆砌条石护栏身/m^3	M10 浆砌片石护栏基础/m^3	2cm 厚 M10 护栏砂浆抹面/m^2	公路界碑/个	轮廓标/个	
1	2	3	4	5	6	7	8	9	10	11	12	13	14	15
29	K14+720	学校标志		右侧	1									希望小学
30	K14+800	学校标志		左侧	1									希望小学
31	K14+850	警告标志		左侧	1									警 19（注意儿童标志）
32	K15+610	警告标志		右侧	1									警 19（注意儿童标志）
33	K15+660	学校标志		右侧	1									牛坑中心小学
34	K15+720	学校标志		左侧	1									牛坑中心小学
35	K15+770	警告标志		左侧	1									警 19（注意儿童标志）
36	K11+600	警告标志		右侧	1									警 5（Y 形交叉标志）
37	K11+790	警告标志		左侧	1									警 5（Y 形交叉标志）
38	K11+820	路面变窄标志		右侧	1									警 13（两侧变窄标志）
39	K12+280	路面变窄标志		左侧	1									警 13（两侧变窄标志）
40	K11+870	警告标志		右侧	1									警 28（隧道标志）
41	K12+230	警告标志		左侧	1									警 28（隧道标志）
42	K12+200～K12+550	城墙式护栏	350	右侧					105.0	113.75	140.0			
	⋮													
64	K19+510～K19+555.63	城墙式护栏	45.63	右侧					13.7	14.83	18.3			
K10+719.436～K19+555.63 段小计			8838.061		30	9	0	3181.0	485.6	526.1	647.5		354.00	
合　计			10 659.505		38	11	0	3836.7	485.6	526.05	647.5	0	426.00	

编制：　　　　复核：　　　　S Ⅱ-15-2

钢筋混凝土防撞护栏工程数量表

碧里至将军帽港区疏港交通战备公路　　第 1 页　共 1 页

序号	桩　　号	设置位置	长度/m	钢筋混凝土防撞护栏							备　　注
				R235 钢筋/kg	HRB335 钢筋/kg	C25 混凝土/m^3	ϕ100 泄水管/m	沥青麻絮伸缩缝/m^2	挖基土方/m^3	挖基石方/m^3	
1	K8+897.992～K10+000	右侧	1102.008	6821	32 542	595.1	55.1	2.0	295.2	366.0	
2	K11+080～K11+700	右侧	620	3838	18 309	334.8	31.0	17.1	6.0	366.0	
	合　计		1722.008	10 659	50 851	929.9	86.1	19.1	301.2	366.0	

编制：　　　　复核：　　　　审核：　　　　S Ⅱ-16

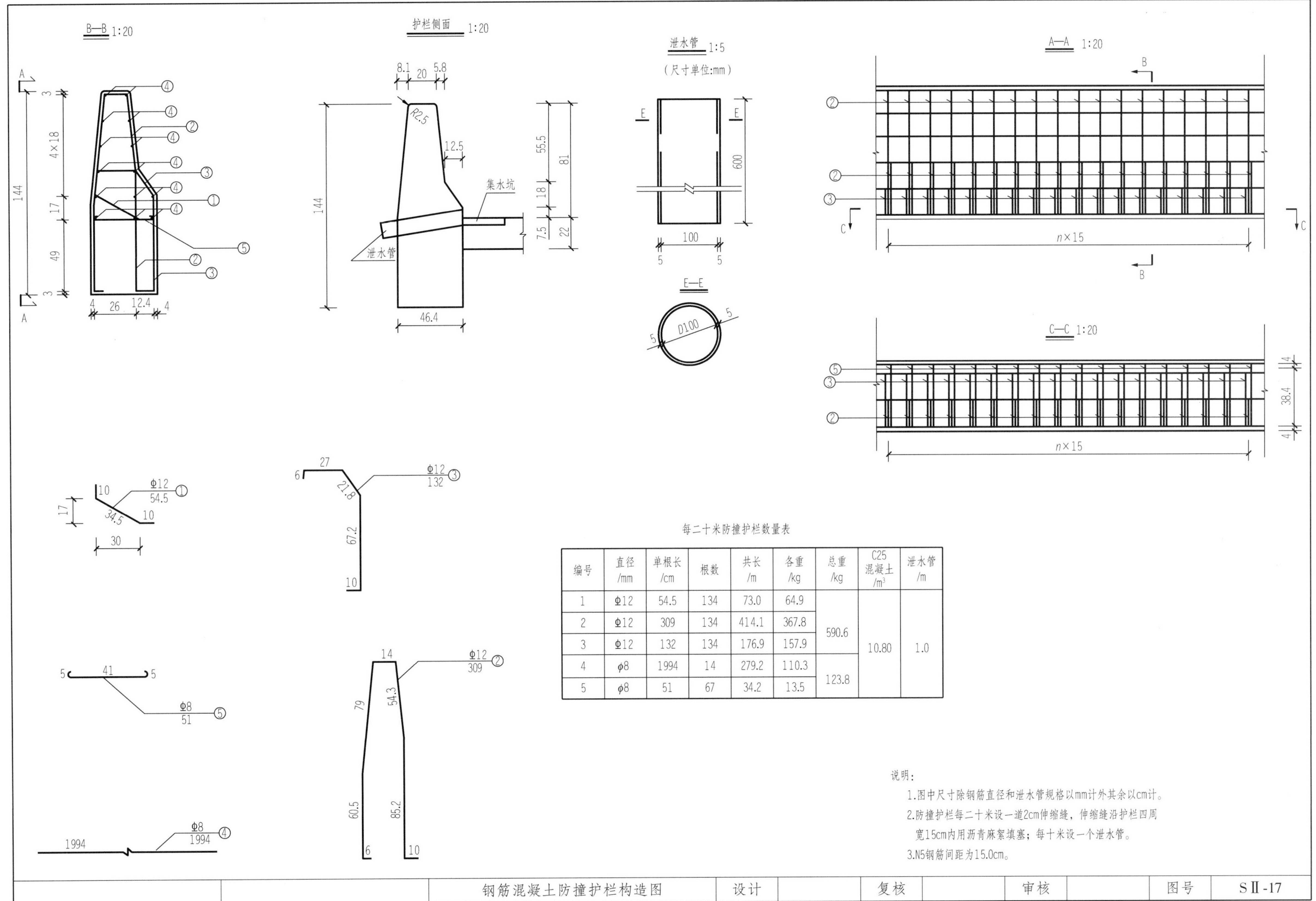

每二十米防撞护栏数量表

编号	直径/mm	单根长/cm	根数	共长/m	各重/kg	总重/kg	C25混凝土/m³	泄水管/m
1	Φ12	54.5	134	73.0	64.9	590.6	10.80	1.0
2	Φ12	309	134	414.1	367.8			
3	Φ12	132	134	176.9	157.9			
4	φ8	1994	14	279.2	110.3	123.8		
5	φ8	51	67	34.2	13.5			

说明:

1.图中尺寸除钢筋直径和泄水管规格以mm计外其余以cm计。

2.防撞护栏每二十米设一道2cm伸缩缝，伸缩缝沿护栏四周宽15cm内用沥青麻絮填塞；每十米设一个泄水管。

3.N5钢筋间距为15.0cm。

		钢筋混凝土防撞护栏构造图	设计		复核		审核		图号	SⅡ-17

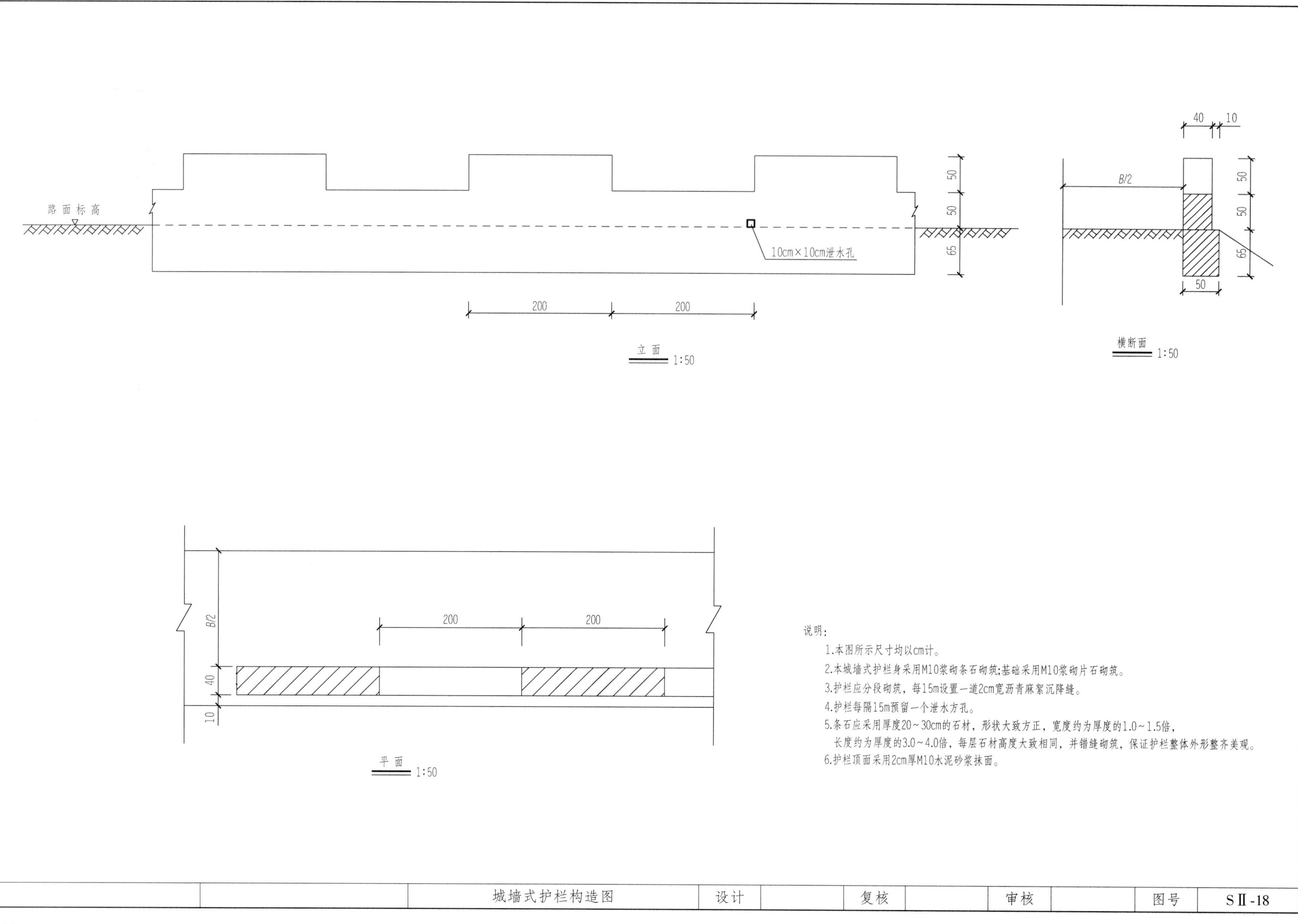

说明:

1.本图所示尺寸均以cm计。
2.本城墙式护栏身采用M10浆砌条石砌筑;基础采用M10浆砌片石砌筑。
3.护栏应分段砌筑，每15m设置一道2cm宽沥青麻絮沉降缝。
4.护栏每隔15m预留一个泄水方孔。
5.条石应采用厚度20~30cm的石材，形状大致方正，宽度约为厚度的1.0~1.5倍，长度约为厚度的3.0~4.0倍，每层石材高度大致相同，并错缝砌筑，保证护栏整体外形整齐美观。
6.护栏顶面采用2cm厚M10水泥砂浆抹面。

		城墙式护栏构造图	设计		复核		审核		图号	SⅡ-18

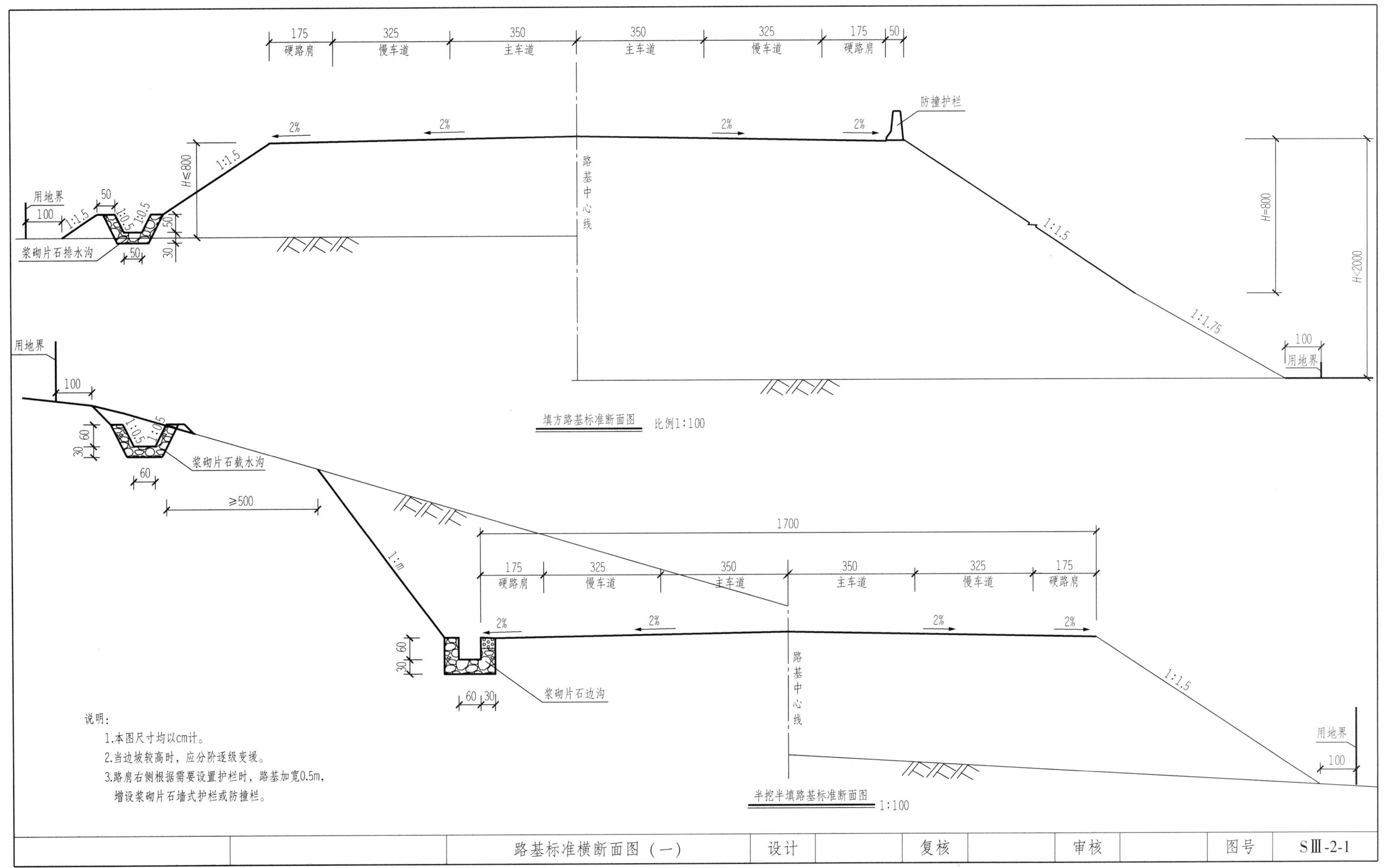

说明:

1.本图尺寸均以cm计。

2.当边坡较高时，应分阶逐级变缓。

3.路肩右侧根据需要设置护栏时，路基加宽0.5m，增设浆砌片石墙式护栏或防撞栏。

		路基标准横断面图（一）	设计		复核		审核		图号	SⅢ-2-1

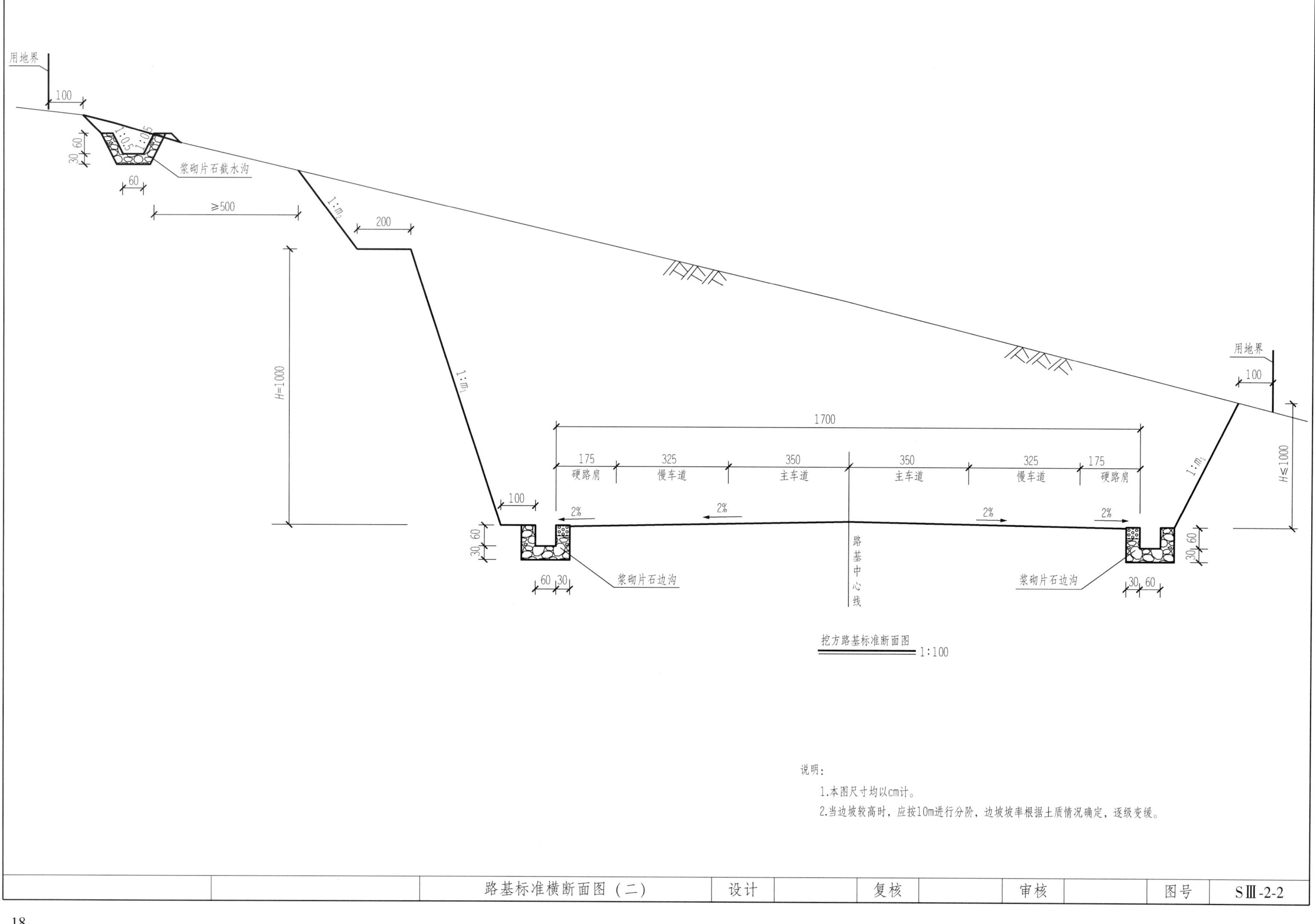

挖方路基标准断面图 1:100

说明：

1.本图尺寸均以cm计。

2.当边坡较高时，应按10m进行分阶，边坡坡率根据土质情况确定，逐级变缓。

		路基标准横断面图（二）	设计		复核		审核		图号	SⅢ-2-2

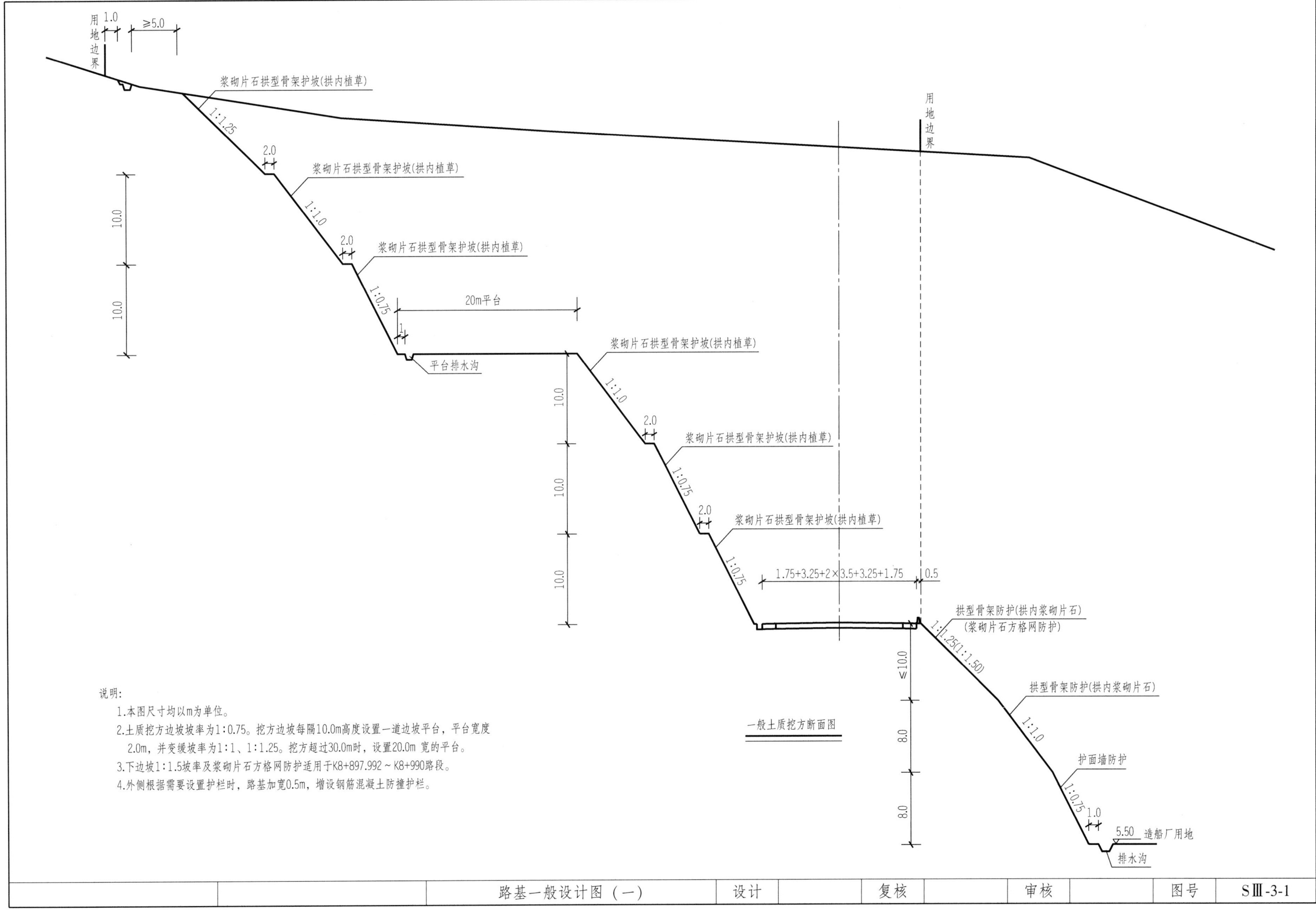

说明:

1.本图尺寸均以m为单位。

2.土质挖方边坡坡率为1:0.75。挖方边坡每隔10.0m高度设置一道边坡平台，平台宽度2.0m，并变缓坡率为1:1、1:1.25。挖方超过30.0m时，设置20.0m 宽的平台。

3.下边坡1:1.5坡率及浆砌片石方格网防护适用于K8+897.992～K8+990路段。

4.外侧根据需要设置护栏时，路基加宽0.5m，增设钢筋混凝土防撞护栏。

	路基一般设计图（一）	设计		复核		审核		图号	SⅢ-3-1

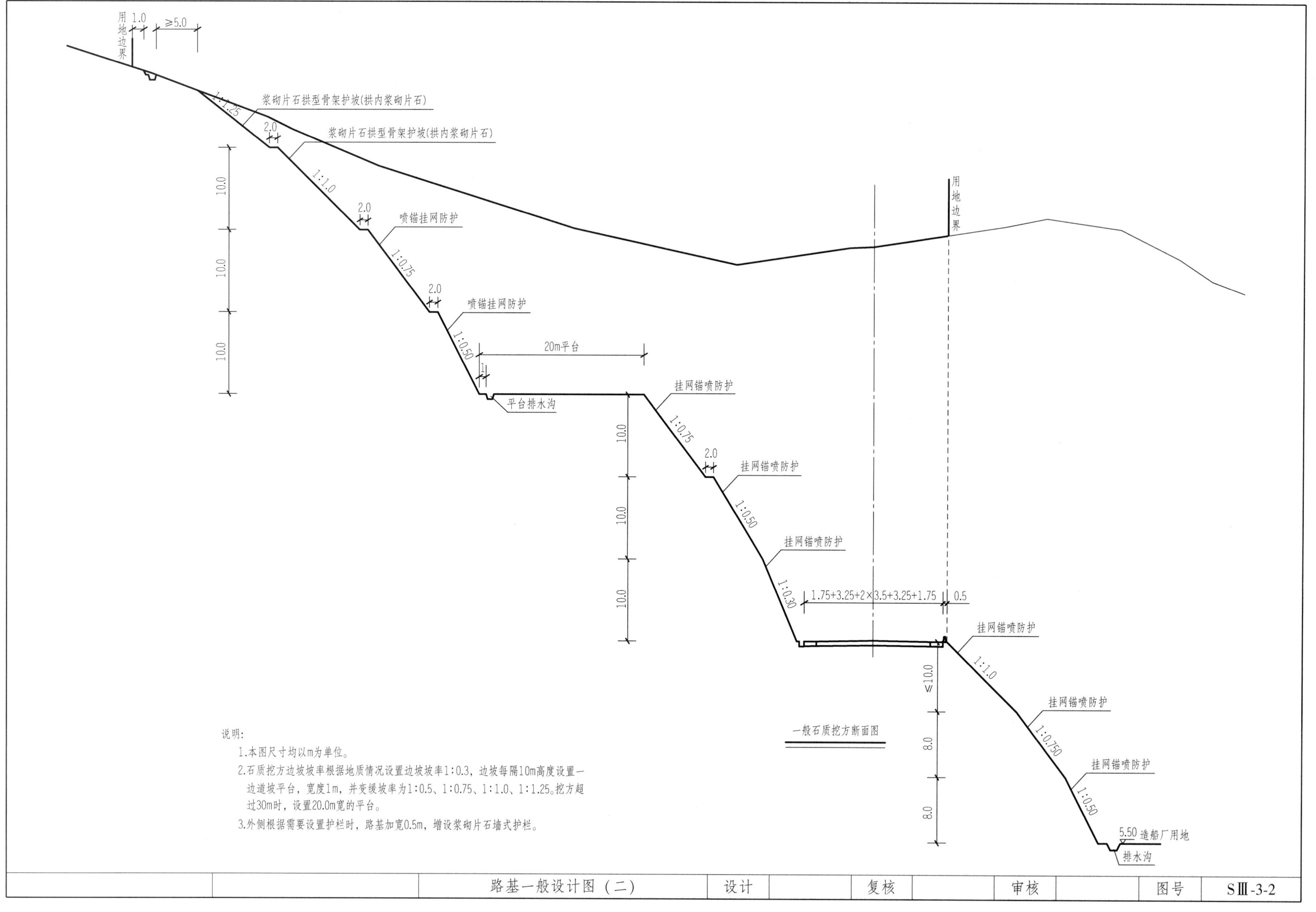

说明：

1.本图尺寸均以m为单位。

2.石质挖方边坡坡率根据地质情况设置边坡坡率1:0.3，边坡每隔10m高度设置一边道坡平台，宽度1m，并变缓坡率为1:0.5、1:0.75、1:1.0、1:1.25。挖方超过30m时，设置20.0m宽的平台。

3.外侧根据需要设置护栏时，路基加宽0.5m，增设浆砌片石墙式护栏。

		路基一般设计图（二）	设计		复核		审核		图号	SⅢ-3-2

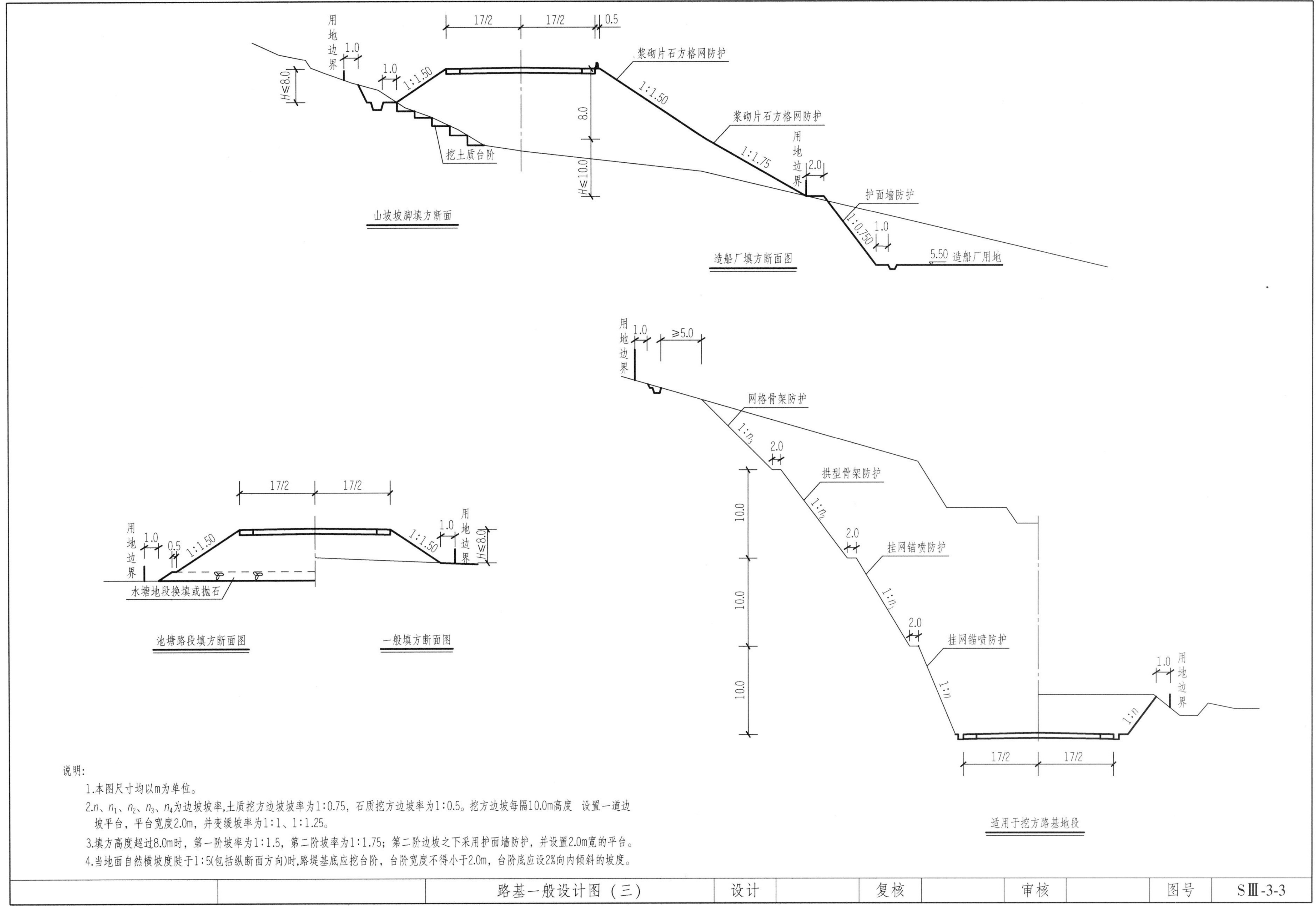

说明:

1.本图尺寸均以m为单位。

2.n、n_1、n_2、n_3、n_4为边坡坡率,土质挖方边坡坡率为1:0.75,石质挖方边坡坡率为1:0.5。挖方边坡每隔10.0m高度 设置一道边坡平台,平台宽度2.0m,并变缓坡率为1:1、1:1.25。

3.填方高度超过8.0m时,第一阶坡率为1:1.5,第二阶坡率为1:1.75;第二阶边坡之下采用护面墙防护,并设置2.0m宽的平台。

4.当地面自然横坡度陡于1:5(包括纵断面方向)时,路堤基底应挖台阶,台阶宽度不得小于2.0m,台阶底应设2%向内倾斜的坡度。

	路基一般设计图（三）	设计		复核		审核		图号	SⅢ-3-3

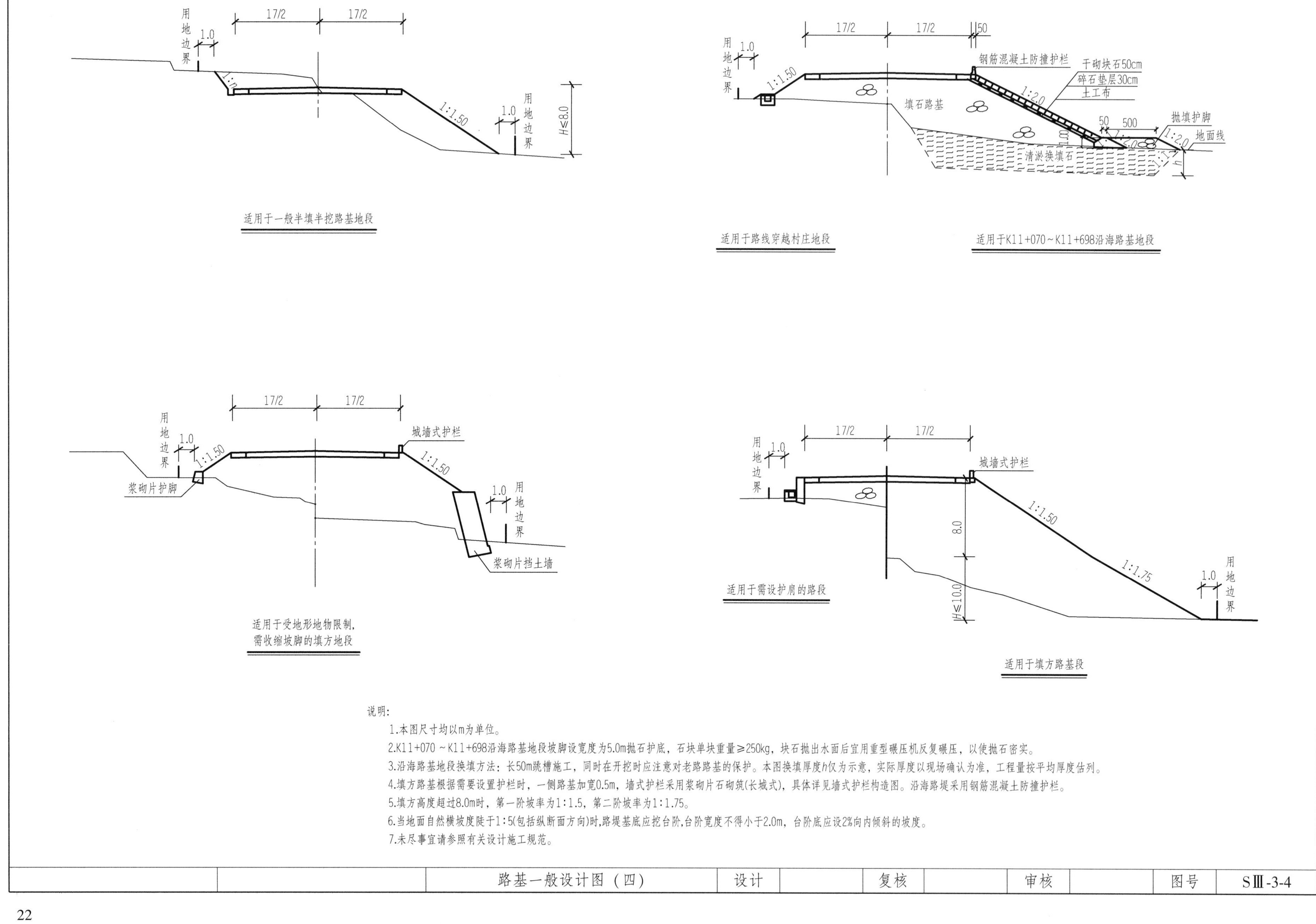

说明:

1.本图尺寸均以m为单位。

2.K11+070 ~ K11+698沿海路基地段坡脚设宽度为5.0m抛石护底，石块单块重量≥250kg，块石抛出水面后宜用重型碾压机反复碾压，以使抛石密实。

3.沿海路基地段换填方法：长50m跳槽施工，同时在开挖时应注意对老路路基的保护。本图换填厚度h仅为示意，实际厚度以现场确认为准，工程量按平均厚度估列。

4.填方路基根据需要设置护栏时，一侧路基加宽0.5m，墙式护栏采用浆砌片石砌筑(长城式)，具体详见墙式护栏构造图。沿海路堤采用钢筋混凝土防撞护栏。

5.填方高度超过8.0m时，第一阶坡率为1:1.5，第二阶坡率为1:1.75。

6.当地面自然横坡度陡于1:5(包括纵断面方向)时,路堤基底应挖台阶,台阶宽度不得小于2.0m，台阶底应设2%向内倾斜的坡度。

7.未尽事宜请参照有关设计施工规范。

		路基一般设计图（四）	设计		复核		审核		图号	SⅢ-3-4

耕地填前夯（压）实数量表

碧里至将军帽港区疏港交通战备公路　　　　第 1 页　共 1 页

序号	起讫桩号	长度/m	平均宽度/m	压实面积/m^2	备　注	序号	起讫桩号	长度/m	平均宽度/m	压实面积/m^2	备　注
1	K10+820 ~ K10+880	60	30	1800							
	⋮										
21	K19+000 ~ K19+160	160	30	4800							
	合　计	3998		151 970							

SⅢ-8

不良地基处理工程数量表
（抛填石块）

碧里至将军帽港区疏港交通战备公路　　　　第 1 页　共 2 页

序号	中桩	间距/m	抛石横断面积/m^2	平均抛石横断面积/m^2	抛石体积/m^3	备　注
1	K10+518		0			利用土石方调配中的石方进行抛石，即应在总填方数量内扣除 564.4m^3 的石方碾压
		2		2.75	5.5	
	K10+520		5.49			
		15.315		10.50	160.8	
	K10+535		15.51			
		7.685		15.95	122.6	
	K10+543		16.39			
	K10+554		11.3			
		16		13.95	223.2	
2	K10+570		16.6			
		3		17.45	52.4	
	K10+573		18.3			
合　计		44.0			564.4	

编制：　　　　　　复核：　　　　　　SⅢ-9-1

不良地基处理工程数量表

序号	起讫桩号或中心桩号	工程名称	处理方式	长度/m	工程项目及数量										备注
					管式渗沟 $h=180$cm /m	ϕ10cm 带孔塑料排水管 /m	ϕ150 水泵 /台班	换填透水性材料 /m³	清除淤泥 /m³	清除土(石)方 /m³	换填石 /m³	砂垫层 /m³	碎石盲沟 Ⅰ型 60cm×60cm/m	碎石盲沟 Ⅱ型 60cm×60cm/m	
1	2	3	4	5	7	8		9	10	11	12	13	14	15	17
1	K10+546.0 ~ K10+554.0	不良地基	清淤，换填砂砾	8.0					70.4		70.4				视现场实际情况酌情采用
2	K11+090.0 ~ K11+100.0	不良地基	清淤，换填石	10.0					477.62		477.62				视现场实际情况酌情采用
3	K11+130.0 ~ K11+650.0	不良地基	清淤，换填石	490.0			612.75		43 378.3		43 378.3				视现场实际情况酌情采用，工程数量已扣除 K11+485 ~ K11+515 段
4	K12+180.0 ~ K12+270.0	不良地基	水塘，抽水，清淤，换填透水性材料	90.0			282.67	3624	3624						视现场实际情况酌情采用
5	K13+520.0 ~ K13+550.0	不良地基	水塘，抽水，清淤，换填透水性材料	30.0			65.05	834	834						视现场实际情况酌情采用
6	K13+820.0 ~ K13+840.0	不良地基	水塘，抽水，清淤，换填透水性材料	20.0			76.19	976.8	976.8						视现场实际情况酌情采用
7	K19+034.0 ~ K19+050.0	不良地基	水塘，抽水，清淤，换填透水性材料	16.0			3.74	48	48						视现场实际情况酌情采用
	合计			664.0			1040.4	5482.8	49 409.1		43 926.3				

审核：　　　　复核：　　　　SⅢ-9-1

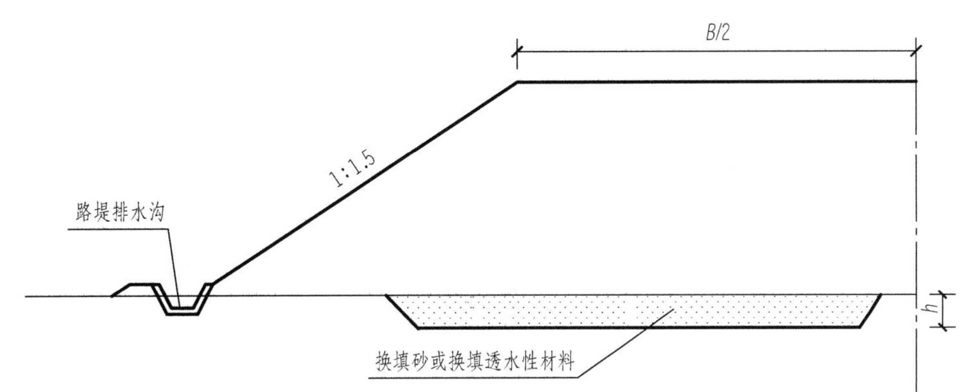

池塘填砂处理断面图

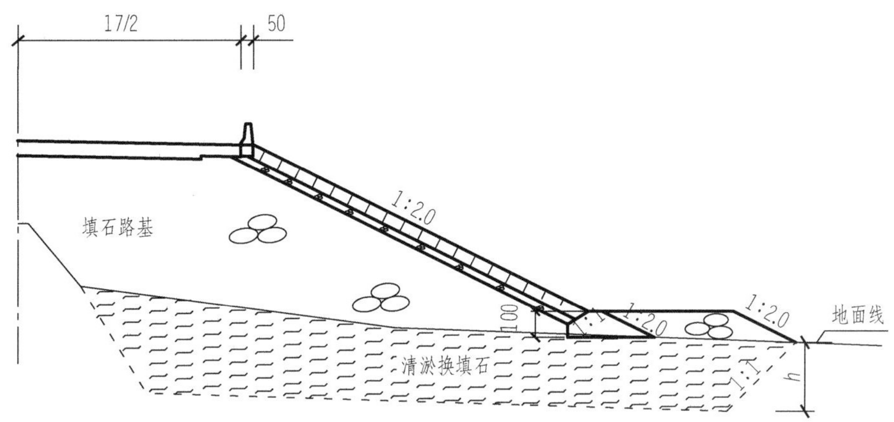

沿海填石处理断面图

说明:

1.本图尺寸均以cm为单位，比例1:200。

2.池塘处施工顺序：围堰→抽水→清除软弱土层（含清淤）→挖台阶→填砂→填筑路堤→修整池塘内的路堤形状→挖基→砌筑护脚等。

3.K11+485～K11+515段路基采用挤密砂桩处理，详见“软基处理设计图”。

4.本图换填厚度h仅为示意，实际厚度以现场确认为准，工程量按平均厚度估列。

	不良地基处理设计图	设计		复核		审核		图号	SⅢ-9-2-1

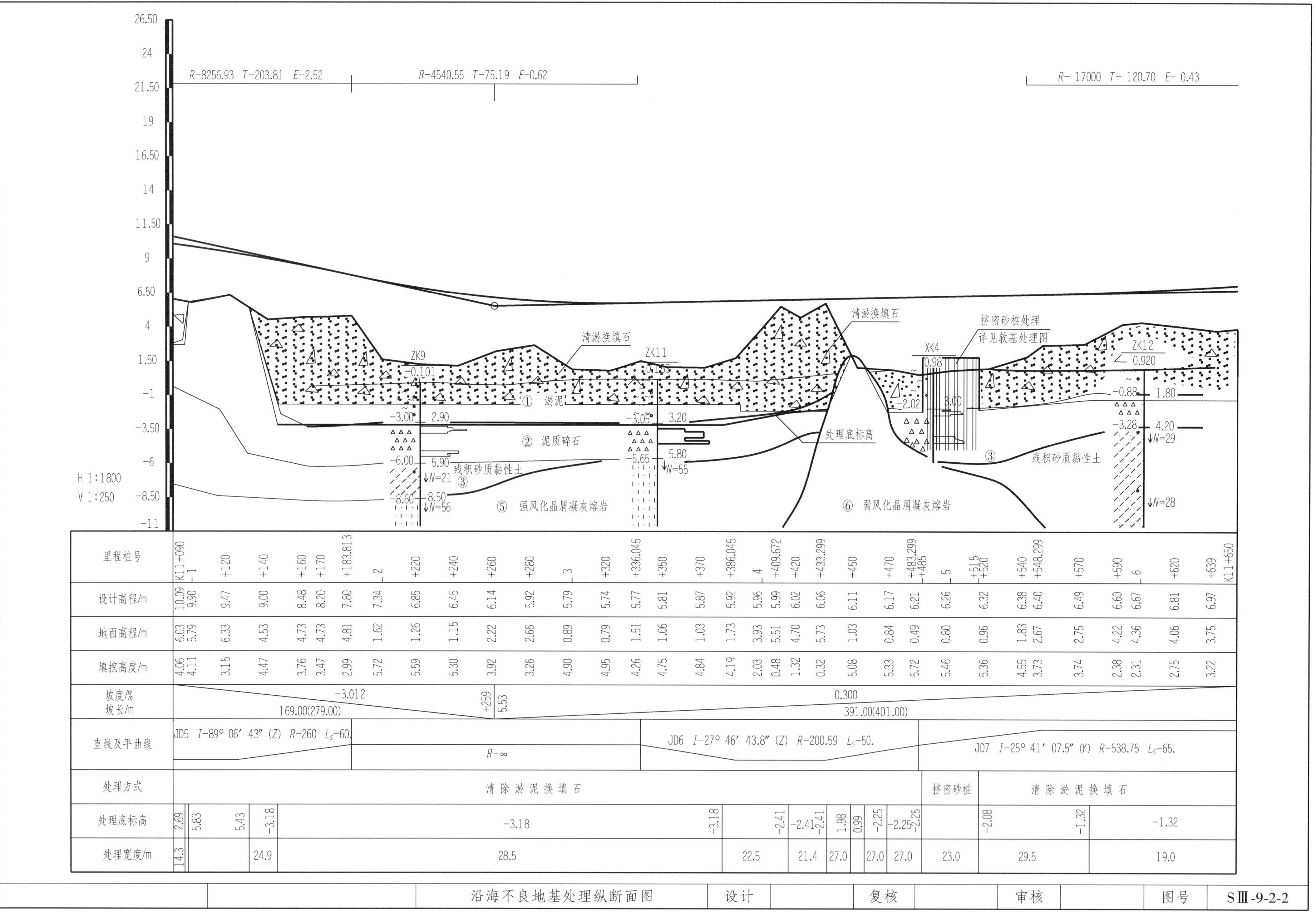

R-8256.93 T-203.81 E-2.52
R-4540.55 T-75.19 E-0.62
R- 17000 T- 120.70 E- 0.43
H 1:1800
V 1:250
ZK9
ZK11
XK4
ZK12
清淤换填石
挤密砂桩处理
详见软基处理图
① 淤泥
② 泥质碎石
③ 残积砂质黏性土
⑤ 强风化晶屑凝灰熔岩
⑥ 弱风化晶屑凝灰熔岩
处理底标高
里程桩号
设计高程/m
地面高程/m
填挖高度/m
坡度/%
坡长/m
直线及平曲线
JD5 I-89° 06′ 43″ (Z) R-260 Ls-60.
R-∞
JD6 I-27° 46′ 43.8″ (Z) R-200.59 Ls-50.
JD7 I-25° 41′ 07.5″ (Y) R-538.75 Ls-65.
处理方式
清除淤泥换填石
挤密砂桩
处理底标高
处理宽度/m
沿海不良地基处理纵断面图
设计
复核
审核
图号
SⅢ-9-2-2

软基处理工程数量表

碧里至将军帽港区疏港交通战备公路　　　　第 1 页　共 1 页

序号	起讫桩号	工程名称	长度/m	工程项目及数量											位移边桩		
				砂垫层 /m^3	土工布 /m^2	挤密砂桩 /m^3	双层草袋围堰高 3.5m/m	沉降管 /kg	沉降盘 /kg	沉降土方 /m^3 (利用废方)	超载预压 /m^3 (利用废方)	挖除预压土方 /m^3	侧斜管 /kg	挤密砂桩处理效果检验 /项	根数/根	钢筋/kg	C25 混凝土 /m^3
1	K11+485 ~ K11+515	挤密砂桩	30.0	2090.10	864.00	739.87	76.00	208.33	22.40	773.70	632.40	632.40	155.76	1	1	0.032	0.27
合计			30.0	2090.10	864.00	739.87	76.00	208.33	22.40	773.70	632.40	632.40	155.76	1	1.000	0.032	0.270

编制：　　　　复核：　　　　SⅢ-10-1

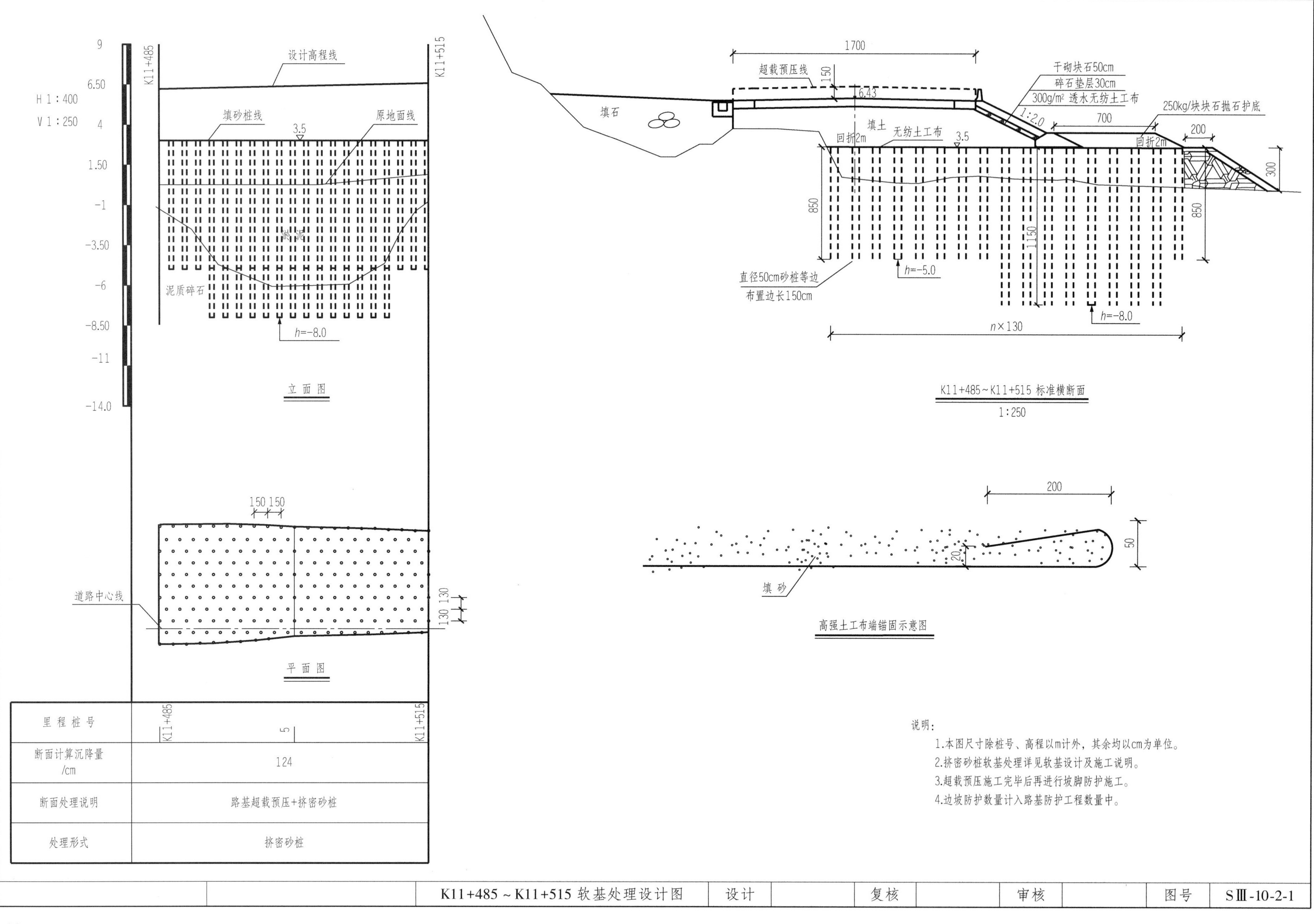

里程桩号	K11+485 — 5 — K11+515
断面计算沉降量 /cm	124
断面处理说明	路基超载预压+挤密砂桩
处理形式	挤密砂桩

说明:

1.本图尺寸除桩号、高程以m计外，其余均以cm为单位。
2.挤密砂桩软基处理详见软基设计及施工说明。
3.超载预压施工完毕后再进行坡脚防护施工。
4.边坡防护数量计入路基防护工程数量中。

		K11+485 ~ K11+515 软基处理设计图	设计		复核		审核		图号	SⅢ-10-2-1

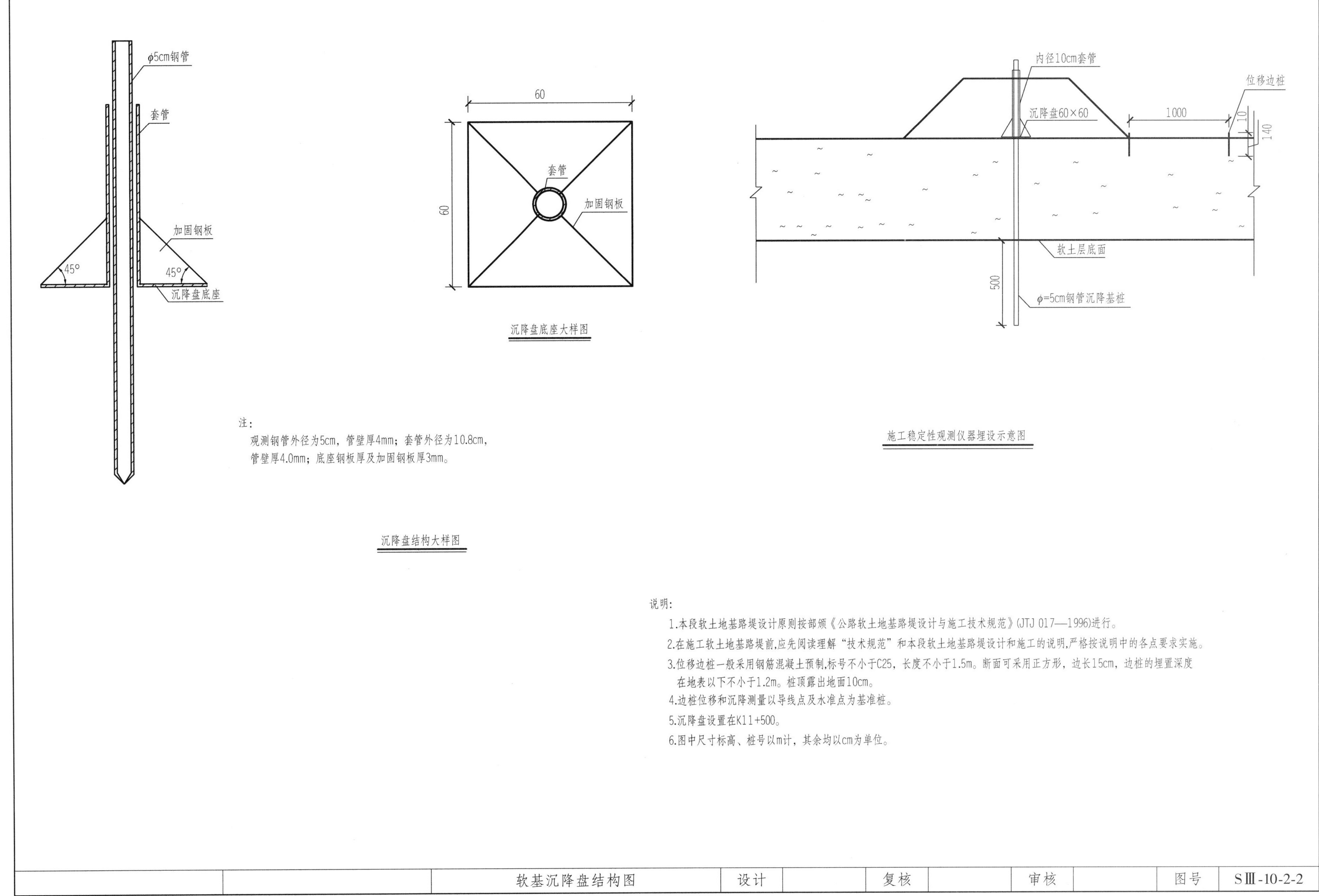

注：

观测钢管外径为5cm，管壁厚4mm；套管外径为10.8cm，管壁厚4.0mm；底座钢板厚及加固钢板厚3mm。

说明：

1.本段软土地基路堤设计原则按部颁《公路软土地基路堤设计与施工技术规范》(JTJ 017—1996)进行。

2.在施工软土地基路堤前,应先阅读理解“技术规范”和本段软土地基路堤设计和施工的说明,严格按说明中的各点要求实施。

3.位移边桩一般采用钢筋混凝土预制,标号不小于C25，长度不小于1.5m。断面可采用正方形，边长15cm，边桩的埋置深度在地表以下不小于1.2m。桩顶露出地面10cm。

4.边桩位移和沉降测量以导线点及水准点为基准桩。

5.沉降盘设置在K11+500。

6.图中尺寸标高、桩号以m计，其余均以cm为单位。

	软基沉降盘结构图	设计		复核		审核		图号	SⅢ-10-2-2

路基每公里土石方数量表

碧里至将军帽港区疏港交通战备公路

起讫桩号	挖方/m^3（天然方）						填方数量（压实方）					主线调往通道/m^3			主线利用土石方/m^3			利用通道余方填方			利用洞渣填方		借方填方		废方/m^3		
	总体积	土方		石方			设计断面数量		清表土增填方	软基预压沉降增填方	路基加宽填筑增填方	土方	软石	石方	土方	软石	石方	土方	软石	石方	土方	石方	土方	石方	土方	软石	石方
		普通土	硬土	软石	次坚石	坚石	填土	填石				天然方/压实方	天然方/压实方	天然方/压实方	天然方/压实方	天然方/压实方	天然方/压实方	天然方/压实方	天然方/压实方	天然方/压实方	天然方/压实方	天然方/压实方	天然方/压实方	天然方/压实方	天然方/增运量	天然方/增运量	天然方/增运量
1	2	3	4	5	6	7	8	9	10	11	12	13	14	15	16	17	18	19	20	21	22	23	24	25	26	27	28
K8+897～K9+000							12																				
K9+000～K10+000							27 316																				
K10+000～K11+000	441 564	20 801	36 906	37 519	84 329	262 009	34 473								28 488	12 993	119 943								24 021	16 707	213 357
															25 547	14 123	130 373								353 222	29 791	380 444
K11+000～K12+000	52 490		10 496	15 741	18 367	7886	14 558	52 420							15 710	23 555	39 286										
															14 096	25 604	42 702										
K12+000～K13+000	12 636	1482	3238	3520	2850	1546	116 048								4718	3524	4400				26	23 109					
															4226	3830	4783				24	25 118					
K13+000～K14+000	65 684	6617	19 800	16 452	9791	13 024	49 564								26 414	16 452	22 814										
															23 695	17 882	24 799										
K14+000～K15+000	20 533	2313	5438	5899	4916	1967	35 774								7751	5899	6883										
															6940	6412	7482										
K15+000～K16+000	25 281	5959	10 739	4926	2958	699	38 919								16 693	4926	3657										
															14 953	5354	3975										
K16+000～K17+000	17 369	6349	9823	1197			66 478								16 171	1197	0										
															14 480	1301	0										
K17+000～K18+000	25 016	7862	13 495	3659			55 338								21 357	3659	0										
															19 143	3977	0										
K18+000～K19+000	50 021	14 268	25 748	10 005			28 320								40 009	10 005	0										
															35 856	10 875	0										
K19+000～K19+557	47 001	101	11 832	9401	16 334	9333	17 198								11 935	9402	25 669										
															10 746	10 220	27 902										
本页合计	757 595	65 752	147 515	108 319	139 545	296 464	483 998	52 420							189 246	91 612	222 652				26	23 109			24 021	16 707	213 357
															169 682	99 579	242 015				24	25 118			353 222	29 791	380 444
本段合计	757 595	65 752	147 515	108 319	139 545	296 464	483 998	52 420							189 246	91 612	222 652				26	23 109			24 021	16 707	213 357
															169 682	99 579	242 015				24	25 118			353 222	29 791	380 444

本表每公里天然方校核条件：　　　　编制：　　　　复核：　　　　SⅢ-12-1

挖土方总量：(3)+(4)=[(13)+(16)+(26)]天然方−(11)−(12)；挖软石总量：(5)=[(17)+(14)+(27)]天然方；挖次坚石、坚石方总量：(6)+(7)=[(15)+(18)+(28)]天然方。

利用主线土方：(16)+(13)=本桩利用(30)+(31)+远运利用(34)+(35)；利用主线软石：(17)+(14)=本桩利用(32)+远运利用(36)；利用主线次坚石、坚石：(18)+(15)=本桩利用(33)+远运利用(37)；洞渣的石方为软石。

本路段填方闭合校核条件式：有带＊的清表土数量只需要废方，无需增填方。

填方总量：(8)+(9)+(10)+(11)+(12)=利用方+借方：[(16)+(17)+(18)+(19)+(20)+(21)+(22)+(23)+(24)+(25)]分母项。

路基每公里土石方数量表（续表）

碧里至将军帽港区疏港交通战备公路

起讫桩号	长度/km	本桩利用/m³				远运利用/m³				土方运输/m³（天然方）							软石运输（天然方）				石方运输（天然方）			
		推土机								推土机		铲运机		自行式铲运机		自卸汽车	推土机	翻斗车	拖拉机	自卸汽车	推土机	翻斗车	拖拉机	自卸汽车
		普通土	硬土	软石	次坚石坚石	普通土	硬土	软石	次坚石坚石	普通土	硬土	普通土	硬土	普通土	硬土	第一个1km	第一个20m	第一个100m	第一个100m	第一个1km	第一个20m	第一个100m	第一个100m	第一个1km
		天然方	天然方	天然方	天然方	天然方	天然方	天然方	天然方	第一个20m	第一个20m	第一个100m	第一个100m	第一个100m	第一个100m	每增运0.5km	每增运10m	每增运100m	每增运100m	每增运0.5km	每增运10m	每增运100m	每增运100m	每增运0.5km
		压实方	压实方	压实方	压实方	压实方	压实方	压实方	压实方	每增运10m	每增运10m	每增运50m	每增运50m	每增运50m	每增运50m									
1	29	30	31	32	33	34	35	36	37	38	39	40	41	42	43	44	45	46	47	48	49	50	51	52
K8+897～K9+000	0.102																							
K9+000～K10+000	1																							
K10+000～K11+000	1	963	1414	356	3284	9360	16 744	12 638	116 658	1061	1897	889	1590			44 676	2519	1850		23 775	12 026	11 138	7415	243 005
		830	1298	387	3569	8396	15 017	13 737	126 803	2766	4948	272	487			273 237	8136	98		79 166	40 461	4484	42 854	486 068
K11+000～K12+000	1		282	1009	1683		15 428	22 546	37 603		518		178		5547	9184	730	428	3586	19 662	4356	14 691	17 099	24 003
			259	1097	1829		13 837	24 507	40 873		1575		47		59 403	2004	2846	34	11 398	7775	8559	8770	42 178	11 764
K12+000～K13+000	1	799	1019	901	1126	682	2218	2622	3275	683	2218	6	20				2501	28			5825	1498	21 682	
		689	935	980	1223	612	1990	2850	3560	1295	4207						5130				11 327	828	29 369	
K13+000～K14+000	1	327	731	390	540	6289	19 067	16 062	22 274	1072	3249	1951	5914	2900	8791	1481	2095	5096	6508	2243	4089	10 119	18 166	5962
		282	671	424	587	5641	17 101	17 459	24 211	3794	11 501	2608	7906	20 727	62 834		7310	3787	19 148		14 168	6040	54 513	
K14+000～K15+000	1	757	705	197	230	1556	4733	5702	6653	290	883	887	2697	379	1153		887	3207	1557		1499	7360	3496	
		653	647	214	250	1395	4245	6198	7232	498	1515	1064	3237	1415	4303		2494	2084	3085		3832	4962	7281	
K15+000～K16+000	1	1256	1196	221	164	4701	9540	4705	3493	1790	3631	2550	5175	362	734		1728	3062	275		2828	4704	665	
		1083	1097	240	178	4217	8556	5114	3797	3868	7849	1367	2774	1529	3103		5136	1009	586		8323	2081	1272	
K16+000～K17+000	1	2024	2287	416	0	4324	7536	781	0	3057	5327	1268	2209				600	177			604	177		
		1745	2098	452	0	3878	6759	849	0	5361	9344	135	235				2002	2			2003	1		
K17+000～K18+000	1	1116	1318	292	0	6746	12 177	3367	0	2437	4398	2653	4788	906	1635	2107	787	1220	665	694	776	1231	665	694
		962	1209	317	0	6051	10 921	3660	0	5858	10 573	931	1680	4260	7688		2024	155	2429		1967	224	2658	
K18+000～K19+000	1	1340	944	259	0	12 925	24 800	9746	0	2206	4233	6664	12 786			11 837	1151	4368		4162	507	1171		2606
		1155	866	281	0	11 593	22 242	10 594	0	6550	12 566	4411	8463			3884	6032	1190		2023	1811	603		1211
K19+000～K19+557	0.557	101	2230	447	1219	3	9608	8955	24 450	2	477	2	2589	2	2	6544	158	345	1	7766	437	1246	1	19 131
		87	2046	485	1326	3	8617	9734	26 577	2	586	2	1882	2	2	17 161	391	109	1	14 792	1025	373	1	75 554
本页合计	10.659	8683	12 126	4488	8246	46 586	121 851	87 124	214 406	12 598	26 831	16 870	37 946	4549	17 862	75 829	13 156	19 781	12 592	58 302	32 947	53 335	69 189	295 401
		7486	11 126	4876	8963	41 786	109 285	94 702	233 053	29 992	64 664	10 790	26 711	27 933	137 333	296 286	41 501	8468	36 647	103 756	93 476	28 366	180 126	574 597
本段合计	10.659	8683	12 126	4488	8246	46 586	121 851	87 124	214 406	12 598	26 831	16 870	37 946	4549	17 862	75 829	13 156	19 781	12 592	58 302	32 947	53 335	69 189	295 401
		7486	11 126	4876	8963	41 786	109 285	94 702	233 053	29 992	64 664	10 790	26 711	27 933	137 333	296 286	41 501	8468	36 647	103 756	93 476	28 366	180 126	574 597

本表每公里天然方校核条件：　　　　编制：　　　　复核：　　　　SⅢ-12-2

土方运输方：[(38)+(39)+(40)+(41)+(42)+(43)+(44)]分子项=远运利用土方[(34)+(35)]天然方+借天然土方(24)+废天然土方(26)+利用洞渣天然土方(22)。

软石运输方：[(45)+(46)+(47)+(48)]分子项=远运利用软石(36)天然方+废天然软石(27)。

次坚石、坚石运输方：[(49)+(50)+(51)+(52)]分子项=远运利用石方(37)天然方+借天然石方(25)+废天然石方(28)+利用洞渣天然石方(23)。

取土场、弃土场一览表

碧里至将军帽港区疏港交通战备公路 第1页 共1页

序号	桩号或位置	取土、弃方位置		运距/km	数量/m^3			永久占地/亩					临时占地/亩			临时工程			压实/m^3	M7.5浆砌片石护坡/m^3	种树/棵	M7.5浆砌片石护脚/m^3	备注
		左/m	右/m		取土	软基弃土	路基弃土	滩涂	旱地	果园	松林	荒地	水田	旱地	林地	新修便道/km	便桥/(m/座)	整修便道/km					
1	2	3	4	5	6	7	8	9	10	11	12	13	14	15	16	17	18	19	20	21	22	23	24
1	弃土场（K11+700）		100	0.8		52 475	276 696	155.2											276 696	2340	8622	1787.5	
	合计					52 475	276 696	155.2											276 696	2340	8622	1787.5	

编制： 复核： SⅢ-15

控制爆破段落及数量表

碧里至将军帽港区疏港交通战备公路 第1页 共1页

序号	起讫桩号	数量/m	位置	控爆数量/m^3				备注
				坚石	次坚石			
1	K11+030 ~ K11+080	50	上边坡	12 440.3	12 965.625			路基土石方数量中应扣除此石方量
合计		50.0		12 440	12 966			

编制： 复核： SⅢ-17

路基防护工程数量表

（上边坡挂网喷混凝土防护）

碧里至将军帽港区疏港交通战备公路

序号	桩　号	位置	防护总面积 /m²	φ16mm 挂网锚杆 /kg	φ8mm 挂网钢筋 /kg	φ6mm 钢筋 /kg	φ12mm 钢筋 /kg	C20 喷射混凝土 /m³	水泥砂浆 /m³	φ50mm 塑料排水管 /m	脚手架 /m²	备　注
1	K8+960 ~ K8+980	左侧	735.5	676.7	2033.5	8.5	146.4	73.6	0.2	92.7	588.4	老路左侧挖方边坡防护
2	K8+980 ~ K9+055	左侧第 1 阶	830.1	763.7	2295.2	9.6	165.2	83.0	0.2	104.6	742.5	边坡坡率 1：0.50
3	K9+085 ~ K9+120	左侧第 1 阶	391.3	360.0	1081.9	4.5	77.9	39.1	0.1	49.3	350.0	边坡坡率 1：0.50
	⋮											
17	K9+990 ~ K10+000	左侧第 3 阶	125.0	115.0	345.6	1.5	24.9	12.5	0.0	15.8	100.0	边坡坡率 1：0.75
18	K9+990 ~ K10+000	左侧第 4 阶	111.8	102.9	309.1	1.3	22.2	11.2	0.0	14.1	100.0	边坡坡率 1：0.50
K8+897.992 ~ K10+000 段小计			7691.6	7076.3	21 265.8	89.2	1530.6	769.2	2.0	969.1	6767.9	
19	K10+000 ~ K10+250	左侧第 1 阶	2610.1	2401.3	7216.3	30.3	519.4	261.0	0.7	328.9	2500.0	边坡坡率 1：0.30
20	K10+250 ~ K10+270	左侧第 1 阶	223.6	205.7	618.2	2.6	44.5	22.4	0.1	28.2	200.0	边坡坡率 1：0.50
	⋮											
28	K10+080 ~ K10+210	左侧第 4 阶	1453.4	1337.2	4018.5	16.9	289.2	145.3	0.4	183.1	1300.0	边坡坡率 1：0.50
29	K10+020 ~ K10+080	左侧第 5 阶	670.8	617.2	1854.7	7.8	133.5	67.1	0.2	84.5	600.0	边坡坡率 1：0.50
K10+000 ~ K10+719.436 段小计			10 484.2	9645.5	28 986.7	121.6	2086.4	1048.4	2.8	1321.0	9494.4	
30	K10+719.436 ~ K10+750	左侧第 1 阶	341.7	314.4	944.8	4.0	68.0	34.2	0.1	43.1	273.4	边坡坡率 1：0.50
31	K10+925 ~ K11+050	左侧第 1 阶	1397.5	1285.7	3863.9	16.2	278.1	139.8	0.4	176.1	1250.0	边坡坡率 1：0.50
32	K13+365 ~ K13+470	左侧第 1 阶	1173.9	1080.0	3245.7	13.6	233.6	117.4	0.3	147.9	1050.0	边坡坡率 1：0.50
33	K19+250 ~ K19+420	左侧第 1 阶	1710.6	1573.7	4729.4	19.8	340.4	171.1	0.5	215.5	1530.0	边坡坡率 1：0.50
K10+719.436 ~ K19+555.63 段小计			4623.8	4253.9	12 783.8	53.6	920.1	462.4	1.2	582.6	4103.4	
	合　计		22 799.6	20 975.6	63 036.4	264.5	4537.1	2280.0	6.0	2872.8	20 365.6	

编制：　　　　复核：　　　　SⅢ-18-1

路基防护工程数量表

（路堑拱型骨架防护）

碧里至将军帽港区疏港交通战备公路

序号	起讫桩号或中心桩号	工程名称	主要尺寸及说明（必要时绘出断面示意图）	单位	数量	分项工程数量：网格骨架：M7.5浆砌片石网格骨架/m³	网格骨架：M7.5浆砌片石上下镶边/m³	网格骨架：M7.5浆片石基础/m³	网格骨架：喷播草籽/m²	护面墙：M7.5浆砌片片块石墙身及防滑台/m³	拱型骨架防护：M7.5浆砌片石拱型骨架/m³	拱型骨架防护：拱内浆砌片石/m³	拱型骨架防护：拱内喷草籽/m²	拱型骨架防护：C20混凝土预制块/m³	其他防护：M7.5浆砌片石踏步/m³	其他防护：M7.5浆砌片石流水槽/m³	其他防护：M7.5浆砌片石平台/m³	其他防护：C20混凝土平台挡水埂/m³	挖基或挖槽土方/m³	客土/m³
1	2	3	4	5	6	7	8	9	10	11	12	13	14	15	16	17	18	19	20	21
1	K9+055 ~ K9+085	路堑拱型防护	左侧 第 1 阶，坡率 1：0.75，平均高 H=10.0m	m	30.0						51.5	70.6		5.6	9.5		21.5	1.5	138.8	
2	K9+055 ~ K9+085	路堑拱型防护	左侧 第 2 阶，坡率 1：1.00，平均高 H=6.0m	m	30.0						39.1		152.0	3.5	5.7				94.0	15.2
3	K9+200 ~ K9+215	路堑拱型防护	左侧 第 2 阶，坡率 1：0.75，平均高 H=9.5m	m	15.0						25.3		109.7	2.7	9.0				70.0	11.0
4	K9+435 ~ K9+510	路堑拱型防护	左侧 第 2 阶，坡率 1：0.75，平均高 H=10.0m	m	75.0						128.6		588.5	14.1	9.5	3.72			332.5	58.9
5	K9+570 ~ K9+750	路堑拱型防护	左侧 第 2 阶，坡率 1：0.75，平均高 H=10.0m	m	180.0						308.7		1412.5	33.9	9.5	3.72			779.6	141.2
6	K9+970 ~ K9+990	路堑拱型防护	左侧 第 2 阶，坡率 1：0.75，平均高 H=9.8m	m	20.0						34.1	45.8		3.7	9.3		14.4	1.0	93.9	
7	K8+990 ~ K9+053	路堑拱型防护	左侧 第 3 阶，坡率 1：1.00，平均高 H=7.2m	m	63.0						94.2	118.7		9.5	6.8	2.77	45.2	3.2	235.2	
8	K9+085 ~ K9+105	路堑拱型防护	左侧 第 3 阶，坡率 1：1.00，平均高 H=6.0m	m	20.0						26.1		101.4	2.3	5.7				64.6	10.1
9	K9+180 ~ K9+215	路堑拱型防护	左侧 第 3 阶，坡率 1：1.00，平均高 H=5.5m	m	35.0						44.5		156.2	3.9	5.2				100.5	15.6
10	K9+440 ~ K9+745	路堑拱型防护	左侧 第 3 阶，坡率 1：1.00，平均高 H=9.0m	m	305.0						526.1		2451.2	58.2	8.6	3.38			1331.6	245.1
11	K9+975 ~ K9+990	路堑拱型防护	左侧 第 3 阶，坡率 1：0.75，平均高 H=6.6m	m	15.0						19.4		75.8	1.7	6.3				50.1	7.6
12	K8+990 ~ K9+010	路堑拱型防护	左侧 第 4 阶，坡率 1：0.75，平均高 H=8.0m	m	20.0						29.8	36.8		3.0	7.6		14.4	1.0	78.1	
13	K9+100 ~ K9+120	路堑拱型防护	左侧 第 4 阶，坡率 1：0.75，平均高 H=9.9m	m	20.0						34.2	46.4		3.7	9.4		14.4	1.0	94.8	
14	K9+140 ~ K9+180	路堑拱型防护	左侧 第 4 阶，坡率 1：0.75，平均高 H=10.0m	m	40.0						68.6	94.2		7.5	9.5		28.7	2.0	181.8	
15	K9+475 ~ K9+630	路堑拱型防护	左侧 第 4 阶，坡率 1：0.75，平均高 H=9.8m	m	155.0						264.1		1183.1	28.8	9.3	3.65			660.8	118.3
16	K9+107 ~ K9+175	路堑拱型防护	左侧 第 5 阶，坡率 1：1.00，平均高 H=6.0m	m	68.0						88.7		344.6	8.0	5.7				205.8	34.5
17	K9+510 ~ K9+605	路堑拱型防护	左侧 第 5 阶，坡率 1：0.75，平均高 H=9.5m	m	95.0						160.2		694.5	17.3	9.0	3.55			398.5	69.5
18	K9+990 ~ K10+000	路堑拱型防护	左侧 第 5 阶，坡率 1：0.75，平均高 H=4.0m	m	10.0						10.3		26.9	0.7	3.8	1.68			24.6	2.7
19	K9+515 ~ K9+590	路堑拱型防护	左侧 第 6 阶，坡率 1：1.00，平均高 H=8.5m	m	75.0						118.5		589.1	12.6	8.1	3.21			319.0	58.9
20	K9+530 ~ K9+570	路堑拱型防护	左侧 第 7 阶，坡率 1：1.25，平均高 H=9.5m	m	40.0						70.3		345.7	7.9	9.0				190.9	34.6
	K8+897.992 ~ K10+000 段小计			m	1311.0						2142.3	412.5	8231.1	228.8	156.6	25.7	138.5	9.8	5444.9	823.1

编制：　　　　复核：　　　　SⅢ-18-2

路基防护工程数量表

(路堑拱型骨架防护)

序号	起讫桩号或中心桩号	工程名称	主要尺寸及说明（必要时绘出断面示意图）	单位	数量	分项工程数量														
						网格骨架				护面墙	拱型骨架防护				其他防护					
						M7.5浆砌片石网格骨架 /m³	M7.5浆砌片石上下镶边 /m³	M7.5浆片石基础 /m³	喷播草籽 /m²	M7.5浆砌片片块石墙身及防滑台 /m³	M7.5浆砌片石拱型骨架 /m³	拱内浆砌片石 /m³	拱内喷草籽 /m²	C20混凝土预制块 /m³	M7.5浆砌片石踏步 /m³	M7.5浆砌片石流水槽 /m³	M7.5浆砌片石平台 /m³	C20混凝土平台挡水埂 /m³	挖基或挖槽土方 /m³	客土 /m³
1	2	3	4	5	6	7	8	9	10	11	12	13	14	15	16	17	18	19	20	21
21	K10+640 ~ K10+719.4	路堑拱型防护	左侧 第2阶，坡率1：0.75，平均高 H=9.8m	m	79.4						135.3	181.9		14.8	9.3		57.0	4.1	345.3	
22	K10+060 ~ K10+150	路堑拱型防护	左侧 第3阶，坡率1：0.75，平均高 H=10.0m	m	90.0						154.4	211.9		16.9	9.5		64.6	4.6	397.3	
23	K10+250 ~ K10+270	路堑拱型防护	左侧 第3阶，坡率1：0.75，平均高 H=5.5m	m	20.0						24.6	23.2		2.0	5.2		14.4	1.0	56.1	
24	K10+645 ~ K10+719.4	路堑拱型防护	左侧 第3阶，坡率1：0.75，平均高 H=6.5m	m	74.4						95.9		367.9	8.5	6.2	2.53			223.5	36.8
25	K10+000 ~ K10+010	路堑拱型防护	左侧 第5阶，坡率1：0.75，平均高 H=8.0m	m	10.0						14.9		61.3	1.5	7.6	3.04			45.4	6.1
26	K10+080 ~ K10+170	路堑拱型防护	左侧 第5阶，坡率1：0.75，平均高 H=10.0m	m	90.0						154.4	211.9		16.9	9.5		64.6	4.6	397.3	
27	K10+210 ~ K10+265	路堑拱型防护	左侧 第5阶，坡率1：0.75，平均高 H=6.0m	m	55.0						69.3		242.4	5.9	5.7				153.7	24.2
28	K10+015 ~ K10+080	路堑拱型防护	左侧 第6阶，坡率1：0.75，平均高 H=8.0m	m	65.0						96.7		398.3	9.6	7.6				233.4	39.8
29	K10+080 ~ K10+210	路堑拱型防护	左侧 第6阶，坡率1：1.00，平均高 H=9.5m	m	130.0						228.4		1123.6	25.7	9.0	3.55			603.8	112.4
30	K10+035 ~ K10+060	路堑拱型防护	左侧 第7阶，坡率1：1.00，平均高 H=5.5m	m	25.0						31.8		111.6	2.8	5.2				73.3	11.2
	K10+000 ~ K10+719.436 段小计			m	638.9						1005.7	628.9	2305.0	104.6	74.9	9.1	200.6	14.3	2528.9	230.5

编制：　　　　复核：　　　　SⅢ-18-3

路基防护工程数量表
（路堑边坡防护）

碧里至将军帽港区疏港交通战备公路　　　　第 3 页　共 5 页

序号	起讫桩号或中心桩号	工程名称	主要尺寸及说明（必要时绘出断面示意图）	单位	数量	分项工程数量																
						喷播草籽		网格骨架			护面墙	拱型骨架防护				其他防护						
						喷播草籽 /m²	M7.5浆砌片石镶边及基础 /m³	M7.5浆砌片石网格骨架 /m³	M7.5浆砌片石上下镶边 /m³	喷播草籽 /m²	M7.5浆片石墙身及防滑台 /m³	M7.5浆片石拱型骨架 /m³	拱内浆砌片石 /m³	拱内喷草籽 /m²	C20混凝土预制块 /m³	M7.5浆砌片石踏步 /m³	M7.5浆砌片石流水槽 /m³	M7.5浆砌片石平台 /m³	C20混凝土平台挡水埂 /m³	碎落台喷草籽 /m²	挖基或挖槽土方 /m³	客土 /m³
1	2	3	4	5	6	7	8	9	10	11	12	13	14	15	16	17	18	19	20	21	22	23
31	K10+750 ~ K10+810	路堑边坡护面墙防护	左侧第 1 阶，坡率 1∶0.5，平均高度 H=9.3m	m	60.0						460.7					57.0	2.8			42.0	548.4	
32	K10+719 ~ K10+730	路堑拱型骨架（内砌石）边坡防护	左侧第 2 阶，坡率 1∶0.75，平均高度 H=10m	m	10.6							19.3	35.1			10.0	3.2	4.7	0.5		63.4	7.0
33	K10+730 ~ K10+790	路堑边坡拱型骨架（内喷草籽）防护	左侧第 2 阶，坡率 1∶0.75，平均高度 H=5.3m	m	60.0							73.2		219.4	6.0	57.0	1.8	26.8	3.1		89.1	
34	K10+719 ~ K10+730	路堑边坡拱型骨架（内喷草籽）防护	左侧第 3 阶，坡率 1∶0.75，平均高度 H=6.9m	m	10.6							13.9		56.7	1.2	10.0	2.3	4.7	0.5		19.2	
35	K10+719 ~ K10+730	路堑边坡护面墙防护	右侧第 1 阶，坡率 1∶0.5，平均高度 H=10m	m	10.6						85.7					10.0	3.0			7.4	96.6	
36	K10+719 ~ K10+730	路堑网格骨架边坡防护	右侧第 2 阶，坡率 1∶0.75，平均高度 H=2.4m	m	10.6			3.9	6.3	22.0						10.0	1.1	4.9	0.5		1.2	
37	K10+870 ~ K10+925	路堑边坡护面墙防护	左侧第 1 阶，坡率 1∶0.5，平均高度 H=9.7m	m	55.0						436.0					52.3	2.9			38.5	502.7	
38	K11+050 ~ K11+085	路堑边坡护面墙防护	左侧第 1 阶，坡率 1∶0.5，平均高度 H=9m	m	35.0						262.2					33.3	2.8			24.5	319.9	
39	K10+890 ~ K10+925	路堑边坡拱型骨架（内喷草籽）防护	左侧第 2 阶，坡率 1∶0.75，平均高度 H=6.4m	m	35.0							44.9		169.3	3.9	33.3	2.2	15.6	1.8		56.1	
40	K10+925 ~ K11+070	路堑拱型骨架（内砌石）边坡防护	左侧第 2 阶，坡率 1∶0.75，平均高度 H=10m	m	145.0							265.4	482.4			137.8	6.4	64.7	7.4		829.6	96.5
41	K10+925 ~ K11+055	路堑边坡拱型骨架（内喷草籽）防护	左侧第 3 阶，坡率 1∶0.75，平均高度 H=8.7m	m	130.0							198.6		894.1	20.3	123.5	5.9	58.0	6.6		247.3	
42	K10+930 ~ K11+010	路堑网格骨架边坡防护	左侧第 4 阶，坡率 1∶1，平均高度 H=5.7m	m	80.0			78.8	48.0	448.2						76.0	2.3	37.0	4.1		2.5	
43	K11+030 ~ K11+050	路堑网格骨架边坡防护	左侧第 4 阶，坡率 1∶1，平均高度 H=3.5m	m	20.0			12.1	12.0	68.8						19.0	1.5	9.3	1.0		1.7	
44	K10+945 ~ K11+075	路堑边坡护面墙防护	右侧第 1 阶，坡率 1∶0.5，平均高度 H=9.3m	m	130.0						998.1					123.5	5.7			91.0	1188.2	
45	K10+970 ~ K10+990	路堑边坡拱型骨架（内喷草籽）防护	右侧第 2 阶，坡率 1∶0.75，平均高度 H=4m	m	20.0							20.7		53.8	1.4	19.0	1.4	8.9	1.0		25.7	
46	K10+990 ~ K11+070	路堑拱型骨架（内砌石）边坡防护	右侧第 2 阶，坡率 1∶0.75，平均高度 H=9.5m	m	80.0							143.5	255.4			76.0	3.0	35.7	4.1		442.2	51.1
47	K11+005 ~ K11+045	路堑网格骨架边坡防护	右侧第 3 阶，坡率 1∶1，平均高度 H=2.6m	m	40.0			18.0	24.0	102.2						38.0	1.2	18.5	2.0		1.3	
48	K11+840 ~ K11+917	路堑边坡拱型骨架（内喷草籽）防护	左侧第 1 阶，坡率 1∶0.75，平均高度 H=4.7m	m	77.0							86.0		264.8	7.0	73.2	5.6			53.9	108.5	
49	K11+875 ~ K11+917	路堑网格骨架边坡防护	右侧第 1 阶，坡率 1∶0.75，平均高度 H=3.3m	m	42.0			21.2	25.2	120.4						39.9	1.4				1.6	
50	K12+180 ~ K12+188	路堑边坡拱型骨架（内喷草籽）防护	左侧第 1 阶，坡率 1∶0.75，平均高度 H=3.6m	m	8.0							8.4		18.1	0.6	7.6	2.0			5.6	12.1	
51	K12+575 ~ K12+625	路堑拱型骨架（内砌石）边坡防护	右侧第 1 阶，坡率 1∶0.75，平均高度 H=5.6m	m	50.0							67.0	98.3			47.5	2.3			35.0	184.3	19.7
52	K13+230 ~ K13+330	路堑边坡拱型骨架（内喷草籽）防护	左侧第 1 阶，坡率 1∶0.75，平均高度 H=9.1m	m	100.0							170.6		688.2	19.3	95.0	11.5			70.0	221.4	
53	K13+250 ~ K13+315	路堑网格骨架边坡防护	左侧第 2 阶，坡率 1∶1，平均高度 H=4.5m	m	65.0			50.5	39.0	287.5						61.8	1.9	30.1	3.3		2.0	
54	K13+470 ~ K13+490	路堑拱型骨架（内砌石）边坡防护	左侧第 1 阶，坡率 1∶0.75，平均高度 H=7.5m	m	20.0							31.6	51.3			19.0	2.9			14.0	94.4	10.3
55	K13+370 ~ K13+470	路堑边坡拱型骨架（内喷草籽）防护	左侧第 2 阶，坡率 1∶0.75，平均高度 H=6.5m	m	100.0							128.9		494.3	11.4	95.0	4.4	44.6	5.1		159.1	
56	K13+395 ~ K13+445	路堑网格骨架边坡防护	左侧第 3 阶，坡率 1∶1，平均高度 H=4.9m	m	50.0			42.3	30.0	240.8						47.5	2.0	23.2	2.6		2.2	
57	K13+380 ~ K13+480	路堑拱型骨架（内砌石）边坡防护	右侧第 1 阶，坡率 1∶0.75，平均高度 H=7.1m	m	100.0							155.6	245.9			95.0	5.5			70.0	447.6	49.2
58	K17+910 ~ K18+090	路堑边坡拱型骨架（内喷草籽）防护	左侧第 1 阶，坡率 1∶0.75，平均高度 H=8.6m	m	180.0							281.6		1218.6	30.6	171.0	14.8			126.0	359.8	

编制：　　　　审核：　　　　SⅢ-18-4

路基防护工程数量表
（路堑边坡防护）

序号	起讫桩号或中心桩号	工程名称	主要尺寸及说明（必要时绘出断面示意图）	单位	数量	分项工程数量																
						喷播草籽		网格骨架			护面墙	拱型骨架防护				其他防护						
						喷播草籽/m²	M7.5浆砌片石镶边及基础/m³	M7.5浆砌片石网格骨架/m³	M7.5浆砌片石上下镶边/m³	喷播草籽/m²	M7.5浆片石墙身及防滑台/m³	M7.5浆片石拱型骨架/m³	拱内浆砌片石/m³	拱内喷草籽/m²	C20混凝土预制块/m³	M7.5浆砌片石踏步/m³	M7.5浆砌片石流水槽/m³	M7.5浆砌片石平台/m³	C20混凝土平台挡水埂/m³	碎落台喷草籽/m²	挖基或挖槽土方/m³	客土/m³
1	2	3	4	5	6	7	8	9	10	11	12	13	14	15	16	17	18	19	20	21	22	23
59	K19+420～K19+450	路堑边坡拱型骨架（内喷草籽）防护	左侧第1阶，坡率1∶0.75，平均高度H=8.4m	m	30.0							46.5		196.7	5.0	28.5	4.6			21.0	61.8	
60	K19+490～K19+556	路堑边坡拱型骨架（内喷草籽）防护	左侧第1阶，坡率1∶0.75，平均高度H=6.9m	m	65.6							88.8		352.6	8.7	62.3	5.7			45.9	113.6	
61	K19+293～K19+350	路堑边坡拱型骨架（内喷草籽）防护	左侧第2阶，坡率1∶1，平均高度H=7.9m	m	57.0							87.8		406.3	9.1	54.2	2.7	25.4	2.9		109.6	
62	K19+255～K19+335	路堑拱型骨架（内砌石）边坡防护	右侧第1阶，坡率1∶0.75，平均高度H=10m	m	80.0							149.7	266.2			76.0	3.7			56.0	461.5	53.2
63	K19+280～K19+330	路堑网格骨架边坡防护	右侧第2阶，坡率1∶0.75，平均高度H=3.8m	m	50.0			29.0	30.0	165.1						47.5	1.6	23.2	2.6		1.8	
64	K12+445～K12+510	路堑网格骨架边坡防护	左侧第1阶，坡率1∶0.75，平均高度H=4.3m	m	65.0			42.7	39.0	242.8						61.8	1.8				2.0	
65	K12+590～K12+630	路堑网格骨架边坡防护	左侧第1阶，坡率1∶0.75，平均高度H=4.3m	m	40.0			26.3	24.0	149.4						38.0	1.8				2.0	
66	K12+780～K12+860	路堑喷草籽边坡防护	左侧第1阶，坡率1∶0.75，平均高度H=2.8m	m	80.0	280.0	48.0									76.0	1.3				1.4	
67	K12+990～K13+020	路堑网格骨架边坡防护	左侧第1阶，坡率1∶0.75，平均高度H=3.5m	m	30.0			16.0	18.0	91.2						28.5	1.5				1.7	
68	K13+330～K13+370	路堑网格骨架边坡防护	左侧第1阶，坡率1∶0.75，平均高度H=2.5m	m	40.0			15.3	24.0	86.9						38.0	1.2				1.3	
69	K12+490～K13+515	路堑网格骨架边坡防护	左侧第1阶，坡率1∶0.75，平均高度H=2.4m	m	1025.0			375.8	615.0	2137.1						973.8	12.5				13.7	
70	K14+070～K14+410	路堑网格骨架边坡防护	左侧第1阶，坡率1∶0.75，平均高度H=4.6m	m	340.0			238.9	204.0	1358.7						323.0	7.5				8.3	
71	K14+190～K15+220	路堑喷草籽边坡防护	左侧第1阶，坡率1∶0.75，平均高度H=1.1m	m	1030.0	1416.3	618.0									978.5	7.6				8.4	
72	K15+390～K15+624	路堑网格骨架边坡防护	左侧第1阶，坡率1∶0.75，平均高度H=4.5m	m	234.0			160.8	140.4	914.8						222.3	5.6				6.1	
73	K15+670～K15+780	路堑网格骨架边坡防护	左侧第1阶，坡率1∶0.75，平均高度H=5.8m	m	110.0			97.5	66.0	554.3						104.5	4.6				5.0	
74	K15+780～K16+090	路堑喷草籽边坡防护	左侧第1阶，坡率1∶0.75，平均高度H=1.9m	m	310.0	736.3	186.0									294.5	3.9				4.3	
75	K16+200～K16+390	路堑喷草籽边坡防护	左侧第1阶，坡率1∶0.75，平均高度H=2.5m	m	190.0	593.8	114.0									180.5	2.3				2.6	
76	K16+550～K16+710	路堑喷草籽边坡防护	左侧第1阶，坡率1∶0.75，平均高度H=2.9m	m	160.0	580.0	96.0									152.0	2.6				2.9	
77	K16+770～K16+885	路堑喷草籽边坡防护	左侧第1阶，坡率1∶0.75，平均高度H=1.3m	m	115.0	186.9	69.0									109.3	1.5				1.7	
78	K17+210～K17+335	路堑网格骨架边坡防护	左侧第1阶，坡率1∶0.75，平均高度H=5m	m	125.0			95.5	75.0	543.0						118.8	4.0				4.4	
79	K17+335～K17+420	路堑喷草籽边坡防护	左侧第1阶，坡率1∶0.75，平均高度H=1.9m	m	85.0	201.9	51.0									80.8	1.0				1.1	
80	K17+560～K17+675	路堑喷草籽边坡防护	左侧第1阶，坡率1∶0.75，平均高度H=2.3m	m	115.0	330.6	69.0									109.3	2.2				2.4	
81	K18+120～K18+132	路堑网格骨架边坡防护	左侧第1阶，坡率1∶0.75，平均高度H=5.7m	m	12.0			10.4	7.2	59.4						11.4	2.3				2.5	
82	K18+280～K18+660	路堑网格骨架边坡防护	左侧第1阶，坡率1∶0.75，平均高度H=3.9m	m	380.0			226.4	228.0	1287.5						361.0	6.6				7.2	
83	K18+830～K19+000	路堑网格骨架边坡防护	左侧第1阶，坡率1∶0.75，平均高度H=3.5m	m	170.0			90.9	102.0	516.9						161.5	3.0				3.3	
84	K19+210～K19+250	路堑喷草籽边坡防护	左侧第1阶，坡率1∶0.75，平均高度H=2.5m	m	40.0	125.0	24.0									38.0	1.2				1.3	
85	K19+450～K19+470	路堑网格骨架边坡防护	左侧第1阶，坡率1∶0.75，平均高度H=2.5m	m	20.0			7.6	12.0	43.4						19.0	1.2				1.3	
86	K12+790～K12+850	路堑喷草籽边坡防护	右侧第1阶，坡率1∶0.75，平均高度H=1.1m	m	60.0	82.5	36.0									57.0	0.7				0.8	

编制：　　　　审核：　　　　SⅢ-18-5

路基防护工程数量表

（路堑边坡防护）

碧里至将军帽港区疏港交通战备公路

序号	起讫桩号或中心桩号	工程名称	主要尺寸及说明（必要时绘出断面示意图）	单位	数量	分项工程数量 喷播草籽 喷播草籽/m²	喷播草籽 M7.5浆砌片石镶边及基础/m³	网格骨架 M7.5浆砌片石网格骨架/m³	网格骨架 M7.5浆砌片石上下镶边/m³	网格骨架 喷播草籽/m²	护面墙 M7.5浆片石墙身及防滑台/m³	拱型骨架防护 M7.5浆片石拱型骨架/m³	拱型骨架防护 拱内浆砌片石/m³	拱型骨架防护 拱内喷草籽/m²	拱型骨架防护 C20混凝土预制块/m³	其他防护 M7.5浆砌片石踏步/m³	其他防护 M7.5浆砌片石流水槽/m³	其他防护 M7.5浆砌片石平台/m³	其他防护 C20混凝土平台挡水埂/m³	其他防护 碎落台喷草籽/m²	其他防护 挖基或挖槽土方/m³	其他防护 客土/m³
1	2	3	4	5	6	7	8	9	10	11	12	13	14	15	16	17	18	19	20	21	22	23
87	K13+248 ~ K13+335	路堑喷草籽边坡防护	右侧第 1 阶，坡率 1 : 0.75，平均高度 H=3.5m	m	87.0	380.6	52.2									82.7	1.5				1.7	
88	K13+358 ~ K13+380	路堑网格骨架边坡防护	右侧第 1 阶，坡率 1 : 0.75，平均高度 H=3.5m	m	22.0			11.8	13.2	66.9						20.9	1.5				1.7	
89	K14+070 ~ K14+130	路堑喷草籽边坡防护	右侧第 1 阶，坡率 1 : 0.75，平均高度 H=1.5m	m	60.0	112.5	36.0									57.0	0.8				0.9	
90	K14+150 ~ K14+190	路堑喷草籽边坡防护	右侧第 1 阶，坡率 1 : 0.75，平均高度 H=2m	m	40.0	100.0	24.0									38.0	1.0				1.1	
91	K15+430 ~ K15+490	路堑喷草籽边坡防护	右侧第 1 阶，坡率 1 : 0.75，平均高度 H=1.4m	m	60.0	105.0	36.0									57.0	0.8				0.9	
92	K15+690 ~ K15+770	路堑喷草籽边坡防护	右侧第 1 阶，坡率 1 : 0.75，平均高度 H=1.6m	m	80.0	160.0	48.0									76.0	0.9				1.0	
93	K16+570 ~ K16+625	路堑喷草籽边坡防护	右侧第 1 阶，坡率 1 : 0.75，平均高度 H=1.7m	m	55.0	116.9	33.0									52.3	0.9				1.0	
94	K17+260 ~ K17+325	路堑喷草籽边坡防护	右侧第 1 阶，坡率 1 : 0.75，平均高度 H=1.5m	m	65.0	121.9	39.0									61.8	0.8				0.9	
95	K17+910 ~ K18+090	路堑网格骨架边坡防护	右侧第 1 阶，坡率 1 : 0.75，平均高度 H=3.9m	m	180.0			107.2	108.0	609.9						171.0	3.3				3.6	
96	K18+310 ~ K18+500	路堑网格骨架边坡防护	右侧第 1 阶，坡率 1 : 0.75，平均高度 H=3.4m	m	190.0			98.7	114.0	561.2						180.5	3.0				3.2	
97	K18+840 ~ K18+930	路堑网格骨架边坡防护	右侧第 1 阶，坡率 1 : 0.75，平均高度 H=2.9m	m	90.0			39.9	54.0	226.7						85.5	1.3				1.4	
98	K18+950 ~ K19+010	路堑喷草籽边坡防护	右侧第 1 阶，坡率 1 : 0.75，平均高度 H=1.5m	m	60.0	112.5	36.0									57.0	0.8				0.9	
99	K19+190 ~ K19+255	路堑喷草籽边坡防护	右侧第 1 阶，坡率 1 : 0.75，平均高度 H=0.6m	m	65.0	48.8	39.0									61.8	0.5				0.6	
100	K19+335 ~ K19+430	路堑网格骨架边坡防护	右侧第 1 阶，坡率 1 : 0.75，平均高度 H=3.5m	m	95.0			50.8	57.0	288.9						90.3	1.5				1.7	
	K10+719.436 ~ K19+555.63 段合计			m	7931.9	5791.3	1654.2	1968.2	2115.3	11 194.0	2242.6	2082.0	1434.7	5032.7	124.5	7535.3	218.5	435.2	49.1	700.8	6882.4	286.9
	总合计			m	9881.8	5791.3	1654.2	1968.2	2115.3	11 194.0	2242.6	5230.0	2476.1	15 568.8	457.9	7766.8	253.3	774.3	73.2	700.8	15 171.3	1340.5

编制：　　　　审核：　　　　SⅢ-18-6

路基防护工程数量表

（下边坡边坡挂网喷混凝土防护）

碧里至将军帽港区疏港交通战备公路

序号	桩号	位置	防护总面积 /m^2	ϕ16mm 挂网锚杆 /kg	ϕ8mm 挂网钢筋 /kg	ϕ6mm 钢筋 /kg	ϕ12mm 钢筋 /kg	C20 喷射混凝土 /m^3	水泥砂浆 /m^3	ϕ50mm 塑料排水管 /m	2.5m 脚手架 /m^2	备注
1	K8+990 ~ K9+250	右侧下边坡第 1 阶	2868.0	2638.6	7929.5	33.3	570.7	286.8	0.8	361.4	2028.0	边坡坡率 1：1.00
2	K9+060 ~ K9+250	右侧下边坡第 2 阶	1900.0	1748.0	5253.1	22.0	378.1	190.0	0.5	239.4	1520.0	边坡坡率 1：0.75
3	K9+420 ~ K9+650	右侧下边坡第 1 阶	2862.4	2633.4	7913.9	33.2	569.6	286.2	0.8	360.7	2024.0	边坡坡率 1：1.00
4	K9+420 ~ K9+655	右侧下边坡第 2 阶	2350.0	2162.0	6497.3	27.3	467.7	235.0	0.6	296.1	1880.0	边坡坡率 1：0.75
5	K9+420 ~ K9+655	右侧下边坡第 3 阶	2101.9	1933.8	5811.3	24.4	418.3	210.2	0.6	264.8	1880.0	边坡坡率 1：0.50
6	K9+655 ~ K9+770	右侧下边坡第 1 阶	1301.1	1197.0	3597.2	15.1	258.9	130.1	0.3	163.9	920.0	边坡坡率 1：1.00
7	K9+655 ~ K9+890	右侧下边坡第 2 阶	2350.0	2162.0	6497.3	27.3	467.7	235.0	0.6	296.1	1880.0	边坡坡率 1：0.75
	合　计		15 733.4	14 474.7	43 499.6	182.5	3130.9	1573.3	4.2	1982.4	12 132.0	

编制：　　　　复核：　　　　SⅢ-18-7

路基防护工程数量表

（路堤边坡防护）

碧里至将军帽港区疏港交通战备公路

序号	起讫桩号或中心桩号	工程名称	主要尺寸及说明（必要时绘出断面示意图）	长度 /m	分项工程数量												备注
					喷草籽		浆砌片石方格网			拱型骨架				其他防护			
					边坡喷草籽 /m²	M7.5 砂浆砌片石框架 /m³	M7.5 砂浆砌片石框架 /m³	M7.5 砂浆砌片石衬格 /m³	框格植草 /m²	M7.5 浆砌片石拱型骨架 /m³	C20 混凝土预制块 /m³	拱内浆砌片石 /m³	拱内喷草籽 /m²	预制 C25 混凝土 /m³	M7.5 浆砌片石流水槽、踏步 /m³	挖基 /m³	
1	2	3	4	5	6	7	8	9	10	11	12	13	14	15	16	17	18
1	K8+898 ~ K8+990	下边坡浆砌片石方格网防护	右侧下边坡第 1 阶，平均高度 6.30m	92.0			21.8	0.6	7.5					0.03	2.4	0.9	
2	K9+270 ~ K9+298	下边坡浆砌片石方格网防护	右侧下边坡第 1 阶，平均高度 6.20m	28.0			7.1	0.6	7.4					0.03	2.3	0.9	
3	K9+306 ~ K9+373	下边坡浆砌片石方格网防护	右侧下边坡第 1 阶，平均高度 5.80m	67.0			16.0	0.6	6.9					0.03	2.2	0.8	
4	K9+918 ~ K9+950	下边坡浆砌片石方格网防护	右侧下边坡第 1 阶，平均高度 2.50m	32.0			7.6	0.3	2.6					0.01	0.9	0.5	
5	K9+270 ~ K9+298	下边坡浆砌片石方格网防护	右侧下边坡第 2 阶，平均高度 6.80m	28.0			7.1	0.7	8.2					0.03	2.6	0.9	
6	K9+302 ~ K9+330	下边坡浆砌片石方格网防护	右侧下边坡第 2 阶，平均高度 8.00m	28.0			7.3	0.8	9.7					0.04	3.0	1.0	
7	K9+250 ~ K9+270	下边坡拱型骨架防护（拱内浆砌片石）	右侧下边坡第 1 阶，平均高度 4.00m	20.0						28.7		37.2				66	
8	K9+250 ~ K9+270	下边坡拱型骨架防护（拱内浆砌片石）	右侧下边坡第 2 阶，平均高度 8.00m	20.0						31.6		15.4				47	
9	K9+330 ~ K9+373	下边坡拱型骨架防护（拱内浆砌片石）	右侧下边坡第 2 阶，平均高度 7.20m	43.0						68.0		117.7				186	
10	K9+350 ~ K9+373	下边坡拱型骨架防护（拱内浆砌片石）	右侧下边坡第 3 阶，平均高度 8.00m	23.0						36.3		17.7				54	
11	K9+373 ~ K9+420	下边坡拱型骨架防护（拱内浆砌片石）	右侧下边坡第 1 阶，平均高度 9.40m	47.0						87.8		164.3				252	
12	K9+373 ~ K9+420	下边坡拱型骨架防护（拱内浆砌片石）	右侧下边坡第 2 阶，平均高度 8.00m	47.0						74.2		36.2				110	
13	K9+770 ~ K9+918	下边坡拱型骨架防护（拱内浆砌片石）	右侧下边坡第 1 阶，平均高度 5.90m	148.0						202.7		333.4			5.3	540	
14	K9+918 ~ K9+930	下边坡拱型骨架防护（拱内浆砌片石）	右侧下边坡第 2 阶，平均高度 2.50m	12.0						10.5		12.5				23	
15	K9+930 ~ K10+000	下边坡拱型骨架防护（拱内浆砌片石）	右侧下边坡第 1 阶，平均高度 9.90m	70.0						133.6		255.3			2.7	393	
16	K11+085 ~ K11+230	路堤边坡浆砌片石方格网防护	左侧路堤边坡第 1 阶，平均高度 3.2m	145.0			33.7	0.3	3.5					0.0	1.2	0.6	
17	K11+530 ~ K11+830	路堤边坡喷草籽防护	左侧路堤边坡第 1 阶，平均高度 2.8m	300.0	1514.3	69.3								14.9	15.6	110.0	
18	K12+188 ~ K12+240	路堤边坡浆砌片石方格网防护	左侧路堤边坡第 1 阶，平均高度 6.1m	52.0			12.6	0.6	7.3					0.0	2.3	0.9	
19	K12+240 ~ K12+280	路堤边坡浆砌片石方格网防护	左侧路堤边坡第 1 阶，平均高度 8m	40.0			10.0	0.8	9.7					0.0	3.0	1.0	
20	K12+240 ~ K12+280	路堤边坡拱型骨架（内喷草籽）防护	左侧路堤边坡第 2 阶，平均高度 3.1m	40.0						29.8	1.9		169.8		4.0	39.0	
21	K12+280 ~ K12+445	路堤边坡浆砌片石方格网防护	左侧路堤边坡第 1 阶，平均高度 6.2m	165.0			38.6	0.6	7.4					0.0	2.3	0.9	
22	K12+510 ~ K12+590	路堤边坡喷草籽防护	左侧路堤边坡第 1 阶，平均高度 2.9m	80.0	418.2	18.7								4.0	3.9	29.0	
23	K12+630 ~ K12+770	路堤边坡喷草籽防护	左侧路堤边坡第 1 阶，平均高度 2.1m	140.0	530.0	32.4								6.9	7.2	51.0	
24	K12+860 ~ K12+990	路堤边坡浆砌片石方格网防护	左侧路堤边坡第 1 阶，平均高度 3.5m	130.0			30.2	0.4	3.9					0.0	1.3	0.6	
25	K13+020 ~ K13+230	路堤边坡浆砌片石方格网防护	左侧路堤边坡第 1 阶，平均高度 3.4m	210.0			48.6	0.3	3.8					0.0	1.3	0.6	
26	K13+515 ~ K13+790	路堤边坡喷草籽防护	左侧路堤边坡第 1 阶，平均高度 1.6m	275.0	793.2	63.4								13.6	10.1	96.0	
27	K13+790 ~ K13+860	路堤边坡浆砌片石方格网防护	左侧路堤边坡第 1 阶，平均高度 6.7m	70.0			16.8	0.7	8.0					0.0	2.5	0.9	
28	K13+860 ~ K13+965	路堤边坡喷草籽防护	左侧路堤边坡第 1 阶，平均高度 2.7m	105.0	511.1	24.4								5.2	7.7	41.0	
29	K14+000 ~ K14+070	路堤边坡喷草籽防护	左侧路堤边坡第 1 阶，平均高度 0.9m	70.0	113.6	16.2								3.5	3.1	25.0	
30	K14+410 ~ K14+590	路堤边坡喷草籽防护	左侧路堤边坡第 1 阶，平均高度 1.5m	180.0	486.7	41.5								8.9	6.7	63.0	
31	K14+590 ~ K14+630	路堤边坡浆砌片石方格网防护	左侧路堤边坡第 1 阶，平均高度 6.9m	40.0			9.9	0.7	8.3					0.0	2.6	0.9	
32	K14+630 ~ K14+680	路堤边坡喷草籽防护	左侧路堤边坡第 1 阶，平均高度 1.5m	50.0	135.2	11.6								2.5	3.3	19.0	
33	K14+850 ~ K15+190	路堤边坡喷草籽防护	左侧路堤边坡第 1 阶，平均高度 2.5m	340.0	1532.4	78.4								16.9	15.1	121.0	
34	K15+245 ~ K15+390	路堤边坡喷草籽防护	左侧路堤边坡第 1 阶，平均高度 1.3m	145.0	339.8	33.5								7.2	6.5	52.0	
35	K15+624 ~ K15+670	路堤边坡浆砌片石方格网防护	左侧路堤边坡第 1 阶，平均高度 3.8m	46.0			11.0	0.4	4.3					0.0	1.4	0.6	

编制：　　　　复核：　　　　SⅢ-18-8

路基防护工程数量表
(路堤边坡防护)

碧里至将军帽港区疏港交通战备公路

序号	起讫桩号或中心桩号	工程名称	主要尺寸及说明（必要时绘出断面示意图）	长度 /m	分项工程数量												备注
					喷草籽		浆砌片石方格网			拱型骨架				其他防护			
					边坡喷草籽 $/m^2$	M7.5砂浆砌片石框架 $/m^3$	M7.5砂浆砌片石框架 $/m^3$	M7.5砂浆砌片石衬格 $/m^3$	框格植草 $/m^2$	M7.5浆砌片石拱型骨架 $/m^3$	C20混凝土预制块 $/m^3$	拱内浆砌片石 $/m^3$	拱内喷草籽 $/m^2$	预制C25混凝土 $/m^3$	M7.5浆砌片石流水槽、踏步 $/m^3$	挖基 $/m^3$	
1	2	3	4	5	6	7	8	9	10	11	12	13	14	15	16	17	18
36	K16+090 ~ K16+200	路堤边坡浆砌片石方格网防护	左侧路堤边坡第 1 阶，平均高度 3.7m	110.0			25.7	0.4	4.2					0.0	1.4	0.6	
37	K16+390 ~ K16+550	路堤边坡喷草籽防护	左侧路堤边坡第 1 阶，平均高度 1.7m	160.0	490.4	36.9								7.9	6.8	57.0	
38	K16+710 ~ K16+770	路堤边坡浆砌片石方格网防护	左侧路堤边坡第 1 阶，平均高度 4.7m	60.0			14.3	0.5	5.5					0.0	1.8	0.7	
39	K16+885 ~ K17+100	路堤边坡浆砌片石方格网防护	左侧路堤边坡第 1 阶，平均高度 3.5m	215.0			49.8	0.4	3.9					0.0	1.3	0.6	
40	K17+100 ~ K17+210	路堤边坡拱型骨架（内喷草籽）防护	左侧路堤边坡第 1 阶，平均高度 6.1m	110.0						107.3	9.2		894.0		10.7	140.0	
41	K17+420 ~ K17+560	路堤边坡喷草籽防护	左侧路堤边坡第 1 阶，平均高度 1.3m	140.0	328.1	32.3								6.9	6.5	50.0	
42	K17+675 ~ K17+910	路堤边坡喷草籽防护	左侧路堤边坡第 1 阶，平均高度 1.5m	235.0	635.5	54.2								11.7	10.0	83.0	
43	K18+132 ~ K18+180	路堤边坡喷草籽防护	左侧路堤边坡第 1 阶，平均高度 1.6m	48.0	138.5	11.2								2.4	3.4	19.0	
44	K18+180 ~ K18+270	路堤边坡喷草籽防护	左侧路堤边坡第 1 阶，平均高度 2.1m	90.0	340.7	20.9								4.5	3.6	32.0	
45	K18+660 ~ K18+830	路堤边坡喷草籽防护	左侧路堤边坡第 1 阶，平均高度 2.2m	170.0	674.2	39.3								8.4	7.3	61.0	
46	K19+000 ~ K19+130	路堤边坡喷草籽防护	左侧路堤边坡第 1 阶，平均高度 1.6m	130.0	375.0	30.0								6.4	6.7	48.0	
47	K19+130 ~ K19+170	路堤边坡浆砌片石方格网防护	左侧路堤边坡第 1 阶，平均高度 5.6m	40.0			9.8	0.6	6.6					0.0	2.1	0.8	
48	K19+170 ~ K19+210	路堤边坡喷草籽防护	左侧路堤边坡第 1 阶，平均高度 1.7m	40.0	122.6	9.3								2.0	3.4	16.0	
49	K10+790 ~ K10+930	路堤边坡浆砌片石方格网防护	右侧路堤边坡第 1 阶，平均高度 6.3m	140.0			32.8	0.6	7.5					0.0	2.4	0.9	
50	K11+698 ~ K11+875	路堤边坡浆砌片石方格网防护	右侧路堤边坡第 1 阶，平均高度 3.9m	177.0			41.1	0.4	4.4					0.0	1.5	0.6	
51	K12+180 ~ K12+210	路堤边坡浆砌片石方格网防护	右侧路堤边坡第 1 阶，平均高度 6.5m	30.0			7.6	0.7	7.8					0.0	2.5	0.9	
52	K12+210 ~ K12+450	路堤边坡浆砌片石方格网防护	右侧路堤边坡第 1 阶，平均高度 8m	240.0			56.0	0.8	9.7					0.0	3.0	1.0	
53	K12+210 ~ K12+450	路堤边坡拱型骨架（内喷草籽）防护	右侧路堤边坡第 2 阶，平均高度 4.5m	240.0						223.0	16.9		1534.3		14.0	279.0	
54	K12+450 ~ K12+465	路堤边坡浆砌片石方格网防护	右侧路堤边坡第 1 阶，平均高度 4m	15.0			3.8	0.4	4.6					0.0	1.5	0.6	
55	K12+484 ~ K12+550	路堤边坡浆砌片石方格网防护	右侧路堤边坡第 1 阶，平均高度 8m	66.0			16.0	0.8	9.7					0.0	3.0	1.0	
56	K12+484 ~ K12+550	路堤边坡拱型骨架（内喷草籽）防护	右侧路堤边坡第 2 阶，平均高度 3.8m	66.0						59.1	4.0		338.1		4.3	74.0	
57	K12+550 ~ K12+575	路堤边坡浆砌片石方格网防护	右侧路堤边坡第 1 阶，平均高度 5.5m	25.0			6.3	0.6	6.5					0.0	2.1	0.8	
58	K12+625 ~ K12+790	路堤边坡浆砌片石方格网防护	右侧路堤边坡第 1 阶，平均高度 5.4m	165.0			38.5	0.6	6.4					0.0	2.0	0.8	
59	K12+850 ~ K12+910	路堤边坡浆砌片石方格网防护	右侧路堤边坡第 1 阶，平均高度 4.5m	60.0			14.3	0.5	5.2					0.0	1.7	0.7	
60	K12+910 ~ K12+930	路堤边坡浆砌片石方格网防护	右侧路堤边坡第 1 阶，平均高度 8m	20.0			5.4	0.8	9.7					0.0	3.0	1.0	
61	K12+910 ~ K12+930	路堤边坡拱型骨架（内喷草籽）防护	右侧路堤边坡第 2 阶，平均高度 3.7m	20.0						17.8	1.2		98.8		4.3	26.0	
62	K12+930 ~ K13+233	路堤边坡浆砌片石方格网防护	右侧路堤边坡第 1 阶，平均高度 4.5m	303.0			70.1	0.5	5.2					0.0	1.7	0.7	
63	K13+335 ~ K13+358	路堤边坡喷草籽防护	右侧路堤边坡第 1 阶，平均高度 0.8m	23.0	33.2	5.3								1.1	3.0	10.0	
64	K13+490 ~ K14+070	路堤边坡浆砌片石方格网防护	右侧路堤边坡第 2 阶，平均高度 3.4m	580.0			133.7	0.3	3.8					0.0	1.3	0.6	
65	K14+130 ~ K14+150	路堤边坡喷草籽防护	右侧路堤边坡第 1 阶，平均高度 1.6m	20.0	57.7	4.7								1.0	3.4	10.0	
66	K14+190 ~ K14+240	路堤边坡喷草籽防护	右侧路堤边坡第 1 阶，平均高度 3.2m	50.0	288.4	11.8								2.5	4.1	20.0	
67	K14+320 ~ K14+340	路堤边坡喷草籽防护	右侧路堤边坡第 1 阶，平均高度 2.7m	20.0	97.3	4.9								1.0	3.9	11.0	
68	K14+385 ~ K14+590	路堤边坡浆砌片石方格网防护	右侧路堤边坡第 1 阶，平均高度 4.6m	205.0			47.6	0.5	5.3					0.0	1.7	0.7	
69	K14+490 ~ K14+630	路堤边坡浆砌片石方格网防护	右侧路堤边坡第 1 阶，平均高度 8m	140.0			33.0	0.8	9.7					0.0	3.0	1.0	

编制：　　　　审核　　　　SⅢ-18-9

路基防护工程数量表

(路堤边坡防护)

序号	起讫桩号或中心桩号	工程名称	主要尺寸及说明（必要时绘出断面示意图）	长度/m	分项工程数量												备注
					喷草籽		浆砌片石方格网			拱型骨架				其他防护			
					边坡喷草籽/m²	M7.5砂浆砌片石框架/m³	M7.5砂浆砌片石框架/m³	M7.5砂浆砌片石衬格/m³	框格植草/m²	M7.5浆砌片石拱型骨架/m³	C20混凝土预制块/m³	拱内浆砌片石/m³	拱内喷草籽/m²	预制C25混凝土/m³	M7.5浆砌片石流水槽、踏步/m³	挖基/m³	
1	2	3	4	5	6	7	8	9	10	11	12	13	14	15	16	17	18
70	K14+490 ~ K14+630	路堤边坡喷草籽防护	右侧路堤边坡第 1 阶，平均高度 2.1m	140.0	530.0	32.4								6.9	7.2	51.0	
71	K14+630 ~ K15+090	路堤边坡喷草籽防护	右侧路堤边坡第 1 阶，平均高度 2.4m	460.0	1990.3	106.0								22.8	18.6	162.0	
72	K15+090 ~ K15+190	路堤边坡浆砌片石方格网防护	右侧路堤边坡第 1 阶，平均高度 6.5m	100.0			23.7	0.7	7.8					0.0	2.5	0.9	
73	K15+220 ~ K15+430	路堤边坡浆砌片石方格网防护	右侧路堤边坡第 1 阶，平均高度 4.4m	210.0			48.7	0.4	5.1					0.0	1.7	0.7	
74	K15+490 ~ K15+550	路堤边坡喷草籽防护	右侧路堤边坡第 1 阶，平均高度 1.6m	60.0	173.1	13.9								3.0	3.4	22.0	
75	K15+590 ~ K15+690	路堤边坡喷草籽防护	右侧路堤边坡第 1 阶，平均高度 2.8m	100.0	504.8	23.3								5.0	7.8	40.0	
76	K15+770 ~ K16+030	路堤边坡喷草籽防护	右侧路堤边坡第 1 阶，平均高度 1.4m	260.0	656.2	59.9								12.9	9.9	91.0	
77	K16+030 ~ K16+230	路堤边坡拱型骨架（内喷草籽）防护	右侧路堤边坡第 1 阶，平均高度 5.7m	200.0						191.6	15.7		1495.7		15.5	245.0	
78	K16+270 ~ K16+570	路堤边坡浆砌片石方格网防护	右侧路堤边坡第 1 阶，平均高度 4.2m	300.0			69.4	0.4	4.8					0.0	1.6	0.7	
79	K16+625 ~ K16+650	路堤边坡浆砌片石方格网防护	右侧路堤边坡第 1 阶，平均高度 5.5m	25.0			6.3	0.6	6.5					0.0	2.1	0.8	
80	K16+700 ~ K17+090	路堤边坡浆砌片石方格网防护	右侧路堤边坡第 1 阶，平均高度 4.5m	390.0			90.2	0.5	5.2					0.0	1.7	0.7	
81	K17+090 ~ K17+210	路堤边坡浆砌片石方格网防护	右侧路堤边坡第 1 阶，平均高度 8m	120.0			28.4	0.8	9.7					0.0	3.0	1.0	
82	K17+090 ~ K17+210	路堤边坡拱型骨架（内喷草籽）防护	右侧路堤边坡第 2 阶，平均高度 2.6m	120.0						86.4	4.8		400.4		7.6	109.0	
83	K17+325 ~ K17+910	路堤边坡喷草籽防护	右侧路堤边坡第 1 阶，平均高度 2.5m	585.0	2636.6	134.8								29.0	22.6	205.0	
84	K18+090 ~ K18+190	路堤边坡浆砌片石方格网防护	右侧路堤边坡第 1 阶，平均高度 5m	100.0			23.5	0.5	5.9					0.0	1.9	0.7	
85	K18+190 ~ K18+230	路堤边坡浆砌片石方格网防护	右侧路堤边坡第 1 阶，平均高度 8m	40.0			10.0	0.8	9.7					0.0	3.0	1.0	
86	K18+190 ~ K18+230	路堤边坡拱型骨架（内喷草籽）防护	右侧路堤边坡第 2 阶，平均高度 3.2m	40.0						30.0	1.9		177.0		4.1	40.0	
87	K18+230 ~ K18+310	路堤边坡浆砌片石方格网防护	右侧路堤边坡第 1 阶，平均高度 5.6m	80.0			19.0	0.6	6.6					0.0	2.1	0.8	
88	K18+500 ~ K18+840	路堤边坡浆砌片石方格网防护	右侧路堤边坡第 1 阶，平均高度 2.8m	340.0			78.5	0.3	3.0					0.0	1.1	0.5	
89	K18+930 ~ K18+950	路堤边坡浆砌片石方格网防护	右侧路堤边坡第 1 阶，平均高度 4.8m	20.0			5.1	0.5	5.6					0.0	1.8	0.7	
90	K19+010 ~ K19+190	路堤边坡浆砌片石方格网防护	右侧路堤边坡第 1 阶，平均高度 3.6m	180.0			41.8	0.4	4.0					0.0	1.4	0.6	
91	K19+430 ~ K19+556	路堤边坡浆砌片石方格网防护	右侧路堤边坡第 1 阶，平均高度 6.5m	125.6			29.6	0.7	7.8					0.0	2.5	0.9	
合　计		下边坡浆砌片石方格网防护		275.0	0.0	0.0	66.9	3.6	42.4	0.0	0.0	0.0	0.0	0.2	13.4	5.0	0.0
		下边坡拱型骨架防护（拱内浆砌片石）		430.0	0.0	0.0	0.0	0.0	0.0	673.4	0.0	989.7	0.0	0.0	8.0	1670.5	0.0
		路堤边坡喷草籽防护		4416.0	16 447.1	1020.6	0.0	0.0	0.0	0.0	0.0	0.0	0.0	219.0	210.7	1595.0	0.0
		路堤边坡浆砌片石方格网防护		5519.6	0.0	0.0	1291.3	22.0	254.0	0.0	0.0	0.0	0.0	1.0	81.2	31.2	0.0
		路堤边坡拱型骨架（内喷草籽）防护		836.0	0.0	0.0	0.0	0.0	0.0	744.9	55.5	0.0	5108.2	0.0	64.6	952.0	0.0
总　计：				11 476.6	16 447.1	1020.6	1358.2	25.6	296.3	1418.3	55.5	989.7	5108.2	220.2	377.9	4253.7	0.0

编制：　　　　　　审核：　　　　　　SⅢ-18-10

路基防护工程数量表
(下边坡护面墙防护)

碧里至将军帽港区疏港交通战备公路 　　第1页　共1页

序号	起讫桩号	位置	墙长/m	工程数量									台后回填砂砾/m³	备注
				墙身	(防滑台)耳墙	平台边沟	无纺土工布/m²	2cm沥青麻絮沉降缝/m²	流水槽	护坡	挖基			
				M7.5砂浆砌片石/m³	M7.5砂浆砌片石/m³	M7.5砂浆砌片石/m³			M7.5砂浆砌片石/m³	M7.5砂浆砌片石/m³	土方/m³	石方/m³		
1	K9+250 ~ K9+298	右侧下边坡第3阶	48	290.1	17.7		429.1	1.9				307.8		
2	K9+306 ~ K9+350	右侧下边坡第3阶	44	280.0	16.2		393.4	1.9				296.2		
3	K9+350 ~ K9+420	右侧下边坡第4阶	70	454.5	25.8		625.8	1.9				480.3		
4	K9+890 ~ K9+910	右侧下边坡第2阶	20	27.1	7.4		178.8	1.9				34.5		
5	K9+910 ~ K9+930	右侧下边坡第2阶	20	27.1	7.4		178.8	1.9				34.5		
合计			202	1078.9	74.3		1805.88	9.7				1153		

编制: 　　复核: 　　SⅢ-18-11

路基防护工程数量表

碧里至将军帽港区疏港交通战备公路 　　第1页　共1页

序号	起讫桩号或中心桩号	工程名称	主要尺寸及说明	长度/m	分项工程数量									备注
					每延米工程量/m³	M7.5浆砌片石/m³	2cm水泥砂浆抹面/m²	50cm厚干砌块石/m³	30cm厚碎石垫层/m³	300g/m²无纺土工布/m²	浆砌片石护脚/m³	抛石护底/m³	M7.5浆砌块石踏步/m³	
1	2	3	4	5	6	7	8	9	10	11	12	13	14	15
1	K11+240 ~ K11+370	浆砌片石护肩	左侧(平均 H=2.56m)	130	2.660	345.80	130.00							
2	K13+248 ~ K13+251	浆砌片石护肩	左侧(平均 H=1.5m)	3	1.246	3.74	3.00							
3	K17+485 ~ K17+495	浆砌片石护肩	左侧(平均 H=2.4m)	10	2.500	25.00	10.00							
4	K12+484 ~ K12+530	浆砌片石护脚	右侧	46	1.681	77.3260	23.00							
5	K13+700 ~ K13+730	浆砌片石护脚	右侧	30	0.681	20.4300	15.00							
6	K18+170 ~ K18+195	浆砌片石护脚	右侧	25	1.681	42.0250	12.50							
7	K11+070 ~ K11+698	干砌块石护坡	右侧	628				3968.51	2381.11	7937.02	1313.52	2842.20	18.88	
本页合计				872	10.45	514.32	193.50	3968.51	2381.11	7937.02	1313.52	2842.20	18.88	

编制: 　　复核: 　　SⅢ-18-12

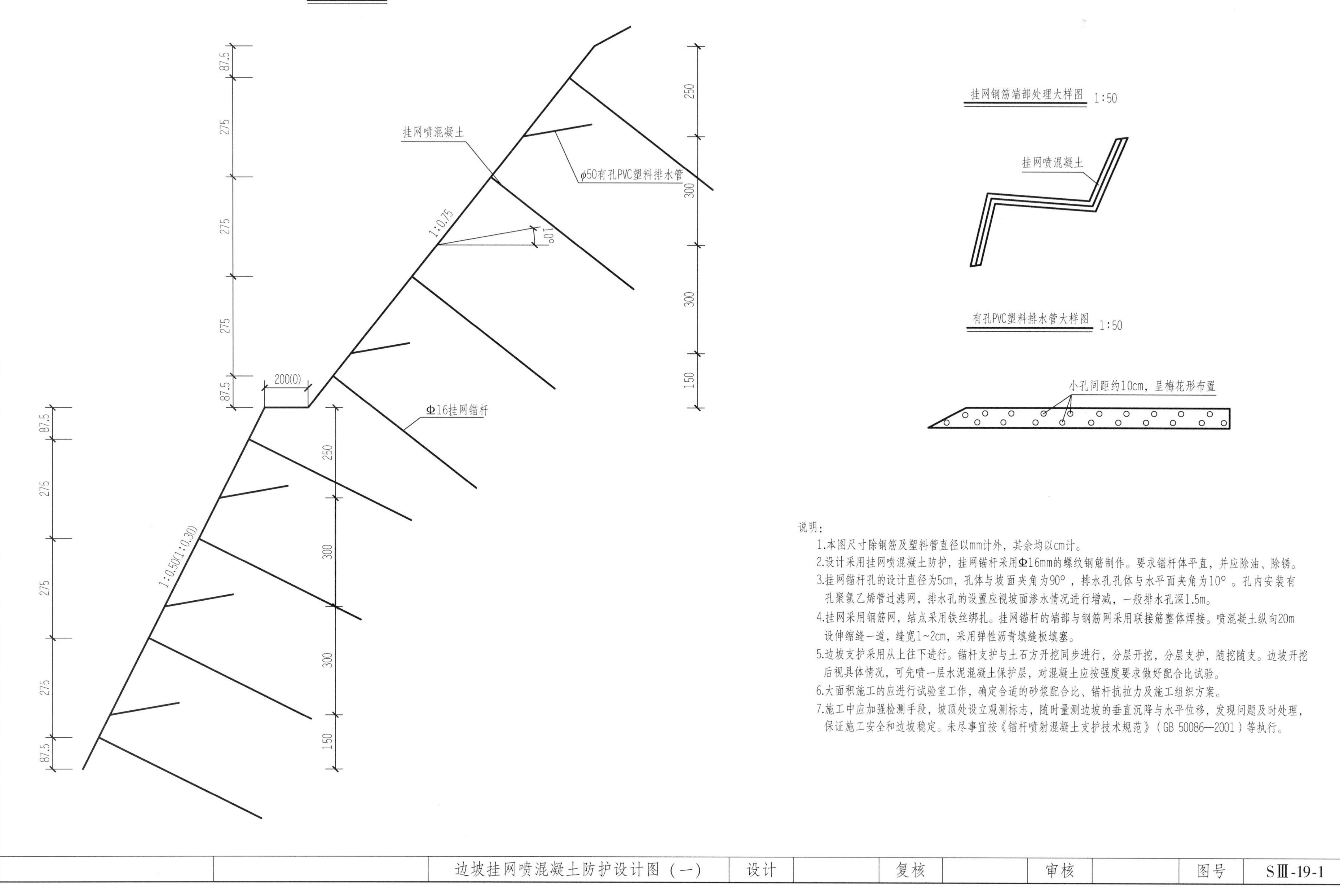

说明：

1.本图尺寸除钢筋及塑料管直径以mm计外，其余均以cm计。

2.设计采用挂网喷混凝土防护，挂网锚杆采用Φ16mm的螺纹钢筋制作。要求锚杆体平直，并应除油、除锈。

3.挂网锚杆孔的设计直径为5cm，孔体与坡面夹角为90°，排水孔孔体与水平面夹角为10°。孔内安装有孔聚氯乙烯管过滤网，排水孔的设置应视坡面渗水情况进行增减，一般排水孔深1.5m。

4.挂网采用钢筋网，结点采用铁丝绑扎。挂网锚杆的端部与钢筋网采用联接筋整体焊接。喷混凝土纵向20m设伸缩缝一道，缝宽1~2cm，采用弹性沥青填缝板填塞。

5.边坡支护采用从上往下进行。锚杆支护与土石方开挖同步进行，分层开挖，分层支护，随挖随支。边坡开挖后视具体情况，可先喷一层水泥混凝土保护层，对混凝土应按强度要求做好配合比试验。

6.大面积施工的应进行试验室工作，确定合适的砂浆配合比、锚杆抗拉力及施工组织方案。

7.施工中应加强检测手段，坡顶处设立观测标志，随时量测边坡的垂直沉降与水平位移，发现问题及时处理，保证施工安全和边坡稳定。未尽事宜按《锚杆喷射混凝土支护技术规范》（GB 50086—2001）等执行。

	边坡挂网喷混凝土防护设计图（一）	设计		复核		审核		图号	SⅢ-19-1

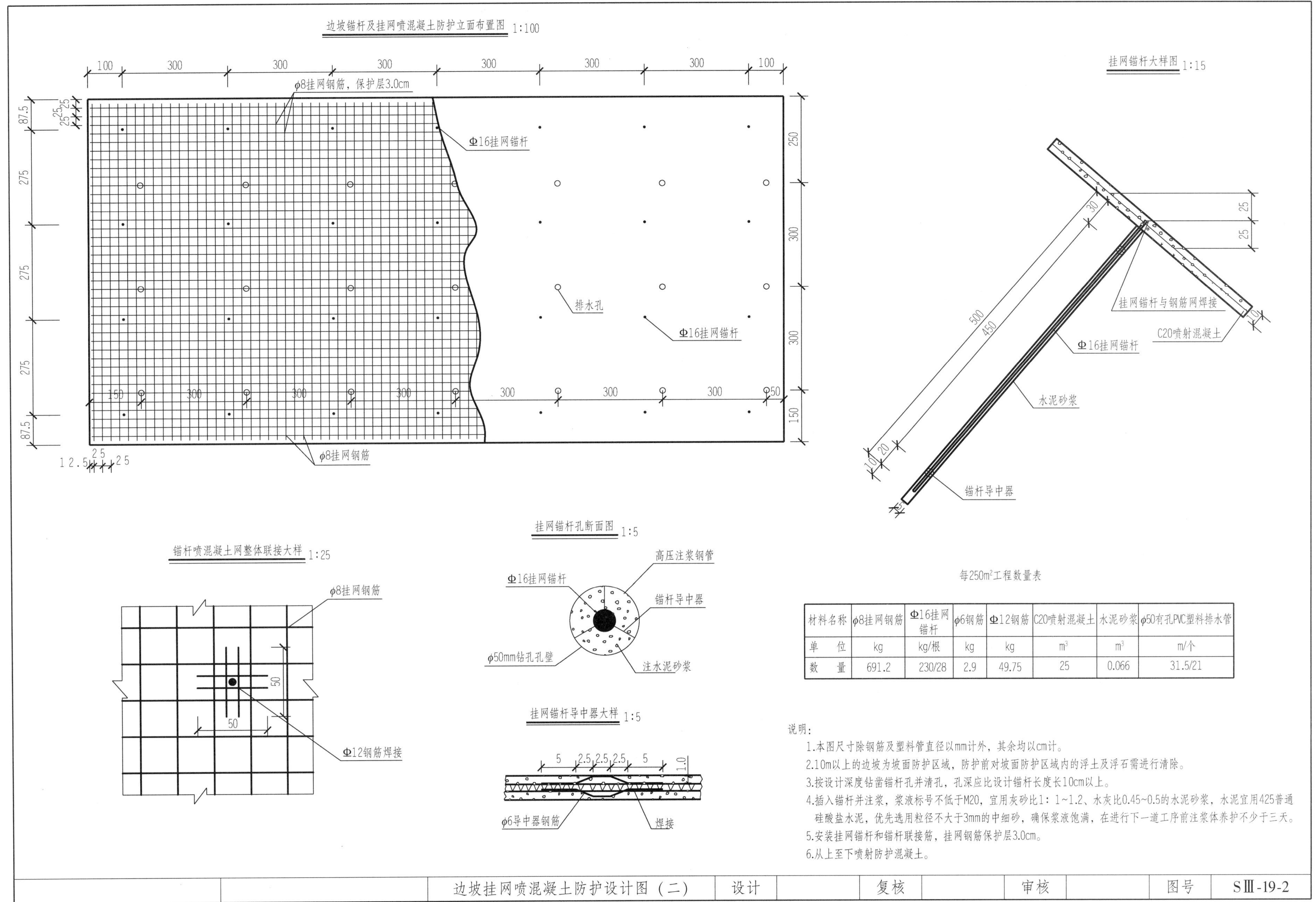

每250m²工程数量表

材料名称	φ8挂网钢筋	Φ16挂网锚杆	φ6钢筋	Φ12钢筋	C20喷射混凝土	水泥砂浆	φ50有孔PVC塑料排水管
单　位	kg	kg/根	kg	kg	m^3	m^3	m/个
数　量	691.2	230/28	2.9	49.75	25	0.066	31.5/21

说明：

1.本图尺寸除钢筋及塑料管直径以mm计外，其余均以cm计。

2.10m以上的边坡为坡面防护区域，防护前对坡面防护区域内的浮土及浮石需进行清除。

3.按设计深度钻凿锚杆孔并清孔，孔深应比设计锚杆长度长10cm以上。

4.插入锚杆并注浆，浆液标号不低于M20，宜用灰砂比1：1~1.2、水灰比0.45~0.5的水泥砂浆，水泥宜用425普通硅酸盐水泥，优先选用粒径不大于3mm的中细砂，确保浆液饱满，在进行下一道工序前注浆体养护不少于三天。

5.安装挂网锚杆和锚杆联接筋，挂网钢筋保护层3.0cm。

6.从上至下喷射防护混凝土。

边坡挂网喷混凝土防护设计图（二）	设计		复核		审核		图号	SⅢ-19-2

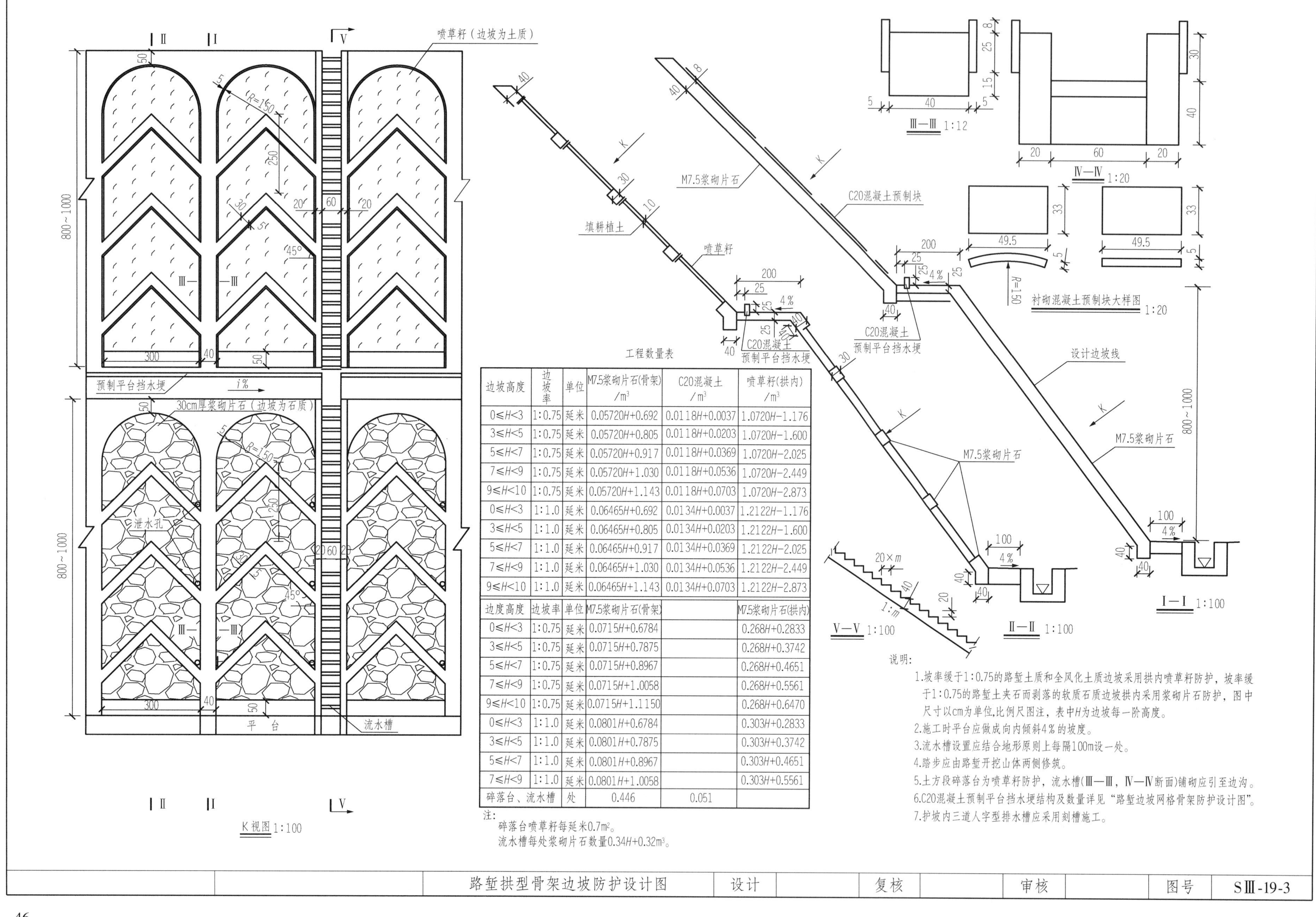

工程数量表

边坡高度	边坡率	单位	M7.5浆砌片石(骨架)/m³	C20混凝土/m³	喷草籽(拱内)/m³
0≤H<3	1:0.75	延米	0.05720H+0.692	0.0118H+0.0037	1.0720H−1.176
3≤H<5	1:0.75	延米	0.05720H+0.805	0.0118H+0.0203	1.0720H−1.600
5≤H<7	1:0.75	延米	0.05720H+0.917	0.0118H+0.0369	1.0720H−2.025
7≤H<9	1:0.75	延米	0.05720H+1.030	0.0118H+0.0536	1.0720H−2.449
9≤H<10	1:0.75	延米	0.05720H+1.143	0.0118H+0.0703	1.0720H−2.873
0≤H<3	1:1.0	延米	0.06465H+0.692	0.0134H+0.0037	1.2122H−1.176
3≤H<5	1:1.0	延米	0.06465H+0.805	0.0134H+0.0203	1.2122H−1.600
5≤H<7	1:1.0	延米	0.06465H+0.917	0.0134H+0.0369	1.2122H−2.025
7≤H<9	1:1.0	延米	0.06465H+1.030	0.0134H+0.0536	1.2122H−2.449
9≤H<10	1:1.0	延米	0.06465H+1.143	0.0134H+0.0703	1.2122H−2.873
边度高度	边坡率	单位	M7.5浆砌片石(骨架)		M7.5浆砌片石(拱内)
0≤H<3	1:0.75	延米	0.0715H+0.6784		0.268H+0.2833
3≤H<5	1:0.75	延米	0.0715H+0.7875		0.268H+0.3742
5≤H<7	1:0.75	延米	0.0715H+0.8967		0.268H+0.4651
7≤H<9	1:0.75	延米	0.0715H+1.0058		0.268H+0.5561
9≤H<10	1:0.75	延米	0.0715H+1.1150		0.268H+0.6470
0≤H<3	1:1.0	延米	0.0801H+0.6784		0.303H+0.2833
3≤H<5	1:1.0	延米	0.0801H+0.7875		0.303H+0.3742
5≤H<7	1:1.0	延米	0.0801H+0.8967		0.303H+0.4651
7≤H<9	1:1.0	延米	0.0801H+1.0058		0.303H+0.5561
碎落台、流水槽		处	0.446	0.051	

注：

碎落台喷草籽每延米0.7m²。

流水槽每处浆砌片石数量0.34H+0.32m³。

说明：

1.坡率缓于1:0.75的路堑土质和全风化土质边坡采用拱内喷草籽防护，坡率缓于1:0.75的路堑土夹石而剥落的软质石质边坡拱内采用浆砌片石防护，图中尺寸以cm为单位,比例尺图注，表中H为边坡每一阶高度。

2.施工时平台应做成向内倾斜4%的坡度。

3.流水槽设置应结合地形原则上每隔100m设一处。

4.路步应由路堑开挖山体两侧修筑。

5.土方段碎落台为喷草籽防护，流水槽(Ⅲ—Ⅲ，Ⅳ—Ⅳ断面)铺砌应引至边沟。

6.C20混凝土预制平台挡水埂结构及数量详见“路堑边坡网格骨架防护设计图”。

7.护坡内三道人字型排水槽应采用刻槽施工。

	路堑拱型骨架边坡防护设计图	设计		复核		审核		图号	SⅢ-19-3

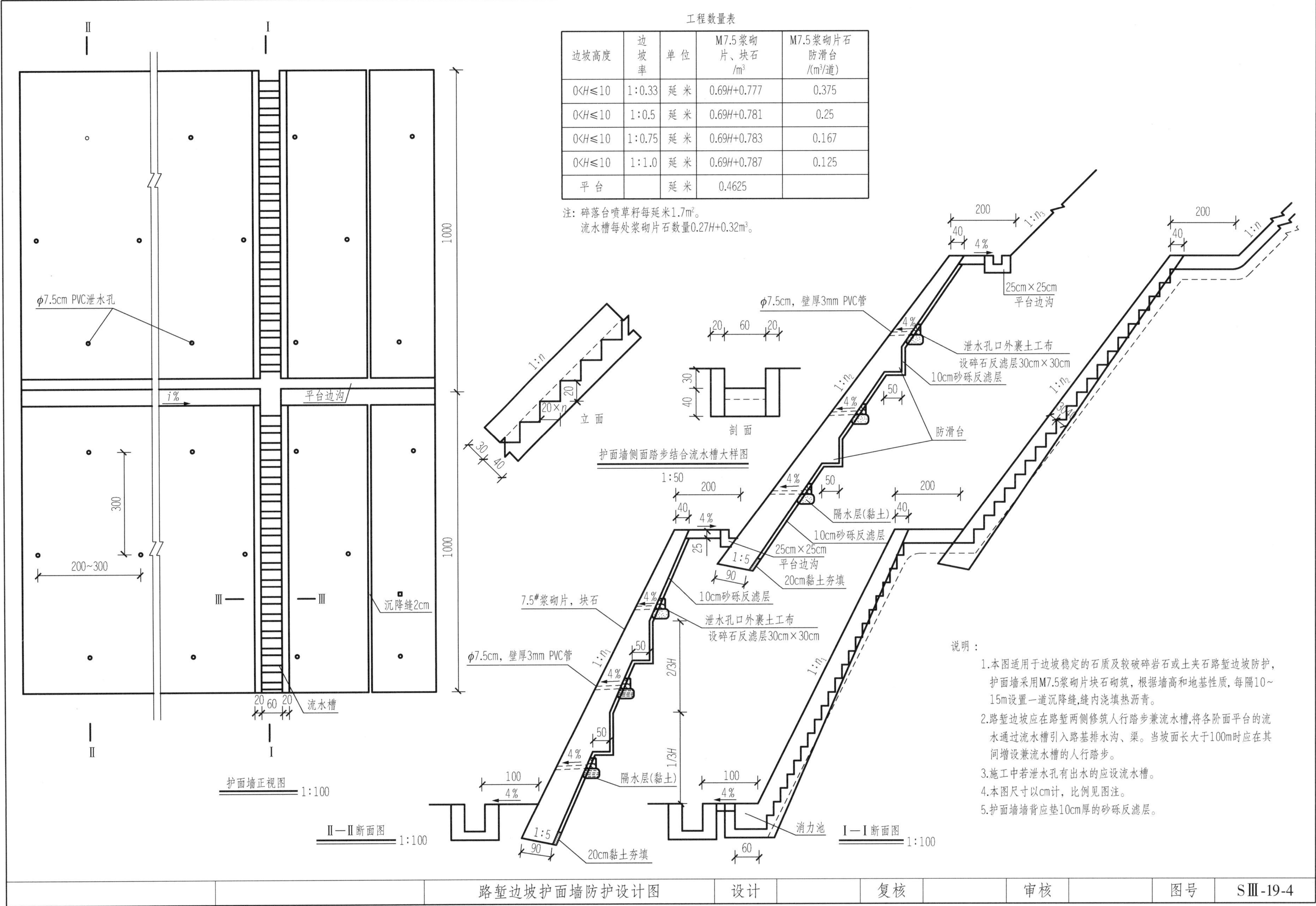

工程数量表

边坡高度	边坡率	单位	M7.5浆砌片、块石/m³	M7.5浆砌片石防滑台/(m³/道)
0<H≤10	1:0.33	延米	0.69H+0.777	0.375
0<H≤10	1:0.5	延米	0.69H+0.781	0.25
0<H≤10	1:0.75	延米	0.69H+0.783	0.167
0<H≤10	1:1.0	延米	0.69H+0.787	0.125
平台		延米	0.4625	

注：碎落台喷草籽每延米1.7m²。
流水槽每处浆砌片石数量0.27H+0.32m³。

说明：

1. 本图适用于边坡稳定的石质及较破碎岩石或土夹石路堑边坡防护，护面墙采用M7.5浆砌片块石砌筑，根据墙高和地基性质，每隔10~15m设置一道沉降缝，缝内浇填热沥青。
2. 路堑边坡应在路堑两侧修筑人行踏步兼流水槽，将各阶面平台的流水通过流水槽引入路基排水沟、渠。当坡面长大于100m时应在其间增设兼流水槽的人行踏步。
3. 施工中若泄水孔有出水的应设流水槽。
4. 本图尺寸以cm计，比例见图注。
5. 护面墙墙背应垫10cm厚的砂砾反滤层。

路堑边坡护面墙防护设计图	设计		复核		审核		图号	SⅢ-19-4

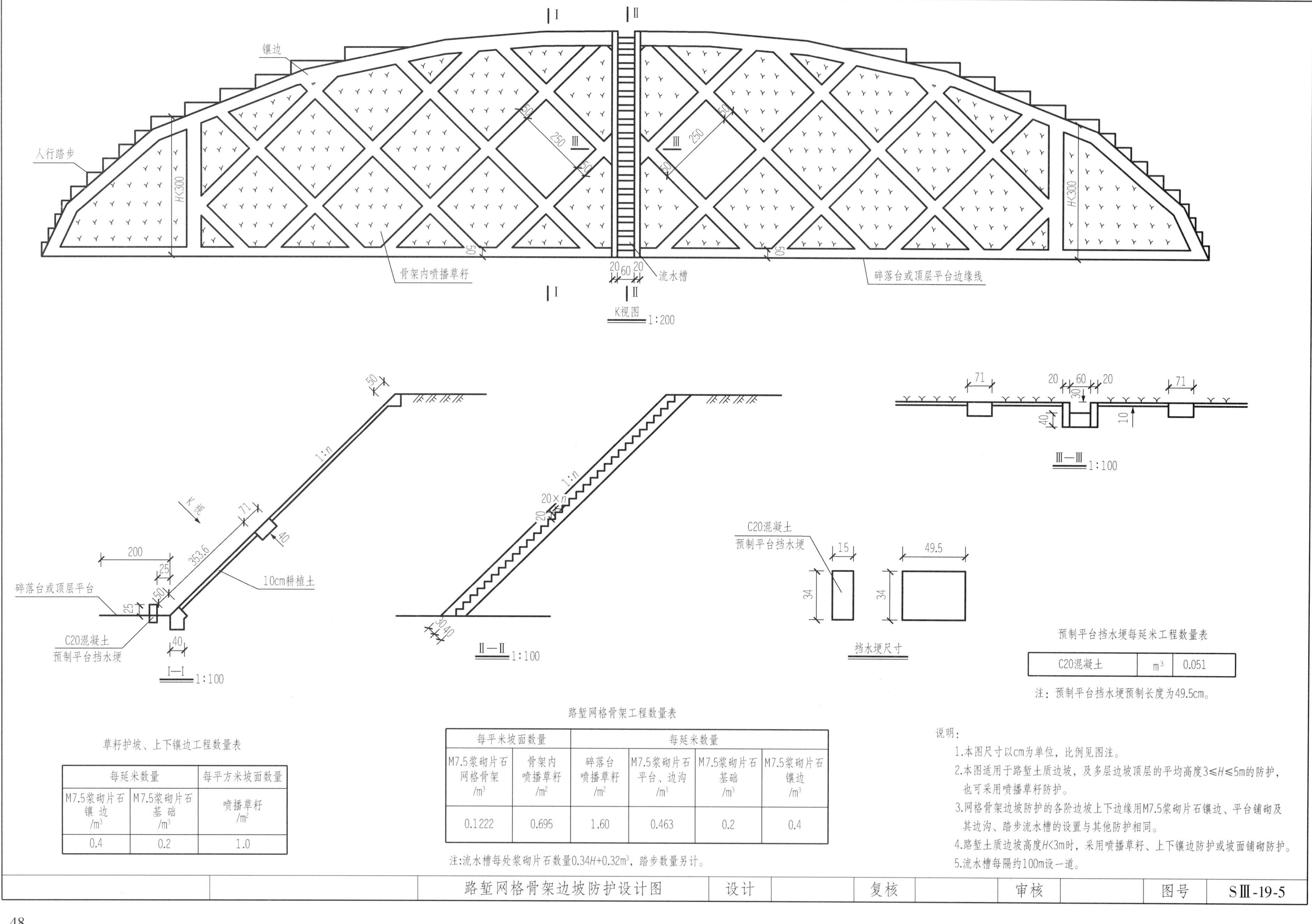

预制平台挡水埂每延米工程数量表

C20混凝土	m³	0.051

注：预制平台挡水埂预制长度为49.5cm。

草籽护坡、上下镶边工程数量表

每延米数量		每平方米坡面数量
M7.5浆砌片石镶边/m³	M7.5浆砌片石基础/m³	喷播草籽/m²
0.4	0.2	1.0

路堑网格骨架工程数量表

每平米坡面数量		每延米数量			
M7.5浆砌片石网格骨架/m³	骨架内喷播草籽/m²	碎落台喷播草籽/m²	M7.5浆砌片石平台、边沟/m³	M7.5浆砌片石基础/m³	M7.5浆砌片石镶边/m³
0.1222	0.695	1.60	0.463	0.2	0.4

注：流水槽每处浆砌片石数量0.34H+0.32m³，踏步数量另计。

说明：

1. 本图尺寸以cm为单位，比例见图注。
2. 本图适用于路堑土质边坡，及多层边坡顶层的平均高度3≤H≤5m的防护，也可采用喷播草籽防护。
3. 网格骨架边坡防护的各阶边坡上下边缘用M7.5浆砌片石镶边、平台铺砌及其边沟、踏步流水槽的设置与其他防护相同。
4. 路堑土质边坡高度H<3m时，采用喷播草籽、上下镶边防护或坡面铺砌防护。
5. 流水槽每隔约100m设一道。

路堑网格骨架边坡防护设计图	设计		复核		审核		图号	SⅢ-19-5

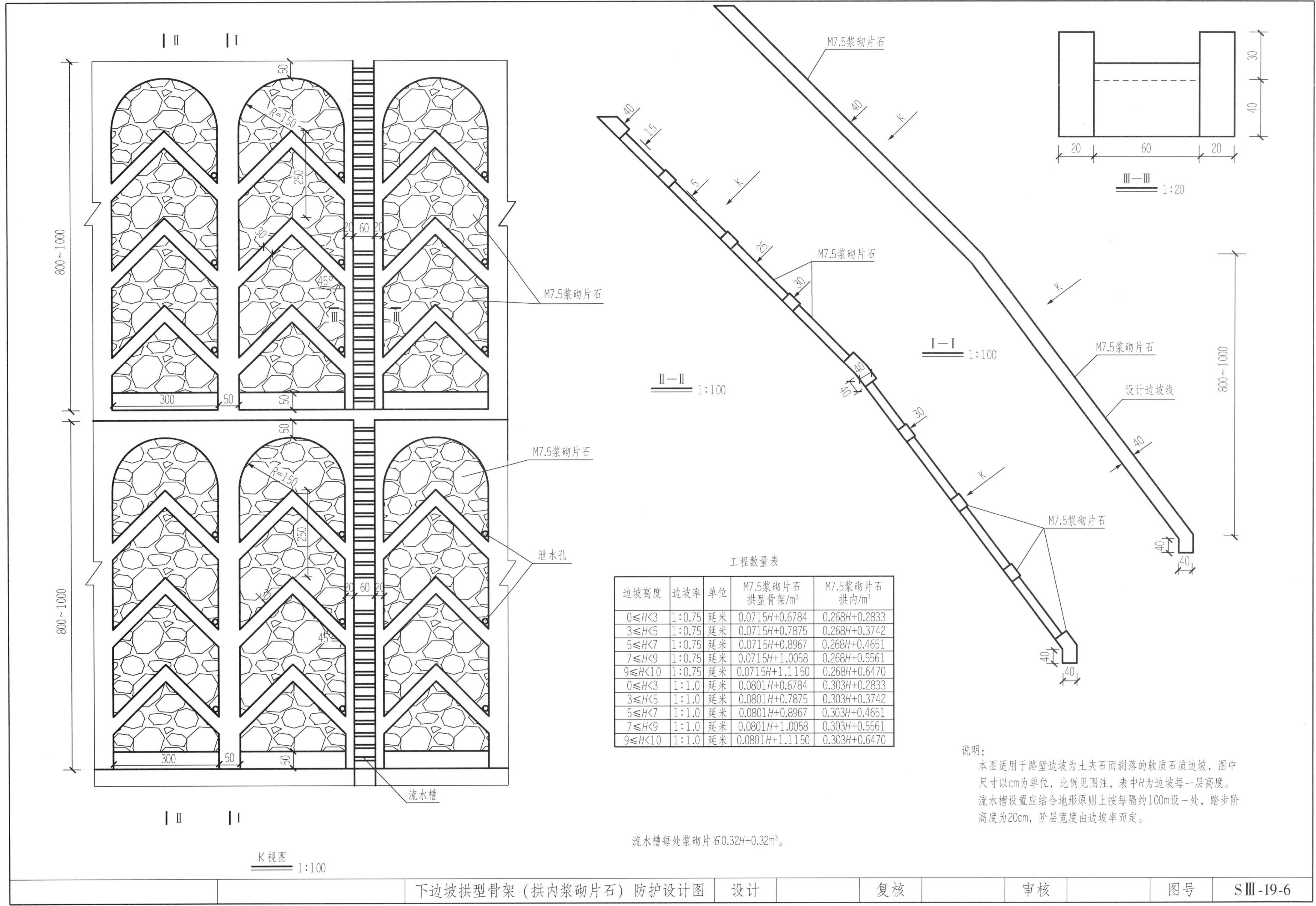

工程数量表

边坡高度	边坡率	单位	M7.5浆砌片石拱型骨架/m^3	M7.5浆砌片石拱内/m^3
$0 \leqslant H < 3$	1:0.75	延米	$0.0715H+0.6784$	$0.268H+0.2833$
$3 \leqslant H < 5$	1:0.75	延米	$0.0715H+0.7875$	$0.268H+0.3742$
$5 \leqslant H < 7$	1:0.75	延米	$0.0715H+0.8967$	$0.268H+0.4651$
$7 \leqslant H < 9$	1:0.75	延米	$0.0715H+1.0058$	$0.268H+0.5561$
$9 \leqslant H < 10$	1:0.75	延米	$0.0715H+1.1150$	$0.268H+0.6470$
$0 \leqslant H < 3$	1:1.0	延米	$0.0801H+0.6784$	$0.303H+0.2833$
$3 \leqslant H < 5$	1:1.0	延米	$0.0801H+0.7875$	$0.303H+0.3742$
$5 \leqslant H < 7$	1:1.0	延米	$0.0801H+0.8967$	$0.303H+0.4651$
$7 \leqslant H < 9$	1:1.0	延米	$0.0801H+1.0058$	$0.303H+0.5561$
$9 \leqslant H < 10$	1:1.0	延米	$0.0801H+1.1150$	$0.303H+0.6470$

流水槽每处浆砌片石$0.32H+0.32m^3$。

说明：

本图适用于路堑边坡为土夹石而剥落的软质石质边坡，图中尺寸以cm为单位，比例见图注，表中H为边坡每一层高度。流水槽设置应结合地形原则上按每隔约100m设一处，踏步阶高度为20cm，阶层宽度由边坡率而定。

下边坡拱型骨架（拱内浆砌片石）防护设计图	设计		复核		审核		图号	SⅢ-19-6

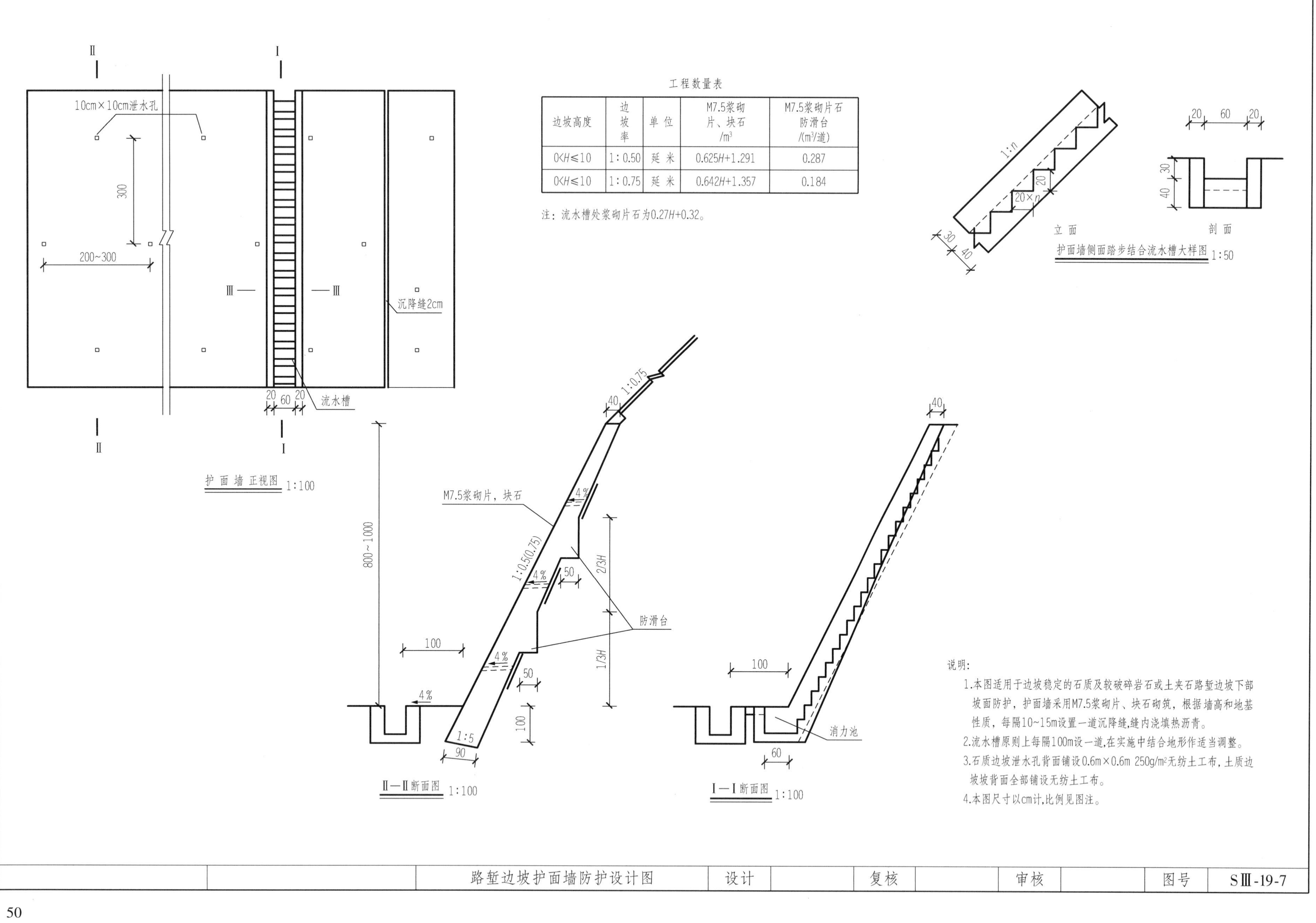

工程数量表

边坡高度	边坡率	单 位	M7.5浆砌片、块石/m³	M7.5浆砌片石防滑台/(m³/道)
0<H≤10	1:0.50	延 米	0.625H+1.291	0.287
0<H≤10	1:0.75	延 米	0.642H+1.357	0.184

注：流水槽处浆砌片石为0.27H+0.32。

说明：

1.本图适用于边坡稳定的石质及较破碎岩石或土夹石路堑边坡下部坡面防护，护面墙采用M7.5浆砌片、块石砌筑，根据墙高和地基性质，每隔10~15m设置一道沉降缝，缝内浇填热沥青。

2.流水槽原则上每隔100m设一道，在实施中结合地形作适当调整。

3.石质边坡泄水孔背面铺设0.6m×0.6m 250g/m²无纺土工布，土质边坡坡背面全部铺设无纺土工布。

4.本图尺寸以cm计，比例见图注。

	路堑边坡护面墙防护设计图	设计		复核		审核		图号	SⅢ-19-7

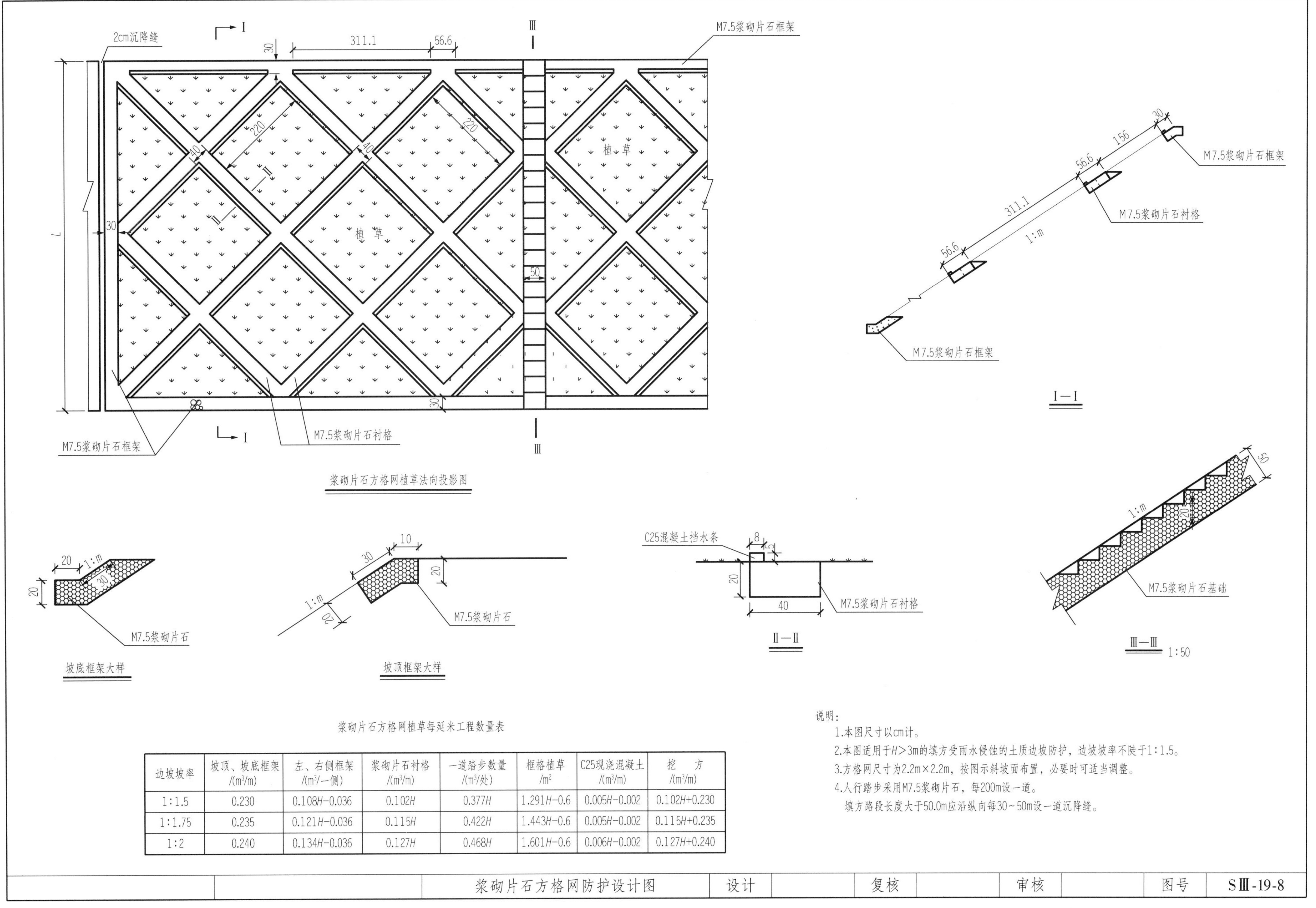

浆砌片石方格网植草每延米工程数量表

边坡坡率	坡顶、坡底框架/(m^3/m)	左、右侧框架/(m^3/一侧)	浆砌片石衬格/(m^3/m)	一道踏步数量/(m^3/处)	框格植草/m^2	C25现浇混凝土/(m^3/m)	挖 方/(m^3/m)
1:1.5	0.230	0.108*H*-0.036	0.102*H*	0.377*H*	1.291*H*-0.6	0.005*H*-0.002	0.102*H*+0.230
1:1.75	0.235	0.121*H*-0.036	0.115*H*	0.422*H*	1.443*H*-0.6	0.005*H*-0.002	0.115*H*+0.235
1:2	0.240	0.134*H*-0.036	0.127*H*	0.468*H*	1.601*H*-0.6	0.006*H*-0.002	0.127*H*+0.240

说明：

1.本图尺寸以cm计。

2.本图适用于*H*>3m的填方受雨水侵蚀的土质边坡防护，边坡坡率不陡于1:1.5。

3.方格网尺寸为2.2m×2.2m，按图示斜坡面布置，必要时可适当调整。

4.人行踏步采用M7.5浆砌片石，每200m设一道。

填方路段长度大于50.0m应沿纵向每30～50m设一道沉降缝。

	浆砌片石方格网防护设计图	设计		复核		审核		图号	SⅢ-19-8

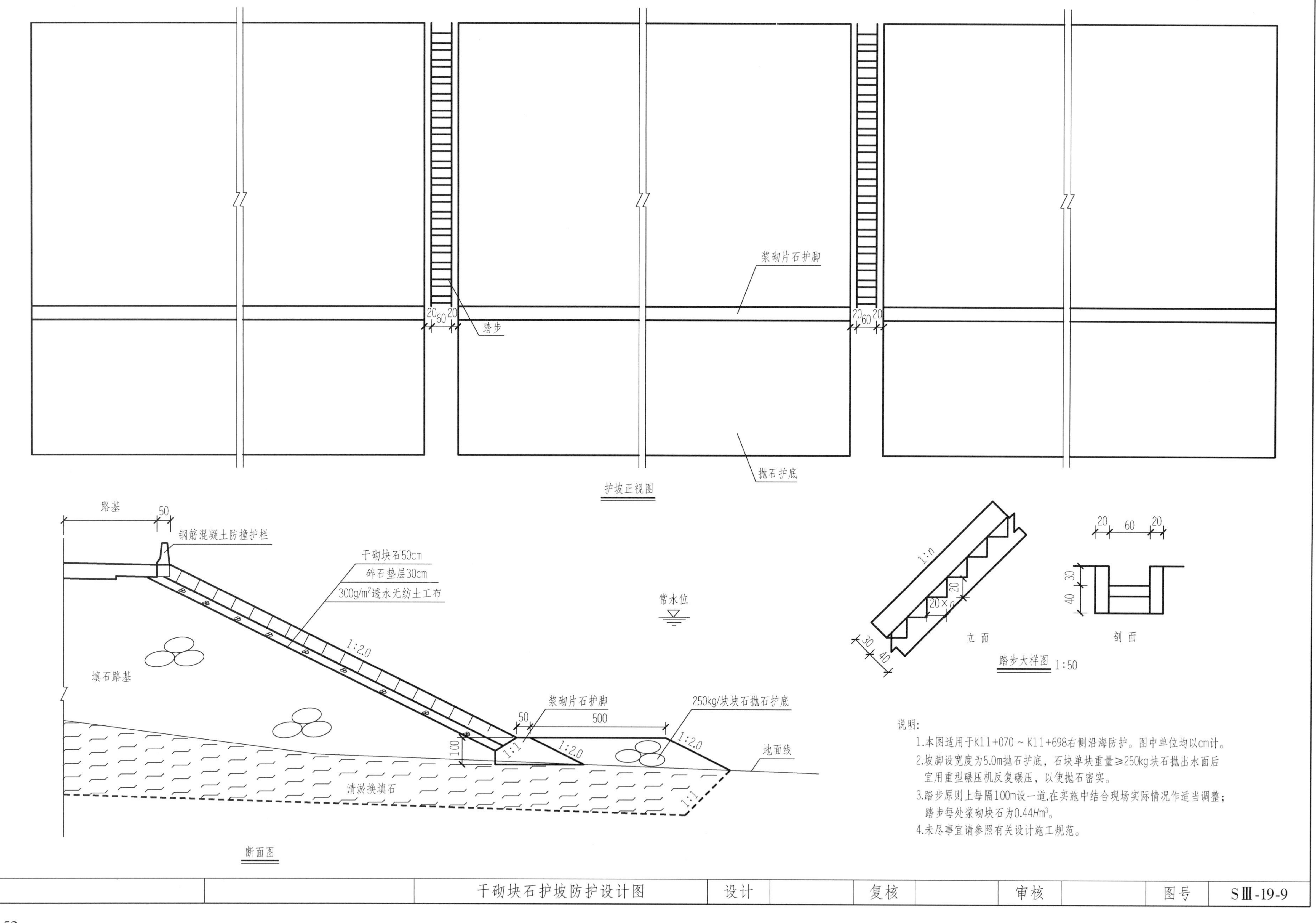

说明:

1.本图适用于K11+070 ~ K11+698右侧沿海防护。图中单位均以cm计。

2.坡脚设宽度为5.0m抛石护底，石块单块重量≥250kg块石抛出水面后宜用重型碾压机反复碾压，以使抛石密实。

3.踏步原则上每隔100m设一道,在实施中结合现场实际情况作适当调整；踏步每处浆砌块石为0.44Hm³。

4.未尽事宜请参照有关设计施工规范。

	干砌块石护坡防护设计图	设计		复核		审核		图号	SⅢ-19-9

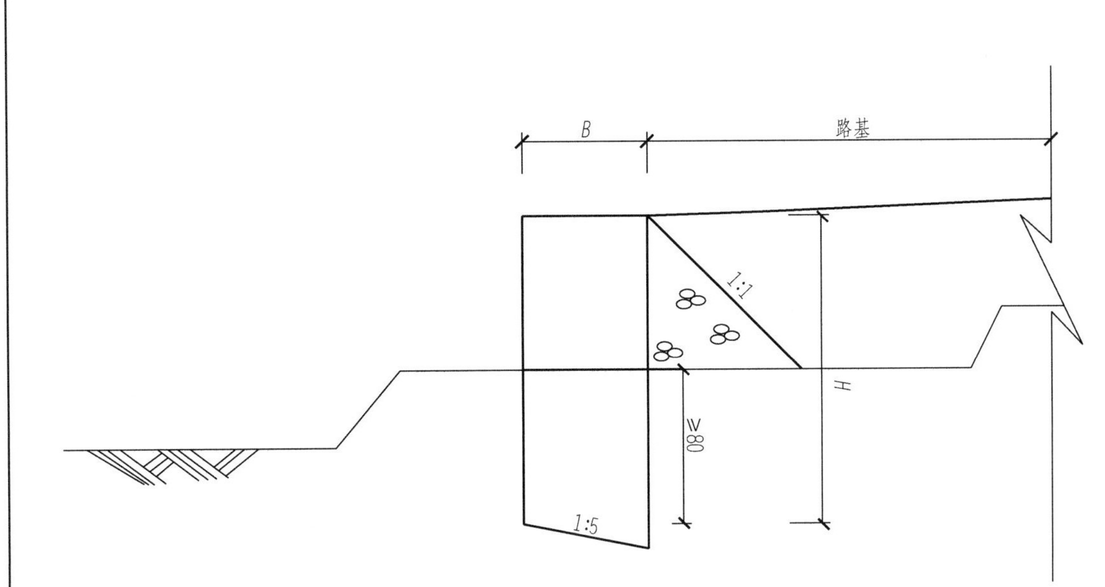

浆砌护肩 1:40

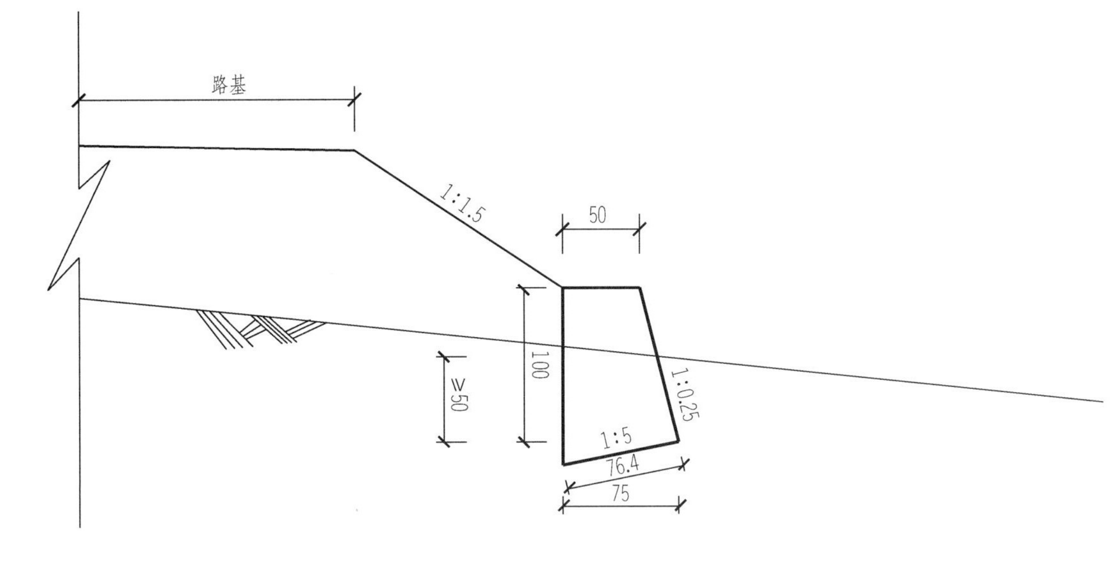

浆砌片石护脚 1:40

每延米工程数量表

工程名称	高度H/m	7.5#浆切片石/m^3
浆砌片石护脚	1.0	0.681
浆砌护肩	1.0	0.864
	1.5	1.264
	2.0	2.100
	2.5	2.600

说明：

1.图中尺寸均以cm为单位,比例见图注。
2.护肩高度H<2.0m时，B=80cm；护肩高度H≥2.0m时，B=100cm。
3.7.5#浆砌片石护肩的石料强度应大于25MPa。
4.护肩墙背采用透水性材料或石方回填。

		路基防护工程设计图	设计		复核		审核		图号	SⅢ-19-10

挡土墙工程数量表

碧里至将军帽港区疏港交通战备公路　　　　第1页　共1页

序号	起讫桩号或中心桩号	工程名称	主要尺寸及说明	长度/m	分项工程数量									备注
					M7.5浆砌片石		2cm水泥砂浆抹面/m^3	泄水孔/m	基坑/m^3	锥坡				
					墙身/m^3	基础/m^3				锥心填土/m^3	浆砌片石/m^3	砂砾垫层/m^3	锥基/m^3	
1	2	3	4	5	6	7	8	9	10	11	12	13	14	
1	K12+465.0～K12+484.0	浆砌片石路肩墙	右侧	21.87	65.04	17.83	19.98	9.34	45.35	22.11	7.13	2.78	8.34	
2	K13+233.0～K13+248.0	浆砌片石路肩墙	右侧	15.00	45.33	15.39	14.63	4.25	53.85	12.37	3.88	1.52	4.37	
3	K16+415.0～K16+505.0	浆砌片石路堤墙	左侧	90.00	917.40	88.90	43.09	115.47	301.29	80.50	15.27	6.47	11.95	
本页合计				126.87	1027.77	122.12	77.70	129.06	400.49	114.98	26.28	10.77	24.66	

编制：　　　　复核：　　　　审核：　　　　SⅢ-20

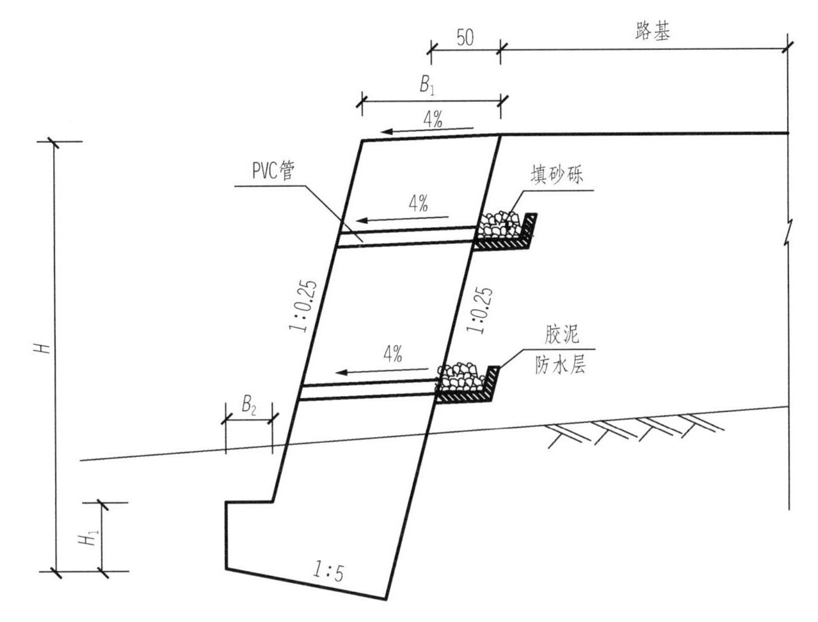

仰斜式路肩墙断面

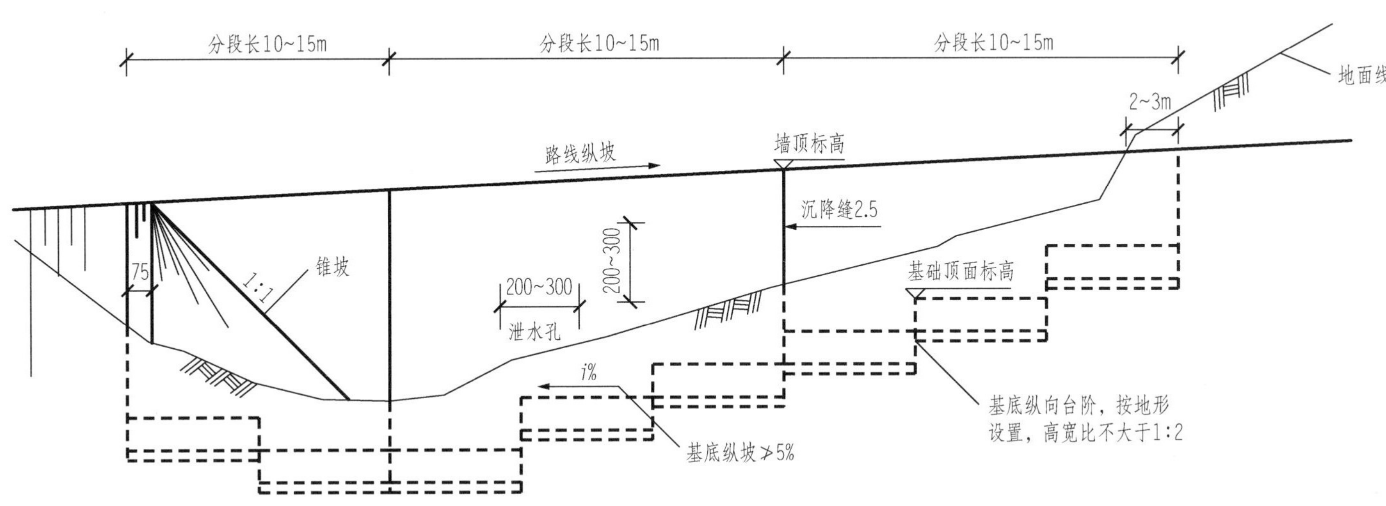

立面布置示意图

仰斜式挡墙尺寸及每延米工程数量表

$\varphi=35°$

墙高H/m	3	4	5	6	7
B_1/m	0.80	1.00	1.20	1.40	1.80
B_2/m	0.30	0.30	0.50	0.50	0.50
H_1/m	0.50	0.50	1.00	1.00	1.00
地基容许应力/kPa	250	250	250	250	250
7.5#浆砌片石/m^3	3.13	4.80	7.23	10.23	14.66

说明：

1.本图尺寸均以cm为单位。

2.本段挡土墙墙后填料内摩擦角$\varphi=35°$，地基容许应力不小于表中之值，基坑开挖后如地基情况与设计不符，请及时通知设计单位。

3.结合地形变化情况，每隔10～15m设置宽2cm的伸缩缝一道，伸缩缝内沿墙顶、内、外三方填塞深度大于15cm的沥青麻絮。

4.墙身每隔2～3m，上下左右交错设置φ10 PVC泄水孔，并于泄水孔进口处设置胶泥防水层。

	路肩挡土墙一般设计图	设计		复核		审核		图号	SⅢ-21-1

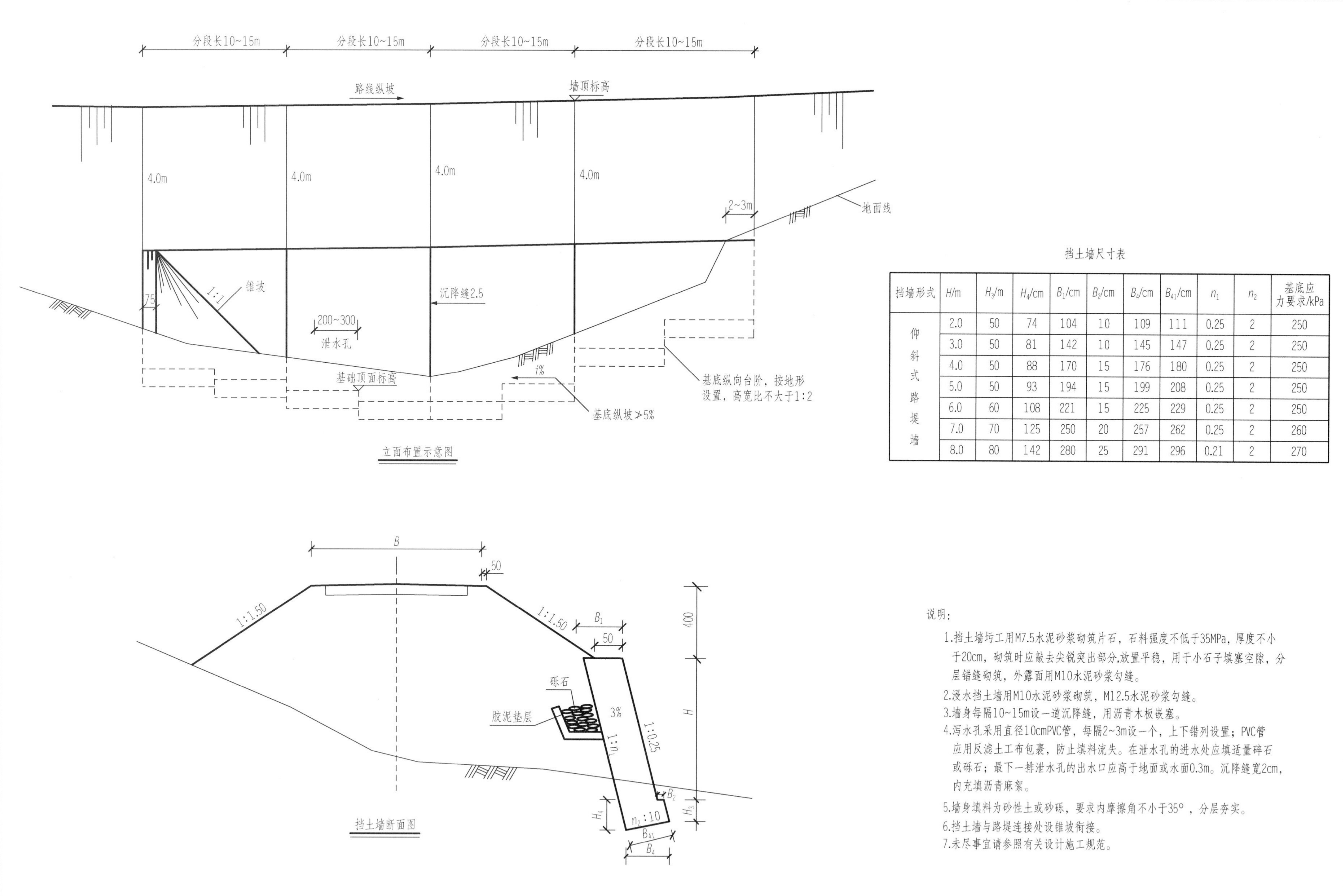

立面布置示意图

挡土墙断面图

挡土墙尺寸表

挡墙形式	H/m	H_3/m	H_4/cm	B_1/cm	B_2/cm	B_4/cm	B_{41}/cm	n_1	n_2	基底应力要求/kPa
仰斜式路堤墙	2.0	50	74	104	10	109	111	0.25	2	250
	3.0	50	81	142	10	145	147	0.25	2	250
	4.0	50	88	170	15	176	180	0.25	2	250
	5.0	50	93	194	15	199	208	0.25	2	250
	6.0	60	108	221	15	225	229	0.25	2	250
	7.0	70	125	250	20	257	262	0.25	2	260
	8.0	80	142	280	25	291	296	0.21	2	270

说明：

1.挡土墙圬工用M7.5水泥砂浆砌筑片石，石料强度不低于35MPa，厚度不小于20cm，砌筑时应敲去尖锐突出部分,放置平稳，用于小石子填塞空隙，分层错缝砌筑，外露面用M10水泥砂浆勾缝。
2.浸水挡土墙用M10水泥砂浆砌筑，M12.5水泥砂浆勾缝。
3.墙身每隔10~15m设一道沉降缝，用沥青木板嵌塞。
4.泻水孔采用直径10cmPVC管，每隔2~3m设一个，上下错列设置；PVC管应用反滤土工布包裹，防止填料流失。在泄水孔的进水处应填适量碎石或砾石；最下一排泄水孔的出水口应高于地面或水面0.3m。沉降缝宽2cm，内充填沥青麻絮。
5.墙身填料为砂性土或砂砾，要求内摩擦角不小于35°，分层夯实。
6.挡土墙与路堤连接处设锥坡衔接。
7.未尽事宜请参照有关设计施工规范。

	路堤挡土墙一般设计图	设计		复核		审核		图号	SⅢ-21-2

路面工程数量表

序号	起讫点桩号	铺筑长度/m	结构类型	主车道/m² 24cm 厚 C35 水泥混凝土面层		主车道/m² 18cm 厚 5% 水泥稳定碎石基层		主车道/m² 15cm 厚 填隙碎石底基层		主车道/m² 10cm 厚 填隙碎石底基层		硬路肩/m² 24cm 厚 C35 水泥混凝土面层		硬路肩/m² 18cm 厚 5% 水泥稳定碎石基层		硬路肩/m² 15cm 厚 填隙碎石底基层		硬路肩/m² 10cm 厚 填隙碎石底基层		R235/HRB335 钢筋/t		破、运旧混凝土路面/m³	路缘石 C20 混凝土/m³	路缘石 M7.5 浆砌片石底座/m³	备注
				宽度/m	数量/m²	宽度/m	数量/m²	宽度/m	数量/m²	宽度/m	数量/m²	宽度/m	数量/m²	宽度/m	数量/m²	宽度/m	数量/m²	宽度/m	数量/m²						
1	K8+897.992 ~ K10+000	1102.008	Ⅰ-57	13.5	14 877.1	13.5	148 77.1	13.5	14 877.1											3.052	9.863				
2	平曲线加宽		Ⅰ-57		101.1		101.1		101.1																
3	K8+897.992 ~ K9+018	120.008																				747.5			
4	K10+000 ~ K10+719.437	719.437	Ⅰ-57	13.5	9712.4	13.5	9712.4	13.5	9712.4																
5	平曲线加宽		Ⅰ-57		34.9		34.9		34.9																
6	K10+719.437 ~ K10+770	50.56	Ⅰ-52	13.5	682.6	13.5	682.6			13.5	682.6									0.06	0.23				
7	K10+770 ~ K10+940	170.00	Ⅰ-57	13.5	2295.0	13.5	2295.0	13.5	2295.0											0.19	0.77				
8	K10+940 ~ K11+060	120.00	Ⅰ-52	13.5	1620.0	13.5	1620.0			13.5	1620.0									0.13	0.55				
9	K11+060 ~ K11+847	787.00	Ⅰ-57	13.5	10 624.5	13.5	10 624.5	13.5	10 624.5											1.85	3.90				
10	K11+847 ~ K11+917	70.00	Ⅰ-57		770.0		770.0		770.0											0.08	0.32				
11	K12+180 ~ K12+250	70.00	Ⅰ-57		770.0		770.0		770.0											0.08	0.32				
12	K12+250 ~ K19+260	7011.87	Ⅰ-57	13.5	94 660.2	13.5	94 660.2	13.5	94 660.2											7.85	42.82				已加长链，涵顶钢筋已计
13	K19+260 ~ K19+340	80.00	Ⅰ-52	13.5	1080.0	13.5	1080.0			13.5	1080.0									0.09	0.36				
14	K19+340 ~ K19+555.63	215.63	Ⅰ-57	13.5	2911.0	13.5	2911.0	13.5	2911.0											0.61	1.02				
15	平曲线加宽		Ⅰ-57		443.7		443.7		443.7																
16	K8+897.992 ~ K19+555.63												31 152.1		31 152.1		30 425.4		726.6				1047.14	1308.4	已扣除隧道及护栏地段
合计					140 582.5		140 582.5		137 199.9		3382.6		31 152.1		31 152.1		30 425.4		726.6	13.98	60.15	747.5	1047.1	1308.4	

编制：　　　　　　　　复核：　　　　　　　　SⅢ-22

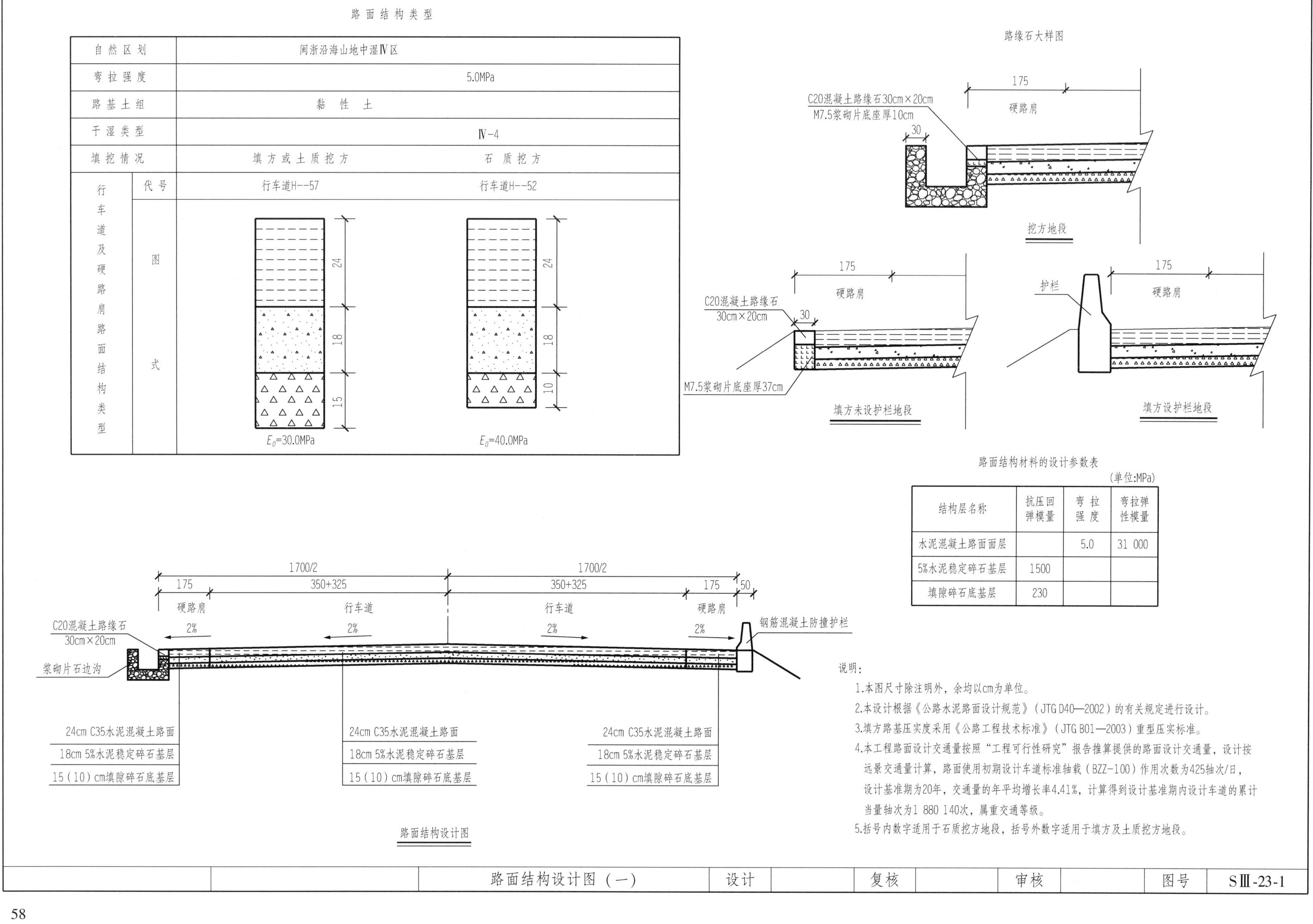

路面结构材料的设计参数表

(单位:MPa)

结构层名称	抗压回弹模量	弯拉强度	弯拉弹性模量
水泥混凝土路面面层		5.0	31 000
5%水泥稳定碎石基层	1500		
填隙碎石底基层	230		

说明：

1.本图尺寸除注明外，余均以cm为单位。

2.本设计根据《公路水泥路面设计规范》（JTG D40—2002）的有关规定进行设计。

3.填方路基压实度采用《公路工程技术标准》（JTG B01—2003）重型压实标准。

4.本工程路面设计交通量按照“工程可行性研究”报告推算提供的路面设计交通量，设计按远景交通量计算，路面使用初期设计车道标准轴载（BZZ-100）作用次数为425轴次/日，设计基准期为20年，交通量的年平均增长率4.41%，计算得到设计基准期内设计车道的累计当量轴次为1 880 140次，属重交通等级。

5.括号内数字适用于石质挖方地段，括号外数字适用于填方及土质挖方地段。

	路面结构设计图（一）	设计		复核		审核		图号	SⅢ-23-1

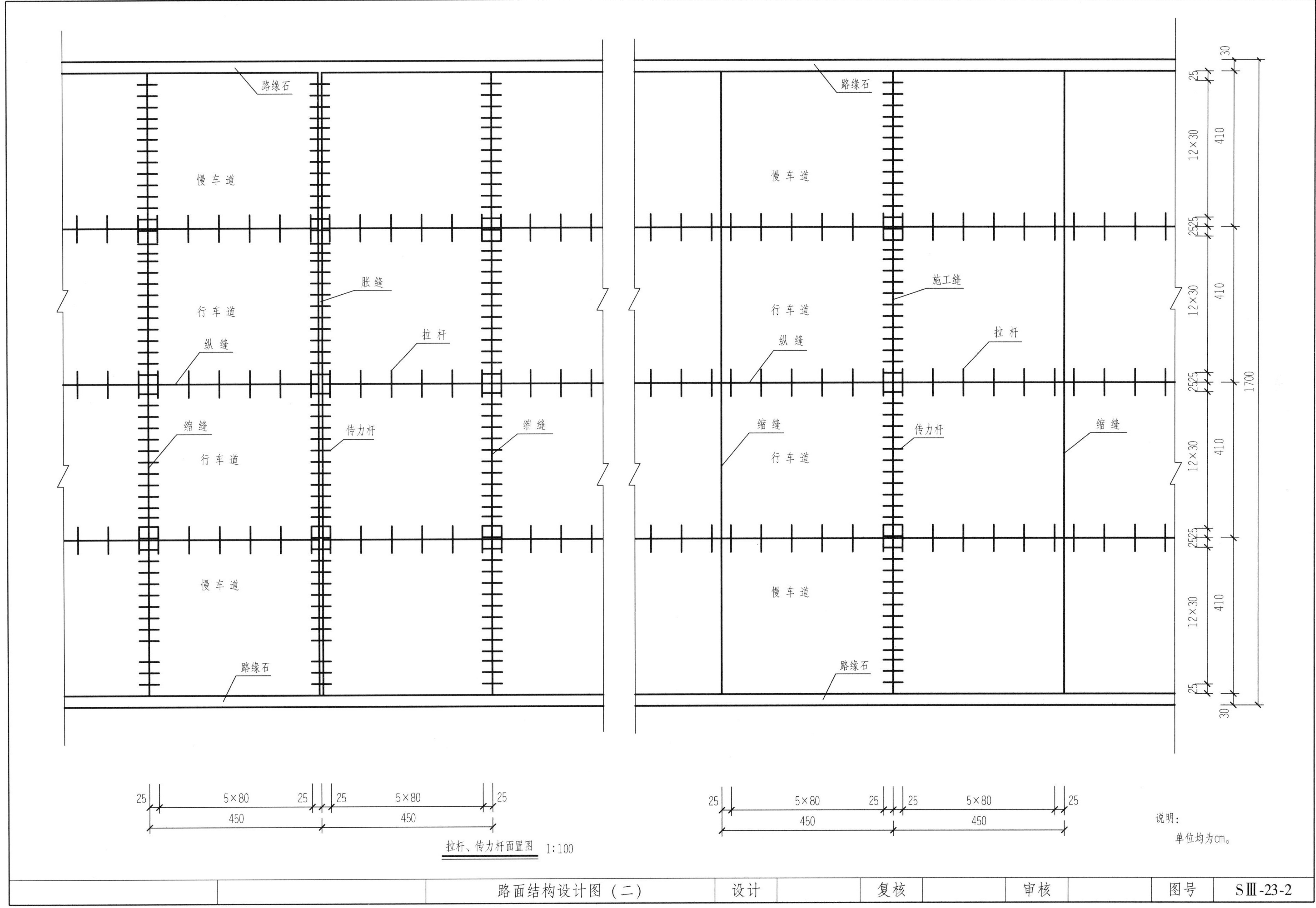

		路面结构设计图（二）	设计		复核		审核		图号	SⅢ-23-2

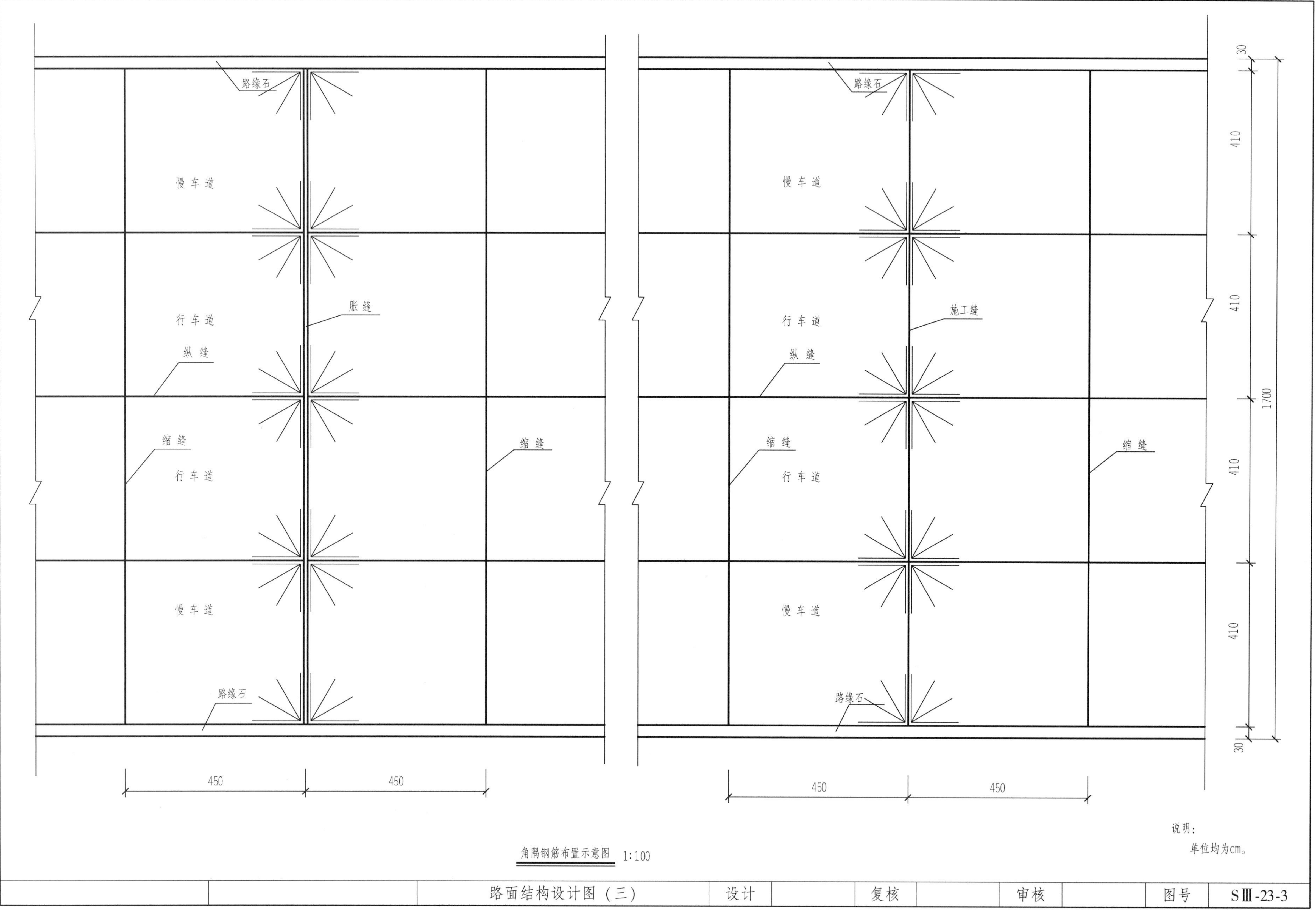

角隅钢筋布置示意图 1:100

说明：
单位均为cm。

		路面结构设计图（三）	设计		复核		审核		图号	SⅢ-23-3

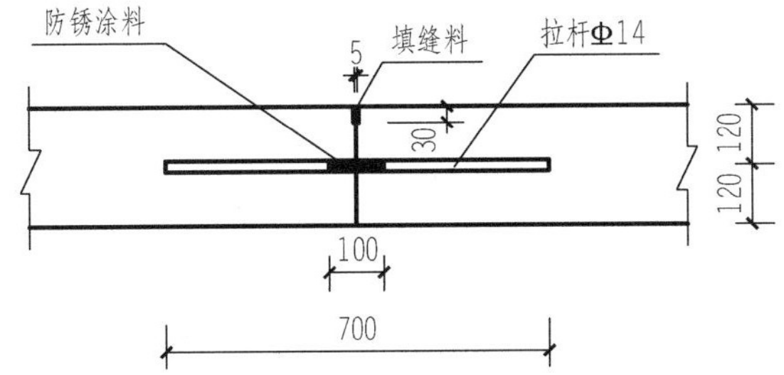

纵向施工缝构造图 1:20

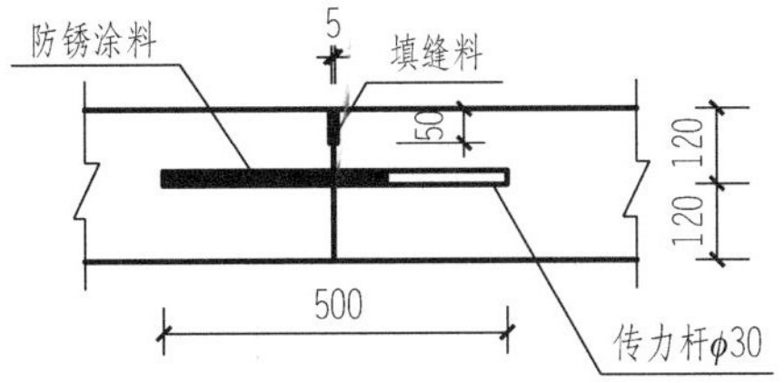

横向施工缝构造图 1:20

防裂钢筋布置

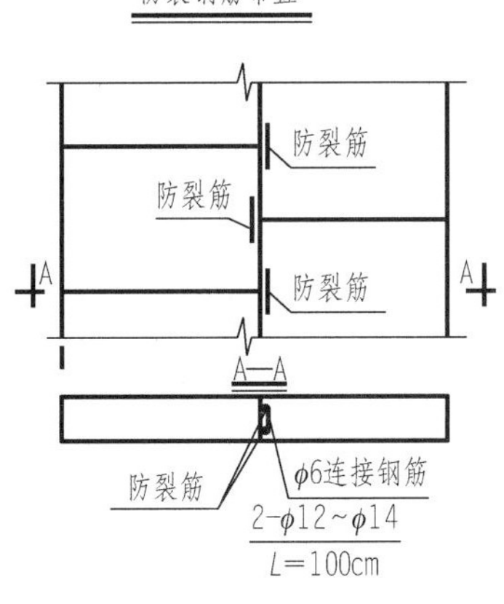

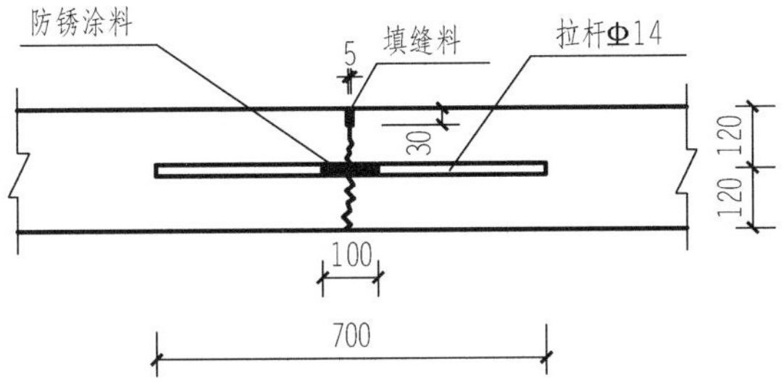

纵向缩缝构造图 1:20

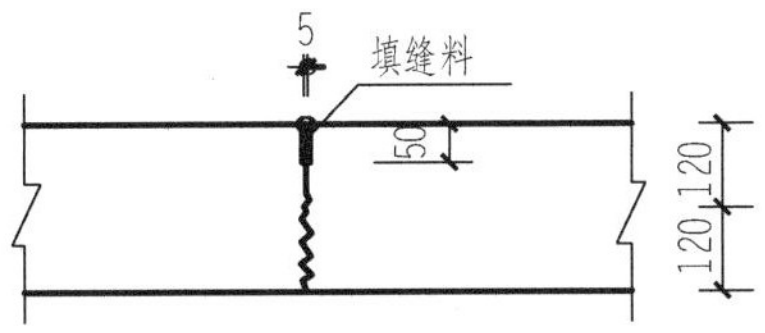

横向缩缝构造图（不设传力杆） 1:20

一条缝(一块板)钢筋数量表

接缝	钢筋名称	略图	直径/mm	每根长/cm	根数	总长/m	每延米重/(kg/m)	重量/kg
横缝	传力杆	50	φ30	50	11	5.5	5.549	30.52
纵缝	拉杆	70	Φ14	70	6	4.2	1.210	5.08
胀缝	传力杆	50	φ30	50	11	5.5	5.549	30.52
	角隅钢筋	120 120	Φ14	240	8	19.2	1.210	23.23
	传力杆架立筋(支架)	180	Φ14	180	34	61.2	1.210	74.05
	传力杆架立筋(横杆)	330	Φ14	330	14	46.2	1.210	55.90

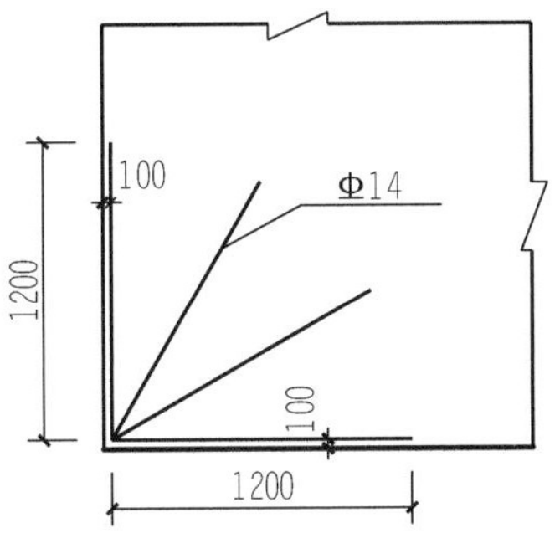

角隅钢筋构造图 1:50

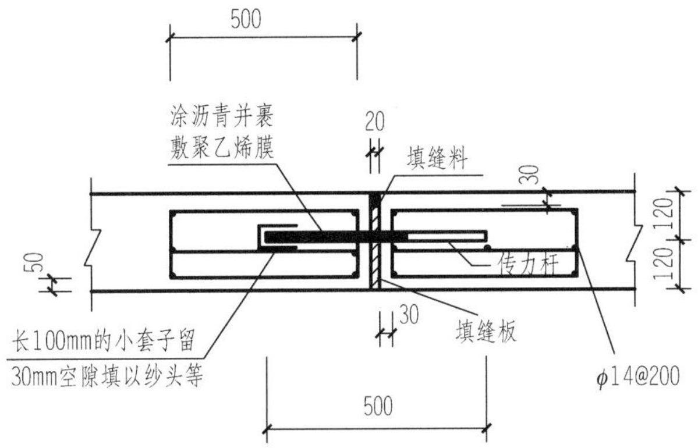

胀缝构造图 1:20

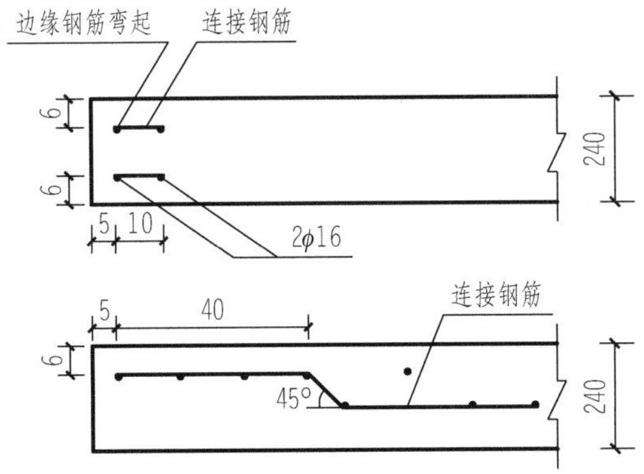

边缘钢筋布置图 1:20

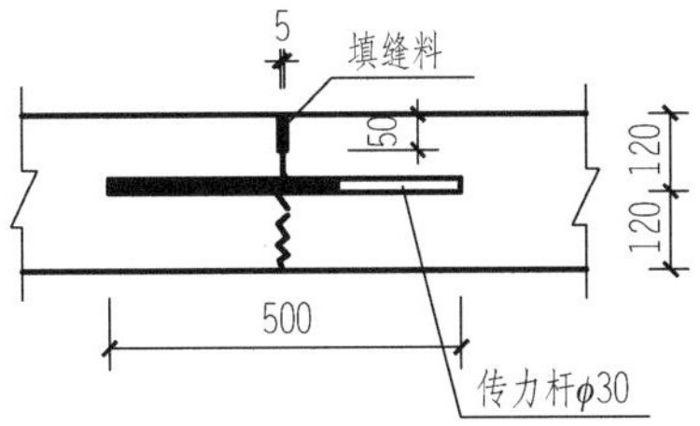

横向缩缝构造图（设传力杆） 1:20

说明：

1.单位均为mm；比例见图注。

2.在路面变宽段的加宽部分与等宽部分之间应设纵缝。

3.每日施工结束或临时中断施工时，必须设横向施工缝；一般可每150m设置一道施工缝。在邻近桥梁或其他固定构造物处或与其他道路相交处应设置胀缝。低温浇筑混凝土面层或选用膨胀性高的集料时，宜酌情确定是否设置胀缝。具体参照《公路水泥混凝土路面施工技术规范》(JTG F30—2003)实施。

4.全路段每4.5m设一道缩缝，每2000m设一道胀缝，邻近胀缝或自由端部的3条缩缝，应采用设传力杆假缝形式。

5.当铺筑宽度大于4.5m时，应设置纵向缩缝，缩缝采用假缝形式。

6.胀缝接缝板可选用木材类或纤维类板。

7.常用的填缝材料有聚氨酯焦油类、氯丁橡胶类、乳化沥青类、聚氯乙烯胶泥、沥青橡胶类、沥青玛𤇾脂及橡胶嵌缝条等。

		路面结构设计图（四）	设计		复核		审核		图号	SⅢ-23-4

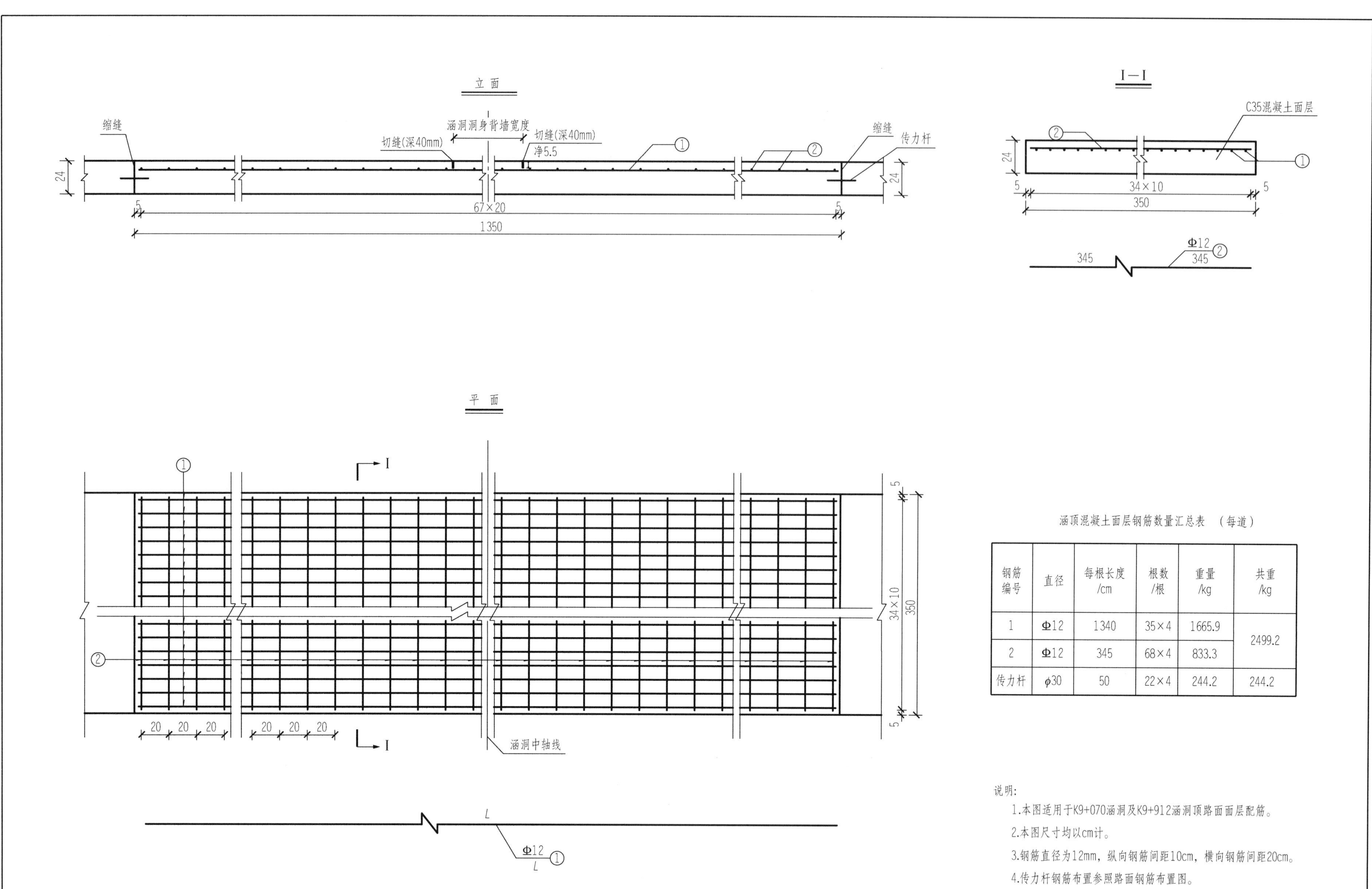

涵顶混凝土面层钢筋数量汇总表 （每道）

钢筋编号	直径	每根长度/cm	根数/根	重量/kg	共重/kg
1	Φ12	1340	35×4	1665.9	2499.2
2	Φ12	345	68×4	833.3	
传力杆	φ30	50	22×4	244.2	244.2

说明：

1.本图适用于K9+070涵洞及K9+912涵洞顶路面面层配筋。

2.本图尺寸均以cm计。

3.钢筋直径为12mm，纵向钢筋间距10cm，横向钢筋间距20cm。

4.传力杆钢筋布置参照路面钢筋布置图。

	路面结构设计图（五）	设计		复核		审核		图号	SⅢ-23-5

路基排水工程数量表（截水沟）

碧里至将军帽港区疏港交通战备公路

序号	起讫桩号或中心桩号	工程名称	主要尺寸及说明必要时绘出断面示意图	单位	数量	分项工程数量						备　注
						M7.5 浆砌片石截水沟 /m³	干砌片石 /m³	挖基土方 /m³	M7.5 浆砌片石急流槽 /m³	砂砾垫层 /m³	M7.5 浆砌片石护脚 /m³	
1	2	3	4	5	6	7	8	9	10	11	12	13
1	K8+980 ~ K9+275	截水沟	左侧	m	367	279.2		705.4				K8+980 处与原截水沟相接
2	K9+375 ~ K9+780	截水沟	左侧	m	518	393.8		994.8				K9+780 处流入天然土沟
3	K9+930 ~ K10+000	截水沟	左侧	m	56	42.6		107.7				
4	K10+000 ~ K10+303	截水沟	左侧	m	372	282.6		713.9				
5	K10+580 ~ K10+719.436	截水沟	左侧	m	158	120.4		304.1				
6	K10+719.436 ~ K10+810	截水沟	左侧	m	100	75.7		191.3				
7	K10+870. ~ K11+080	截水沟	左侧	m	231	175.6		443.5				
8	K11+840. ~ K11+917	截水沟	左侧	m	85	64.4		162.6				
9	K13+235. ~ K13+510	截水沟	左侧	m	303	229.9		580.8				
10	K19+180. ~ K19+470	截水沟	左侧	m	319	242.4		612.5				
11	K19+500. ~ K19+555.63	截水沟	左侧	m	61	46.5		117.5				
	合　计			m	2570	1953	0	4934				

编制：　　　　复核：　　　　SⅢ-25-1

路基排水工程数量表（急流槽）（部分）

碧里至将军帽港区疏港交通战备公路

序号	起讫桩号或中心桩号	工程名称	位置	长度/m	分项工程及数量								备注
					M7.5 浆砌片石				挖基土方 /m³	挖基石方 /m³	砂砾垫层 /m³	沥青麻絮沉降缝 /m²	
					槽身 /m³	防滑平台 /m³	进水部分 /m³	消力及出水部分 /m³					
49	K16+088. ~ K16+100	急流槽	左侧	12.0	18.4				44.5		7.1	3.5	
	⋮												
70	K19+160. ~ K19+180	急流槽	左侧	20.0	28.4				66.9		10.8	5.8	
	本页小计			404.5	580.7	0.0	0.0	0.0	1372.5	0.0	220.8	118.5	
	合计			1219.6	1511.2	13.5	1.9	9.1	3552.4	38.3	540.5	284.1	

编制：　　　　复核：　　　　SⅢ-25-2

路基排水工程数量表（路堑边沟）（部分）

碧里至将军帽港区疏港交通战备公路 第 3 页 共 3 页

序号	起讫桩号或中心桩号	工程名称	主要尺寸及说明必要时绘出断面示意图	单位	数量	分项工程数量									备注
						M7.5 浆砌片石边沟 /m³	挖基土方 /m³	挖基石方 /m³	M7.5 浆砌片石急流槽 /m³	无纺土工布 /m²	浆砌片石护脚 /m³	钢筋 /kg	C30 混凝土盖板 /m³	现浇 C30 混凝土 /m³	
1	2	3	4	5	6	7	8	9	10	11	12	13	14	15	16
53	K16+657. ~K16+670	路堑边沟	右侧	m	13.00	8.2	21.1	5.3							
54	K16+820. ~K16+840	路堑边沟	右侧	m	20.00	12.6	32.5	8.1							
55	K17+260. ~K17+321	路堑边沟	右侧	m	61.00	38.4	99.1	24.8							
56	K17+730. ~K17+750	路堑边沟	右侧	m	20.00	12.6	32.5	8.1							
57	K17+920. ~K18+080	路堑边沟	右侧	m	160.00	100.8	259.8	65.0							
58	K18+320. ~K18+480	路堑边沟	右侧	m	160.00	100.8	259.8	65.0							
59	K18+540. ~K18+560	路堑边沟	右侧	m	20.00	12.6	32.5	8.1							
60	K18+860. ~K19+000	路堑边沟	右侧	m	140.00	88.2	227.4	56.8							
61	K19+200.734 ~K19+440	路堑边沟	右侧	m	239.27	150.7	291.4	194.3							
	本页小计				833.3	525.0	1256.1	435.4							
	总计				7913.1	5164.9	9906.5	6512.6				3172.1	51.6	17.0	

编制： 复核： SⅢ-25-3

路基排水工程数量表（路堤排水沟）（部分）

碧里至将军帽港区疏港交通战备公路 第 2 页 共 2 页

序号	起讫桩号或中心桩号	工程名称	主要尺寸及说明必要时绘出断面示意图	单位	数量	分项工程数量							备注
						M7.5 浆砌片石排水沟 /m³	开挖土方 /m³	开挖石方 /m³	无纺土工布 /m²	M7.5 浆砌片石急流槽 /m³	砂砾垫层 /m³	浆砌片石护脚 /m³	
1	2	3	4	5	6	7	8	9	10	11	12	13	14
27	K16+100. ~K16+185.45	路堤排水沟	左侧	m	85.5	54.9	132.4						
28	K16+401.792 ~K16+540	路堤排水沟	左侧	m	138.2	88.7	214.2						
29	K16+632. ~K16+638	路堤排水沟	左侧	m	6.0	3.9	9.3						
30	K16+719. ~K16+760	路堤排水沟	左侧	m	41.0	26.3	63.6						
31	K16+900. ~K17+200	路堤排水沟	左侧	m	300.0	192.6	465.0						
32	K17+420. ~K17+505	路堤排水沟	左侧	m	85.0	54.6	131.8						
33	K17+690. ~K17+720	路堤排水沟	左侧	m	30.0	19.3	46.5						
34	K17+860. ~K17+900	路堤排水沟	左侧	m	40.0	25.7	62.0						
35	K18+140. ~K18+260	路堤排水沟	左侧	m	120.0	77.0	186.0						
36	K18+696.125 ~K18+820	路堤排水沟	左侧	m	123.9	79.5	192.0						
37	K19+120. ~K19+160	路堤排水沟	左侧	m	40.0	25.7	62.0						
	本页小计				1009.5	648.1	1564.8	0.0					
	总计				4268.7	2741.2	5978.0	300.9					

编制： 复核： SⅢ-25-4

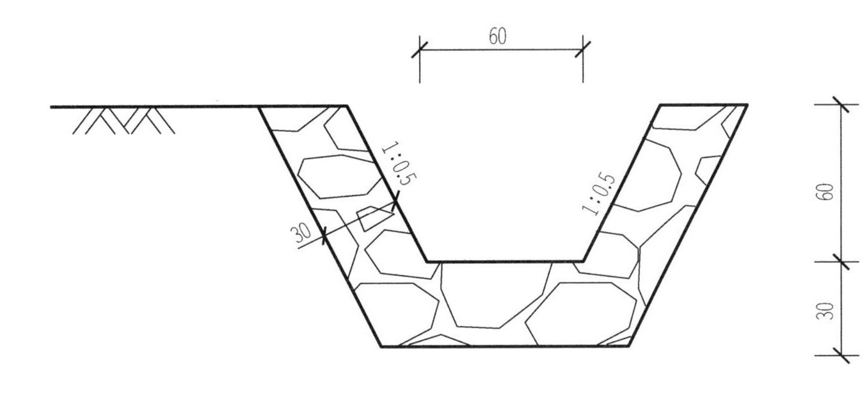

截水沟大样图

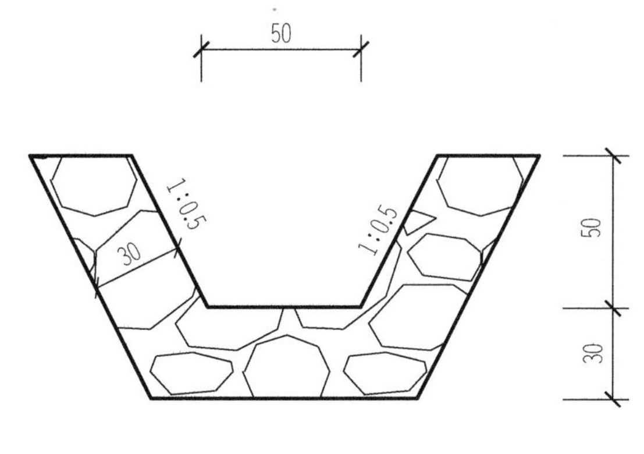

排水沟大样图

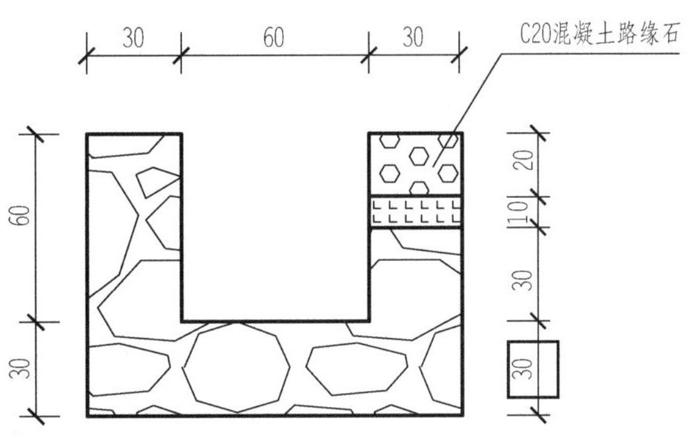

一般路基边沟大样图

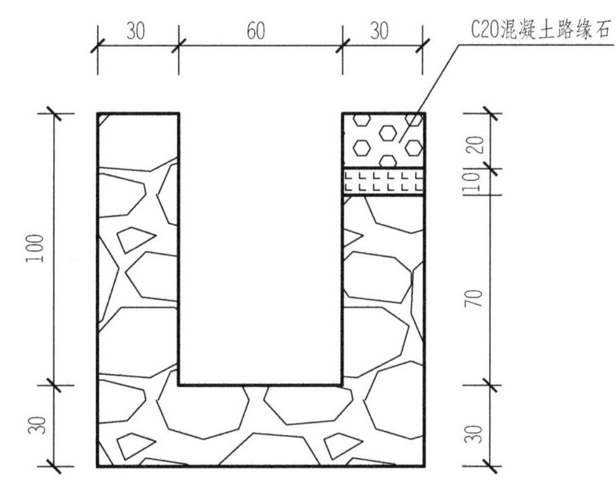

隧道进口段边沟大样图

每延米工程数量表

名　称	边　沟		排水沟	截水沟
	一般路基	隧道进口		
浆砌片石/m^3	0.63	0.87	0.642	0.760
挖　基/m^3	2.03	2.25	1.55	1.92

说明:

本图尺寸均以cm为单位。

	路基排水工程设计图（一）	设计		复核		审核		图号	SⅢ-26-1

暗沟构造图(一)

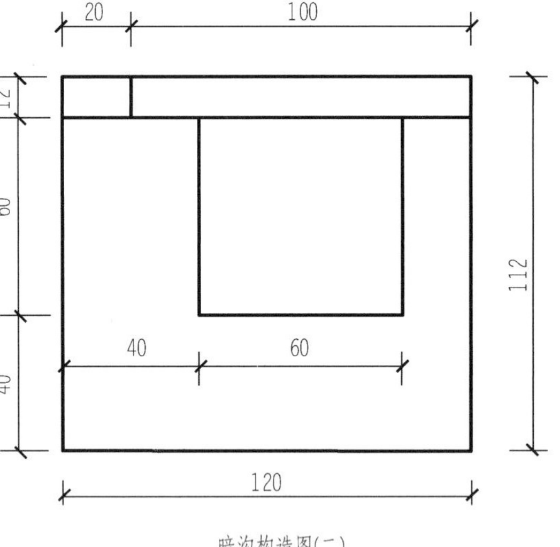

暗沟构造图(二)

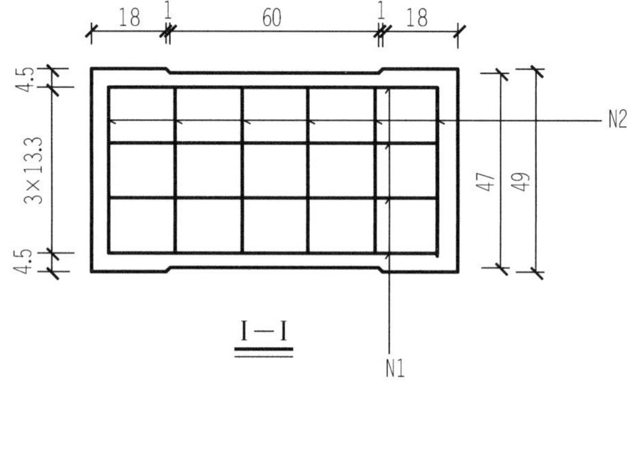

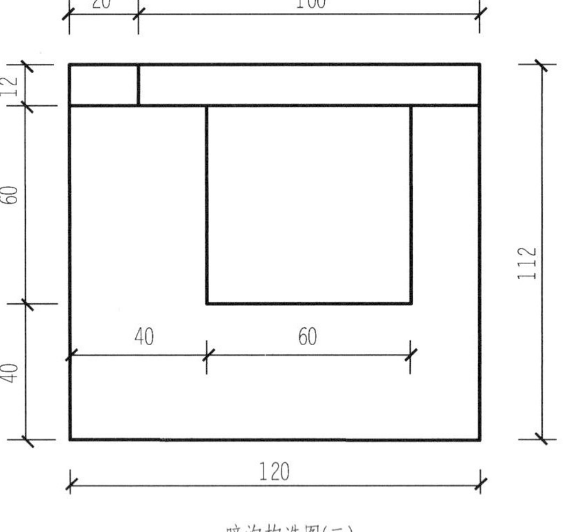
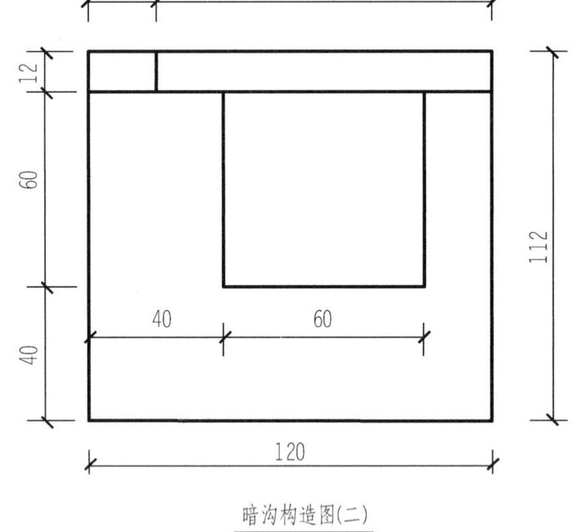
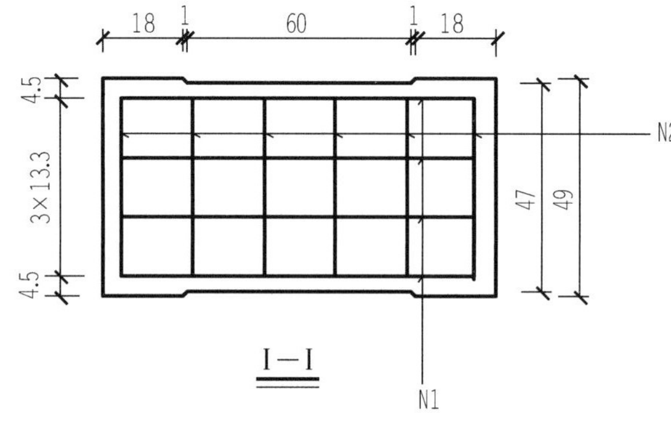
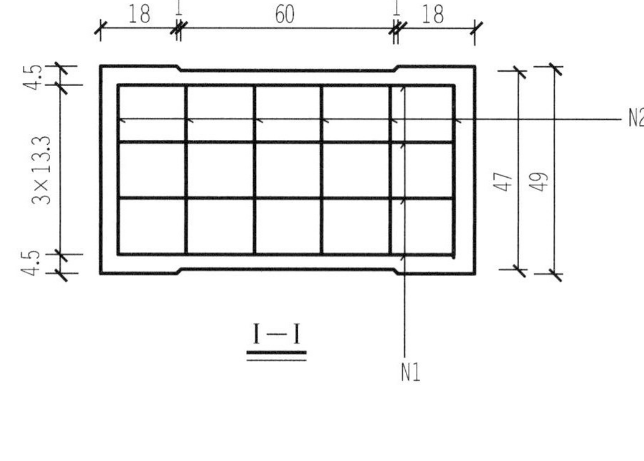
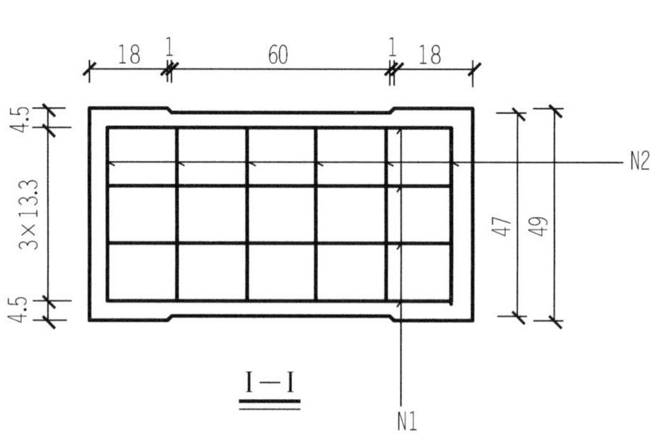

暗沟(一)每延米工程数量表

名　称	M7.5浆砌片石/m³	挖　基	钢　筋/kg	C30混凝土/m³	现　浇C30混凝土/m³
暗　沟	1.04	2.864	7.377	0.12	0.048

单块板钢筋数量表

钢筋编号		钢筋直径/mm	每根长度/cm	钢筋根数/根	总长/m	单位重/(kg/m)	共重/kg	C30混凝土体积/m³
暗沟	1	φ16	100	4	4.0	1.578	6.31	0.12
	2	φ8	45	6	2.70	0.395	1.067	

暗沟(二)每延米工程数量表

名　称	7.5#浆砌片石/m³	挖　基	钢　筋/kg	C30混凝土/m³	现　浇C30混凝土/m³
暗　沟	0.84	2.64	7.377	0.12	0.024

说明：

1.本图为暗沟加强盖板配筋图。

2.预制板必须在混凝土达到设计强度70%后，才能脱底模、移运和堆放，堆放时应在块件端部用两点搁支，不得上下倒置。

3.图中尺寸除钢筋直径以mm计外，其余均以cm为单位。

	路基排水工程设计图（二）	设计		复核		审核		图号	SⅢ-26-2

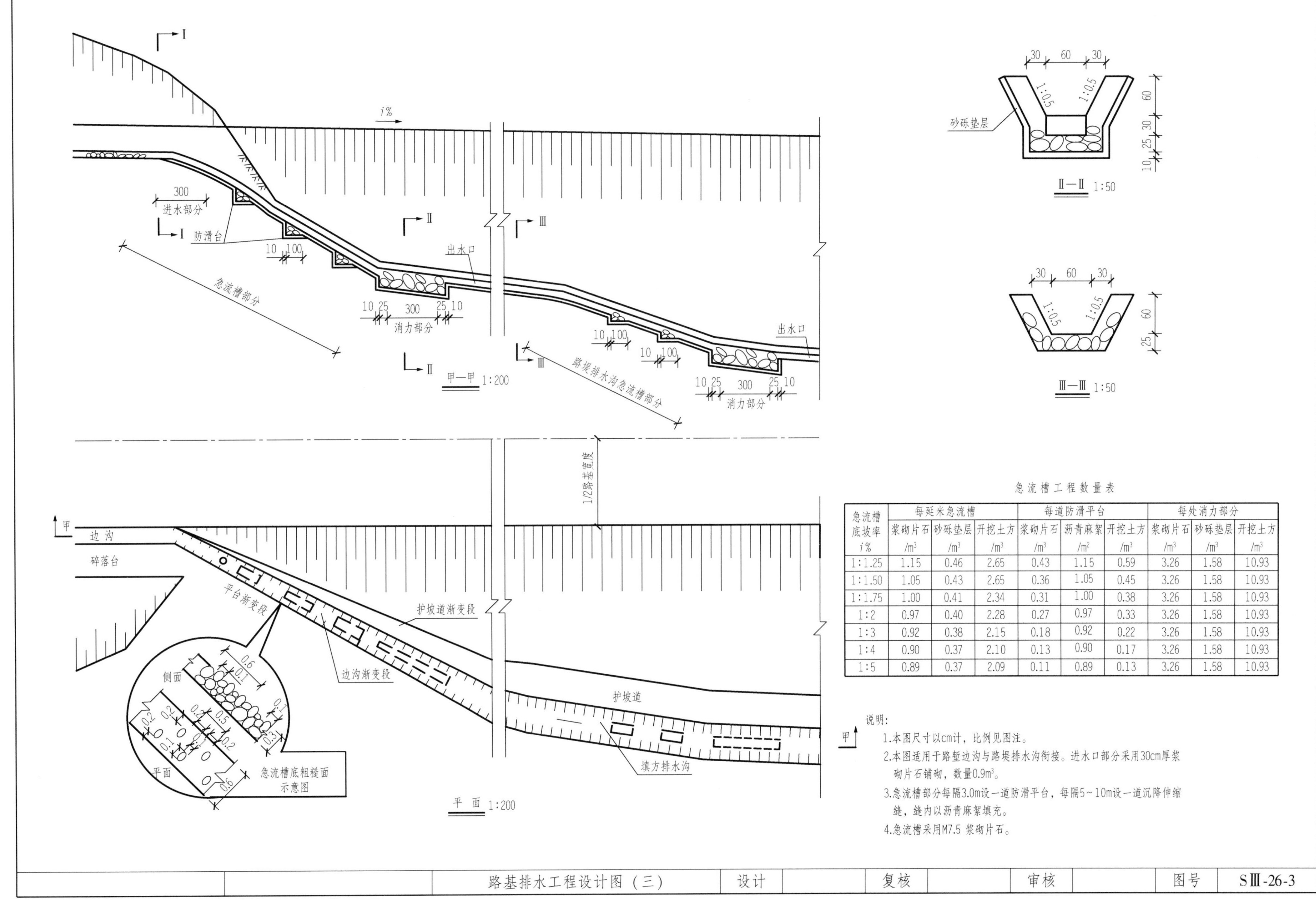

急流槽工程数量表

急流槽底坡率 i%	每延米急流槽			每道防滑平台			每处消力部分		
	浆砌片石 /m³	砂砾垫层 /m³	开挖土方 /m³	浆砌片石 /m³	沥青麻絮 /m²	开挖土方 /m³	浆砌片石 /m³	砂砾垫层 /m³	开挖土方 /m³
1:1.25	1.15	0.46	2.65	0.43	1.15	0.59	3.26	1.58	10.93
1:1.50	1.05	0.43	2.65	0.36	1.05	0.45	3.26	1.58	10.93
1:1.75	1.00	0.41	2.34	0.31	1.00	0.38	3.26	1.58	10.93
1:2	0.97	0.40	2.28	0.27	0.97	0.33	3.26	1.58	10.93
1:3	0.92	0.38	2.15	0.18	0.92	0.22	3.26	1.58	10.93
1:4	0.90	0.37	2.10	0.13	0.90	0.17	3.26	1.58	10.93
1:5	0.89	0.37	2.09	0.11	0.89	0.13	3.26	1.58	10.93

说明：

1. 本图尺寸以cm计，比例见图注。
2. 本图适用于路堑边沟与路堤排水沟衔接。进水口部分采用30cm厚浆砌片石铺砌，数量0.9m³。
3. 急流槽部分每隔3.0m设一道防滑平台，每隔5～10m设一道沉降伸缩缝，缝内以沥青麻絮填充。
4. 急流槽采用M7.5 浆砌片石。

		路基排水工程设计图（三）	设计		复核		审核		图号	SⅢ-26-3

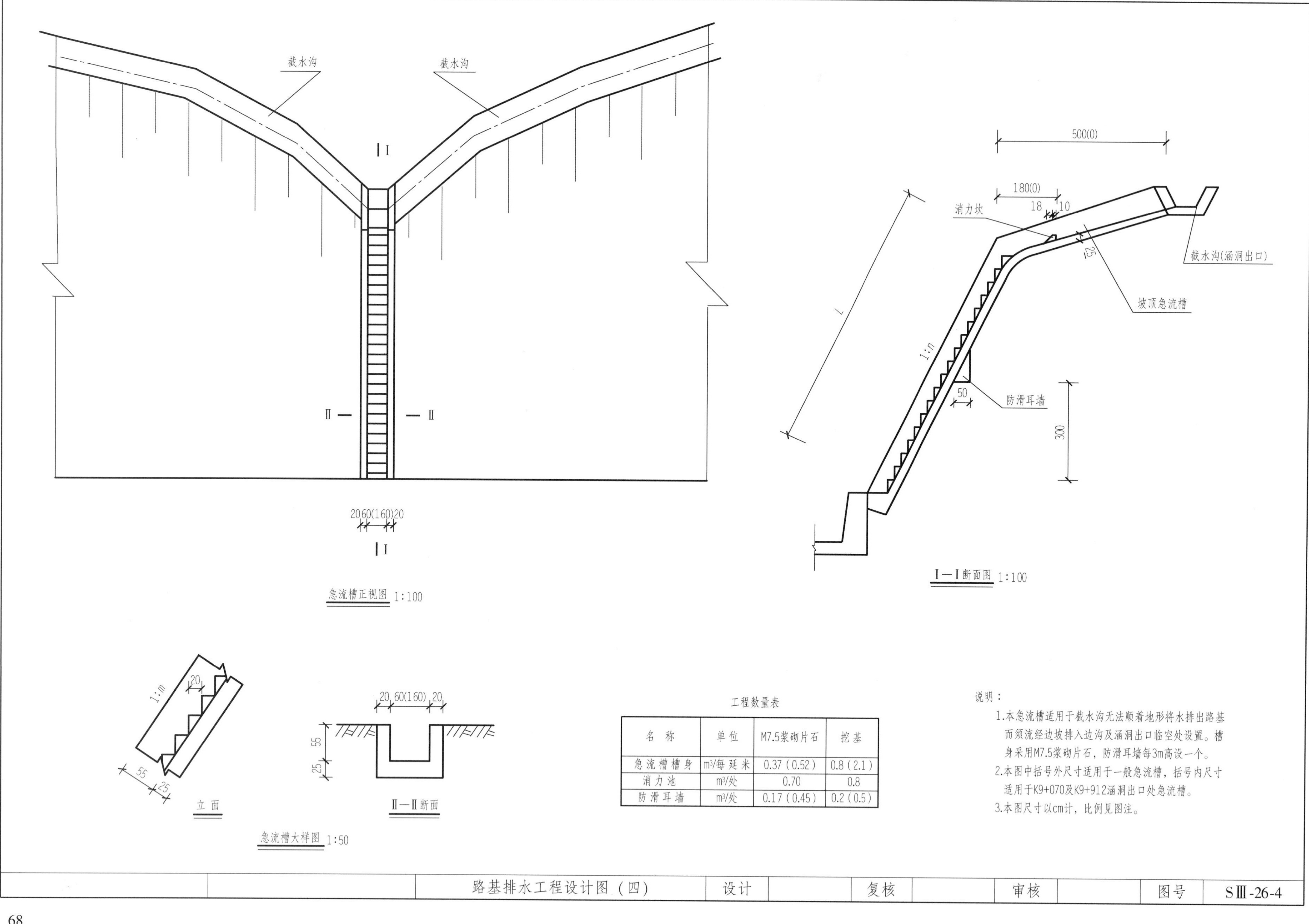

工程数量表

名称	单位	M7.5浆砌片石	挖基
急流槽槽身	m³/每延米	0.37(0.52)	0.8(2.1)
消力池	m³/处	0.70	0.8
防滑耳墙	m³/处	0.17(0.45)	0.2(0.5)

说明：

1. 本急流槽适用于截水沟无法顺着地形将水排出路基而须流经边坡排入边沟及涵洞出口临空处设置。槽身采用M7.5浆砌片石，防滑耳墙每3m高设一个。
2. 本图中括号外尺寸适用于一般急流槽，括号内尺寸适用于K9+070及K9+912涵洞出口处急流槽。
3. 本图尺寸以cm计，比例见图注。

		路基排水工程设计图（四）	设计		复核		审核		图号	SⅢ-26-4

路基整修工程数量表

碧里至将军帽港区疏港交通战备公路

序号		工程名称	单位	长度	工程项目及数量			备注
					整修路拱/m^2	整修边坡/km		
1	K8+897. 992 ~ K10+000. 0	整修路基	km	1. 102	18 734	0. 588		
2	K10+000. 0 ~ K10+719. 437	整修路基	km	0. 719	12 230	0. 407		
3	K10+719. 437 ~ K19+555. 63	整修路基	km	8. 836	145 324	7. 630		
	合计			10. 66	176 289	8. 625		

编制： 复核： SⅢ-27

填挖交界处路基处理工程数量表（部分）

碧里至将军帽港区疏港交通战备公路

序号	起讫桩号或中心桩号	处理形式	纵向处理长度 /m	横向平均处理宽度 /m	0. 6m×0. 8m 盲沟 /m	开挖土方数量 /m^3	填土数量 /m^3	回填碾压 /m^2	备注
1	2	3	4	5	6	7	8	9	13
20	K16+060 ~ K16+080	开挖后分层填筑碾压	20	14. 0	26. 0	154. 0	163. 2	280. 0	
	⋮								
34	K19+160 ~ K19+180	开挖后分层填筑碾压	17	14. 0	22. 1	130. 9	138. 8	238. 0	
	本页小计		342. 00		444. 60	2602. 05	2758. 17	4731. 00	
	合计		872. 00		1130. 20	6579. 87	6978. 05	11 963. 40	

编制： 复核： SⅢ-28

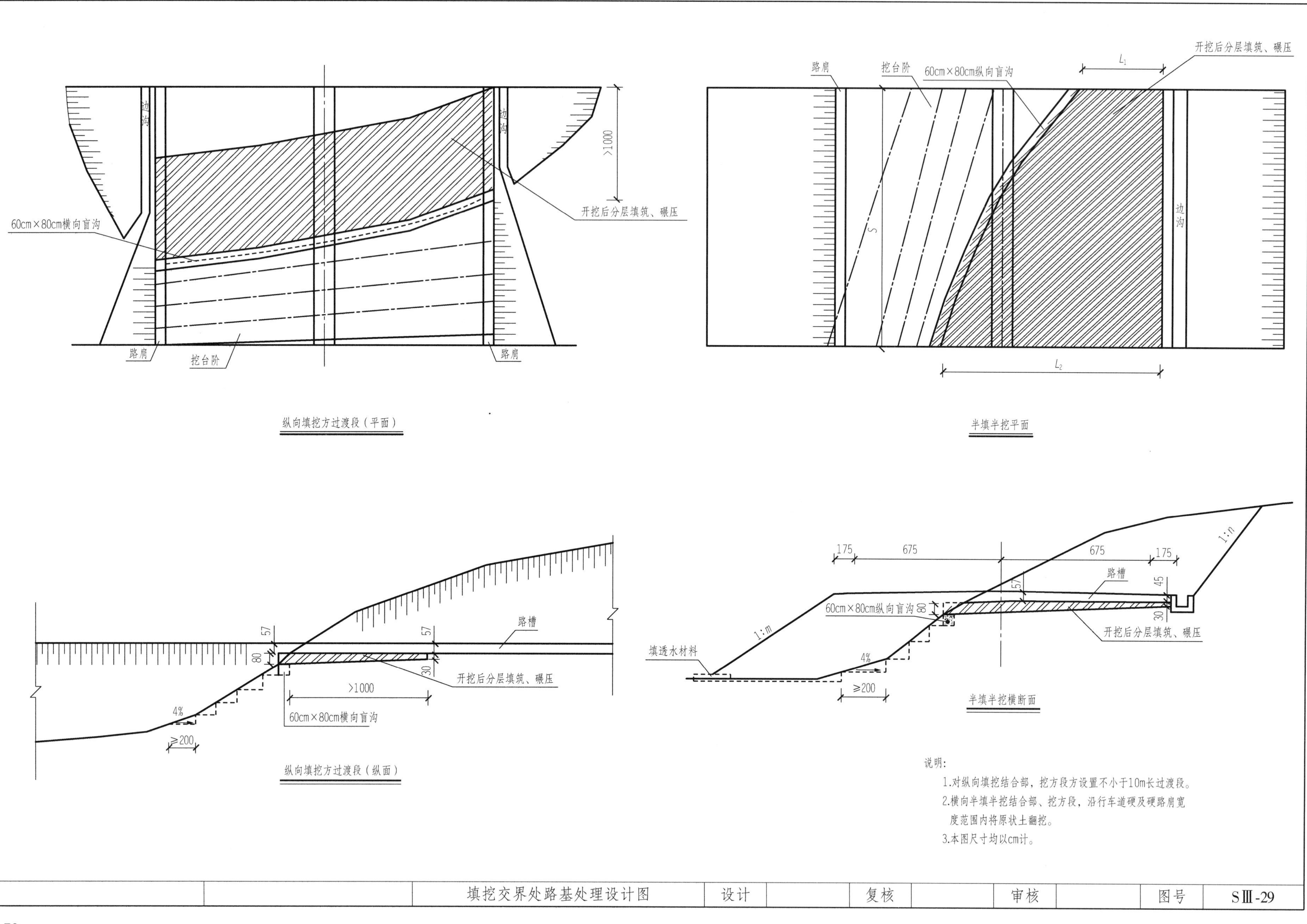

说明：

1.对纵向填挖结合部，挖方段方设置不小于10m长过渡段。

2.横向半填半挖结合部、挖方段，沿行车道硬及硬路肩宽度范围内将原状土翻挖。

3.本图尺寸均以cm计。

	填挖交界处路基处理设计图	设计		复核		审核		图号	SⅢ-29

挖土质台阶表

碧里至将军帽港区疏港交通战备公路　　　　第 1 页　共 1 页

序号	起讫桩号	长度/m	面积/m^2	序号	起讫桩号	长度/m	面积/m^2	序号	起讫桩号	长度/m	面积/m^2
1	2	3	4	1	2	3	4	1	2	3	4
1	K9+315 ~ K9+345	30	255								
2	K9+365 ~ K9+375	10	16								
K8+897.992 ~ K10+000 段小计		40	275								
3	K10+560 ~ K10+613	53	381.6								
K10+000 ~ K10+719.436 段小计		53	381.6								
4	K10+880 ~ K10+920	40	206.67								
	⋮										
36	K19+030 ~ K19+050	20	100.00								
	合　计		9998.73								

编制：　　　　复核：　　　　SⅢ-30

零填及挖土方路基碾压工程数量表

碧里至将军帽港区疏港交通战备公路　　　　第 1 页　共 1 页

序号	起讫桩号或中心桩号	工程名称	主要尺寸及说明	单位	数量	工程数量							备　注
						零填及挖方路基碾压 /m^2							
1	2	3	4	5	6	7	8	9	10	11	12	13	14
1	K8+940 ~ K9+260	零填及挖方碾压	平均宽 B=17.0	m	320	5440							
	⋮												
29	K19+201 ~ K19+440	零填及挖方碾压	平均宽 B=17.0	m	239	4068							
	合　计				3151	53 572							

编制：　　　　复核：　　　　SⅢ-31

钢筋混凝土盖板涵工程数量表汇总

碧里至将军帽港区疏港交通战备公路

序号	中心桩号	与路中线交角/(°)	孔数跨径/(孔·m)	涵长/m	洞口形式		主要工程数量																
							挖基		基础	预制盖板			现浇盖板			台身		台基		台帽			
					进口	出口	干处土方/m³	石方/m³	干砌片石/m³	C30混凝土/m³	钢筋 R235/t	钢筋 HRB335/t	C30混凝土/m³	钢筋 R235/t	钢筋 HRB335/t	M7.5浆砌块石/m³	M7.5浆砌片石矮墙/m³	M7.5浆砌片石/m³	C15混凝土/m³	C25混凝土/m³	钢筋 R235/t	钢筋 HRB335/t
1	2	3	4	6	7	8	10	11	12	13	14	15	16	17	18	19	20	21	22	23	24	25
1	K9+070	90	1-1.5×1.5	18.75	窨井	八字墙		352.07		6.50	0.263	0.650				33.75	0.32	22.50		12.15		
2	K9+912	90	1-1.5×1.5	20.25	窨井	八字墙	179.96	77.13		7.02	0.285	0.709				36.45	0.18	24.30		13.12		
3	K10+346	95	1-2.0×2.0	25.25	八字墙	八字墙	96.01			13.78	0.463	1.564				48.48		74.74		17.17		
4	K10+550	75	1-1.5×1.5	25.75	八字墙	八字墙	150.39			8.92	0.357	0.939	0.89	0.021	0.111	33.99		65.92		16.69		
5	K10+850	90	1-1.5×1.5	28.0	跌水井	八字墙	102.00			8.59	0.385	1.13				50.40		33.60		17.30		
6	K11+110	90	1-1.5×1.5	26.0	八字墙	八字墙	87.00			7.98	0.358	1.05				46.80		31.20		16.07		
7	K11+371	90	1-1.5×1.5	25.0	跌水井	八字墙	60.00		55.00	7.76	0.344	1.009				45.00		30.00		15.45		
8	K11+767	90	1-2.5×2	28.0	八字墙	八字墙	106.00			19.19	0.617	2.235				78.40		43.68		21.84		
9	K12+270	90	1-1.5×1.5	48.0	八字墙	八字墙	180.00			30.41	0.76	2.599				86.40			111.36	35.04	0.576	0.676
10	K12+408	90	1-2.5×2	47.0	八字墙	八字墙	87.80		16.70	71.43	1.286	5.223				112.80	10.50		146.64	39.57		
11	K12+532	90	1-2.5×2	32.0	八字墙	八字墙	21.00		535.0	29.56	0.754	2.947				76.80	6.00		107.52	222.91		
12	K12+660	90	1-1.5×1.5	27.0	八字墙	八字墙	77.00		11.50	12.03	0.371	1.09				48.60	4.38	32.40		15.36		
13	K12+887	90	1-1.5×1.5	25.0	八字墙	八字墙	21.00			7.67	0.344	1.009				45.00		30.00		15.45		
14	K13+130	130	1-3.5×3.5	28.0	八字墙	八字墙	291.00			32.32	0.779	3.508	3.23	0.037	0.186	176.40		57.12		30.02	0.495	0.394
15	K13+353	90	1-1.5×1.5	20.0	跌水井	八字墙	313.00			6.14	0.275	0.612				36.00		24.00		12.36		
16	K13+558	60	1-3×3	26.0	跌水井	八字墙	218.00			26.24	0.663	2.578	2.62	0.068	0.558	124.80		43.68		24.54		
17	K13+835	75	1-3×3	24.0	跌水井	八字墙	17.00		119.00	24.22	0.663	2.578	2.42	0.068	0.558	115.20		40.32		22.66		
18	K14+040	90	1-2×2	23.0	跌水井	八字墙	389.00			11.41	0.412	0.997				55.20		33.12		14.86		
19	K14+628	110	1-4×4	48.0	八字墙	八字墙	143.38			114.57	2.016	10.521	11.46	0.11	0.206	384.00	12.16		268.80	69.02	0.824	0.676
20	K15+142	100	1-4×4	38.0	八字墙	八字墙	98.82			90.70	1.626	7.773	9.07	0.067	0.087	304.00	4.86		212.80	54.64	0.640	0.535
21	K15+645	135	1-4×4	77.0	八字墙	八字墙	356.00		35.70	225.48	3.302	17.36	22.55	0.098	0.38	525.60	14.59		408.80	120.16	1.567	1.029
22	K16+032	65	1-3×3	42.0	八字墙	八字墙	138.70			59.93	1.215	5.085	5.99	0.028	0.075	226.80	7.78		181.44	51.58		
23	K16+147	135	1-3×3	57.0	八字墙	八字墙	15.00		40.00	81.33	1.609	7.556	8.13	0.034	0.178	307.80	9.73		246.24	70.00		
24	K16+471.79	90	1-1.5×1.5	32.8	跌水井	挡土墙	187.40			15.07	0.464	1.367				61.20	4.38		84.32	22.44		

序号	主要工程数量																					
	支撑梁				帽石	洞口						M7.5浆砌片石洞口、洞底铺砌/m³	M7.5浆砌片石急流槽/m³	M7.5浆砌片石隔水墙/m³	砂砾垫层/m³	砂浆抹面/m²	沥青麻絮沉降缝/m²	油毛毡/m²	草袋围堰高1m/m³	现浇支架/m²	M7.5浆砌片石挡墙/m²	设计流量/(m³/s)
	C25混凝土/m³	钢筋		M7.5浆砌块石/m³	M10粗料石/m³	M7.5浆砌片石实体翼墙/m³	M7.5浆砌片石翼墙基础/m³	M7.5浆砌片石实体端墙/m³	M7.5浆砌片石端墙基础/m³	M7.5浆砌片石排水沟/m³	M7.5浆砌片石跌井/m³											
		R235/t	HRB335/t																			
1	26	27	28	29	30	31	32	33	34	35	36	37	38	39	40	41	42	43	44	45	46	47
1	2.43	0.067	0.145		0.18	2.28	2.16				9.37	9.95			4.00	7.00	6.00	18.75				4.340
2	2.68	0.074	0.159		0.20	2.28	2.16				8.58	10.67			3.24	7.00	6.00	20.25				4.340
3					0.44	13.23	9.58					19.41		2.53		8.50	7.20	25.25	10.00			8.770
4					0.38	7.00	6.32					9.25		1.94	75.47	8.00	6.00	25.75		2.80		4.340
5				3.36	0.41	3.91	3.54	2.48	0.78		5.52	19.19		0.90			24.36	28.00				4.069
6				2.95	0.40	8.89	7.97					21.41		1.95			22.62	26.00				4.069
7				2.73	0.23	5.32	4.73	4.87	0.75		5.52	18.73	20.78	2.50			21.75	25.00				4.069
8	5.60	0.145	0.293		0.49	14.08	10.11					55.02		2.72			24.36	28.00				10.440
9					0.40	10.75	8.97					16.06		2.10			41.76	48.00				4.069
10					0.53	20.05	12.98					14.08		3.14			40.89	47.00				10.440
11					0.49	16.57	11.53					11.09	104.13	4.61			27.84	32.00			107.00	10.440
12				3.12	0.35	8.06	7.12					30.81		1.80			23.49	27.00				4.690
13				2.88	0.35	7.55	6.83					28.70		1.75			21.75	25.00				4.690
14	6.16	0.174	0.308		0.81	45.76	21.41					86.33		4.56			24.36	28.00		7.00		35.298
15				2.27	0.17	3.63	3.30	4.28	0.75		12.70	21.76		0.70			17.40	20.00				4.690
16	5.28	0.147	0.269		0.75	16.14	8.51	2.11	2.00		20.47	54.34		1.64			22.62	26.00		6.00		23.016
17	5.28	0.147	0.269		0.59	29.67	15.50					50.69		4.14			20.88	24.00		6.00		23.016
18	3.52	0.100	0.191		0.52	7.09	5.16	1.17	0.98		9.56	40.88		1.26			20.01	23.00				8.352
19					0.85	73.10	27.54					50.50		6.50			41.76	48.00		12.00		50.835
20					0.75	81.14	30.45					73.21		5.96			33.06	38.00		12.00		50.835
21					1.12	99.83	36.93					83.29		6.88	616.0		66.99	77.00		12.00		50.835
22					0.72	39.23	18.78					29.76		5.22			36.54	42.00		6.00		23.016
23					0.89	46.86	22.68					27.58		4.80			49.59	57.00		6.00		23.016
24					0.24			0.81	1.58		5.52	3.50					28.49	32.75				4.069

续表

序号	中心桩号	与路中线交角/(°)	孔数跨径/(孔·m)	涵长/m	洞口形式		主要工程数量															
					进口	出口	挖基		基础	预制盖板			现浇盖板			台身		台基		台帽		
							干处土方/m³	石方/m³	干砌片石/m³	C30混凝土/m³	钢筋 R235/t	钢筋 HRB335/t	C30混凝土/m³	钢筋 R235/t	钢筋 HRB335/t	M7.5浆砌块石/m³	M7.5浆砌片石矮墙/m³	M7.5浆砌片石/m³	C15混凝土/m³	C25混凝土/m³	钢筋 R235/t	钢筋 HRB335/t
1	2	3	4	6	7	8	10	11	12	13	14	15	16	17	18	19	20	21	22	23	24	25
25	K16+632	75	1-3×3	28.0	八字墙	八字墙	12.00		486.90	32.16	0.766	2.972	3.22	0.04	0.065	134.40			112.00	27.66		
26	K16+745	110	1-2.5×2	23.0	八字墙	八字墙	92.00		26.00	15.76	0.491	1.551	1.58	0.028	0.058	55.20		22.08		15.18		
27	K17+134	90	1-2.5×2	35.0	八字墙	八字墙	91.00		51.00	38.59	0.865	3.638				84.00		50.40		26.53		
28	K17+514	90	1-2.5×2	20.0	跌水井	八字墙	88.30		113.00	13.71	0.662	1.924				48.00		19.20		13.20		
29	K17+700	90	1-3×3	36.0	八字墙	八字墙	58.35		8.47	51.36	1.069	4.325				172.80	7.46		144.00	38.74		
30	K17+880	90	1-2×2	24.0	跌水井	八字墙	353.00		9.00	11.90	0.43	1.341				57.60		28.80		15.50		
31	K18+135	55	1-2×2	39.0	八字墙	八字墙	120.50			25.15	0.71	2.485	2.52	0.013	0.061	93.60	6.49		106.08	26.83		
32	K18+519	90	1-2×2	17.0	跌水井	一字墙	780.00			8.43	0.32	0.771				40.80		20.40		10.89		
33	K18+784	90	1-3×3	20.0	八字墙	八字墙	268.00			20.18	0.541	1.888				96.00		33.60		18.80		
34	K18+935	70	1-3×3	22.0	跌水井	八字墙	305.00			22.20	0.572	2.126	2.22	0.031	0.067	105.60		36.96		20.77		
35	K19+149	90	1-3×3	33.0	跌水井	八字墙	207.70		6.7	49.79	0.98	4.163				102.96			121.44	23.10		
36	K19+470	90	1-2.5×2	21.0	跌水井	八字墙	501.00			14.39	0.463	1.677				58.80		32.76		16.38		
合计				1109.8			6212.31	429.20	1513.97	1221.87	27.48	110.95	75.90	0.64	2.59	4109.63	88.83	830.78	2251.44	1203.98	4.10	3.31

序号	主要工程数量																					设计流量/(m^3/s)
	支撑梁				帽石	洞口						M7.5浆砌片石洞口、洞底铺砌/m^3	M7.5浆砌片石急流槽/m^3	M7.5浆砌片石隔水墙/m^3	砂砾垫层/m^3	砂浆抹面/m^2	沥青麻絮沉降缝/m^2	油毛毡/m^2	草袋围堰高1m	现浇支架/m^2	M7.5浆砌片石挡墙/m^2	
	C25混凝土/m^3	钢筋		M7.5浆砌块石/m^3	M10粗料石/m^3	M7.5浆砌片石实体翼墙/m^3	M7.5浆砌片石翼墙基础/m^3	M7.5浆砌片石实体端墙/m^3	M7.5浆砌片石端墙基础/m^3	M7.5浆砌片石排水沟/m^3	M7.5浆砌片石跌井/m^3											
		R235/t	HRB335/t																			
1	26	27	28	29	30	31	32	33	34	35	36	37	38	39	40	41	42	43	44	45	46	47
25					0.59	30.52	15.78					56.90		5.54			24.36	28.00		6.00		23.016
26	4.40	0.114	0.230		0.53	12.61	9.12					48.52		3.08			20.01	23.00		6.00		10.440
27	6.80	0.176	0.355		0.49	17.48	11.92					59.34		2.89			30.45	35.00				10.440
28	3.60	0.093	0.188		0.59	7.36	5.28	1.85	1.90		13.32	37.23		1.40			17.40	20.00				10.440
29					0.60	44.08	20.94					40.89	26.18	4.18			31.32	36.00				23.016
30	3.84	0.109	0.208		0.52	7.09	5.16	1.17	0.98			34.62		1.26			20.88	24.00				8.352
31					0.54	17.50	11.84					8.80		2.32			33.93	39.00		4.00		8.352
32	2.76	0.082	0.156					11.18	1.89	13.95	9.56	18.02					14.79	17.00				8.352
33	4.20	0.120	0.220		0.56	32.62	16.97					61.28		3.86			17.40	20.00				23.016
34	3.84	0.134	0.245		0.79	14.86	7.77	3.07	1.46		20.40	56.34		2.22			19.14	22.00		6.00		23.016
35					0.74	21.04	10.02	5.47	2.62		20.90	11.78		2.01			28.71	33.00				23.016
36	4.26	0.114	0.23		0.25	7.13	5.12	0.92	0.96		20.83	37.80		1.37			18.27	21.00				1.440
合计	64.65	1.80	3.47	17.31	18.46	774.71	404.18	39.38	16.65	13.95	162.25	1257.73	151.09	97.73	698.71	30.50	912.38	1109.75	10.00	91.80	107.00	

编制： 复核： SⅣ-1

石拱涵工程数量表

碧里至将军帽港区疏港交通战备公路 第1页 共1页

序号	中心桩号	与路中线法向交角/(°)	孔数跨径/(孔·m)	涵长/m	洞口形式		主要工程数量																	备注
					进口	出口	M10粗料石帽石/m³	M10浆砌MU50块石拱圈/m³	M7.5浆砌块石护拱/m³	M7.5浆砌块石实体台墙/m³	C15片石混凝土台基/m³	M7.5浆砌片石侧墙/m³	M7.5浆砌片石洞口、洞底铺砌/m³	M7.5浆砌片石截水墙/m³	M7.5浆砌片石实体翼墙/m³	M7.5浆砌片石翼墙基础/m³	干砌片石/m³	干砌片石挡墙/m³	挖基土方(湿处)/m³	砂浆抹面/m²	沥青麻絮沉降缝/m²	拆除圬工量/m³	拱盔支架/m²	
1	2	3	4	6	7	8	9	10	11	12	13	14	15	16	17	18	19	20	21	22	23	24	25	26
1	K9+298	5	1-4.0×4.0	45.78	八字墙	八字墙	0.8	198.49	68.68	640.95	340.62	22.01	184.51	12.03	251.57	75.64	491.24	81.00	1176.94	36.40	27.00	185.78	183.12	
	合计			45.78			0.80	198.49	68.68	640.95	340.62	22.01	184.51	12.03	251.57	75.64	491.24	81.00	1176.94	36.40	27.00	185.78	183.12	

编制： 复核： SⅣ-3-2

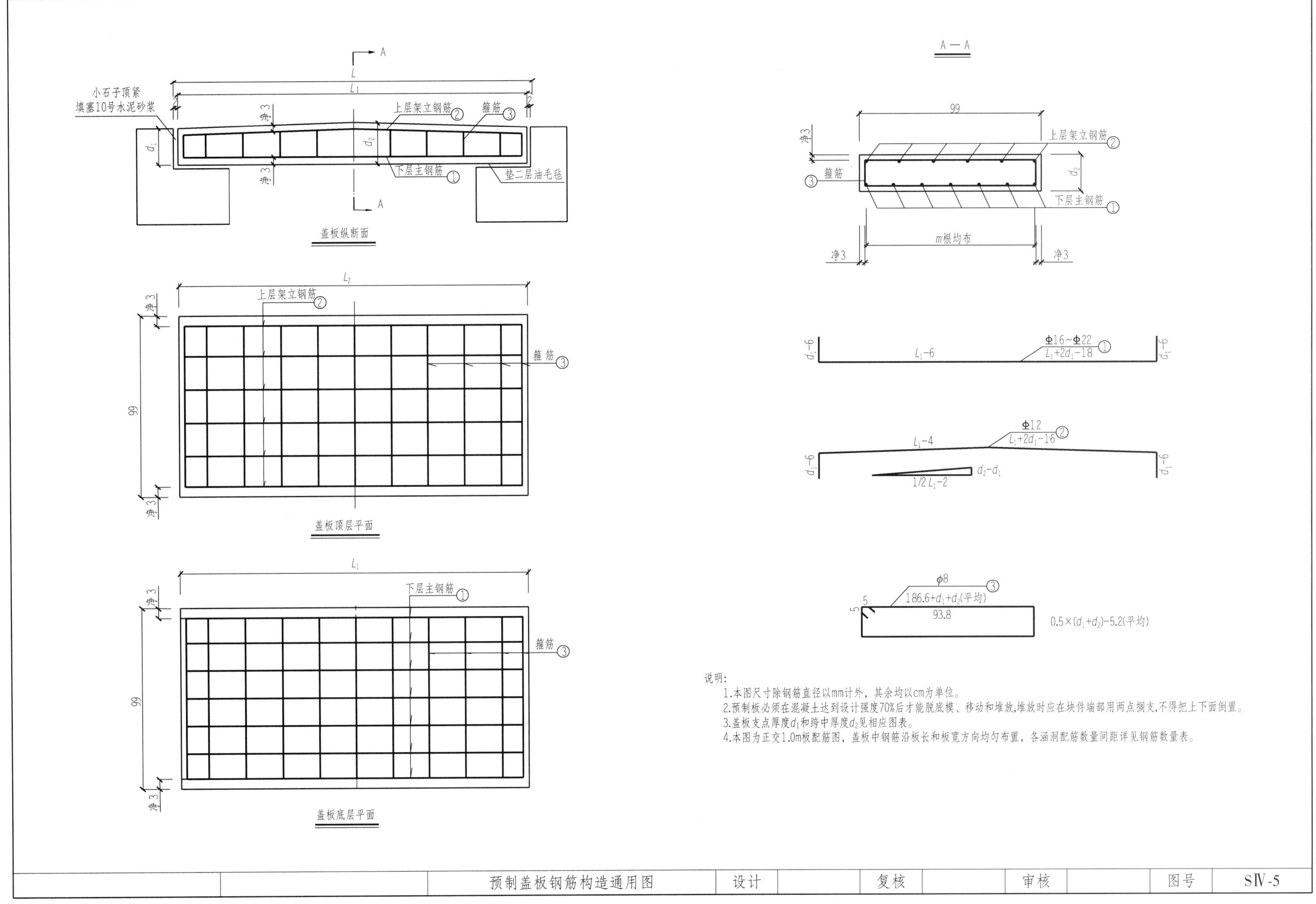

说明：

1.本图尺寸除钢筋直径以mm计外，其余均以cm为单位。

2.预制板必须在混凝土达到设计强度70%后才能脱底模、移动和堆放,堆放时应在块件端部用两点搁支,不得把上下面倒置。

3.盖板支点厚度d_1和跨中厚度d_2见相应图表。

4.本图为正交1.0m板配筋图，盖板中钢筋沿板长和板宽方向均匀布置，各涵洞配筋数量间距详见钢筋数量表。

		预制盖板钢筋构造通用图	设计		复核		审核		图号	SⅣ-5

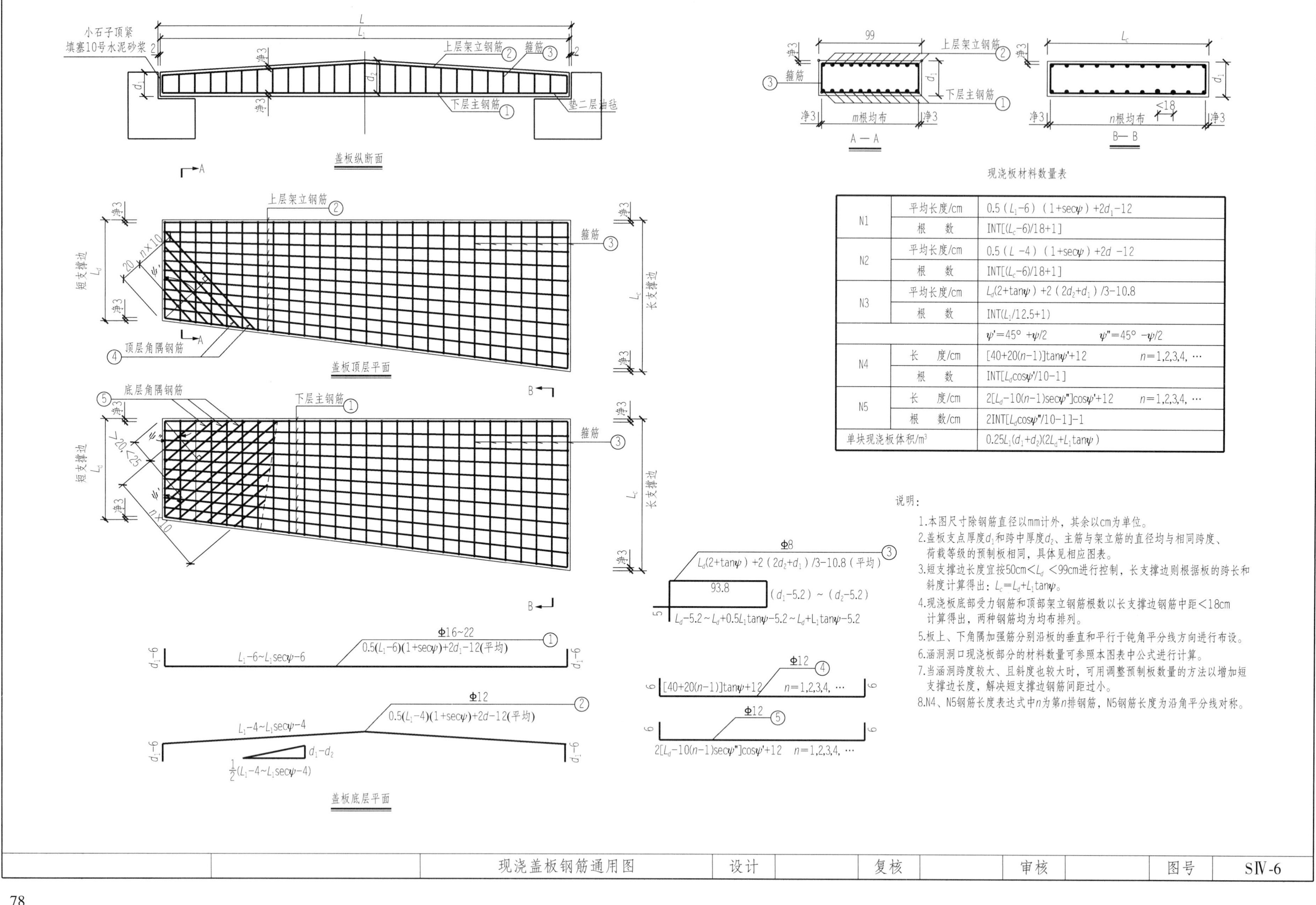

现浇板材料数量表

N1	平均长度/cm	$0.5(L_1-6)(1+\sec\psi)+2d_1-12$
	根　数	$INT[(L_c-6)/18+1]$
N2	平均长度/cm	$0.5(L-4)(1+\sec\psi)+2d-12$
	根　数	$INT[(L_c-6)/18+1]$
N3	平均长度/cm	$L_d(2+\tan\psi)+2(2d_2+d_1)/3-10.8$
	根　数	$INT(L_1/12.5+1)$
		$\psi'=45°+\psi/2$　$\psi''=45°-\psi/2$
N4	长　度/cm	$[40+20(n-1)]\tan\psi'+12$　$n=1,2,3,4,\cdots$
	根　数	$INT[L_d\cos\psi'/10-1]$
N5	长　度/cm	$2[L_d-10(n-1)\sec\psi'']\cos\psi'+12$　$n=1,2,3,4,\cdots$
	根　数/cm	$2INT[L_d\cos\psi''/10-1]-1$
单块现浇板体积/m³		$0.25L_1(d_1+d_2)(2L_d+L_1\tan\psi)$

说明：

1.本图尺寸除钢筋直径以mm计外，其余以cm为单位。
2.盖板支点厚度d_1和跨中厚度d_2、主筋与架立筋的直径均与相同跨度、荷载等级的预制板相同，具体见相应图表。
3.短支撑边长度宜按50cm<L_d<99cm进行控制，长支撑边则根据板的跨长和斜度计算得出：$L_c=L_d+L_1\tan\psi$。
4.现浇板底部受力钢筋和顶部架立钢筋根数以长支撑边钢筋中距<18cm计算得出，两种钢筋均为均布排列。
5.板上、下角隅加强筋分别沿板的垂直和平行于钝角平分线方向进行布设。
6.涵洞洞口现浇板部分的材料数量可参照本图表中公式进行计算。
7.当涵洞跨度较大、且斜度也较大时，可用调整预制板数量的方法以增加短支撑边长度，解决短支撑边钢筋间距过小。
8.N4、N5钢筋长度表达式中n为第n排钢筋，N5钢筋长度为沿角平分线对称。

	现浇盖板钢筋通用图	设计		复核		审核		图号	SⅣ-6

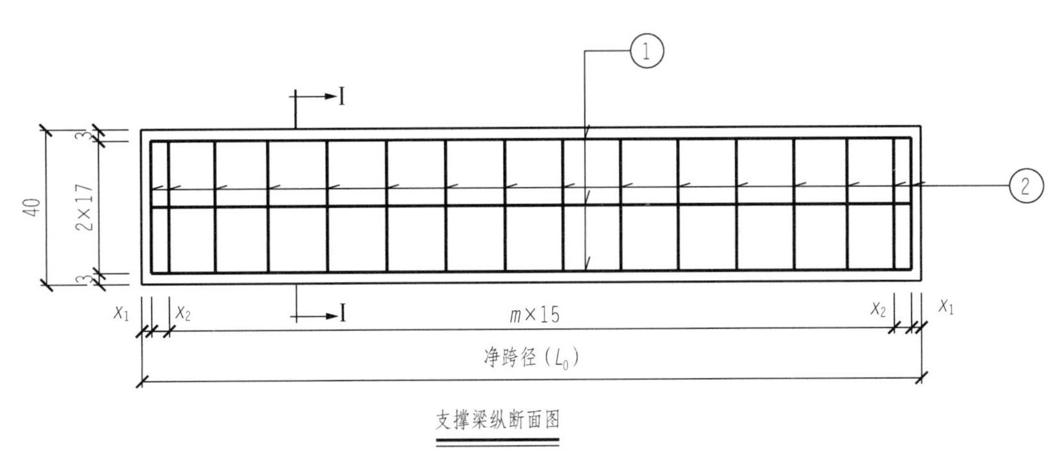

支撑梁纵断面图

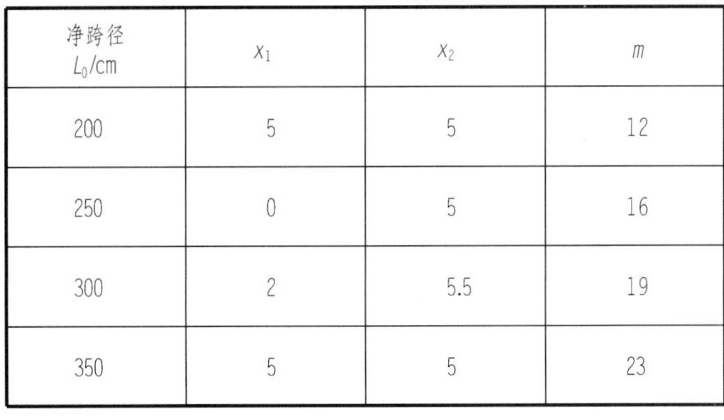

净跨径 L_0/cm	x_1	x_2	m
200	5	5	12
250	0	5	16
300	2	5.5	19
350	5	5	23

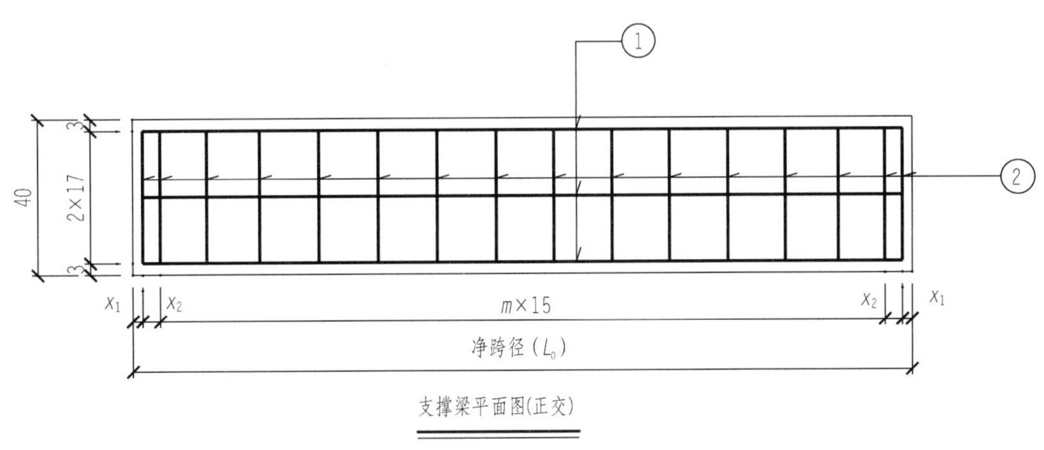

支撑梁平面图(正交)

② 箍筋

②

2×17

40

I—I

36

36

5

5

φ8

154

②

Φ12

L_0+44 ①

25

L_0−6

25

单根钢筋混凝土支撑梁工程数量表

净跨径 L_0/cm	编号	直径 /mm	长度 /cm	根数	共长 /m	共重 /kg
160	1	Φ12	204	8	16.32	14.49
	2	φ8	154	11	16.94	6.69
200	1	Φ12	244	8	19.52	17.34
	2	φ8	154	15	23.10	9.12
250	1	Φ12	294	8	23.52	20.9
	2	φ8	154	17	26.18	10.34
300	1	Φ12	344	8	27.52	24.45
	2	φ8	154	22	33.88	13.38
350	1	Φ12	394	8	31.52	28.0
	2	φ8	154	26	40.04	15.81

说明：

本图尺寸除钢筋直径以mm计外，其余均以cm为单位。

	钢筋混凝土支撑梁钢筋通用图	设计		复核		审核		图号	SⅣ-7

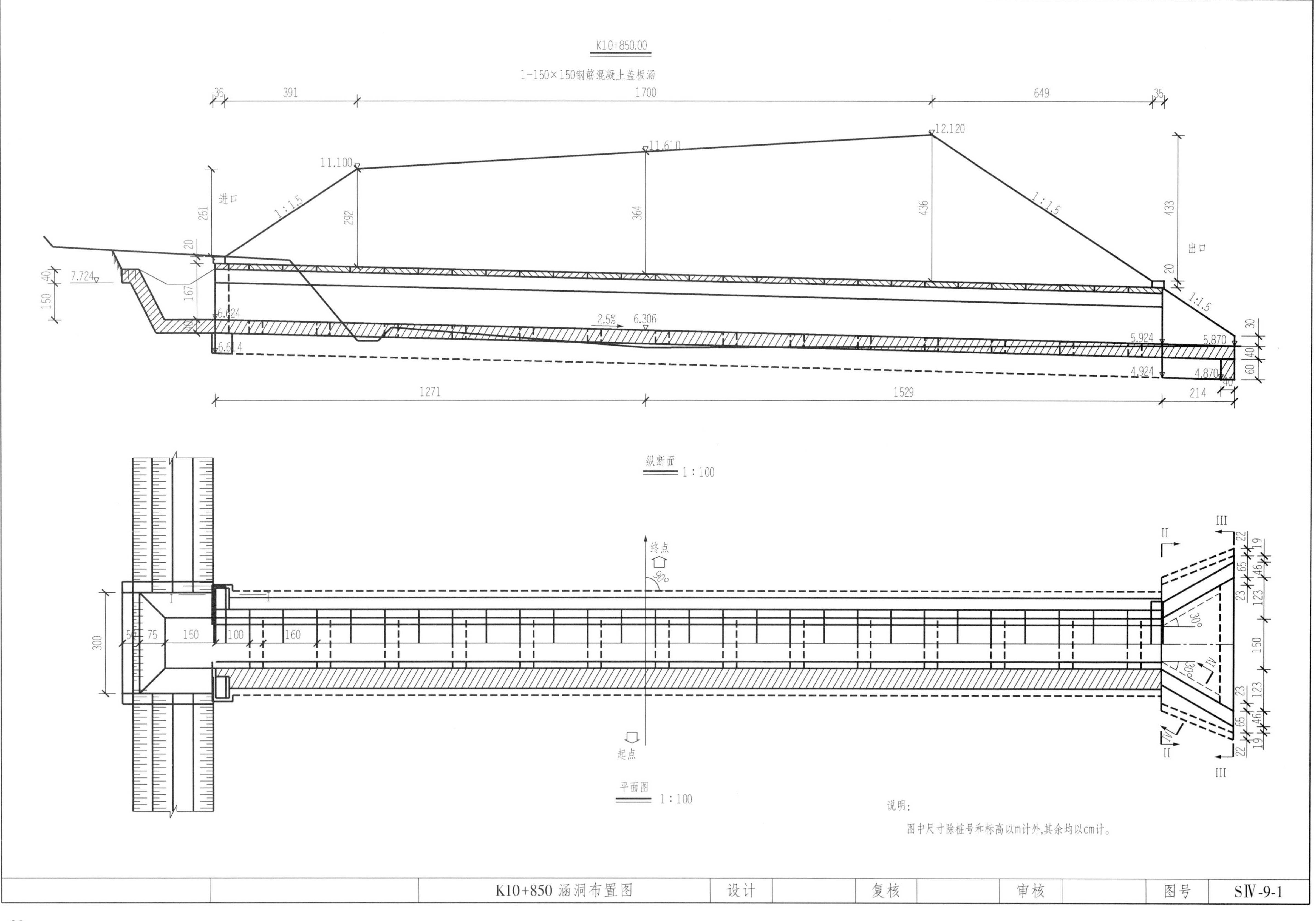

说明：

图中尺寸除桩号和标高以m计外,其余均以cm计。

	K10+850 涵洞布置图	设计		复核		审核		图号	SⅣ-9-1

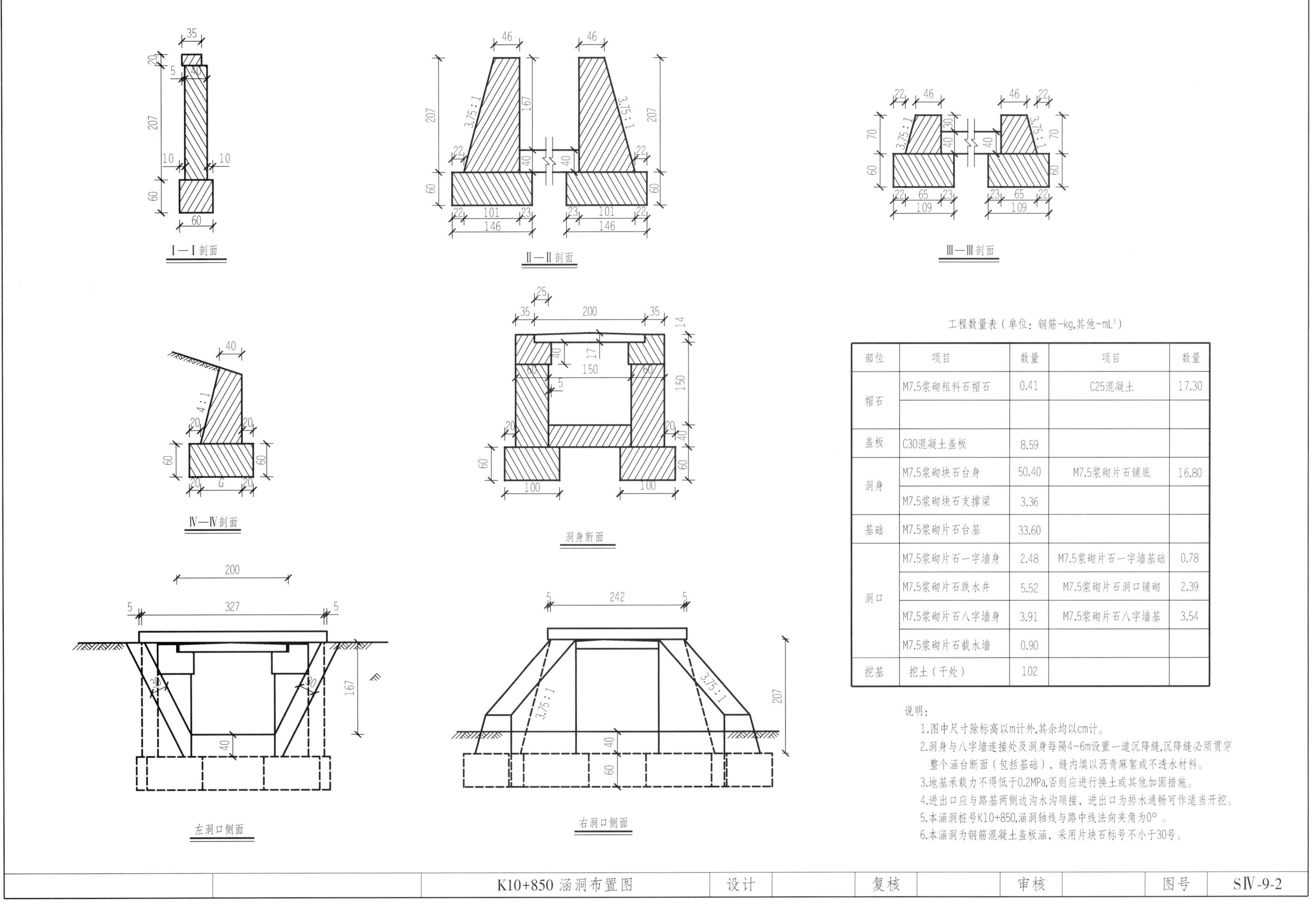

工程数量表（单位：钢筋-kg,其他-mL³）

部位	项目	数量	项目	数量
帽石	M7.5浆砌粗料石帽石	0.41	C25混凝土	17.30
盖板	C30混凝土盖板	8.59		
洞身	M7.5浆砌块石台身	50.40	M7.5浆砌片石铺底	16.80
	M7.5浆砌块石支撑梁	3.36		
基础	M7.5浆砌片石台基	33.60		
洞口	M7.5浆砌片石一字墙身	2.48	M7.5浆砌片石一字墙基础	0.78
	M7.5浆砌片石跌水井	5.52	M7.5浆砌片石洞口铺砌	2.39
	M7.5浆砌片石八字墙身	3.91	M7.5浆砌片石八字墙基	3.54
	M7.5浆砌片石截水墙	0.90		
挖基	挖土（干处）	102		

说明：

1.图中尺寸除标高以m计外,其余均以cm计。
2.洞身与八字墙连接处及洞身每隔4~6m设置一道沉降缝,沉降缝必须贯穿整个涵台断面（包括基础），缝内填以沥青麻絮或不透水材料。
3.地基承载力不得低于0.2MPa,否则应进行换土或其他加固措施。
4.进出口应与路基两侧边沟水沟顺接，进出口为排水通畅可作适当开挖。
5.本涵洞桩号K10+850,涵洞轴线与路中线法向夹角为0°。
6.本涵洞为钢筋混凝土盖板涵，采用片块石标号不小于30号。

		K10+850 涵洞布置图	设计		复核		审核		图号	SⅣ-9-2

龟屿隧道设计说明

1. 初步设计审查意见执行情况

（略）

2. 隧道设计

（1）隧道设计依据

1）《公路工程技术标准》（JTG B01—2003）；
2）《公路路线设计规范》（JTG D20—2006）；
3）《公路隧道设计规范》（JTG D70—2004）；
4）《公路隧道施工技术规范》（JTJ 042—94）；
5）《公路水泥混凝土路面设计规范》（JTG D40—2002）；
6）《锚杆喷射混凝土支护技术规范》（GB 50086—2001）；
7）《公路隧道通风照明设计规范》（JTJ 026.1—1999）；
8）《公路隧道交通工程设计规范》（JTG/T D71—2004）；
9）《公路勘测规范》（JTG C10—2007）。

（2）本合同段隧道设置情况

本路段设有隧道一座，即龟屿隧道，位于龟屿西北约400m处。隧道起止桩号为K11+917～K12+180，隧道长度为263m，属短隧道。

（3）工程地质和水文地质

（略）

（4）主要技术标准

1）道路等级、设计行车速度与行车道宽度。
① 道路等级：二级公路。
② 设计行车速度：60km/h。
③ 行车道宽度：2m×3.5m。
2）建筑限界。隧道建筑限界：行车道宽为2m×3.5m，左、右侧侧向宽度均为0.5m，净高5m，两侧人行道宽度均为1m。
3）道路设计荷载。道路设计荷载为BZZ-100。

（5）土建工程设计说明

1）隧道平纵断面。具体如下：
平面：龟屿，隧道位于圆曲线内，超高横坡度为3%。进口桩号K11+917，设计标高11.158m；出口桩号K12+180，设计标高15.681m；隧道全长263m。隧道进口采用削竹式洞门，出口采用端墙式洞门。
纵断面：隧道纵坡形式为单向坡。路线纵坡为1.72%。
具体资料详见路基设计表、隧道平纵面设计及其他有关图纸。
2）隧道内净空。隧道建筑限界尺寸根据部颁《公路工程技术标准》（JTG B01—2003）及《公路隧道设计规范》（JTG D70—2004）确定。隧道内净空除满足建筑限界要求外，还考虑了照明、消防及排水等附属设施所需空间，并结合衬砌结构的受力要求而拟定。
详见隧道建筑限界及净空断面图。
3）隧道结构设计。
① 结构形式及支护参数。本隧道结构按新奥法原理进行设计，采用复合衬砌，以锚杆、湿喷混凝土等为初期支护，并辅以钢拱架、注浆锚杆等支护措施，充分调动和发挥围岩的自承能力，在监控量测信息的指导下施作初期支护和二次模筑衬砌。
复合式衬砌的稳定分析，根据隧道埋置深度、围岩类别、结构跨度、受力条件，施工因素等，参照有关规范及国内外类似工程经验，综合考虑各种影响因素确定各类型复合支护的参数，并进行了安全验算。
② 支护参数如下表所示。

各类衬砌支护参数

衬砌类型	支护参数									二次衬砌C25混凝土/cm		辅助施工措施
	C20湿喷混凝土/cm	锚杆					钢架支撑					
		类型	部位	直径/mm	长度/m	间距/m×m	部位	规格	间距/m	拱墙	仰拱	
Z0										60		
Z5-1	◇26	中空锚杆	拱墙	25	3.5	1.0×1.0	拱墙仰	工字钢	0.7	45	40	大管棚
Z4-1	◇20	砂浆锚杆	拱墙	22	3.0	1.0×1.0	拱墙	25（4）钢格栅	0.4/0.8	40	40	中空锚杆
Z4	◇18	砂浆锚杆	拱墙	22	3.0	1.0×1.0	拱墙	25（4）钢格栅	0.8	35		

续表

衬砌类型	支护参数									二次衬砌25#混凝土/cm		辅助施工措施
	C20湿喷混凝土/cm	锚杆					钢架支撑					
		类型	部位	直径/mm	长度/m	间距/m×m	部位	规格	间距/m	拱墙	仰拱	
Z3	◇10	砂浆锚杆	拱	22	2.5	1.2×1.2				30		
Z2	◇8									30		

注：初期支护喷射混凝土均采用湿喷法喷射，严禁采用干喷法喷射。
◇代表普通混凝土加挂网（钢筋网钢筋直径为 8mm，间距 20cm×20cm）。
本隧道设计考虑预留变形量数值为：Ⅴ级围岩 10cm，Ⅳ级围岩 5cm，Ⅲ级围岩 3cm、Ⅱ级不计，施工中应根据实际情况进行调整。

4）洞门结构。根据具体洞口的地形、地质条件，结合工程施工安全、环境保护要求及洞口相关工程、美观等考虑，隧道进口采用削竹式洞门，出口采用端墙式洞门，以尽量降低工程造价及兼顾减少边坡开挖和自然环境的破坏。

5）隧道路面设计。路面采用 24cm 厚的 C35 水泥混凝土面层，15cm 厚 C15 素混凝土调平层。

6）防排水设计。

① 隧道防排水要达到如下标准。

a. 洞内无渗漏水；

b. 安装孔眼不渗水；

c. 洞内路面不冒水、不积水。

以排、防、截、堵结合，因地制宜、综合治理为原则，达到排水畅通、防水可靠，经济合理，施工方便的目的。

② 防水措施。

a. 二次模注衬砌采用防水混凝土，其抗渗等级不低于 S6；

b. 在隧道初期支护和二次衬砌之间铺设 EVA 防水板+无纺土工布；

c. 沉降缝处采用中埋式橡胶止水带防水，施工缝处采用 BW-S120 缓膨型橡胶止水条防水。

③ 排水措施。在隧道环向铺设塑料盲沟将水引入边墙两侧 ϕ10cm 双壁打孔波纹管或透水软管集水，然后通过 ϕ10cm PVC 横向排水管将水引入两侧排水管排出洞外，路面水通过左侧路边的路缘（通缝式）排水沟排出洞外，与洞外的天沟、边沟、排水沟及截水沟形成完整的排水系统。受路线纵坡的影响，隧道出口段设置洞口拦水沟拦截路表流水。

7）建筑材料。

① 初期支护。

a. 喷射混凝土：破碎围岩，浅埋段及地下水丰富地段初喷采用 C20 早强混凝土，其余采用 C20 普通混凝土。

b. 锚杆：除洞口加强段及软弱围岩地段采用中空注浆锚杆外，余均采用 16 锰 ϕ22 螺纹钢筋，全长砂浆锚固或药剂锚固，为达到更好的锚固效果，普通砂浆锚杆应设置垫板及螺栓；中空锚杆注浆浆液为水泥浆（水灰比＝0.5∶1～1∶1），中空锚杆单根母体抗拉断力应不小于 180kN；普通砂浆锚杆单根母体抗拉断力应不小于 150kN。锚杆锚固抗拔力：Ⅴ级围岩不小于 80kN；Ⅳ级以上围岩不小于 100kN。

c. 钢筋网：HPB235 钢筋，直径 8mm，间距 20cm×20cm。

d. 钢拱架：I20b 工字钢支撑、ϕ25 钢筋格栅拱架。

e. 超前支护：ϕ108 大管棚、ϕ25 中空注浆锚杆。

② 二次模筑衬砌。

a. 拱部、边墙：C25 防水混凝土；

b. 仰拱：C25 普通硅酸盐水泥混凝土；

c. 仰拱回填：C15 片石混凝土；

d. 超挖回填：洞身拱部、边墙、仰拱超挖部分均应采用 C25 混凝土回填。

③ 边沟沟身及盖板。

a. 边沟沟身：C25 混凝土；

b. 边沟盖板：C25 混凝土盖板。

④ 防水层。防水层为 EVA 防水板+无纺土工布，EVA 板厚 1.2mm（不包括无纺土工布）。无纺土工布重为 300g/m^2。

⑤ 路面。路面为 C35 混凝土。

3. 隧道附属设施设计

（略）

4. 隧道施工中的技术、结构、材料及设备等方面的设计说明

1）隧道采用复合式衬砌，按新奥法原理组织施工。

2）在洞口段、软弱围岩或断层破碎带等地质不良地段采用超前大管棚、超前锚杆等施工技术。

3）在洞口段或软弱围岩段采用中空注浆锚杆，相对于传统锚杆，具有安装方便、注浆饱满、耐久性好，并可加以一定吨位的预应力等特点，提高锚固强度。

4）隧道纵向排水管采用双壁波纹带孔排水管（HDPE 或 U-PVC），具有重量轻，承受能力强，弯曲性能优良，便于施工等优点。

5）设计要求喷射混凝土均采用湿喷技术，据已有施工经验，湿喷混凝土回弹率大幅度降低，边墙回弹率可控制在 15% 以内，拱部回弹率可控制在 20% 以内，一次喷层厚度较干喷法大为提高，边墙可达 10～15cm，拱部可达 7～10cm。同时机旁基本无粉尘，改善了劳动条件（可选用 TK-961 型湿喷机）；并且可较好地控制喷射混凝土的质量。因此，采用湿喷混凝土技术，可显著提高初期支护质量，降低回弹量，提高生产效率，又有利于职工健康。

5. 施工注意事项

1）严格按新奥法原理组织施工，加强监控量测工作，用量测信息指导施工，及时反馈信息以修正设计和采取应急措施。现场监控量测是新奥法施工的重要组成部分，量测信息不仅是施工管理的主要依据，也是施工中修正支护参数的主要依据。

选定必测项目为：地质和支护状况观察、周边位移、拱顶下沉、锚杆抗拔力及地表下沉。

量测数据应及时整理分析，及时预报变位状况，以修改设计，制定增强措施，防止坍塌。

2）隧道施工量测应保证精度。施工时应根据隧道各主要控制点的坐标计算隧道的长度和方向，并据此实地放线。为保证隧道底部按图纸所示的纵坡开挖并满足衬砌的正确放样，洞内每隔50m应设置一个水准点。

3）施工开挖必须采用光面爆破或预裂爆破技术。在Ⅴ级围岩中需爆破时，应采用微震光面爆破技术，尽可能减少超挖及减轻对围岩的扰动和破坏。隧道洞身不允许存在欠挖现象。施工前应做好各级围岩特别是Ⅱ、Ⅲ级围岩的光爆技术设计（Ⅴ级围岩应尽量采用无爆破施工），合理选用爆破参数，并根据围岩的变化适时调整爆破参数，以确保开挖断面有良好的光爆效果。

4）施工初期应做好洞口范围的排水。成洞时应选择有利的施工方法，防止滑坡及坍塌。

5）施工中应及时核对围岩级别，如发现与设计不符时应及时提出，以便修改设计。

6）施工中遇到地下水应逐段取样化验，了解有否侵蚀性，以便及早采取防腐蚀措施。

7）成洞面采用喷射混凝土、锚杆群及挂网加固稳定，进出口结合施工辅助措施成洞。仰拱应采用跳槽开挖，开挖后应及时施作，尽快形成闭合环。

8）复合式衬砌施工应认真执行新奥法原则，对于Ⅴ级围岩，二次衬砌要求与掌子面的滞后距离不大于20m，时间小于1个月，Ⅳ级围岩滞后距离不大于40m，时间小于2个月，Ⅲ、Ⅱ级围岩段要求在围岩变形基本稳定后施作。当围岩变形过大，初期支护力不足时，除应及时增强初期支护外，亦可修改二次衬砌设计参数后提前施作模筑混凝土。在施作带仰拱的二次衬砌时，应先浇筑仰拱，再浇筑洞身墙拱二衬混凝土。

9）隧道开挖可参照“开挖支护顺序图”进行施工：Ⅴ级围岩地段采用侧壁导坑法施工，中壁墙的拆除一定要等围岩变形稳定后才能进行；在Ⅳ级围岩地段采用半断面正台阶法施工，台阶长度根据施工条件而定，一般控制在5m；Ⅲ、Ⅱ级围岩地段采用先超前中导坑后全断面施工。施工单位也可根据自身施工条件选择有效的施工方法，不论开挖采用何种方式，二次衬砌均应全断面施作。

10）爆破后应及时施作初喷混凝土，封闭围岩外露面，初喷厚度不得小于2cm，并紧跟掌子面，初喷与爆破时间间隔不得大于8小时，对Ⅴ、Ⅳ级围岩在爆破后应立即进行初喷混凝土并安设钢拱架，紧接着将混凝土喷至设计的初支厚度，Ⅲ、Ⅱ级围岩初喷后也应尽快喷至设计的初支厚度。钢拱架与围岩之间的间隙应及时用楔形块顶紧（楔形块环向间距不大于0.8m）。

11）所有喷射混凝土均应采用湿喷技术，不得采用干喷，以确保喷射混凝土的质量。

12）锚杆与垫板应保持垂直，并与喷射混凝土充分接触，螺母务必拧紧。

13）隧道营运期间的照明、消防等设施的预留洞室及预埋件，施工中应按有关图纸的要求做好预留、预埋工作。

14）防火涂料涂刷范围为检修道（或人行道）顶面高2.5m以上拱顶部分，涂刷厚度1.5cm。水泥漆涂刷范围为检修道（或人行道）顶面高2.5m以下边墙部分。

15）各级围岩段一次开挖长度不宜大于钢拱架或锚杆纵向间距的1.5倍。

16）为了保证ϕ10cm纵向排水管的安装空间，开挖断面采用与二衬断面不同的断面形式，施工放样时应特别注意。

龟屿隧道工程数量表

隧道名称/m³	门洞工程																		
					洞门墙								坡面三维植被网防护					拱形骨架防护	
	开挖硬土/m³	开挖软石/m³	开挖次坚石/m³	开挖坚石/m³	砂砾垫层/m³	300g/m² 无纺土工布/m²	C15 片石混凝土基础/m³	M10 浆砌粗料石/m³	M10 浆砌块石	M10 浆砌块石基础	2cm 沥青麻絮沉降缝/m²	M7.5 浆砌片石急流槽/m³	三维植被网/m²	90g/m² 无纺布/m²	喷播草籽/m²	HPB235 钢筋/kg	回填耕植土/m³	M7.5 浆砌片石/m³	C20 混凝土挡水预制块/m³
龟屿隧道	48	1619	1955	2907	49.2	246	374.4	95.2	456.5	41.4	35.8	6.6	890	890	890	427	62	24.2	2.1

洞门工程						明洞工程													
拱型骨架防护						成洞面及明洞临时支护													明洞侧墙
喷播草籽/m²	M7.5 浆砌料石护脚/m³	M7.5 浆砌块石护脚/m³	M7.6 浆砌块石铺砌/m³	M7.5 浆砌片石天沟/m³	EVA 防水板/m²	C20 喷射混凝土/m³	ϕ22 加固锚杆/kg	HPB235 钢筋网/kg	截水沟开挖硬土/m³	M7.5 浆砌片石截水沟/m³	C25 拱墙防水混凝土/m³	C25 模筑普通混凝土仰拱/m³	衬砌 HRB335 钢筋/kg	C15 片石混凝土仰拱回填/m³	M7.5 浆砌片石/m³	C15 片石混凝土回填/m³	洞顶回填土/m³	胶泥防渗层/m³	HPB235 钢筋/kg
76	2.8	2.8	5.4	60	107	72.5	3854	4733	513	238.9	315.0	132.4	44528	158.8	309	71.8	1524	103	247

明洞工程		洞身工程																	
明洞侧墙						初期支护													
HRB335 钢筋/kg	C25 侧墙混凝土/m³	开挖Ⅱ级围岩/m³	开挖Ⅲ级围岩/m³	开挖Ⅳ级围岩/m³	开挖Ⅴ级围岩/m³	C25 喷射混凝土/m³	C20 喷射混凝土/m³	HPB235 钢筋网/kg	ϕ25 中空注浆锚杆/m	ϕ22 砂浆锚杆/kg	垫板及螺母/套	I20b 工字钢钢支撑/kg	HRB335 格栅钢筋/kg	HRB335 连接钢筋/kg	A3 角钢 L100×80×10/kg	A3 连接钢板 280×250×15/kg	A3 连接钢板 240×200×15/kg	M20 螺栓/套	垫圈 M20×60/套
433.9	238.3	3570	8142	5124	1506	182.2	630.6	10053	1247.8	18071	698	27249	36842	7252	2019	1286	2826	600	1248

洞身工程											施工辅助措施								
初期支护	二次衬砌				临时支护						管棚								超前锚杆
C25 预留变形回填混凝土/m³	C25 拱墙二衬防水混凝土/m³	C25 模筑普通混凝土仰拱/m³	C15 片石混凝土仰拱回填/m³	二衬 HRB335 钢筋/kg	C20 喷射混凝土/m³	HPB235 钢筋网/kg	HRB335 格栅钢筋/kg	A3 角钢 L100×80×10/kg	HRB335 连接钢筋/套	垫圈 M20×60/kg	ϕ108×6mm 无缝钢管/kg	ϕ127×4mm 无缝钢管/kg	ϕ114×5mm 无缝钢管/kg	钻孔/m	M30 水泥浆/m³	C25 混凝土套拱/m³	套拱 HRB335 钢筋/kg	C15 片石混凝土套拱基础/m³	ϕ25 中空注浆锚杆/m
137.6	1841.6	251.3	404.3	54082	23.1	583	5878	324	598	200	18489	3709	141	1067.5	385	65	5232	10.6	1178

施工辅助措施	防排水工程																		
超前锚杆	路缘排水沟（通缝式）		沉砂井			洞内电缆沟		洞内电缆沟盖板											
M30 砂浆/m³	C25 预制混凝土排水沟/m³	HPB235 钢筋/kg	C25 现浇混凝土/m³	HPB235 钢筋/kg	铸铁盖板/kg	C25 现浇混凝土电缆沟/m³	HPB235 钢筋/kg	C25 预制混凝土/m³	HPB235 钢筋/kg	ϕ250mm 双壁打孔波纹管/m	ϕ150mm 双壁打孔波纹管/m	C15 片石混凝土基座/m³	300g/m² 无纺土工布/m²	2～4cm 碎石/m³	C25 现浇混凝土/m³	HPB235 钢筋/kg	HRB335 钢筋/kg	ϕ100mm 双壁打孔波纹管/m	ϕ100mm PVC 横向排水管/m
169	19.5	2770	0.5	21	653	441.8	10652	31.6	3408	537.0	6.0	28.3	6194.4	86.3	47.3	1336.0	2906.0	92.1	526.0

防排水工程														预留洞室				隧道路面	
		沉降缝、施工缝		沉降缝、施工缝			接头井			洞口拦水沟								路面	
EVA 防水板/m²	MF12（120mm×35mm）塑料盲沟/m	中埋式橡胶止水带/m	背贴式止水带/m	HPB235 固定钢筋/kg	沥青麻丝填缝料/m²	BW-S120 缓膨型止水条/m	C25 现浇混凝土/m³	C25 预制混凝土盖板/m³	盖板 HRB335 钢筋/kg	40 型伸缩缝/kg	HRB335 钢筋/kg	C50 钢纤维混凝土/m³	C10 素混凝土/m³	开挖坚石/m³	C25 防水混凝土/m³	HPB235 钢筋/kg	HRB335 钢筋/kg	厚度 24cm 水泥混凝土面层/m²	15cmC15 素混凝土调平层/m²
5600.0	850.4	214.6	588.3	162.0	27.1	364.8	0.5	0.1	12	11.5	499.3	3.9	1.4	17.5	7.9	238	344	2025.1	1906.8

隧道路面		洞内装饰		其他工程		
HPB235 钢筋/kg	HRB335 钢筋/kg	防火涂料/m²	水泥漆/m²	量测断面个数/个	10cm 厚花岗岩隧道铭牌/m²	C20 素混凝土基座/m³
1213	707	3546	1310	18	36.5	28.8

注：隧道照明及消防等详细工程数量表详见各相关图表。　编制：　复核：　审核：　SⅤ-1-1

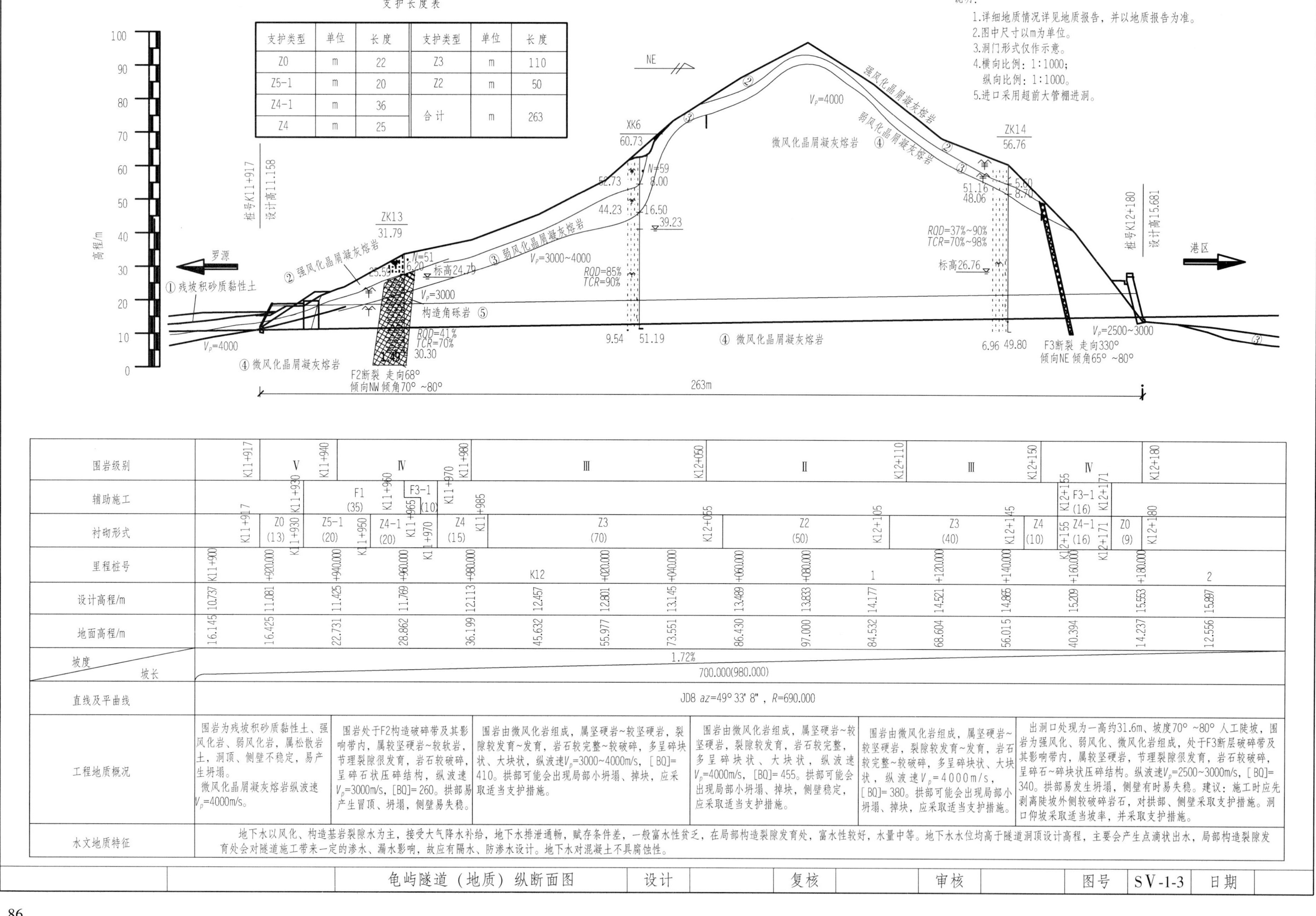

支护长度表

支护类型	单位	长度	支护类型	单位	长度
Z0	m	22	Z3	m	110
Z5-1	m	20	Z2	m	50
Z4-1	m	36	合计	m	263
Z4	m	25			

说明：

1.详细地质情况详见地质报告，并以地质报告为准。
2.图中尺寸以m为单位。
3.洞门形式仅作示意。
4.横向比例：1:1000；
纵向比例：1:1000。
5.进口采用超前大管棚进洞。

里程桩号	K11+900	+920.000	+940.000	+960.000	+980.000	K12	+020.000	+040.000	+060.000	+080.000	1	+120.000	+140.000	+160.000	+180.000	2
设计高程/m	10.737	11.081	11.425	11.769	12.113	12.457	12.801	13.145	13.489	13.833	14.177	14.521	14.865	15.209	15.553	15.897
地面高程/m	16.145	16.425	22.731	28.862	36.199	45.632	55.977	73.551	86.430	97.000	84.532	68.604	56.015	40.394	14.237	12.556

围岩级别：K11+917~K11+940 Ⅴ；K11+940~K11+980 Ⅳ；K11+980~K12+050 Ⅲ；K12+050~K12+110 Ⅱ；K12+110~K12+150 Ⅲ；K12+150~K12+180 Ⅳ

辅助施工：F1 (35) K11+930~K11+960；F3-1 (10) K11+960~K11+970；F3-1 (16) K12+155~K12+171

衬砌形式：Z0 (13) K11+917~K11+930；Z5-1 (20) K11+930~K11+950；Z4-1 (20) K11+950~K11+970；Z4 (15) K11+970~K11+985；Z3 (70) K11+985~K12+055；Z2 (50) K12+055~K12+105；Z3 (40) K12+105~K12+145；Z4 (10) K12+145~K12+155；Z4-1 (16) K12+155~K12+171；Z0 (9) K12+171~K12+180

坡度 1.72%，坡长 700.000(980.000)

直线及平曲线：JD8 az=49°33′8″，R=690.000

工程地质概况：

围岩为残坡积砂质黏性土、强风化岩、弱风化岩，属松散岩土，洞顶、侧壁不稳定，易产生坍塌。微风化晶屑凝灰熔岩纵波速V_p=4000m/s。

围岩处于F2构造破碎带及其影响带内，属较坚硬岩~较软岩，节理裂隙很发育，岩石较破碎，呈碎石状压碎结构，纵波速V_p=3000m/s，[BQ]=260。拱部易产生冒顶、坍塌，侧壁易失稳。

围岩由微风化岩组成，属坚硬岩~较坚硬岩，裂隙较发育~发育，岩石较完整~较破碎，多呈碎块状、大块状，纵波速V_p=3000~4000m/s，[BQ]=410。拱部可能会出现局部小坍塌、掉块，应采取适当支护措施。

围岩由微风化岩组成，属坚硬岩~较坚硬岩，裂隙较发育，岩石较完整，多呈碎块状、大块状，纵波速V_p=4000m/s，[BQ]=455。拱部可能会出现局部小坍塌、掉块，侧壁稳定，应采取适当支护措施。

围岩由微风化岩组成，属坚硬岩~较坚硬岩，裂隙较发育~发育，岩石较完整~较破碎，多呈碎块状、大块状，纵波速V_p=4000m/s，[BQ]=380。拱部可能会出现局部小坍塌、掉块，应采取适当支护措施。

出洞口处现为一高约31.6m、坡度70°~80°人工陡坡，围岩为强风化、弱风化、微风化岩组成，处于F3断层破碎带及其影响带内，属较坚硬岩，节理裂隙很发育，岩石较破碎，呈碎石~碎块状压碎结构。纵波速V_p=2500~3000m/s，[BQ]=340。拱部易发生坍塌，侧壁有时易失稳。建议：施工时应先剥离陡坡外侧较破碎岩石，对拱部、侧壁采取支护措施。洞口仰坡采取适当坡率，并采取支护措施。

水文地质特征：地下水以风化、构造基岩裂隙水为主，接受大气降水补给，地下水排泄通畅，赋存条件差，一般富水性贫乏，在局部构造裂隙发育处，富水性较好，水量中等。地下水水位均高于隧道洞顶设计高程，主要会产生点滴状出水，局部构造裂隙发育处会对隧道施工带来一定的渗水、漏水影响，故应有隔水、防渗水设计。地下水对混凝土不具腐蚀性。

	龟屿隧道（地质）纵断面图	设计		复核		审核		图号	SV-1-3	日期	

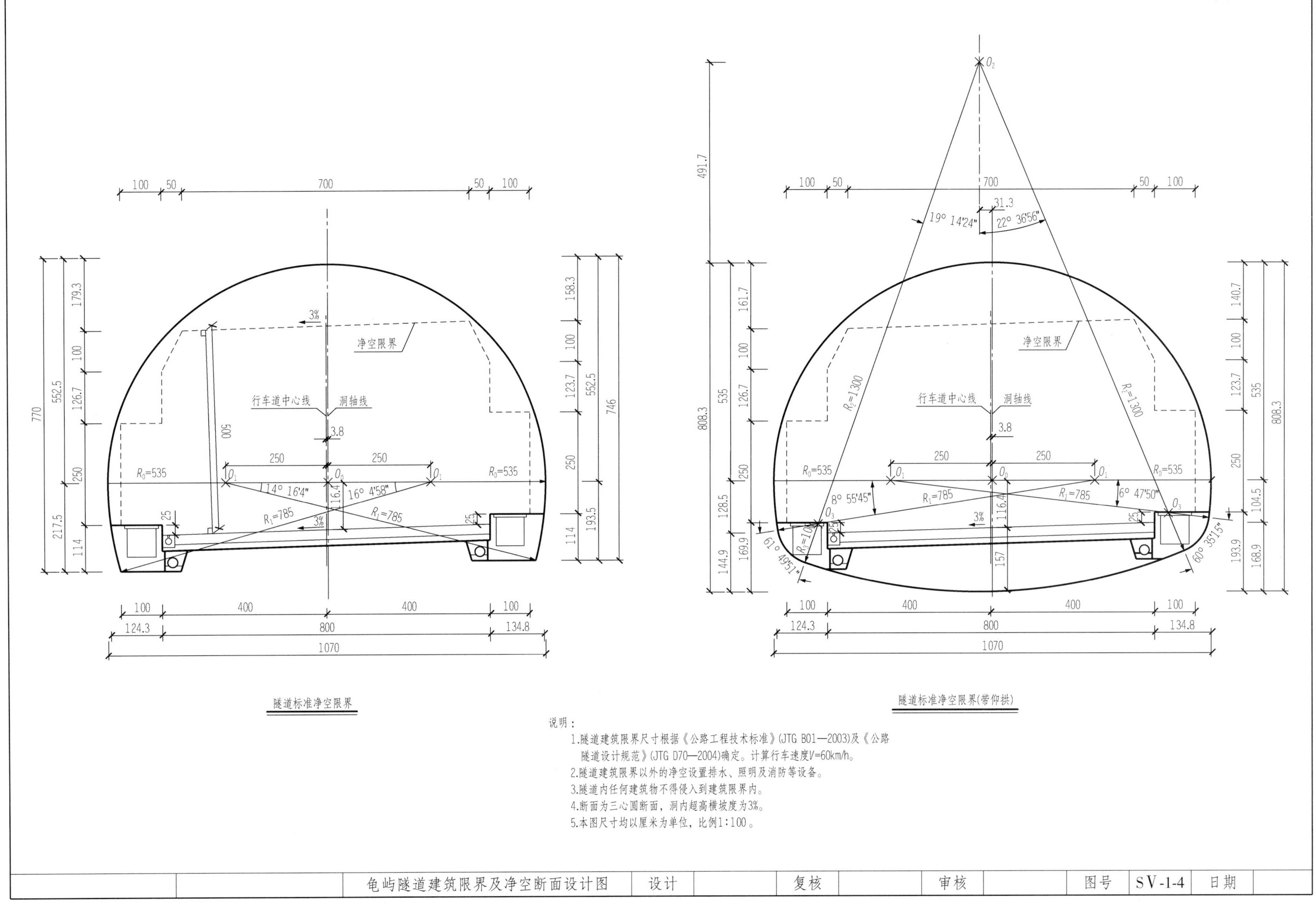
净空限界
行车道中心线
洞轴线
隧道标准净空限界
隧道标准净空限界(带仰拱)
说明：
1.隧道建筑限界尺寸根据《公路工程技术标准》(JTG B01—2003)及《公路隧道设计规范》(JTG D70—2004)确定。计算行车速度V=60km/h。
2.隧道建筑限界以外的净空设置排水、照明及消防等设备。
3.隧道内任何建筑物不得侵入到建筑限界内。
4.断面为三心圆断面，洞内超高横坡度为3%。
5.本图尺寸均以厘米为单位，比例1:100。
龟屿隧道建筑限界及净空断面设计图
设计
复核
审核
图号
SV-1-4
日期

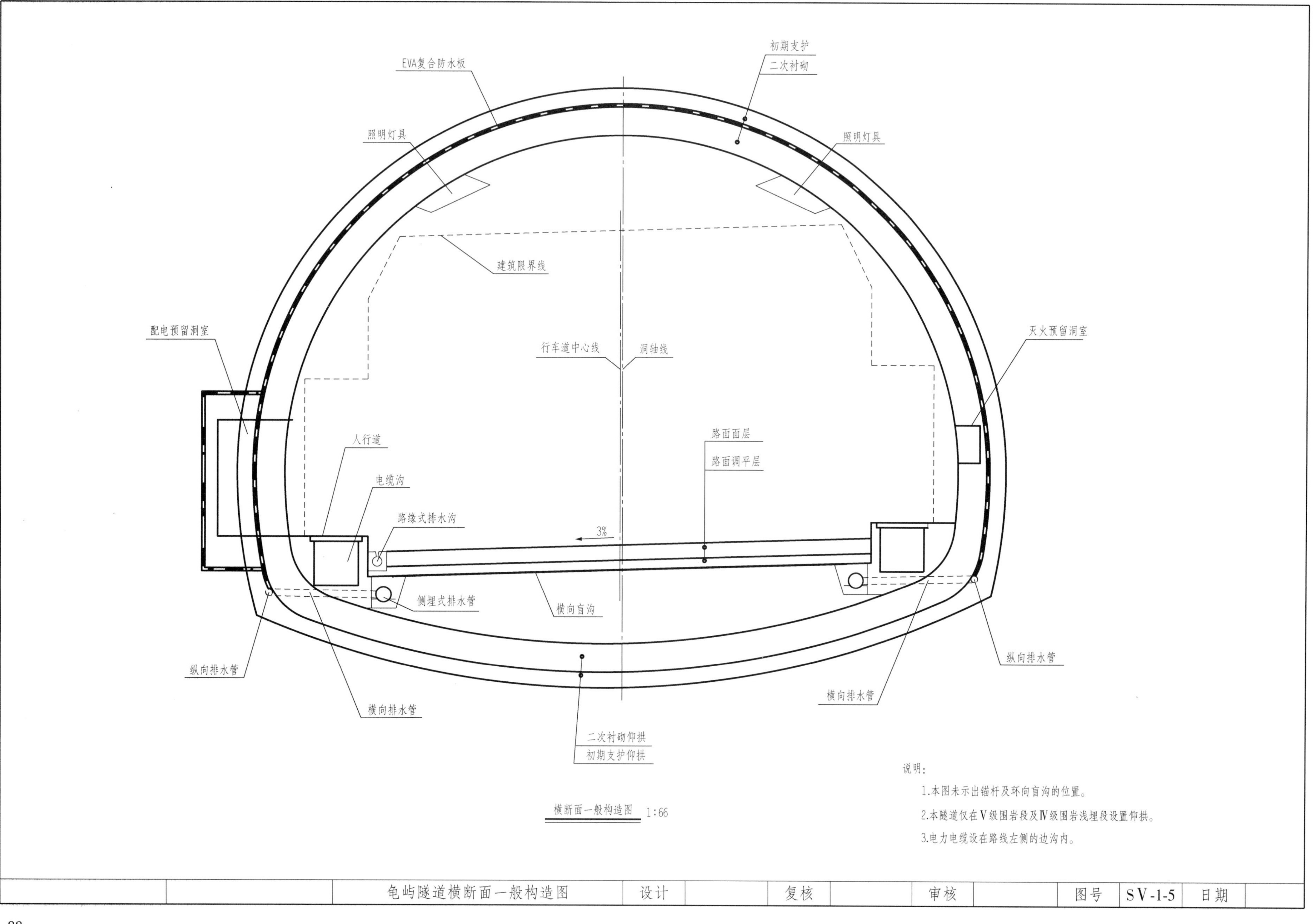

横断面一般构造图 1:66

说明：

1.本图未示出锚杆及环向盲沟的位置。

2.本隧道仅在Ⅴ级围岩段及Ⅳ级围岩浅埋段设置仰拱。

3.电力电缆设在路线左侧的边沟内。

	龟屿隧道横断面一般构造图	设计		复核		审核		图号	SV-1-5	日期	

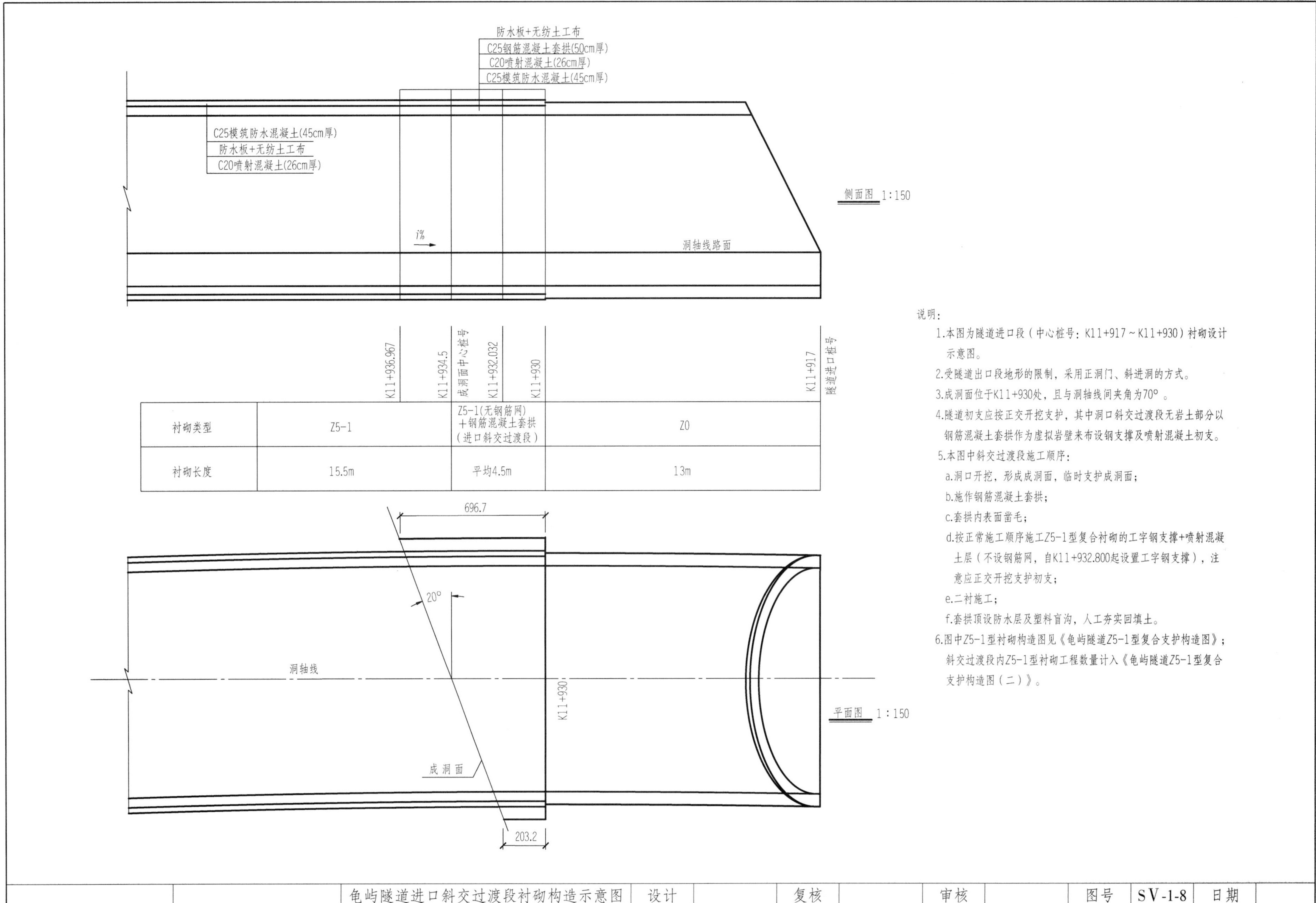

衬砌类型	Z5-1	Z5-1(无钢筋网)+钢筋混凝土套拱(进口斜交过渡段)	Z0
衬砌长度	15.5m	平均4.5m	13m

说明：

1.本图为隧道进口段（中心桩号：K11+917～K11+930）衬砌设计示意图。

2.受隧道出口段地形的限制，采用正洞门、斜进洞的方式。

3.成洞面位于K11+930处，且与洞轴线间夹角为70°。

4.隧道初支应按正交开挖支护，其中洞口斜交过渡段无岩土部分以钢筋混凝土套拱作为虚拟岩壁来布设钢支撑及喷射混凝土初支。

5.本图中斜交过渡段施工顺序：

a.洞口开挖，形成成洞面，临时支护成洞面；

b.施作钢筋混凝土套拱；

c.套拱内表面凿毛；

d.按正常施工顺序施工Z5-1型复合衬砌的工字钢支撑+喷射混凝土层（不设钢筋网，自K11+932.800起设置工字钢支撑），注意应正交开挖支护初支；

e.二衬施工；

f.套拱顶设防水层及塑料盲沟，人工夯实回填土。

6.图中Z5-1型衬砌构造图见《龟屿隧道Z5-1型复合支护构造图》；斜交过渡段内Z5-1型衬砌工程数量计入《龟屿隧道Z5-1型复合支护构造图（二）》。

	龟屿隧道进口斜交过渡段衬砌构造示意图	设计		复核		审核		图号	SV-1-8	日期	

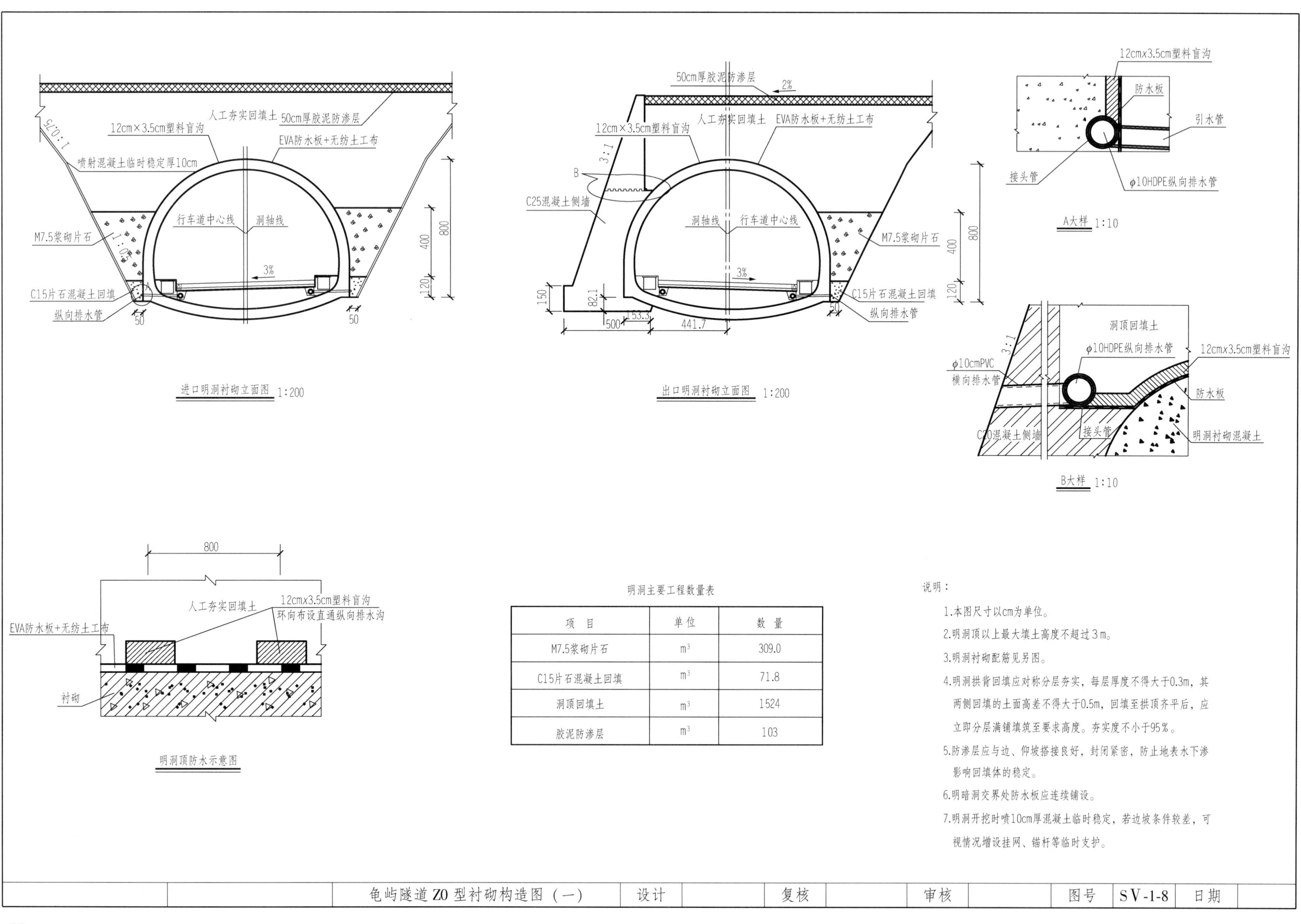

明洞主要工程数量表

项　目	单 位	数　量
M7.5浆砌片石	m^3	309.0
C15片石混凝土回填	m^3	71.8
洞顶回填土	m^3	1524
胶泥防渗层	m^3	103

说明：

1.本图尺寸以cm为单位。

2.明洞顶以上最大填土高度不超过3m。

3.明洞衬砌配筋见另图。

4.明洞拱背回填应对称分层夯实，每层厚度不得大于0.3m，其两侧回填的土面高差不得大于0.5m，回填至拱顶齐平后，应立即分层满铺填筑至要求高度。夯实度不小于95%。

5.防渗层应与边、仰坡搭接良好，封闭紧密，防止地表水下渗影响回填体的稳定。

6.明暗洞交界处防水板应连续铺设。

7.明洞开挖时喷10cm厚混凝土临时稳定，若边坡条件较差，可视情况增设挂网、锚杆等临时支护。

	龟屿隧道Z0型衬砌构造图（一）	设计		复核		审核		图号	SV-1-8	日期	

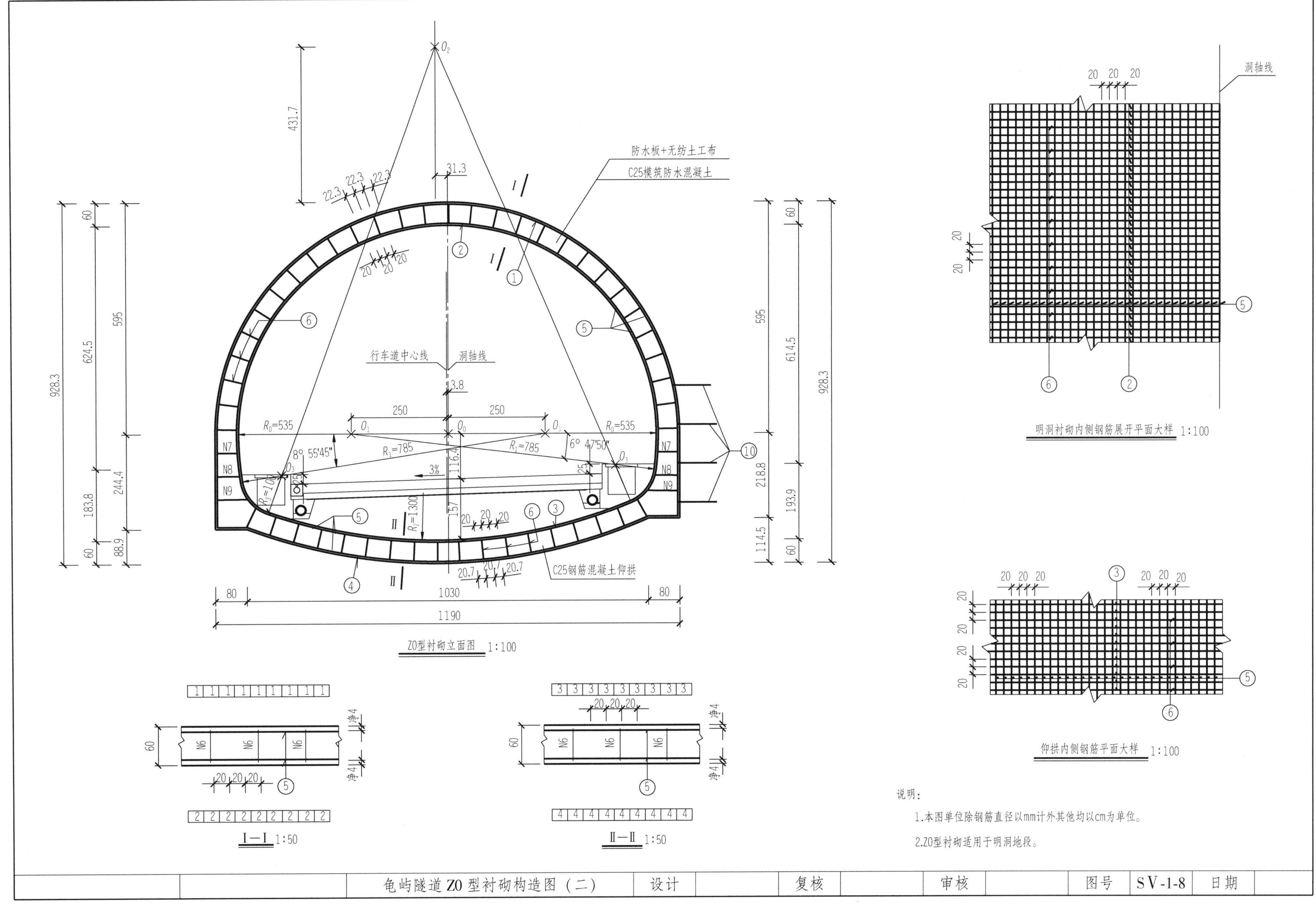

说明：

1.本图单位除钢筋直径以mm计外其他均以cm为单位。

2.ZO型衬砌适用于明洞地段。

	龟屿隧道ZO型衬砌构造图（二）	设计		复核		审核		图号	SV-1-8	日期	

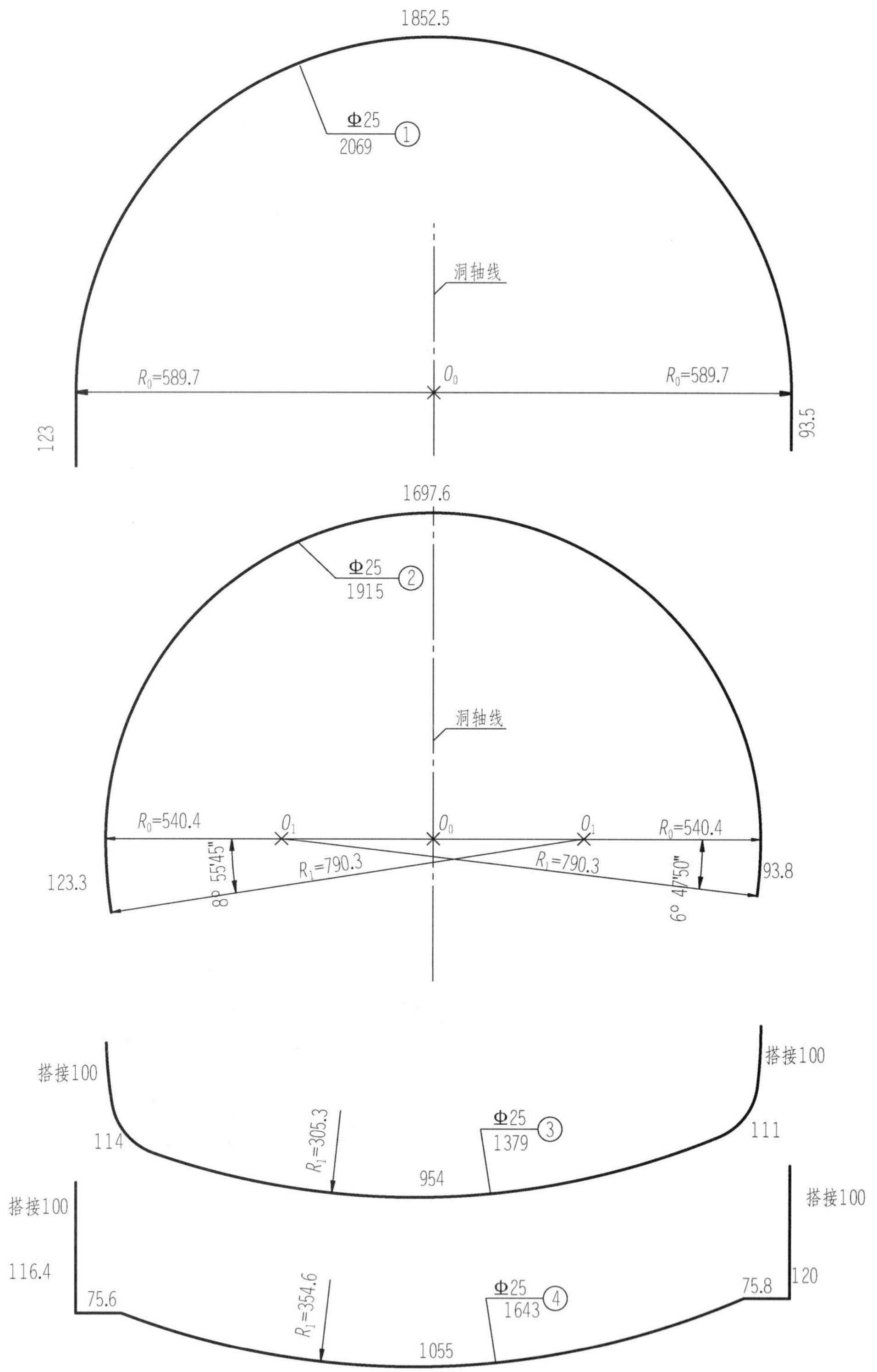

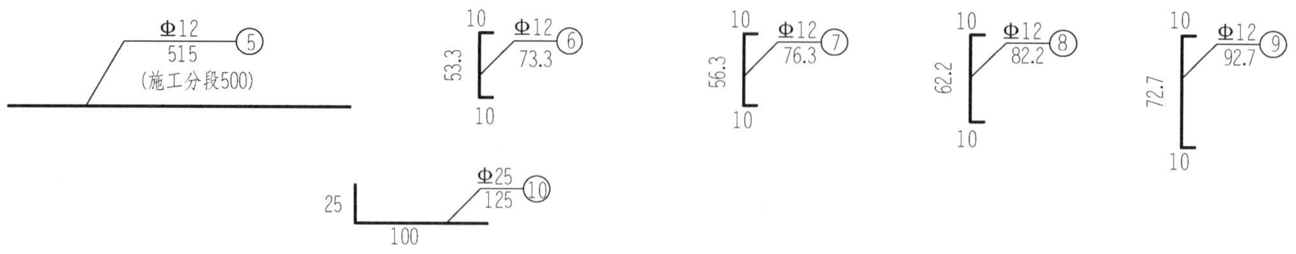

ZO型支护每延米工程数量表

项目	编号	直径/mm	单根长/cm	根数/根	共长/m	单位重/(kg/m)	共重/kg	
ZO型复合支护	1	Φ25	2069	5	103.45	3.853	398.6	
	2	Φ25	1915	5	95.8	3.853	368.9	C25防水混凝土：14.32m³
	3	Φ25	1379	5	69.0	3.853	265.7	
	4	Φ25	1643	5	82.2	3.853	316.5	C25仰拱混凝土：6.02m³
	5	Φ12	103	323	332.7	0.888	295.4	
	6	Φ12	73.3	78.3（平均）	57.4	0.888	51.0	C15仰拱回填片石混凝土：7.22m³
	7	Φ12	76.3	3.3（平均）	2.5	0.888	2.3	
	8	Φ12	82.2	3.3（平均）	2.7	0.888	2.4	
	9	Φ12	92.7	3.3（平均）	3.1	0.888	2.7	
	10	Φ25	125	2	2.5	3.853	9.6	
	钢筋合计	HRB335钢筋：2020.1kg　(2029.7kg)						

ZO型支护工程数量总表

项目		支护长度/m	HRB335钢筋/kg	C25防水混凝土/m³	C25仰拱混凝土/m³	C15仰拱回填片石混凝土/m³
ZO型支护	进口	13	26 261.1	186.2	78.3	93.9
	出口	9	18 267.4	128.9	54.2	65.0
	合计	22	44 528	315.0	132.4	158.8

说明：

1.本图单位除钢筋直径以mm计外其他均以cm为单位。

2.N1与N2及N3与N4间采用双面焊接。

3.N10钢筋适用于出口明洞地段，N10纵向间距为50cm。

4.钢筋数量表中括号外数量适用于进口明洞，括号内适用于出口明洞。

龟屿隧道ZO型衬砌构造图（三）	设计		复核		审核		图号	SV-1-8	日期	

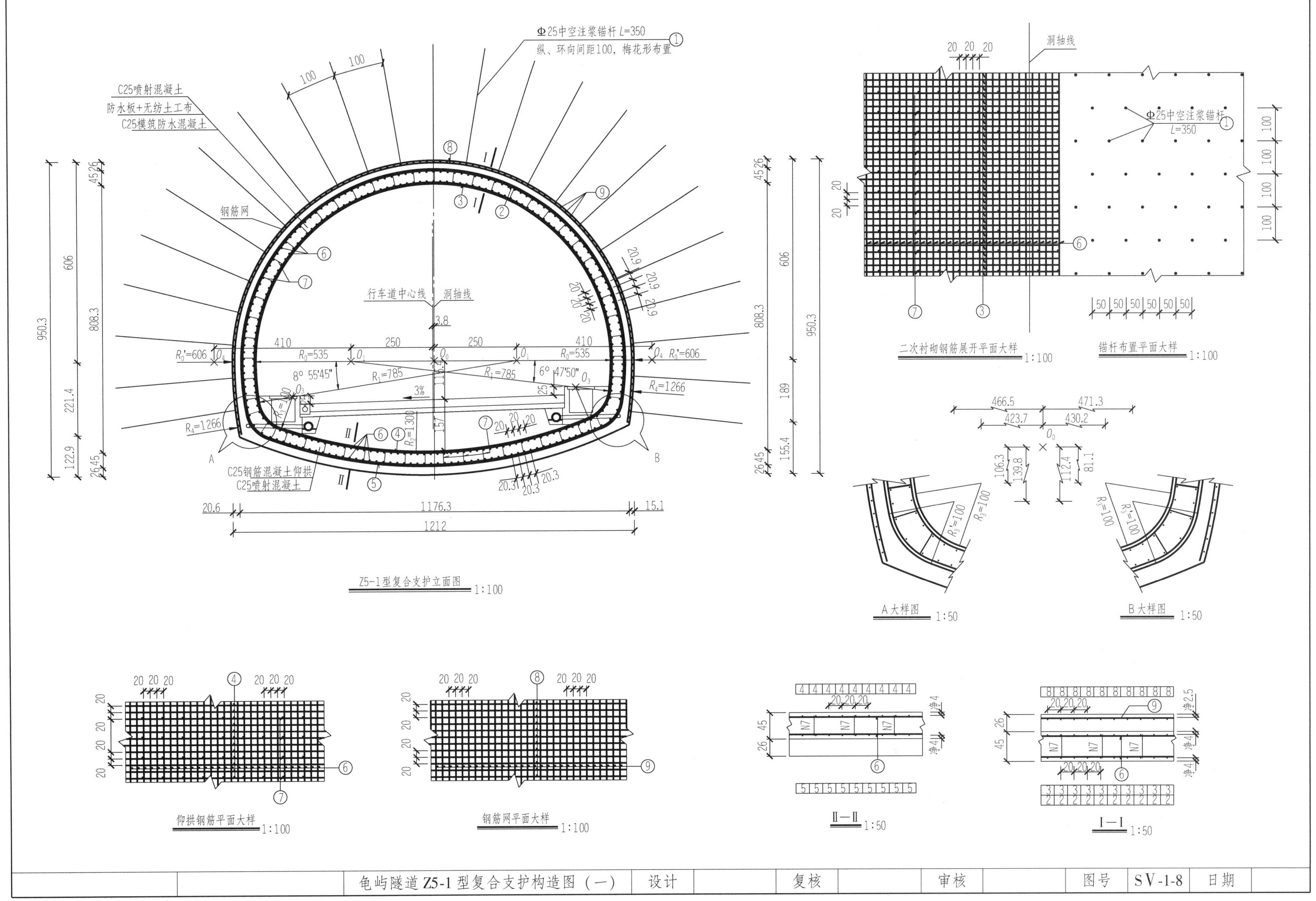

	龟屿隧道Z5-1型复合支护构造图（一）	设计		复核		审核		图号	SV-1-8	日期	

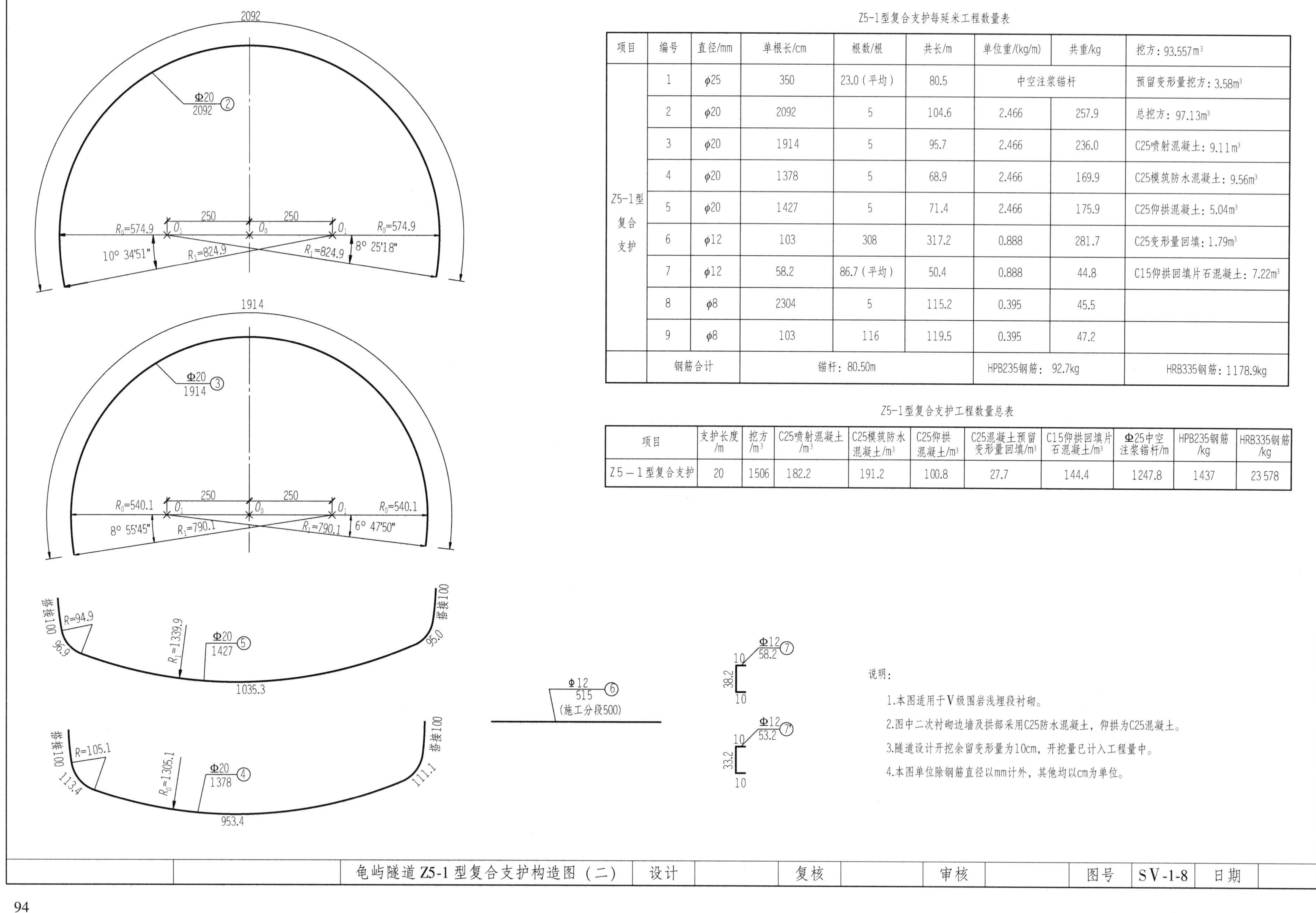

Z5-1型复合支护每延米工程数量表

项目	编号	直径/mm	单根长/cm	根数/根	共长/m	单位重/(kg/m)	共重/kg	挖方：93.557m³
Z5-1型复合支护	1	φ25	350	23.0（平均）	80.5	中空注浆锚杆		预留变形量挖方：3.58m³
	2	φ20	2092	5	104.6	2.466	257.9	总挖方：97.13m³
	3	φ20	1914	5	95.7	2.466	236.0	C25喷射混凝土：9.11m³
	4	φ20	1378	5	68.9	2.466	169.9	C25模筑防水混凝土：9.56m³
	5	φ20	1427	5	71.4	2.466	175.9	C25仰拱混凝土：5.04m³
	6	φ12	103	308	317.2	0.888	281.7	C25变形量回填：1.79m³
	7	φ12	58.2	86.7（平均）	50.4	0.888	44.8	C15仰拱回填片石混凝土：7.22m³
	8	φ8	2304	5	115.2	0.395	45.5	
	9	φ8	103	116	119.5	0.395	47.2	
	钢筋合计		锚杆：80.50m			HPB235钢筋：92.7kg		HRB335钢筋：1178.9kg

Z5-1型复合支护工程数量总表

项目	支护长度/m	挖方/m³	C25喷射混凝土/m³	C25模筑防水混凝土/m³	C25仰拱混凝土/m³	C25混凝土预留变形量回填/m³	C15仰拱回填片石混凝土/m³	Φ25中空注浆锚杆/m	HPB235钢筋/kg	HRB335钢筋/kg
Z5－1型复合支护	20	1506	182.2	191.2	100.8	27.7	144.4	1247.8	1437	23 578

说明：

1.本图适用于V级围岩浅埋段衬砌。

2.图中二次衬砌边墙及拱部采用C25防水混凝土，仰拱为C25混凝土。

3.隧道设计开挖余留变形量为10cm，开挖量已计入工程量中。

4.本图单位除钢筋直径以mm计外，其他均以cm为单位。

龟屿隧道Z5-1型复合支护构造图（二）	设计		复核		审核		图号	SV-1-8	日期	

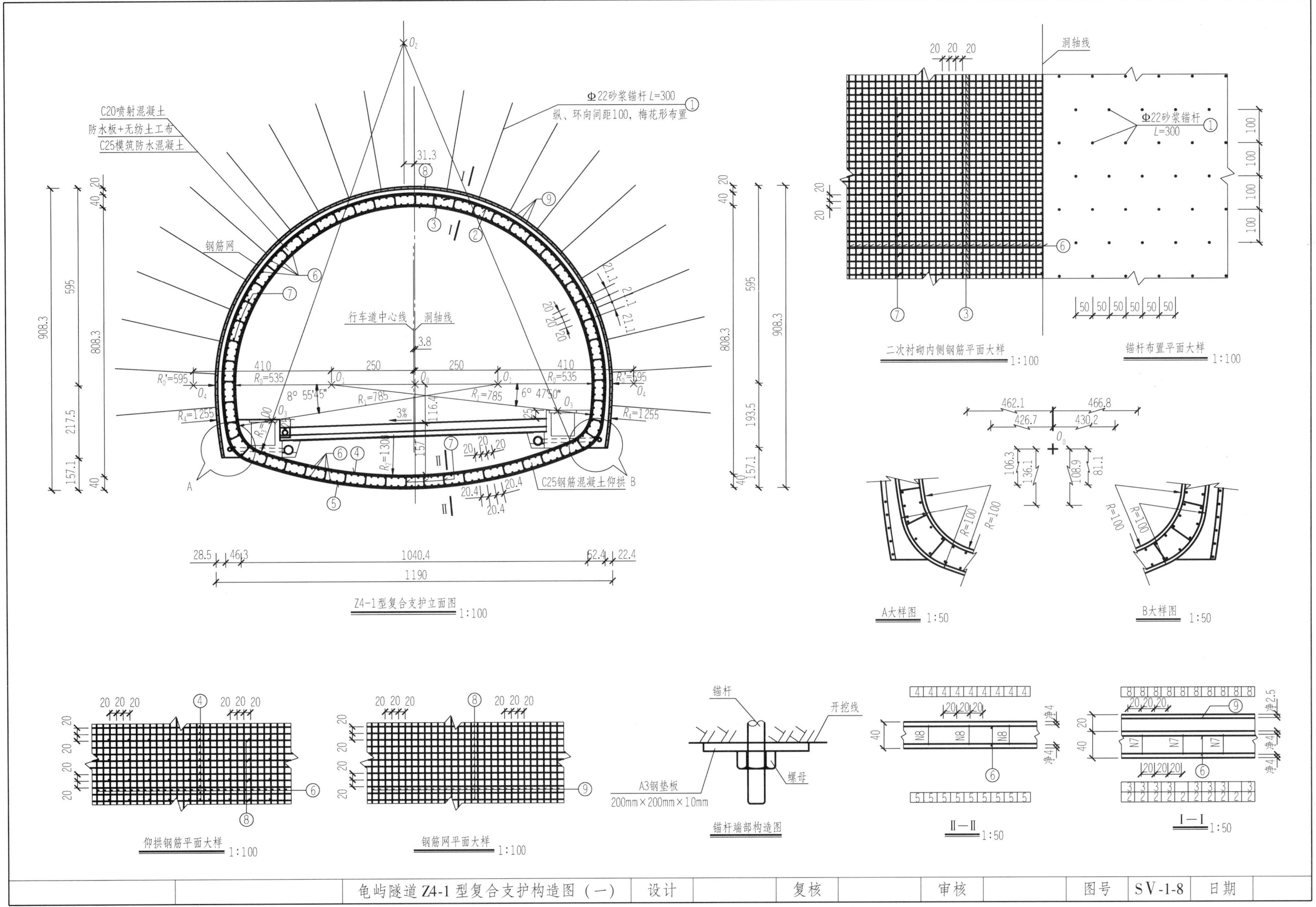

龟屿隧道 Z4-1 型复合支护构造图（一）	设计		复核		审核		图号	SV-1-8	日期	

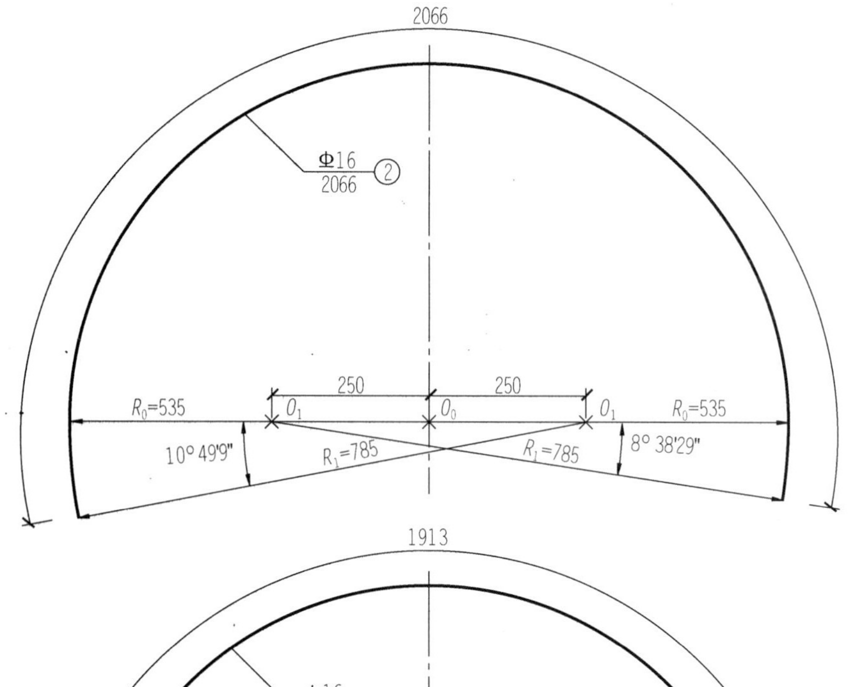

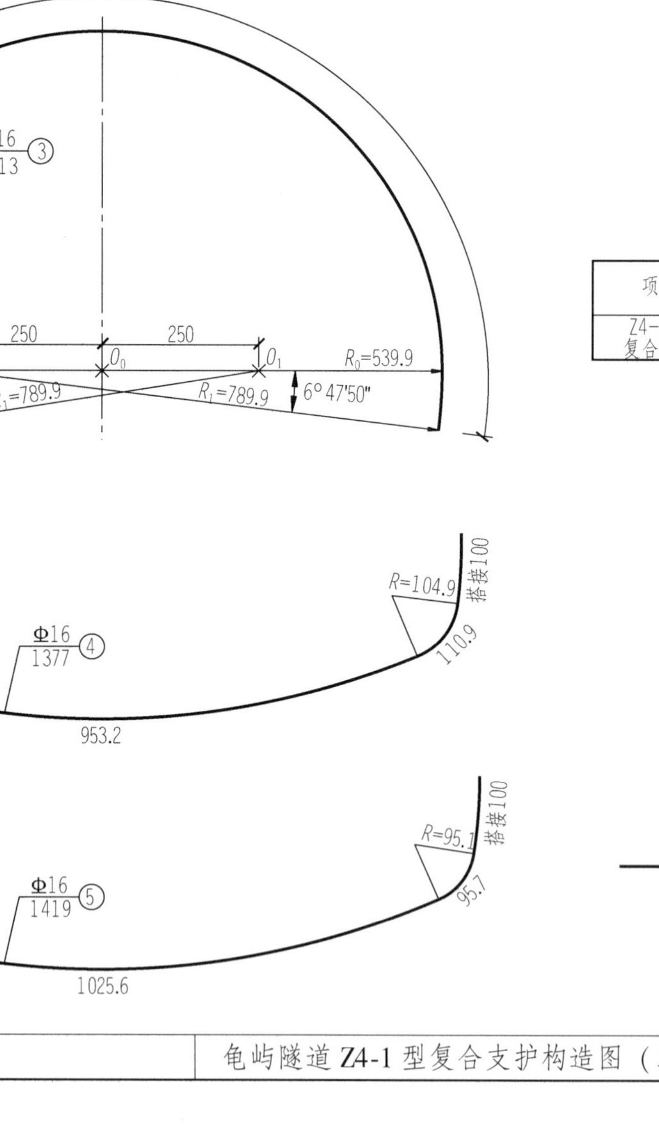

Z4-1型复合支护每延米工程数量表

项目	编号	直径/mm	单根长/cm	根数/根	共长/m	单位重/(kg/m)	共重/kg	挖方：87.42m³
Z4-1型复合支护	1	Φ22	300	21.0(平均)	63	砂浆锚杆		预留变形量挖方：1.74m³
	2	Φ16	2066	5	103.3	1.578	163.0	总挖方：87.42m³
	3	Φ16	1913	5	95.7	1.578	150.9	C20喷射混凝土：4.73m³
	4	Φ16	1377	5	68.9	1.578	108.6	C25模筑防水混凝土：8.66m³
	5	Φ16	1419	5	71.0	1.578	112.0	C25仰拱混凝土：4.18m³
	6	Φ12	103	311	320.3	0.888	284.5	C25变形量回填：0.87m³
	7	Φ12	53.2	60.0(平均)	31.9	0.888	28.3	C15仰拱回填片石混凝土：7.22m³
	8	φ8	2269	5	113.5	0.395	44.8	
	9	φ8	103	114	117.4	0.395	46.4	
	钢筋合计		锚杆：63.00m（垫板及螺母：9.0kg）			HPB235钢筋：91.2kg		HRB335钢筋：847.3kg

Z4-1型复合支护工程数量总表

项目	支护长度/m	挖方/m³	C20喷射混凝土/m³	C25模筑防水混凝土/m³	C25仰拱混凝土/m³	C25混凝土预留变形量回填/m³	C15仰拱回填片石混凝土/m³	Φ22砂浆锚杆/kg	HPB235钢筋网/kg	HRB335二衬钢筋/kg	垫板及螺母/kg
Z4-1型复合支护	36	3210	170.3	311.8	150.5	31.3	259.9	5602	3283	30504	325

Φ12 515 ⑥ （施工分段500）

Φ12 10 53.2 ⑦ 33.2 10

说明：

1.本图适用于本图适用于Ⅳ级围岩浅埋段衬砌。

2.二次衬砌采用C25防水混凝土。

3.隧道设计开挖余留变形量为5cm，开挖量已计入工程量中。

4.本图单位除钢筋直径以mm计外，其他均以cm为单位。

	龟屿隧道Z4-1型复合支护构造图（二）	设计		复核		审核		图号	SV-1-8	日期	

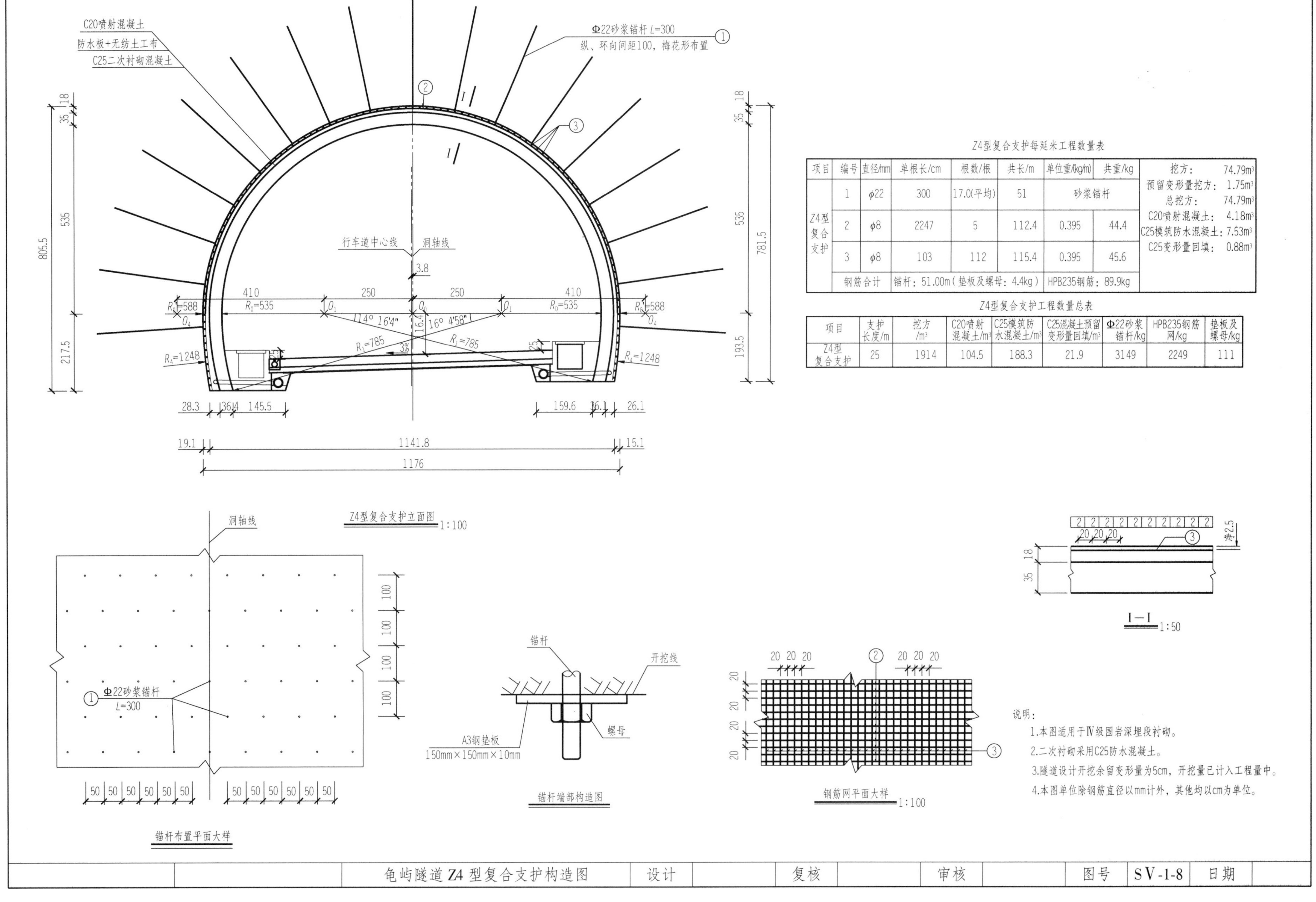

Z4型复合支护每延米工程数量表

项目	编号	直径/mm	单根长/cm	根数/根	共长/m	单位重/(kg/m)	共重/kg	
Z4型复合支护	1	φ22	300	17.0(平均)	51	砂浆锚杆		挖方：74.79m³ 预留变形量挖方：1.75m³ 总挖方：74.79m³ C20喷射混凝土：4.18m³ C25模筑防水混凝土：7.53m³ C25变形量回填：0.88m³
	2	φ8	2247	5	112.4	0.395	44.4	
	3	φ8	103	112	115.4	0.395	45.6	
	钢筋合计		锚杆：51.00m（垫板及螺母：4.4kg）			HPB235钢筋：89.9kg		

Z4型复合支护工程数量总表

项目	支护长度/m	挖方/m³	C20喷射混凝土/m³	C25模筑防水混凝土/m³	C25混凝土预留变形量回填/m³	Φ22砂浆锚杆/kg	HPB235钢筋网/kg	垫板及螺母/kg
Z4型复合支护	25	1914	104.5	188.3	21.9	3149	2249	111

说明：

1. 本图适用于Ⅳ级围岩深埋段衬砌。
2. 二次衬砌采用C25防水混凝土。
3. 隧道设计开挖余留变形量为5cm，开挖量已计入工程量中。
4. 本图单位除钢筋直径以mm计外，其他均以cm为单位。

	龟屿隧道Z4型复合支护构造图	设计		复核		审核		图号	SV-1-8	日期	

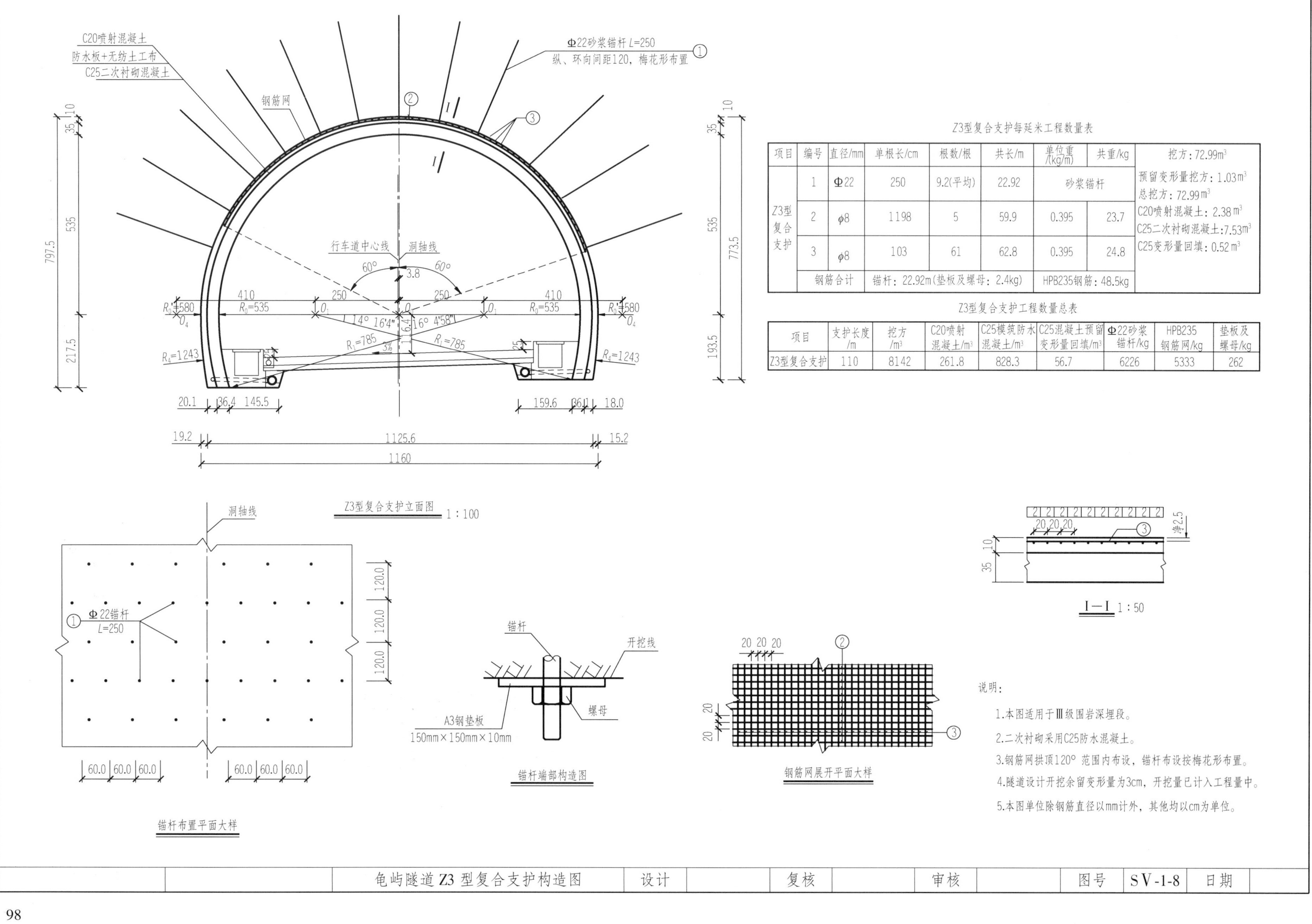

Z3型复合支护每延米工程数量表

项目	编号	直径/mm	单根长/cm	根数/根	共长/m	单位重/(kg/m)	共重/kg	
Z3型复合支护	1	Φ22	250	9.2(平均)	22.92	砂浆锚杆		挖方：72.99m³
	2	φ8	1198	5	59.9	0.395	23.7	预留变形量挖方：1.03m³ 总挖方：72.99m³ C20喷射混凝土：2.38m³ C25二次衬砌混凝土：7.53m³ C25变形量回填：0.52m³
	3	φ8	103	61	62.8	0.395	24.8	
	钢筋合计		锚杆：22.92m(垫板及螺母：2.4kg)			HPB235钢筋：48.5kg		

Z3型复合支护工程数量总表

项目	支护长度/m	挖方/m³	C20喷射混凝土/m³	C25模筑防水混凝土/m³	C25混凝土预留变形量回填/m³	Φ22砂浆锚杆/kg	HPB235钢筋网/kg	垫板及螺母/kg
Z3型复合支护	110	8142	261.8	828.3	56.7	6226	5333	262

说明：

1.本图适用于Ⅲ级围岩深埋段。

2.二次衬砌采用C25防水混凝土。

3.钢筋网拱顶120°范围内布设，锚杆布设按梅花形布置。

4.隧道设计开挖余留变形量为3cm，开挖量已计入工程量中。

5.本图单位除钢筋直径以mm计外，其他均以cm为单位。

	龟屿隧道Z3型复合支护构造图	设计		复核		审核		图号	SV-1-8	日期	

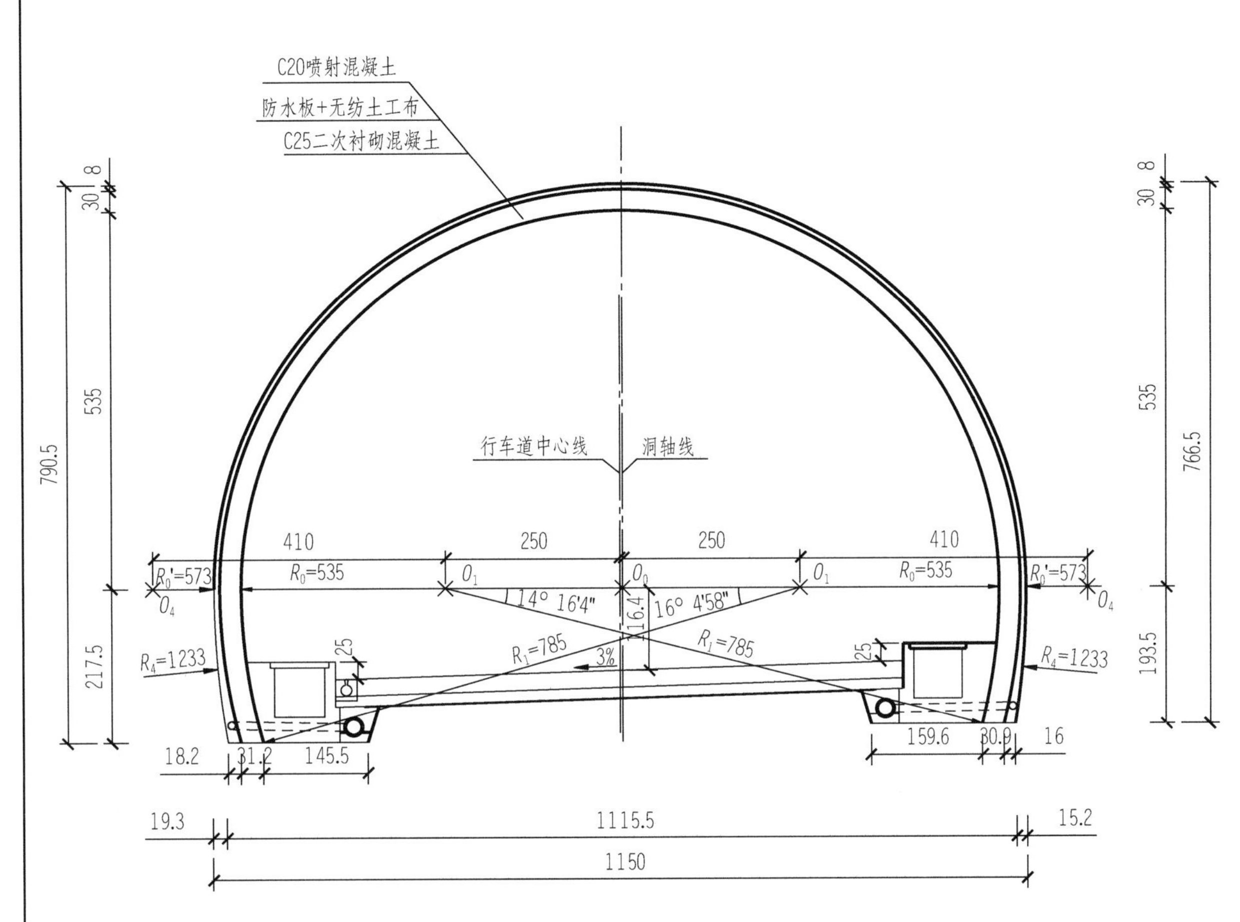

Z2型复合支护立面图 1:100

Z2型复合支护每延米工程数量表

项目	挖方/m^3	C20喷射混凝土/m^3	C25二次衬砌混凝土/m^3
Z2型复合支护	71.40	1.88	6.44

Z2型复合支护工程数量总表

项目	支护长度/m	挖方/m^3	C20喷射混凝土/m^3	C25模筑防水混凝土/m^3
Z2型复合支护	50	3570	94.0	322.0

说明：

1.本图适用于Ⅱ类围岩路段。

2.二次衬砌为C25防水混凝土。

3.本图尺寸除钢筋以mm计外，其余均以cm计。

4.根据现场围岩的实际情况，可施加局部锚杆，数量由现场确认。

5.本图比例为1:100。

	龟屿隧道Z2型复合支护构造图	设计		复核		审核		图号	SV-1-8	日期	

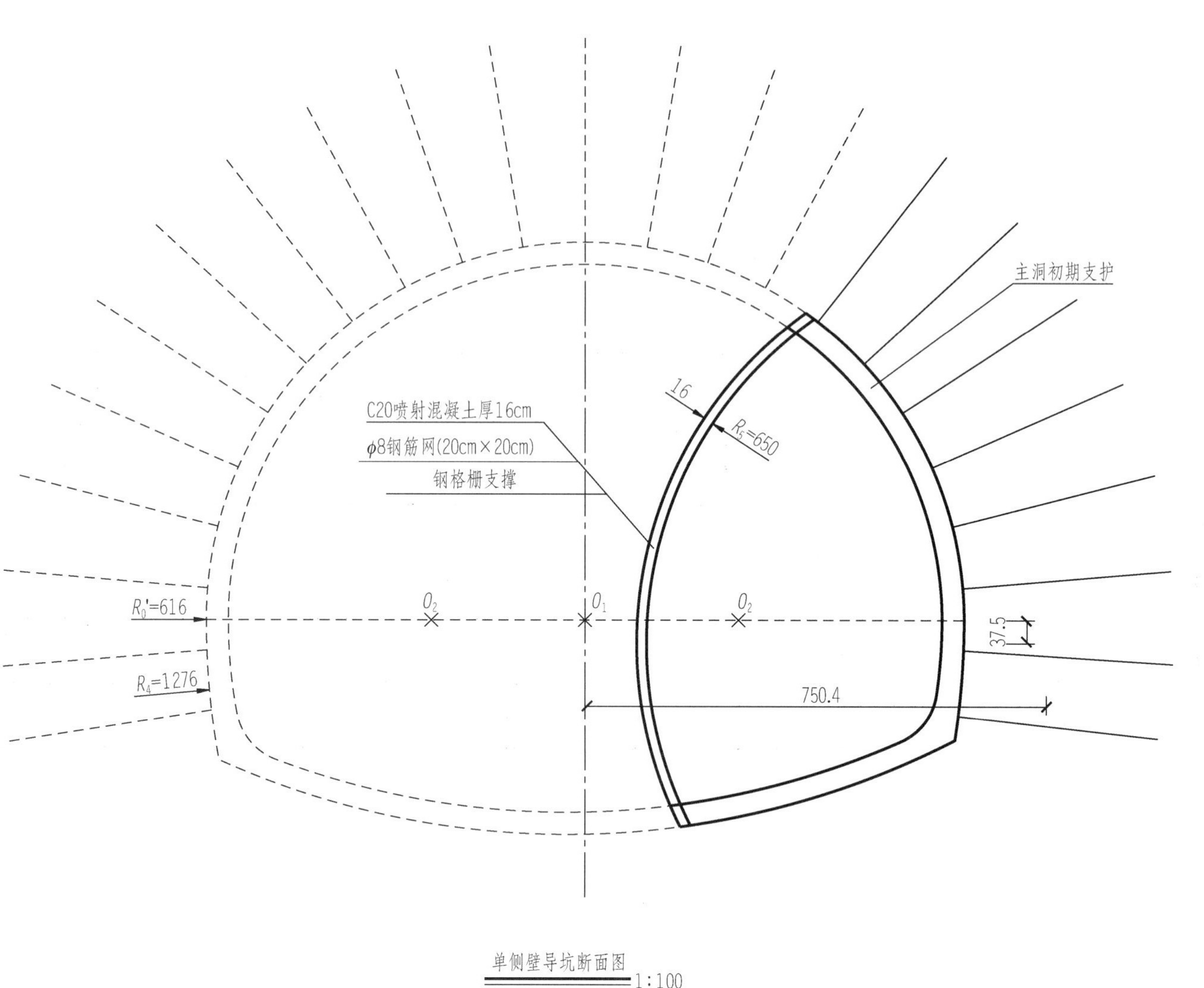

单侧壁导坑断面图 1:100

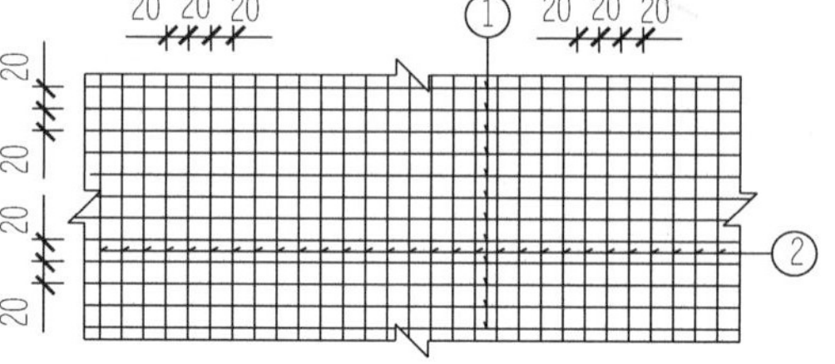

钢筋网平面大样 1:100

侧壁导坑临时支护钢筋网明细表

(每延米)

编号	直径/mm	单根长/cm	根数/根	共长/m	单位重/(kg/m)	共重/kg
1	φ8	937	5	46.85	0.395	18.5
2	φ8	103	47	48.4	0.395	19.1
C20喷射混凝土/m³		1.49				

侧壁导坑临时支护工程数量总表

支护类型	支护长度	榀数	C20喷射混凝土/m³	HPB235钢筋网/kg	HRB335格栅钢筋/kg	A3角钢 L100×80×10/kg	垫圈 M20×60/套	HRB335纵向联结筋/kg
Z5-1	15.5	25	23.1	582.8	5877.5	323.5	200	597.5

说明：

1.本图适用于龟屿隧道Z5-1型复合支护地段。

2.临时支护钢格栅支撑纵向间距同主洞钢支撑，细部构造详见《龟屿隧道Z5-1型复合支护钢支撑构造图》及《龟屿隧道Z4-1(Z4)型复合支护钢支撑构造图》。

3.本图单位除钢筋直径以mm计外，余均以cm为单位。

	龟屿隧道侧壁导坑设计图（一）	设计		复核		审核		图号	SV-1-8	日期	

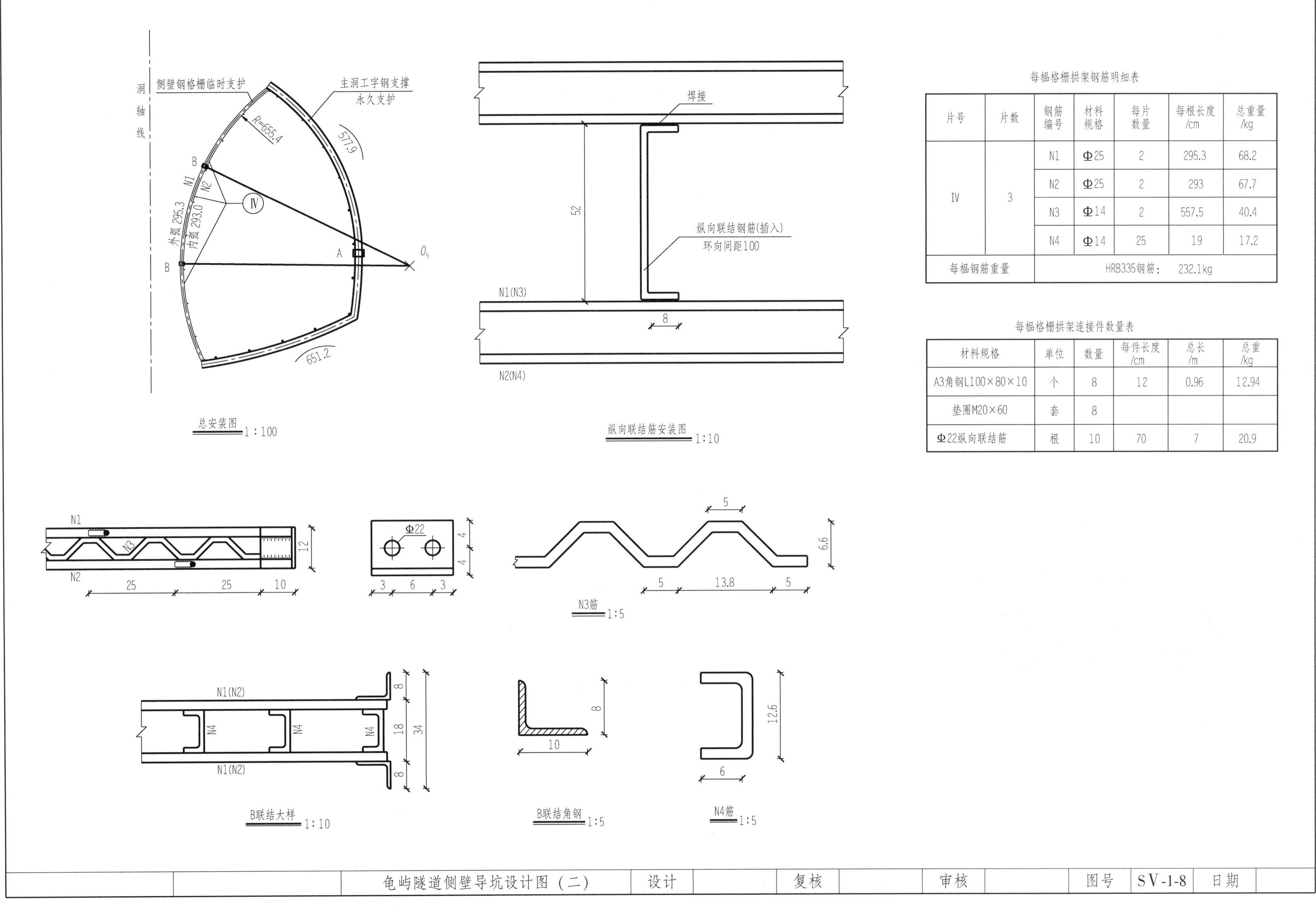

每榀格栅拱架钢筋明细表

片号	片数	钢筋编号	材料规格	每片数量	每根长度/cm	总重量/kg
Ⅳ	3	N1	Φ25	2	295.3	68.2
		N2	Φ25	2	293	67.7
		N3	Φ14	2	557.5	40.4
		N4	Φ14	25	19	17.2
每榀钢筋重量		HRB335钢筋： 232.1kg				

每榀格栅拱架连接件数量表

材料规格	单位	数量	每件长度/cm	总长/m	总重/kg
A3角钢L100×80×10	个	8	12	0.96	12.94
垫圈M20×60	套	8			
Φ22纵向联结筋	根	10	70	7	20.9

		龟屿隧道侧壁导坑设计图（二）	设计		复核		审核		图号	SV-1-8	日期	

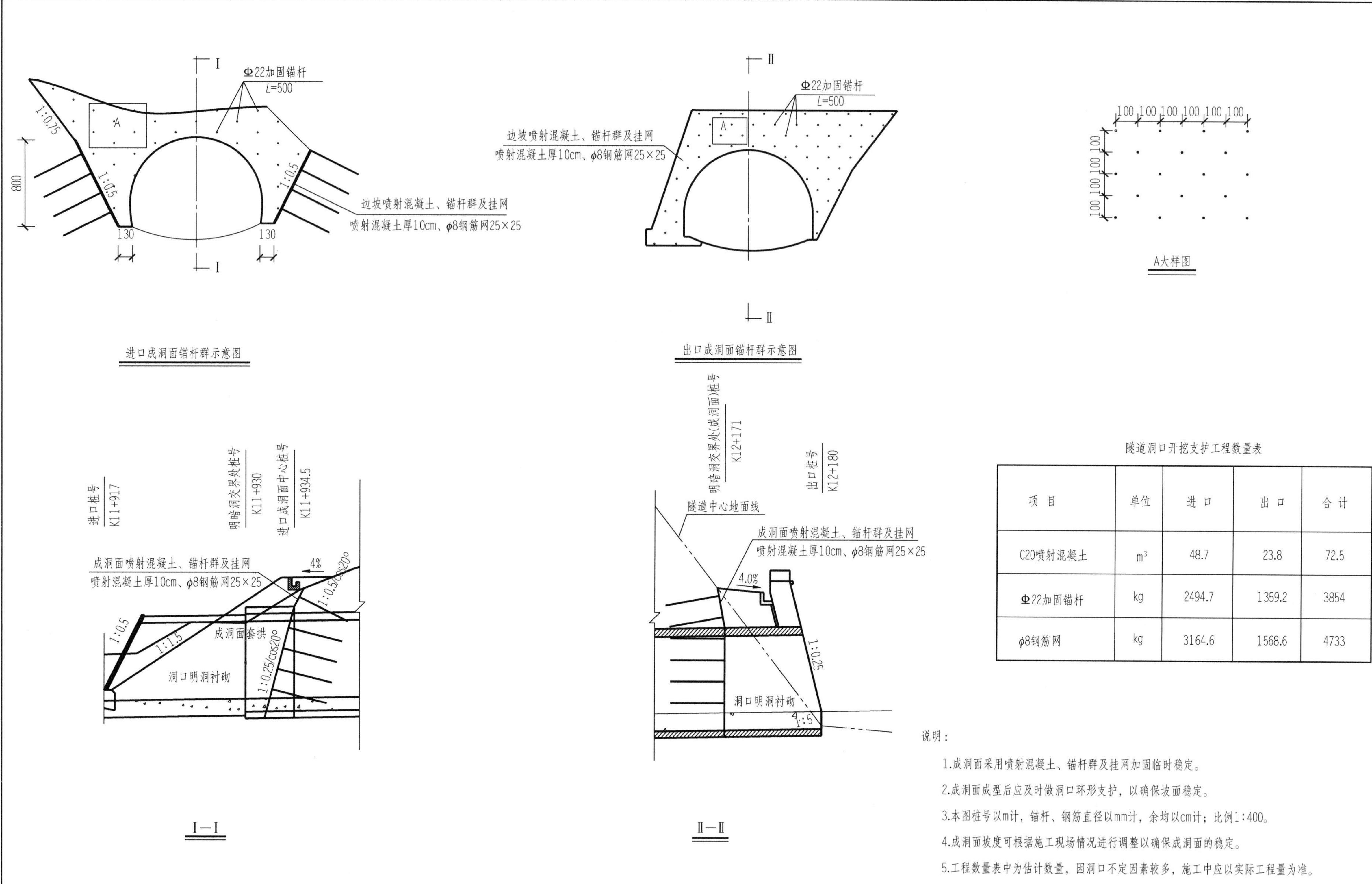

隧道洞口开挖支护工程数量表

项 目	单位	进 口	出 口	合 计
C20喷射混凝土	m^3	48.7	23.8	72.5
Φ22加固锚杆	kg	2494.7	1359.2	3854
φ8钢筋网	kg	3164.6	1568.6	4733

说明：

1.成洞面采用喷射混凝土、锚杆群及挂网加固临时稳定。

2.成洞面成型后应及时做洞口环形支护，以确保坡面稳定。

3.本图桩号以m计，锚杆、钢筋直径以mm计，余均以cm计；比例1:400。

4.成洞面坡度可根据施工现场情况进行调整以确保成洞面的稳定。

5.工程数量表中为估计数量，因洞口不定因素较多，施工中应以实际工程量为准。

龟屿隧道进出口成洞面临时支护设计图	设计		复核		审核		图号	SV-1-8	日期	

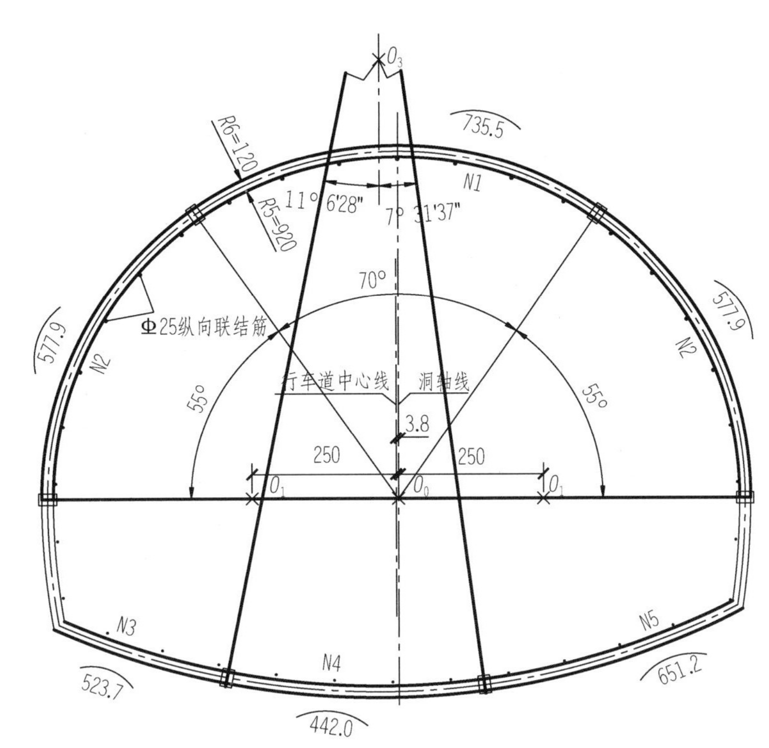

Z5-1型钢支撑总装图 1:100

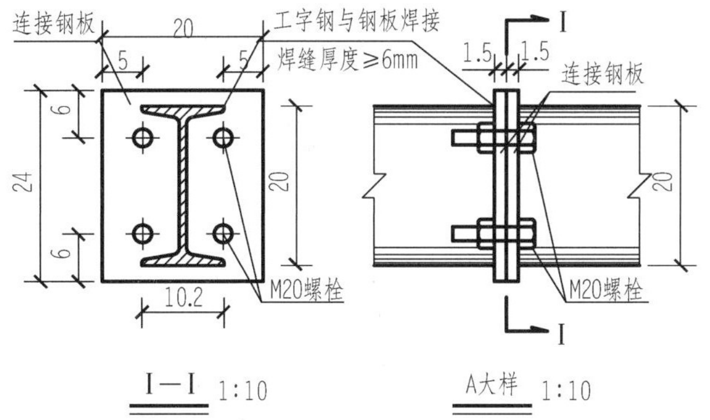

I—I 1:10　　A大样 1:10

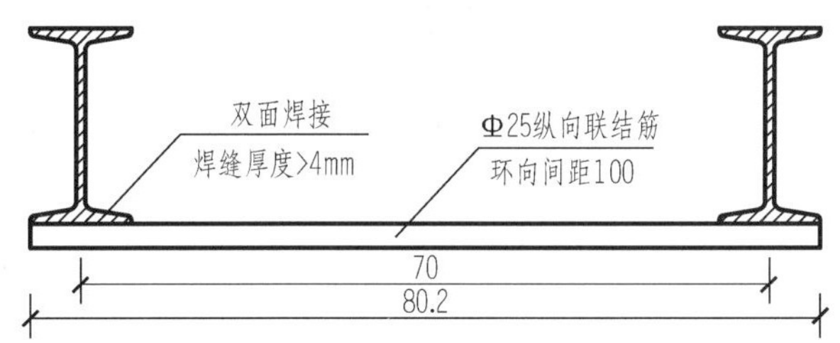

纵向联结筋安装大样图 1:10

100 100 100 50 50 N1~N5 70 70 70 Φ25纵向联结筋

钢支撑平面布置 1:50

材料数量表

	钢材编号	型号	材料	长度/cm	根数/根	单位重/(kg/m)	重量/kg
每榀工程数量	1	I20b	A3	735.5	1	31.069	228.5
	2	I20b	A3	577.9	2	31.069	359.1
	3	I20b	A3	523.7	1	31.069	162.7
	4	I20b	A3	442.0	1	31.069	137.3
	5	I20b	A3	651.2	1	31.069	202.3
	6	Φ25钢筋	16MnSi	80.2	34	3.85	105.0
	小计	I20b型钢		1090.0kg			
		HRB335连接钢筋		105.0kg			
		A3连接钢板(24×20×1.5)		113.0kg			
		M20螺栓		2套4			
全隧道合计	榀数			25			
	I20b型钢			27 249kg			
	HRB 335 连接钢筋			2625kg			
	A3连接钢板(24×20×1.5)			2826kg			
	M20螺栓			600套			

说明:

1. 本图适用于V级围岩Z5-1型复合支护钢支撑设计。
2. 每榀之间采用纵向联结筋交错连接，纵向联结筋环向间距1.0m。
3. 图中尺寸均以cm计。
4. 钢支撑设计已考虑10cm的预留变形量，施工时应根据实际情况进行调整。钢支撑安装之前应先初喷厚度4cmC25混凝土。
5. 钢支撑纵向间距为0.7m。
6. 钢支撑安装应保持铅直，喷射混凝土时应先喷填钢支撑背面的混凝土，确保钢支撑与围岩的密贴。

	龟屿隧道Z5-1型复合支护钢支撑设计图	设计		复核		审核		图号	SV-1-9	日期	

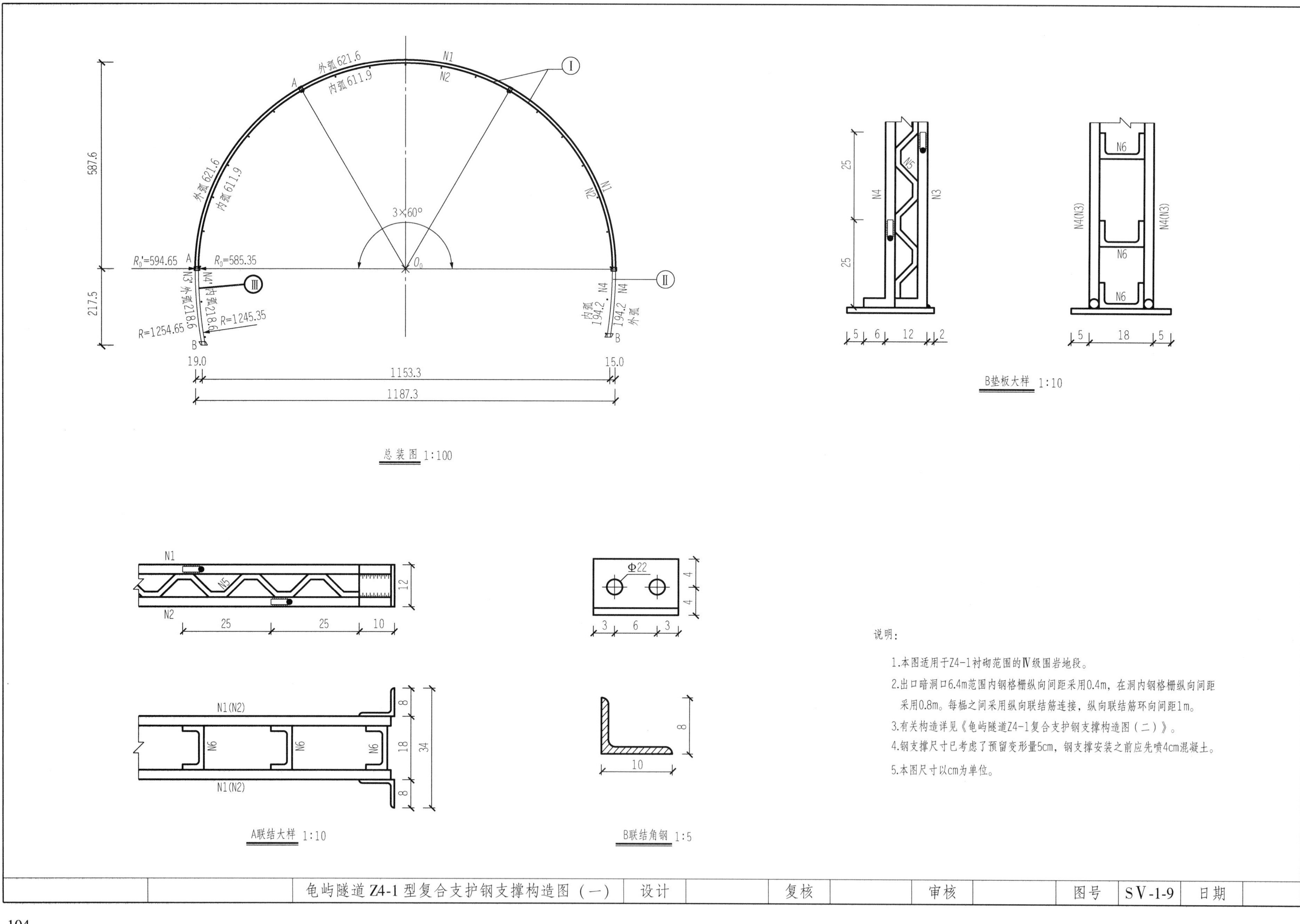

说明:

1.本图适用于Z4-1衬砌范围的Ⅳ级围岩地段。

2.出口暗洞口6.4m范围内钢格栅纵向间距采用0.4m，在洞内钢格栅纵向间距采用0.8m。每榀之间采用纵向联结筋连接，纵向联结筋环向间距1m。

3.有关构造详见《龟屿隧道Z4-1复合支护钢支撑构造图（二）》。

4.钢支撑尺寸已考虑了预留变形量5cm，钢支撑安装之前应先喷4cm混凝土。

5.本图尺寸以cm为单位。

龟屿隧道Z4-1型复合支护钢支撑构造图（一）	设计		复核		审核		图号	SV-1-9	日期	

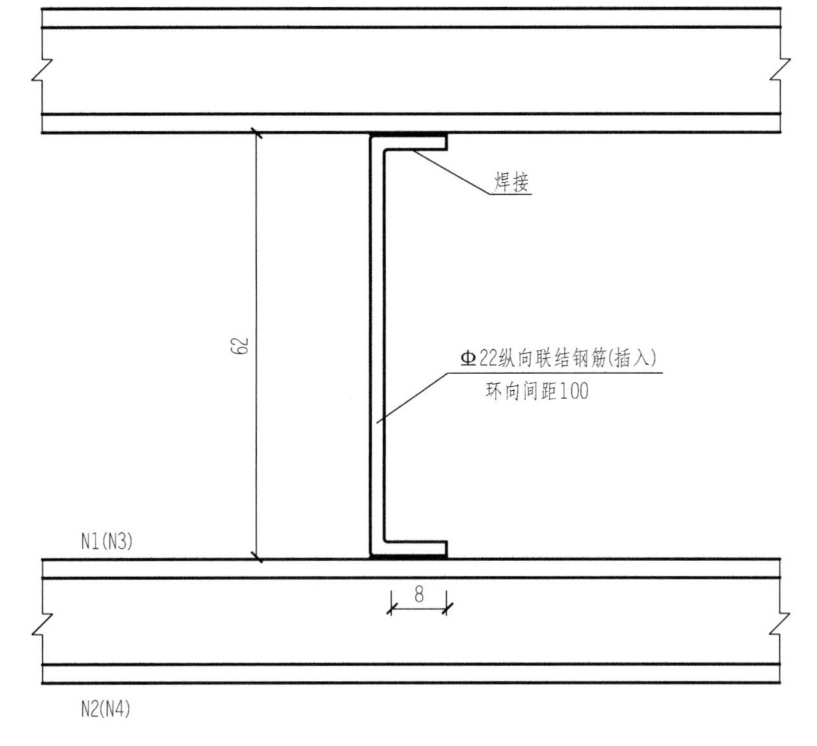

纵向联结筋安装图 1:10

每榀格栅拱架连接件数量表

材料规格	单位	数量	每件长度/cm	总长/m	总重/kg
A3角钢 L100×80×10	个	16	12	1.92	25.88
A3钢板 280×250×15	块	2			16.49
垫圈 M20×60	套	16			
Φ22纵向联结筋	根	23	80	18.4	54.9

每榀格栅拱架钢筋明细表

片号	片数	钢筋编号	材料规格	每片数量	每根长度/cm	总重量/kg
Ⅰ	3	N1	Φ25	2	621.6	143.7
		N2	Φ25	2	611.9	141.4
		N5	Φ14	2	1173.6	85.1
		N6	Φ14	25	19	17.2
Ⅱ	1	N3	Φ25	2	194.2	15.0
		N4	Φ25	2	194.2	15.0
		N5	Φ14	2	366.6	8.9
		N6	Φ14	8	19	1.8
Ⅲ	1	N3	Φ25	2	218.6	16.8
		N4	Φ25	2	218.6	16.8
		N5	Φ14	2	412.7	10.0
		N6	Φ14	8	19	1.8
每榀钢筋重量		HRB335钢筋：473.6kg				

格栅拱架材料数量总表

项　目	支护长度	榀 数	HRB335 格栅钢筋/kg	A3角钢L100×80×10/kg	A3钢板280×250×15/kg	垫圈M20×60/套	HRB335纵向联结筋/kg
格栅拱架	36	53	25 099	1372	874	848	2911

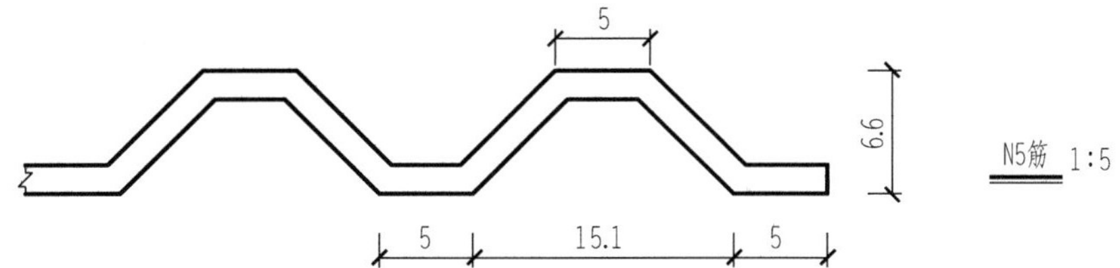

N5筋 1:5

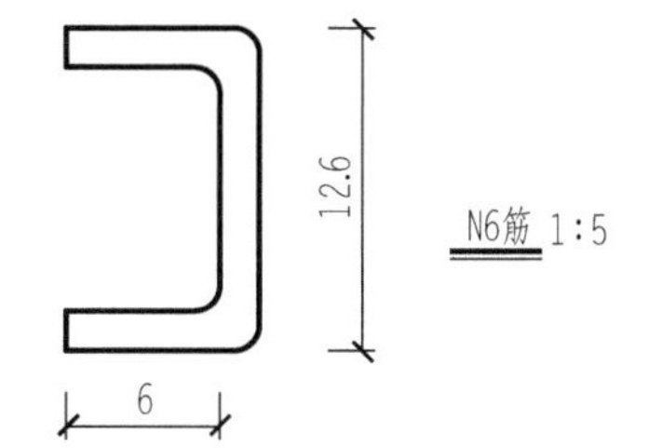

N6筋 1:5

说明：

1.本设计除A联结采用螺栓联结、纵向联结采用插接外，余均采用双面焊接，焊缝厚度不得小于6mm。

2.总装图详见《龟屿隧道Z4-1复合支护钢支撑构造图（一）》。

3.纵向连接筋在刚架支护内缘、外缘交错布置。

4.本图尺寸以cm为单位。

	龟屿隧道Z4-1型复合支护钢支撑构造图（二）	设计		复核		审核		图号	SV-1-9	日期	

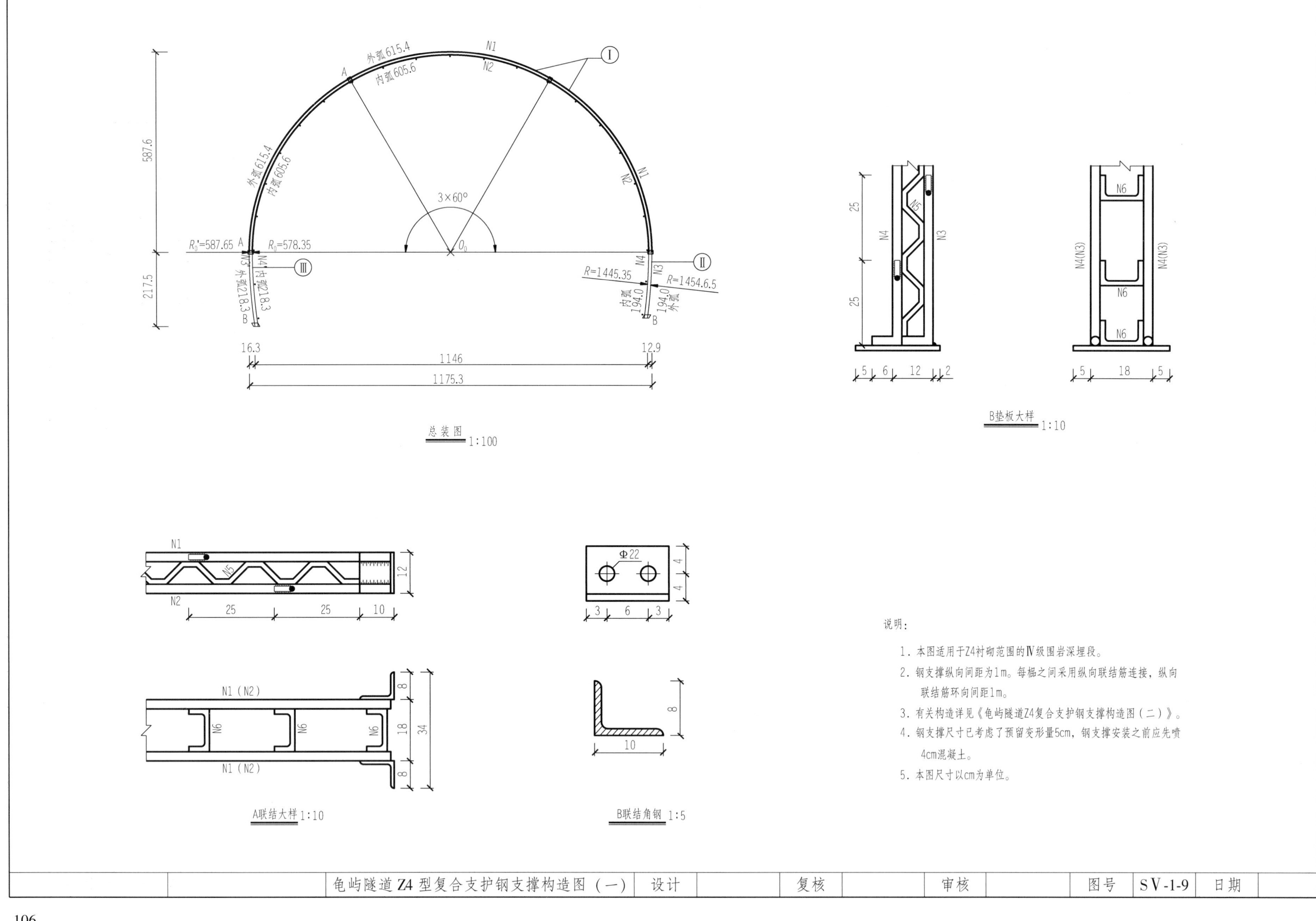

说明：

1. 本图适用于Z4衬砌范围的Ⅳ级围岩深埋段。
2. 钢支撑纵向间距为1m。每榀之间采用纵向联结筋连接，纵向联结筋环向间距1m。
3. 有关构造详见《龟屿隧道Z4复合支护钢支撑构造图（二）》。
4. 钢支撑尺寸已考虑了预留变形量5cm，钢支撑安装之前应先喷4cm混凝土。
5. 本图尺寸以cm为单位。

	龟屿隧道Z4型复合支护钢支撑构造图（一）	设计		复核		审核		图号	SV-1-9	日期	

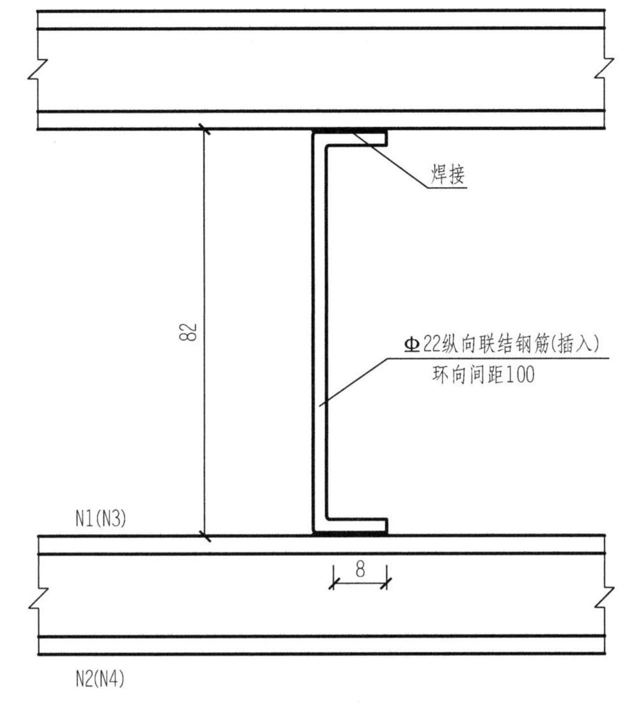

每榀格栅拱架连接件数量表

材料规格	单位	数量	每件长度/cm	总长/m	总重/kg
A3角钢 L100×80×10	个	16	12	1.92	25.88
A3钢板 280×250×15	块	2			16.49
垫圈 M20×60	套	16			
Φ22纵向联结筋	根	23	100	23	68.7

每榀格栅拱架钢筋明细表

片号	片数	钢筋编号	材料规格	每片数量	每根长度/cm	总重量/kg
I	3	N1	ϕ25	2	615.4	142.2
		N2	ϕ25	2	605.6	140.0
		N5	ϕ14	2	1161.9	84.3
		N6	ϕ14	25	19	17.2
II	1	N3	ϕ25	2	194	14.9
		N4	ϕ25	2	194	14.9
		N5	ϕ14	2	366.3	8.9
		N6	ϕ14	8	19	1.8
III	1	N3	ϕ25	2	218.3	16.8
		N4	ϕ25	2	218.3	16.8
		N5	ϕ14	2	412.2	10.0
		N6	ϕ14	8	19	1.8
每榀钢筋重量		HRB335钢筋：469.7kg				

格栅拱架材料数量总表

项目	支护长度	榀数	HRB335格栅钢筋/kg	A3角钢L100×80×10/kg	A3钢板280×250×15/kg	垫圈M20×60/套	HRB335纵向联结筋/kg
格栅拱架	25	25	11 743	647	412	400	1716

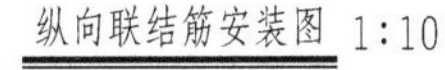
纵向联结筋安装图 1:10

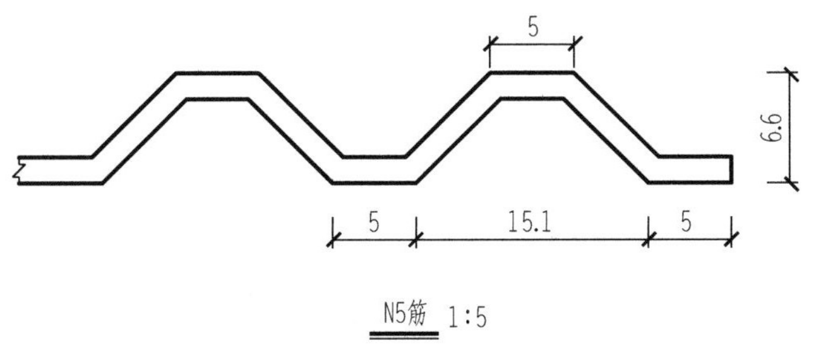

N5筋 1:5

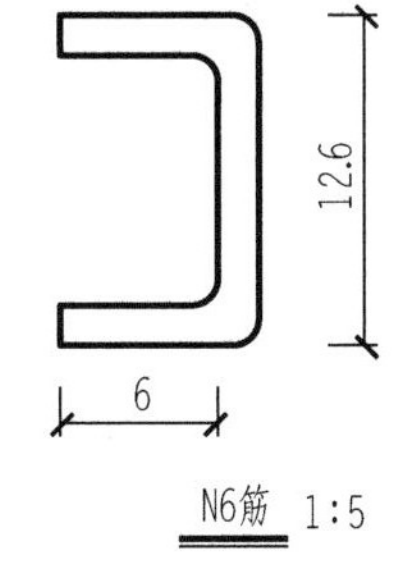

N6筋 1:5

说明：

1.本设计除A联结采用螺栓联结、纵向联结采用插接外，余均采用双面焊接，焊缝厚度不得小于6mm。

2.总装图详见《龟屿隧道Z4复合支护钢支撑构造图（一）》。

3.纵向连接筋在刚架支护内缘、外缘交错布置。

4.本图尺寸以cm为单位。

龟屿隧道Z4型复合支护钢支撑构造图（二）	设计		复核		审核		图号	SV-1-9	日期	

第六篇 路线交叉

平面交叉设置及工程数量一览表

碧里至将军帽港区疏港交通战备公路 第1页 共1页

序号	中心桩号及起讫桩号	被交叉路名称	被交路现有标准			被交路改建标准			交通管理方式	交叉形式	交叉角度	被交路改建长度/m	引道纵坡/%	工程数量											备注
														行车道					硬路肩	钢筋					
			等级	设计速度/(km/h)	路基宽度/m	等级	设计速度/(km/h)	路基宽度/m						20cmC35水泥混凝土面层/m²	15cm5%水泥稳定碎石基层/m²	15cm填隙碎石底基层/m²	10cm泥结碎石面层/m²	16cm手摆片石基层/m²	C20混凝土路缘石/m³	R235/t	HRB335/t	填方/m³	挖方/m³	破除旧路面/m²	
1	2	3	4	5	6	7	8	9	10	11	12	13	14	15	16	17	18	19	20	21	22	23	24	25	26
2	K11+600~K11+789		三级	30	6.5	三级	30	7.5	主路优先	T形交叉	27°37′49″	100	2.5	1549.5	169.0	238.0			20.7	0.204	0.905	1875.0		950	
	合计											**100**		**1549.5**	**169.0**	**238.0**			**20.7**	**0.204**	**0.905**	**1875.0**		**950**	

编制： 复核： SⅥ-1

第九篇 其他工程

施工便道工程数量表

碧里至将军帽港区疏港交通战备公路

序号	桩号	位置	便道长度/m	挖方/m³	填方/m³	行车道							备注
						10cm厚泥结碎石面层/m²	16cm厚手摆片石基层/m²	4cm沥青贯入式面层/m²	18cm5%水泥稳定碎石基层/m²	15cm填隙碎石底基层/m²			
1	2	3	4	5	6	7	8	9	10	11	12	13	14
1	龟屿隧道出口	右侧	280		1586			1960	2128	2128			
	合计				1586	0	0	1960	2128	2128			

编制： 复核： SⅨ-1

改沟工程数量表

碧里至将军帽港区疏港交通战备公路　　　　第 1 页　共 1 页

序号	起讫桩号或中心桩号	位置	主要尺寸及说明 必要时绘出断面示意图	单位	长度	分项工程数量							备　注
						M7.5 浆砌片石	挖基土方			改沟用地/亩			
						m^3	m^3			园地	旱地		
1	2	3	4	5	6	7	8	10	11	12	13	14	15
1	K13+130	左侧 20m	改渠 4.0×1.0 矩形渠	m	40	120.8	480.0				0.3		
2	K13+850	左侧 35m	改沟 3.0×3.0 梯形沟	m	75	366.5	2475.0				1.35		
3	K15+600	左侧 20m	改沟 1.0×1.5 矩形沟	m	80	157.6	755.0			0.3			
	总计				**195.0**	**644.9**	**3710.0**			**0.3**	**1.65**		

编制：　　　　复核：　　　　SⅨ-3

第十篇　筑路材料

沿线筑路材料料场表

碧里至将军帽港区疏港交通战备公路　　　　第 1 页　共 1 页

序号	材料名称	料场编号	中心桩号	位置	上路桩号	上路运距 /km	材料及料场状况	储量 /km^3	覆盖层厚度 /m	成材率 /%	开采及运输方式	便道 /km	便桥 /(m/座)	备　注
1	2	3	4	5	6	7	8	9	10	11	12	13	14	15
1	片、块、碎石	Ⅰ-1	K10+000		K10+000	0.02	晶屑凝灰熔岩	大量		95	开采汽车运			梅花
2	片、块、碎石	Ⅰ-2	K12+100	右侧 200m	K11+800	0.5	晶屑凝灰熔岩	大量		95	开采汽车运			廪头
3	片、块、碎石	Ⅰ-3	K19+300	左侧 30m	K19+300	0.05	晶屑凝灰熔岩	大量		95	开采汽车运			廪尾
4	砂										外购汽车运			

编制：　　　　复核：　　　　SⅩ-1

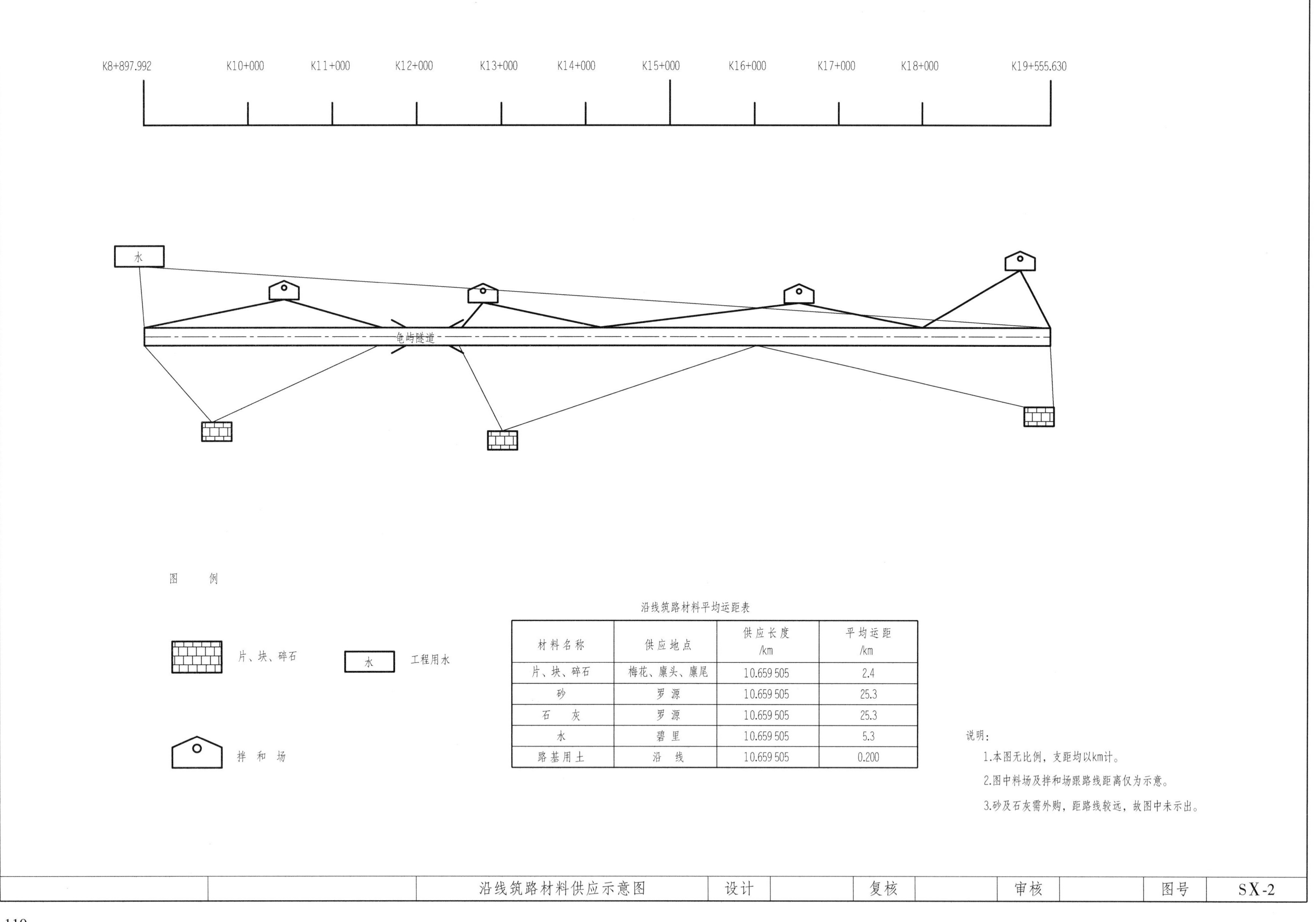

沿线筑路材料平均运距表

材料名称	供应地点	供应长度/km	平均运距/km
片、块、碎石	梅花、廪头、廪尾	10.659 505	2.4
砂	罗源	10.659 505	25.3
石灰	罗源	10.659 505	25.3
水	碧里	10.659 505	5.3
路基用土	沿线	10.659 505	0.200

说明：

1.本图无比例，支距均以km计。

2.图中料场及拌和场跟路线距离仅为示意。

3.砂及石灰需外购，距路线较远，故图中未示出。

		沿线筑路材料供应示意图	设计		复核		审核		图号	SX-2

临时工程数量表

碧里至将军帽港区疏港交通战备公路　　第 1 页　共 1 页

序号	工程名称	位置地点或桩号	工程说明	工程项目及数量								备　注
				平整场地 /m²	汽车便道长度（宽 7m）/m	泥结碎石便道路面厚 10cm 宽度 6m /m²	便道填石 /m³	便道填土 /m³	临时通信线路 /km	临时电力线路 /m	水泥混凝土拌和站/座	
1	拌和场、施工驻地	K9+860 ~ K9+900 左侧		500								
	K8+897.992 ~ K10+000 段小计			500								
2	拌和场、施工驻地	K10+355 ~ K10+400 左侧		500					0.2	200	1	
	K10+000 ~ K10+719.437 段小计			500					0.2	200	1	
3	拌和场、施工驻地	K12+200 ~ K12+240 左侧		500					0.8	800	1	
4	拌和场、施工驻地	K16+500 ~ K16+540 左侧		500					0.2	200	1	
5	拌和场、施工驻地	K19+060 ~ K19+100 左侧		500					0.2	200	1	
	K10+719.437 ~ K19+555.63 段小计			1500					1.2	1200	3	
	合　计			2500					1.4	1400	4	

编制：　　复核：　　SXI-1

公路临时用地表

碧里至将军帽港区疏港交通战备公路　　第 1 页　共 1 页

序号	工程名称	起讫桩号	位置	所属县乡村	土地类别及数量/亩					备　注
					交通用地	宅地	园地	非经济林地	未利用地	
1	2	3	4	5	6	7	8	9	10	11
	拌和场、施工驻地									
1	拌和场、施工驻地	K9+860 ~ K9+900	左	碧里乡梅花村			0.75			
	K8+897.992 ~ K10+000 段小计						0.75			
2	拌和场、施工驻地	K10+355 ~ K10+400	左	碧里乡梅花村					0.75	
	K10+000 ~ K10+719.437 段小计								0.75	
3	拌和场、施工驻地	K12+200 ~ K12+240	左	碧里乡廉头村					0.75	
4	拌和场、施工驻地	K116+260 ~ K16+300	左	碧里乡下莲村					0.75	
5	拌和场、施工驻地	K19+060 ~ K19+100	左	碧里乡廉尾村					0.75	
	K10+719.437 ~ K19+555.63 段小计								2.25	
	合　计						0.75		3.00	

编制：　　复核：　　SXI-2

项目 2

红旗桥至溪塔格公路改建工程

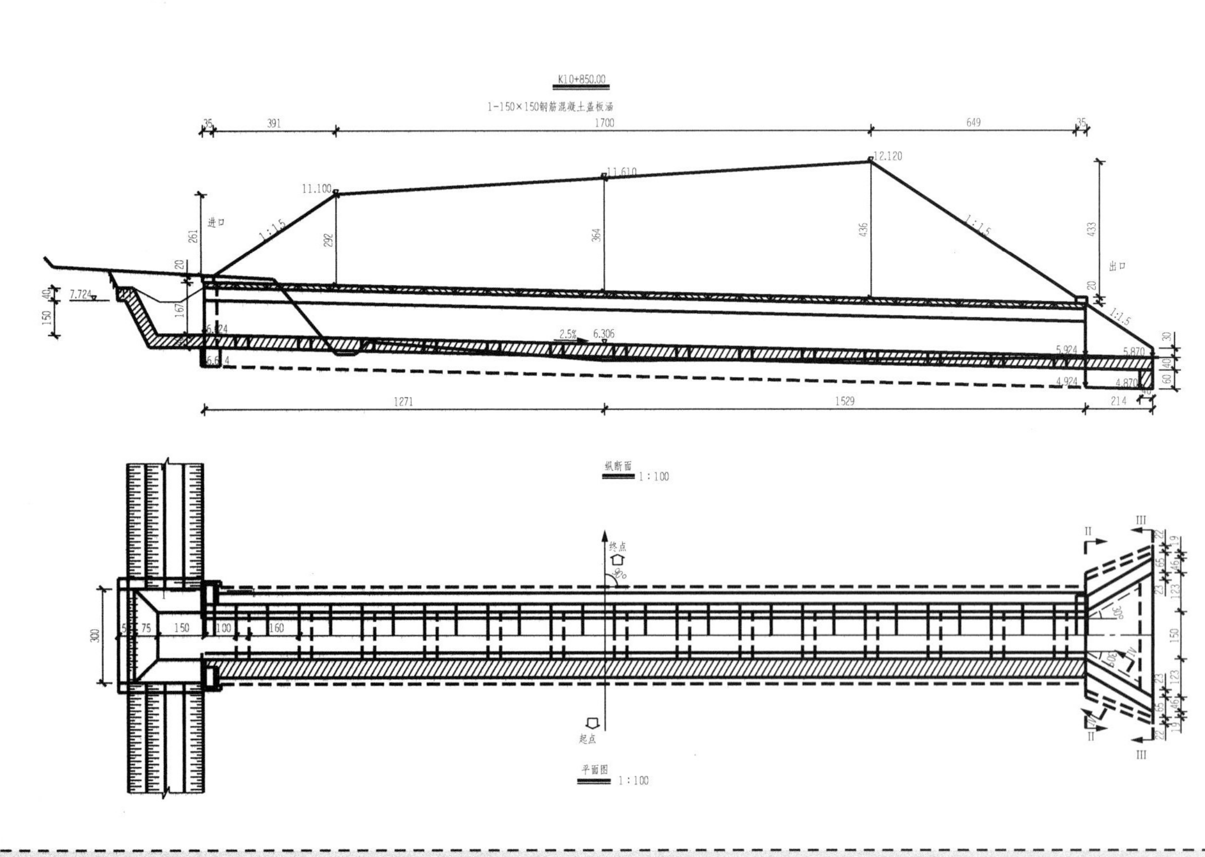

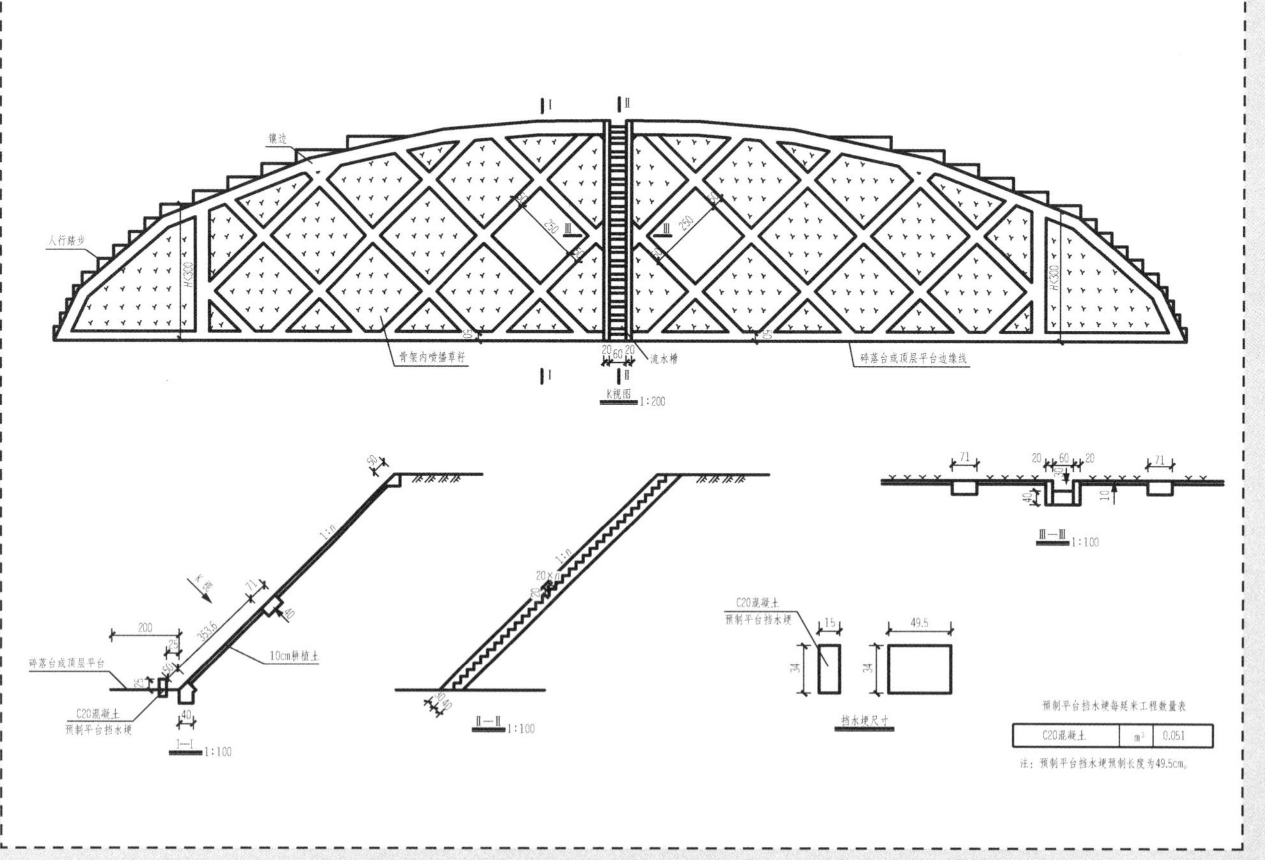

2.1 红旗桥至溪塔格公路改建工程施工招标文件

说　明

一、红旗桥至溪塔格公路改建工程施工招标文件（以下简称《项目专用本》）依据国家九部委联合编制的《标准施工招标文件》(2007 版）和在此基础上交通运输部组织制定的《公路工程标准施工招标文件》(2009 年版）（以下简称《公路工程标准文件》）及本次招标项目的实际情况编制而成。

二、招标文件《项目专用本》是对《公路工程标准文件》的补充、细化，凡与《公路工程标准文件》内容相同的部分不再列出，两者均作为本项目招标文件的组成部分，应对照有关条款一起阅读和理解。

三、《公路工程标准文件》由各投标人自行购买，招标人仅出售《项目专用本》，凡《项目专用本》与《公路工程标准文件》不一致的，均以《项目专用本》为准。

项目文件目录

第 一 卷

第一章　招 标 公 告

红旗桥至溪塔格公路改建工程

A、B　标段施工招标公告

1. 招标条件

本招标项目红旗桥至溪塔格公路改建工程已由××省发展和改革委员会以省发改交能【20××】××号批准建设，项目业主为Q市公路局，建设资金来自Q市公路局和××县财政联合出资，项目出资比例为Q市公路局2/3，Y县财政1/3，招标人为Q市公路局。项目已具备招标条件，现对该项目的施工进行公开招标。

2. 项目概况与招标范围

2.1　建设地点：××省Q市×××（桩号：K162+600）至×××（桩号：K169+440.72）

2.2　工程建设规模：二级标准公路，长度为6.95km，建安造价约5000万元

2.3　招标范围及内容：详见施工图纸及工程量清单

2.4　计划工期：××××年××月××日竣工

2.5　工期要求：300日历天

2.6　工程质量：符合《公路工程质量检验评定标准》JTG F80/1—2004合格标准

2.7　标段划分：A标段K162+600～K166+000（长度3458.51m，长链58.51m）
B标段K166+000～K169+440.72（长度3489.28m，长链48.56m）

3. 投标人资格要求

3.1　本次招标要求投标人须具备行政主管部门批准合格有效的公路工程总承包二级及以上资质且具有合格有效的施工企业安全生产许可证，并在人员、设备、资金等方面具有相应的施工能力。

3.2　本次招标不接受联合体投标。

3.3　每个投标人最多可对1个标段投标。

3.4　具有投资关系的关联企业，或具有直接管理和被管理关系的母子公司，或同一母公司的子公司，或法定代表人为同一人的两个及两个以上法人不得同时对同一标段投标，否则均按废标处理。

4. 招标文件的获取

4.1　凡有意参加投标者，请于××××年××月××日至××××年××月××（法定公休日、法定节假日除外），每日上午9:00时至12:00时，下午14:00时至16:00时（北京时间，下同），在Q市建设工程交易中心购买招标文件。

4.2　招标资料（含《项目专用本》、工程量清单、光盘、图纸）每个标段每套2000元，售后不退。

5. 投标文件的递交

5.1　招标人不组织进行工程现场踏勘也不召开投标预备会。如需要投标人可自行踏勘。

5.2　投标文件递交的截止时间（投标截止时间，下同）为××××年××月××日10时00分，投标人应于当日8时30分至10时00分将投标文件递交至Q市建设工程交易中心本项目开标室。

5.3　逾期送达的或者未送达指定地点的投标文件，招标人不予受理。

6. 发布公告的媒介

本次招标公告同时在××省招标与采购网、Q市招标投标信息网上发布。

注意事项：招标人将在投标递交的截止时间15天前在××省招标与采购网、Q市招标投标信息网上发布补遗书等信息，各投标人应随时关注发布的相关信息，否则由此引起的后果及损失由各投标人自行承担。

7. 本工程评标办法

采用合理低价法（资格后审）。

8. 联系方式

招 标 人：	Q市公路局	招标代理机构：	××××工程造价咨询有限公司
地　　址：	×××	地　　址：	×××
邮　　编：	×××	邮　　编：	×××
联 系 人：	×××	联 系 人：	×××
电　　话：	××××-×××××××	电　　话：	××××-×××××××
传　　真：	××××-×××××××	传　　真：	××××-×××××××

投标保证金的金额：人民币伍拾万元整（¥500000元）

投标保证金银行账号：

开户银行：

账户名称：

账　　号：

用　　途：红旗桥至溪塔格公路改建工程施工投标保证金

第二章　投标人须知

投标人须知前附表

条款号	条 款 名 称	编 列 内 容
1.1.2	招标人	名称：Q 市公路局 地址：××× 联系人：××× 电话：××××-×××××××
1.1.3	招标代理机构	名称：××××工程造价咨询有限公司 地址：××× 联系人：××× 电话：××××-×××××××
1.1.4	项目名称	红旗桥至溪塔格公路改建工程
1.1.5	建设地点	Y 县×××至×××
1.2.1	资金来源	联合投资
1.2.2	出资比例	Q 市公路局 2/3，Y 县财政 1/3
1.2.3	资金落实情况	已到位
1.3.1	招标范围	详见施工图纸及工程量清单
1.3.2	计划工期	计划工期：300 日历天 开工日期：以发包人、监理工程师书面通知开工的时间为准
1.3.3	质量要求	符合《公路工程质量检验评定标准》（JTG F80/1—2004）和《公路工程竣（交）工验收办法》合格标准
1.4.1	投标人资质条件、能力和信誉	资质条件：见附录 1 信誉要求：见附录 4 项目经理和项目技术负责人资格：见附录 5 其他要求：详见附录 6
1.4.2	是否接受联合体投标	不接受
1.9.1	踏勘现场	不组织
1.10.1	投标预备会	不召开
1.10.2	投标人提出问题的截止时间	递交投标文件截止之日 17 天前，将要解答的问题通过 F 省招标与采购网（网址：×××）提出，投标人传递的内容应列明招标项目名称
1.10.3	招标人书面澄清的时间	递交投标文件截止之日 15 天前，招标人将通过 F 省招标与采购网（网址：×××）公布
1.11	分包	本项目严禁转包和违规分包
1.12	偏离	不允许
2.1	构成招标文件的其他材料	补充通知或答疑文件
2.2.1	投标人要求澄清招标文件的截止时间	递交投标文件截止之日 17 天前，将要解答的问题通过 F 省招标与采购网（网址：×××）提出，投标人传递的内容应列明招标项目名称
2.2.2	投标截止时间	××××年××月××日 10 时 00 分
2.2.3	投标人确认收到招标文件澄清的时间	各投标人自行查询，招标人不再以其他方式通知投标人，并视为所有投标人已收悉。时间以发布之日为准

续表

条款号	条 款 名 称	编 列 内 容
2.3.2	投标人确认收到招标文件修改的时间	各投标人自行查询，招标人不再以其他方式通知投标人，并视为所有投标人已收悉。时间以发布之日为准
3.1.1	投标文件的组成	本次招标采用双信封，投标人编制的投标文件应包括下列内容 第一个信封（商务文件及技术文件） （1）投标函（不含投标报价）及投标函附录； （2）法定代表人身份证明或附有法定代表人身份证明的授权委托书； （3）投标保证金； （4）施工组织设计（不要求）； （5）项目管理机构； （6）拟分包项目情况表（如有允许）； （7）资格审查资料； （8）承诺书； 第二个信封（投标报价及工程量清单） （1）投标函； （2）已标价工程量清单（含数据 U 盘）
3.2.1	工程量填写方式	本项目招标采用工程量固化清单，招标人在出售招标文件的同时向投标人提供工程量固化清单电子文件（光盘或 U 盘）。投标人填写工程量清单中的单价及总额价，即可完成投标工程量清单的编制，确定投标报价，并打印出投标工程量清单，编入投标文件。投标人未在工程量清单中填入单价或总额价的工程子目，将被认为其已包含在工程量清单其他子目的单价和总额价中，招标人将不予支付 投标人不得对工程量固化清单电子文件中的数据、格式和运算定义进行修改，否则，按废标处理 投标人的报价文件应由持有交通行政主管部门核发的有效的公路工程造价资格证书的人员盖章，否则，按废标处理
3.2.5	是否接受调价函	不接受
3.3.1	投标有效期	自投标人提交投标文件截止之日起计算 90 日历天
3.4.1	投标保证金	投标保证金的金额：人民币伍拾万元整（￥500 000.00） 投标保证金的形式：以电汇或银行转账的形式，从投标人所在地银行的投标人企业基本账户汇出，并注明为本招标项目的投标保证金，否则视为无效的投标保证金 投标保证金的递交截止时间为：同投标截止时间 投标保证金有效期：同投标有效期
3.4.2	投标保证金的退还	未中标人的投标保证金在中标公示期满后退还（不计利息）；招标人与中标人签定合同且中标人向招标人提交 10% 合同价的履约保证金后 5 个工作日内，向中标人退还投标保证金（不计利息）

续表

条款号	条 款 名 称	编 列 内 容
3.4.3	投标保证金的没收	（1）投标人在规定的投标有效期内撤销或修改其投标文件； （2）投标人在收到中标通知书后，非因不可抗力放弃中标、拒签合同协议书或未按招标文件规定提交履约担保及低价风险金（若有）； （3）投标人不接受依据评标办法的规定对其投标文件中细微偏差进行澄清和补正； （4）投标人提交了虚假资料 （5）反映投标人文件个性特征的内容出现明显雷同； （6）有证据显示投标人以他人名义投标、与他人串通投标、以非法手段谋取中标。 发生上述情形之一的，除没收投标保证金外，同时报请上级交通主管部门按法律法规规章《××省交通建设市场信用考核管理办法》处理
3.5.2	近年财务状况的年份要求	投标截止日之前__三__年
3.5.3	近年完成的类似项目的年份要求	投标截止日之前__三__年
3.5.5	近年发生的诉讼及仲裁情况的年份要求	投标截止日之前__五__年
3.6	是否允许递交备选投标方案	不允许
3.7.3	签字或盖章要求	投标文件正本、副本应由投标人按投标文件格式签字、盖章。副本可以用正本的完整复印件（若副本是正本的完整复印件，复印件应重新加盖投标人单位公章）。投标文件正本、副本应逐页小签
3.7.4	投标文件副本份数	__3__份，另加1份工程量清单报价文件电子版（含Excel格式，U盘）。中标后，中标人再提供5份投标文件
3.7.5	装订要求	投标文件正本、副本应分别装订成册，编制目录，且逐页标注连续页码
4.4.1	投标文件包装要求	本次招标采用双信封形式，投标文件第一个信封（商务文件）以及第二个信封（投标报价和工程量清单）应单独密封包装。第一信封正本与副本应分别包装在相应的内层封套里，然后统一密封在一个外层封套中。第二个信封的正本与副本应分别包装在相应的内层封套里，工程量清单报价文件电子版应与第二信封正本包括在同一个层封套里，然后统一密封在一个外层封套中。内层和外层封套均应加贴封条，封口处应加盖投标人单位公章 备注：应注明A标段或B标段
4.1.2	封套上写明	投标文件内层封套上应清楚标记“正本”或“副本”字样。 内层封套（技术标不适用）： 投标人邮政编码：______ 投标人地址：______ 投标人名称：______ 投标人联系人：______ 投标人联系电话：______ 招标人地址及名称：（寄）______ 投标文件 外层封套： 招标人地址：______ 招标人名称：______ （项目名称）______标段施工投标文件 在____年____月____日____时____分前不得开启

续表

条款号	条 款 名 称	编 列 内 容
4.2.2	递交投标文件地点	见招标公告
4.2.3	是否退还投标文件	否
5.1	开标时间和地点	开标时间：××××年××月××日10时00分 开标地点：Q市建设工程交易中心
5.2.1	开标程序	按先A标段后B标段的顺序开标 一、对投标文件第一个信封进行开标： （1）验证参加开标会的投标人代表的身份并签到； （2）主持人宣布开标纪律； （3）主持人公布在投标截止时间前递交投标文件的投标人名称，并点名确认投标人是否派人到场； （4）主持人宣布开标人、唱标人、记录人、监标人等有关人员姓名； （5）当众检查和宣布投标文件的密封完好情况； （6）主持人宣布投标文件开标顺序； （7）按照宣布的开标顺序当众开标，公布投标人名称、标段名称、投标保证金的递交情况、质量目标、工期及其他内容，并记录在案； （8）投标人代表、招标人代表、监标人、记录人等有关人员在开标记录上签字确认； （9）公开开标的内容记录在案，存档备查； （10）开标会议结束。 二、投标文件第二个信封不予开封，并交监标人密封保存。 三、第一个信封评审完成后，进行第二个信封的开标： （1）主持人宣布开标纪律； （2）当众宣读投标文件第一个信封评审结果，宣布通过投标文件第一个信封的投标人名单； （3）宣布开标人、唱标人、记录人、监标人等有关人员姓名； （4）宣读最高限价； （5）当众检查和宣布投标文件的密封完好情况； （6）主持人宣布投标文件开标顺序； （7）按照宣布的开标顺序当众开标，公布通过第一个信封评审投标人的名称、标段名称、投标报价及其他内容，并记录在案； （8）投标人代表、招标人代表、监标人、记录人等有关人员在开标记录上签字确认； （9）公开开标的内容记录在案，存档备查； （10）开标会议结束，进入评标程序。
6.1.1	评标委员会的组建	评标委员会构成：5人，其中专家5人，招标人不派代表参加； 评标专家确定方式：从专家库中随机抽取
7.1	是否授权评标委员会确定中标人	否，推荐的中标候选人数：3名
7.3.1	履约担保	履约担保的金额：10%签约合同价； 履约担保的形式：以银行转账形式提交，提交时间为收到中标通知书后7天内
9.5	监督部门	监督部门：F市公路局、F市监察局

续表

条款号	条款名称	编列内容
10	需要补充的其他内容	
10.1	材料价格调整	本工程实行总价包干，价格不做调整
10.2	保险费	投标人的投标价中应含的保险费按如下规定办理 工程一切险和第三方责任险由承包人以业主与承包人联名向保险机构投保。工程一切险以工程量清单第100章至700章的合计金额（不含一切险和第三方责任险的保险费）为基数计算，费率为3‰；第三方责任险的最低投保金额为100万元人民币，费率为2‰。上述两项保险费均由投标人报价时列入工程量清单第100章相应支付子目中
10.3	安全生产费用	根据财政部《企业安全生产费用提取和使用管理办法》（财企[2012]16号）的要求，应为第100章至700章的合计金额（不含一切险、第三方责任险和安全生产费）的1.5%进行计算并填写总金额，列入工程量清单第100章“安全生产费”子目。安全生产费未按上述要求填列的投标文件按废标处理
10.4	税费	承包人因承包本合同工程需缴纳的一切税费均由承包人承担，并包含在所报的单价或总额价内，因决（结）算审计金额调整造成承包人应缴纳的营业税等一切税费变化，承包人已缴纳而无法退回的损失由承包人承担
10. 5	公示	中标候选人的业绩及拟派本项目的项目经理和总工的有关内容将在中标公示时挂网公示

附录1　资格审查条件（资质最低条件）

施工企业资质等级要求
本次招标要求投标人须具备行政主管部门批准合格有效的公路工程总承包二级及以上资质且具有合格有效的施工企业安全生产许可证

附录4　资格审查条件（信誉最低要求）

信誉要求
1. 投标人、项目经理、项目总工未被列入××省交通运输厅信用考核“普通公路”类别中被考核为C或D的 2. 投标人非处于被责令停业，投标资格补取消，财产被接管、冻结、破产状态

附录5　资格审查条件（项目经理和项目总工最低要求）

人员	数量	资格要求
项目经理	1	1. 应具备相关行政主管部门核发的有效的公路工程专业一级《注册建造师注册证书》（含建造师临时执业证书）和路桥专业中级职称，并持有省级及以上交通主管部门核发的有效的安全生产考核证书（A证或B证） 2. 自招标公告发布之日起前五年内至少担任过一项已交（竣）工验收合格的总长4km及以上的二级及以上公路工程以及桥梁100m以上的施工项目经理或项目总工

续表

人员	数量	资格要求
项目总工（技术负责人）	1	1. 路桥专业高级职称，并持有省级及以上交通主管部门核发的有效的安全生产考核证书（A证或B证） 2. 自招标公告发布之日起前五年内至少担任过一项已交（竣）工验收合格的总长4km及以上的二级及以上公路工程以及桥梁100m以上的施工项目经理或项目总工

附录6　资格审查条件（其他主要管理人员和技术人员最低要求）

人员	数量	资格要求
专业工程师	2	路桥专业，工程师及以上
安全员	1	持有省级及以上交通主管部门核发的安全生产考核证书C证，助理工程师及以上
试验检测工程师	1	持有省级及以上交通主管部门核发的试验检测员证，工程师及以上
质检工程师	1	工程师及以上
测量工程师	1	工程师及以上
造价员	1	具有公路工程造价资格证乙级及以上
特殊工种	满足施工要求	均须持证上岗
说明：投标人必须承诺中标后按不低于本表要求的数量和资格配备相关人员		

第三章 评标办法（合理低价法）

评标办法前附表

条款号		评审因素与标准
1. 评标办法		本项目招标实行资格后审，并采用“合理低价法”的方法评标。评标委员会对满足招标文件实质性要求的投标文件，按照本章第 2.2 款规定的评分标准进行打分，并按得分由高到低顺序推荐中标候选人，但投标报价低于其成本的除外。当两个或两个以上投标人的综合得分相同时，信用得分高者优先；当信用得分也相同时，投标报价低者优先；当综合得分、信用得分和投标报价都相同时，则通过抽签的方式来确定排名顺序。
2.1.1 2.1.3	形式评审 与响应性 评审标准	（1）投标文件按招标文件规定的格式、内容填写，字迹清晰可辨： a. 投标函按招标文件规定填报了投标价、工期及工程质量目标； b. 投标函附录的所有数据均符合招标文件规定； c. 已标价工程量清单及承诺函文字与招标文件规定一致，未进行修改和删减； d. 按照招标文件规定的格式、内容编制了施工组织设计及项目管理机构相关图表； e. 投标文件组成齐全完整，内容均按规定填写。 （2）投标文件上法定代表人或其授权代理人的签字、投标人的单位章盖章齐全，符合招标文件规定： 投标函及投标函附录、承诺函、已标价工程量清单、单价分析表、人工、材料、机械台班单价汇总表、其他工程费及间接费综合费率计算表的内容，应由投标人的法定代表人或其委托代理人逐页签署姓名（本页正文内容已由投标人的法定代表人或其委托代理人逐页签署姓名的可不签署）并逐页加盖投标人单位章（本页正文内容已加盖单位章的除外）。 投标人的报价文件应由持有交通行政主管部门核发的公路造价资格证书的人员盖章，否则，按废标处理。 （3）投标人法定代表人的授权代理人，需提交附有法定代表人身份证明的授权委托书，并符合下列要求： 授权人和被授权人均在授权书上签名，未使用印章、签名章或其他电子制版签名； （4）投标人法定代表人若亲自签署投标文件的，提供了法定代表人身份证明，并符合下列要求： 投标人法定代表人在法定代表人身份证明上签名，未使用印章、签名章或其他电子制版签名； （5）一份投标文件应只有一个投标报价，在招标文件没有规定的情况下，未提交选择性报价。 （6）投标人若填写工程量固化清单，填写完毕的工程量固化清单未对工程量固化清单电子文件中的数据、格式和运算定义进行修改。 （7）投标文件载明的招标项目完成期限未超过招标文件规定的时限。 （8）投标文件未附有招标人不能接受的条件。 （9）权利义务符合招标文件规定：

续表

条款号		评审因素与标准
2.1.1 2.1.3	形式评审 与响应性 评审标准	a. 投标人应接受招标文件规定的风险划分原则，未提出新的风险划分办法； b. 投标人未增加发包人的责任范围，或减少投标人义务； c. 投标人未提出不同的工程验收、计量、支付办法； d. 投标人对合同纠纷、事故处理办法未提出异议； e. 投标人在投标活动中无欺诈行为； f. 投标人未对合同条款有重要保留。
2.1.2	资格评审标准	（1）投标文件按招标文件规定的格式、内容填写，字迹清晰可辨： （2）投标人具备有效的营业执照、资质证书和安全生产许可证和基本账户开户许可证； （3）投标保证金符合招标文件规定； （4）投标人的资质等级符合招标文件规定； （5）投标人的财务状况符合招标文件规定； （6）投标人的类似项目业绩符合招标文件规定； （7）投标人的信誉符合招标文件规定； （8）法人身份证明、企业技术负责人身份证明和授权委托书符合招标文件规定； （9）投标人的项目经理（包括备选人）和项目总工（包括备选人）资格符合招标文件规定； （10）投标人的其他要求符合招标文件规定； （11）投标人不存在第二章“投标人须知”第 1.4.3 项规定的任何一种情形；资格审查不合格的投标人不再进行其他阶段的评审。
条款号	**条款内容**	**编 列 内 容**
2.2.1	分值构成 （总分 100 分）	评标价：100 分，其他因素分值均为 0 分
2.2.2	评标基准价计算方法	评标基准价的计算： 在开标现场，招标人将当场计算并宣布评标基准价。 （1）评标价的确定： ①评标价 = 投标函文字报价 − 暂估价 − 暂列金额 ②本项目 A、B 标段分别设有最高和最低限价：最高限价 =（最高控制价 − 暂列金额）×92%，最低限价 =（最高控制价 − 暂列金额）×88%；投标人的投标报价大于最高限价或小于最低限价均按废标处理。 ③A 标段最高控制价为×××元（￥×××，含暂列金额）；B 标段最高控制价为×××元（￥××××，含暂列金额）。 （2）评标基准价的确定： ①招标人设置最高控制价下浮系数 Q，由招标人代表在监标人监督下现场公开抽取，A、B 标段的最高控制价乘以现场抽取的下浮系数作为 A、B 标段的评标基准价；评标基准价 =（最高控制价 − 暂列金额）×（1 − Q）；A、B 标段共用一个下浮系数。 ②最高控制价下浮系数 Q 值的范围为 8% ~ 12%，具体数值为 8%、8.50%、9.00%、9.50%、10.00%、10.50%、11.00%、11.50%、12% 共 9 个数值。 如果投标人认为某一标段的评标基准价计算有误，有权在开标现场提出，经监标人当场核实确认之后，可重新宣布评标基准价。确认后的评标基准价在整个评标期间保持不变，不随通过初步评审和详细评审的投标人的数量发生变化。

续表

条款号	条款内容	编列内容
2.2.4 (1)	施工组织设计	0 分
2.2.4 (2)	项目管理机构	0 分
2.2.4 (3)	评标价	100 分 评标价得分计算公式： (1) 如果投标人的评标价>评标基准价，则评标价得分=100−偏差率×100×2； (2) 如果投标人的评标价≤评标基准价，则评标价得分=100+偏差率×100×1。 (3) 计算得分四舍五入保留两位小数。
2.2.4 (4)	其他因素	0 分
需要补充的其他内容		暂列金： A 标段暂列金（单位：元）：500 000；B 标段暂列金（单位：元）：300 000 暂列金为不可竞争费用，投标人应按招标人公布的金额计入投标报价中；如投标人投标报价中暂列金低于或高于招标人公布的金额将导致投标文件被拒绝

第四章　合同条款及格式

第一节　通用合同条款

“通用合同条款”采用《标准施工招标文件》(2007 年版）的“通用合同条款”

第二节　专用合同条款

A. 公路工程专用合同条款

见《公路工程标准施工招标文件》(2009 年版）“公路工程专用合同条款”

B. 项目专用合同条款

项目专用合同条款数据表

说明：本数据表是项目专用合同条款中适用于本项目的信息和数据的归纳与提示，是项目专用合同条款的组成部分。第八章“投标文件格式”的投标函附录中的数据（供投标人确认）与本表所列有重复。

序号	条目号	信息或数据
1	1.1.2.2	发包人：Q 市公路局 地址：××× 邮政编码：××××××

续表

序号	条目号	信息或数据
2	1.1.2.6	监理人：签订合同后通知
3	1.1.4.5	缺陷责任期：自实际交工日期起计算 2 年
4	1.6.3	图纸需要修改和补充的，应由监理人取得设计和发包人同意后，在该工程或工程相应部位施工前 7 天签发图纸修改图给承包人
5	3.1.1	监理人在办理变更或增加投资前需要经发包人事先批准。
6	5.2.1	发包人是否提供材料或工程设备：否 如发包人负责提供部分材料或工程设备，相关规定如下：无
7	6.2	发包人是否提供施工设备和临时设施：否 如发包人负责提供部分施工设备和临时设施，相关规定如下：无
8	8.1.1	发包人提供测量基准点、基准线和水准点及其书面资料的期限：合同签订后 15 天内 承包人将施工控制网资料报送监理人审批的期限：提供控制点后 10 天内
9	11.5	逾期交工违约金：2000 元/天
10	11.5	逾期交工违约金限额：10% 签约合同价
11	11.6	提前交工的奖金：0 元/天
12	11.6	提前交工的奖金限额：0% 签约合同价
13	15.5.2	承包人提出的合理化建议降低了合同价格或者提高了工程经济效益的，发包人按所节约成本的 0% 或增加收益的 0% 给予奖励。
14	16.1	合同期内不调价
15	17.2.1	开工预付款金额：5 % 签约合同价
16	17.2.1	材料、设备预付款比例：无
17	17.3.2	承包人在每个付款周期末向监理人提交进度付款申请单的份数：4 份
18	17.3.3（1）	进度付款证书：当月完成合格工程量的 85%；当工程进度款累计（含预付款）支付到签约合同价的 50% 后，预付款按比例扣回，直至扣回为止。
19	17.3.3（2）	逾期付款违约金的利率：按商业银行同期存款利率
20	17.4.1	质量保证金百分比：月支付额的 5%
21	17.4.1	质量保证金额：5 % 合同价格。
22	17.5.1	承包人向监理人提交交工付款申请表（包括相关证明材料）的份数：4 份
23	17.6.1	承包人向监理人提交最终结清申请单（包括相关证明材料）的份数：4 份
24	18.2	竣工资料的份数：4 份
25	18.5.1	单位工程或工程设备是否需投入施工期运行：否
26	18.6.1	本工程及工程设备是否进行试运行：否
27	19.7	保修期：自实际交工日期起计算 5 年
28	20.1	建筑工程一切险的保险费率：3‰
29	20.4.2	第三者责任险的最低投保金额：100 万元，事故次数不限（不计免赔额） 保险费率：2 ‰
30	24.1	争议的最终解决办法：诉讼

项目专用合同条款

说明：本部分所列的项目专用合同条款是对“公路工程专用合同条款”中规定必须在项目专用合同条款中明确的内容的集中，招标人编制的“项目专用合同条款”不限于本部分所列内容。

4.1　承包人的一般义务

4.1.10　其他义务

（4）承包人应履行的其他义务：＿＿无＿＿

4.11　不利物质条件

4.11.1　不利物质条件的范围：＿＿无＿＿

10.1　合同进度计划

承包人编制施工方案的内容：＿详见通用条款＿

11.4　异常恶劣的气候条件

异常恶劣的气候条件的范围：＿详见通用条款＿

12.1　承包人暂停施工的责任

12.1（6）由承包人承担的其他暂停施工：＿详见通用条款＿

21.1　不可抗力的确认

21.1.1（6）不可抗力的其他情形：＿＿无＿＿

22.1　承包人违约

22.1.2　对承包人违约的处理

本项（4）目细化为：

（4）承包人发生22.1.1项约定的违约情况时，无论发包人是否解除合同，发包人均有权向承包人课以10万元至50万元的违约金，具体违约金额度按本项目现场管理办法执行。同时，发包人将其违约行为上报省级交通主管部门，作为不良记录纳入公路建设市场信用信息管理系统。

第三节　合同附件格式

见《公路工程标准施工招标文件》（2009年版）“合同附件格式”

第五章　工程量清单

1. 工程量清单

1.1　本工程量清单是根据招标文件中包括的、有合同约束力的图纸以及有关工程量清单的国家标准、行业标准、合同条款中约定的工程量计算规则编制。约定计量规则中没有的子目，其工程量按照有合同约束力的图纸所标示尺寸的理论净量计算。计量采用中华人民共和国法定计量单位。

1.2　本工程量清单应与招标文件中的投标人须知、通用合同条款、专用合同条款、技术标准和要求及图纸等一起阅读和理解。

1.3　本工程量清单中所列工程数量是估算的或设计的预计数量，仅作为投标报价的共同基础，不能作为最终结算与支付的依据。实际支付应按实际完成的工程量，由承包人按技术规范规定的计量方法，以监理人和业主代表认可的尺寸、断面计量，按本工程量清单的单价和总额价计算支付金额；或者，根据具体情况，按合同条款第15.4款的规定，由监理人和业主代表确定的单价或总额价计算支付额。

1.4　工程量清单各章是按第七章“技术规范”的相应章次编号的，因此，工程量清单中各章的工程子目的范围与计量等应与“技术规范”相应章节的范围、计量与支付条款结合起来理解或解释。

1.5　对作业和材料的一般说明或规定，未重复写入工程量清单内，在给工程量清单各子目标价前，应参阅第七章“技术规范”的有关内容。

1.6　工程量清单中所列工程量的变动，丝毫不会降低或影响合同条款的效力，也不免除承包人按规定的标准进行施工和修复缺陷的责任。

1.7　图纸中所列的工程数量表及数量汇总表仅是提供资料，不是工程量清单的外延。当图纸与工程量清单所列数量不一致时，以工程量清单所列数量作为报价的依据。

2. 投标报价说明

2.1　工程量清单中的每一子目须填入单价或价格，且只允许有一个报价。

2.2　投标人在填写的单价、合价和总额价时应充分考虑、物价上涨、政策性调整、土石方成分及比例和包括了为实施和完成合同工程所需的劳务、材料、机械、质检（自检）、安装、缺陷修复、管理、保险、税费、利润等费用，以及合同明示或暗示的所有责任、义务和一般风险等各种不利因素引起的价格上涨；在合同实施期间，投标人填写的单价、合价和总额价不因上述原因进行调价。

2.3　工程量清单中投标人没有填入单价或价格的子目，其费用视为已分摊在工程量清单中其他相关子目的单价或价格之中。承包人必须按监理人指令完成工程量清单中未填入单价或价格的子目，但不能得到结算与支付。

2.4　符合合同条款规定的全部费用应认为已被计入有标价的工程量清单所列各子目之中，

未列子目不予计量的工作，其费用应视为已分摊在本合同工程的有关子目的单价或总额价之中。

2.5 承包人用于本合同工程的各类装备的提供、运输、维护、拆卸、拼装等支付的费用，已包括在工程量清单的单价与总额价之中。

2.6 工程量清单中各项金额均以人民币（元）结算。

2.7 暂列金额的数量及拟用子目的说明：A标段暂列金50万元、B标段暂列金额30万元计入投标报价中；该项费用为不可竞争费用，如投标人投标报价中A、B标段暂列金低于或高于招标人公布的金额将导致投标文件被拒绝。

3. 工程量清单

3.1 工程量清单表

工程量清单

合同段：S307线×××至×××公路改建工程（A标段）

清单 第100章 总则					
子目号	子 目 名 称	单位	数量	单价	合价
101-1	保险费				
-a	按合同条款规定；提供建筑工程一切险	总额	1.00		
-b	按合同条款规定；提供第三方责任险	总额	1.00		
102-1	竣工文件	总额	1.00		
102-2	施工环保费	总额	1.00		
102-3	安全生产费	总额	1.00		
103-1	临时道路修建、养护与拆除（包括原道路的养护费）	总额	1.00		
103-2	临时工程用地	总额	1.00		
103-3	临时供电设施	总额	1.00		
103-4	电信设施的提供、维修与拆除	总额	1.00		
103-5	供水与排污设施	总额	1.00		
104-1	承包人驻地建设	总额	1.00		
清单 第100章合计 人民币__________（元）					

工程量清单

合同段：S307线×××至×××公路改建工程（A标段）

清单 第200章 路基					
子目号	子 目 名 称	单位	数量	单价	合价
202-1	清理与掘除	公路公里	3.459		

续表

子目号	子 目 名 称	单位	数量	单价	合价
202-2	挖除旧路面				
-a	水泥混凝土路面	m^3	63.00		
203-1	路基挖方				
-a	挖土方	m^3	70 014.00		
-b	挖石方	m^3	128 455.00		
-c	挖除非适用材料（包括淤泥）	m^3			
203-2	改河、改渠、改路挖方				
-a	开挖土方	m^3	6126.00		
-b	开挖石方	m^3	2441.00		
204-1	路基填筑（包括填前压实）				
-a	换填土	m^3			
-b	利用土方	m^3	46 438.00		
-c	利用石方	m^3	33 852.00		
-g	结构物台背回填	m^3	1773.00		
-h	填石路堤（堆砌边坡）	m^3			
-j	填石路堤（土工布）	m^2	853.00		
-k	填石路堤（碎石垫层）	m^3	255.90		
207-1	边沟				
-a	M7.5浆砌片石边沟				
-a-1	梯形边沟（二型），60cm×60cm	m	170.00		
-a-2	L形边沟（三型），60cm×60cm	m	53.00		
-a-3	矩形盖板暗沟（四型），60cm×60cm	m	10.00		
-b	现浇混凝土边沟				
-b-1	L形边沟（一型），60cm×60cm	m	3547.51		
207-3	M7.5浆砌片石截水沟				
-a	梯形截水沟，60cm×60cm	m	396.00		
207-5	路基盲沟，…mm×…mm				
-a	400mm×400mm盲沟	m	20.00		
208-1	植物护坡				
-b	三维植被网护坡	m^2	3140.00		
-d	植草皮	m^2	2179.00		
208-3	M7.5浆砌片石护坡				

续表

子目号	子 目 名 称	单位	数量	单价	合价
-a	拱形骨架护坡	m^3	582.20		
-e	满铺式护坡	m^3	100.80		
-f	护脚、平台、人行踏步	m^3	582.90		
208-4	C20 预制混凝土块护坡				
-b	拱形骨架护坡	m^3	59.20		
209-1	挡土墙				
-a	M7.5 砂浆砌块石	m^3	20 480.00		
-b	C20 片石混凝土	m^3	338.00		
-c	M7.5 浆砌片石	m^3	1058.00		
215-1	改河浆砌片石				
-a	M7.5 浆砌片石	m^3	668.50		
清单　第 200 章合计　人民币________（元）					

工程量清单

合同段：S307 线×××至×××公路改建工程（A 标段）

清单　第 300 章　路面					
子目号	子 目 名 称	单位	数量	单价	合价
302-1	填隙碎石底基层				
-a	厚 180mm	m^2	30 952.00		
304-3	5% 水泥稳定碎石基层				
-a	厚 180mm	m^2	29 836.00		
306-1	级配碎石底基层				
-a	厚 180mm	m^2	253.00		
312-1	水泥混凝土面板				
-a	厚 250mm（混凝土弯拉强度 5.0MPa）	m^2	27 782.10		
313-3	硬路肩	m^3			
-a	现浇 C20 混凝土	m^3	1108.63		
-b	钢筋	kg	9240.00		
清单　第 300 章合计　人民币________（元）					

工程量清单

合同段：S307 线×××至×××公路改建工程（A 标段）

清单　第 400 章　桥梁、涵洞					
子目号	子 目 名 称	单位	数量	单价	合价
403-1	基础钢筋（包括灌注桩、承台等）				
-a	光圆钢筋（HPB255、HRB300）	kg	3075.70		
-b	带肋钢筋（HRB355、HRB400）	kg	23 985.20		
403-2	下部结构钢筋				
-a	光圆钢筋（HPB255、HRB300）	kg	4597.50		
-b	带肋钢筋（HRB355、HRB400）	kg	17 036.50		
403-3	上部结构钢筋				
-a	光圆钢筋（HPB255、HRB300）	kg	9975.00		
-b	带肋钢筋（HRB355、HRB400）	kg	30 144.00		
403-4	附属结构钢筋				
-a	光圆钢筋（HPB255、HRB300）	kg	3447.80		
-b	带肋钢筋（HRB355、HRB400）	kg	8655.54		
404-1	挖土方	m^3	34.00		
404-3	挖石方	m^3	462.00		
405-1	钻孔灌注桩				
-a	ϕ1200mm	m	60.40		
-b	ϕ1300mm	m	102.20		
410-1	混凝土基础（包括桩基承台，但不包括桩基）				
-b	C25 混凝土	m^3	90.36		
-c	C30 混凝土	m^3	6.76		
410-2	混凝土下部结构				
-a	C25 混凝土	m^3			
-b	C30 混凝土	m^3	191.88		
410-3	现浇混凝土上部结构				
-a	C40 混凝土	m^3	12.96		
410-5	上部结构现浇整体化混凝土				
-a	C40 防水混凝土	m^3	6.48		
410-6	现浇混凝土附属结构				
-b	C30 混凝土	m^3	64.03		

续表

子目号	子 目 名 称	单位	数量	单价	合价
-c	C40 混凝土	m^3			
-e	C50 钢纤维混凝土	m^3	1.59		
411-5	后张法预应力钢绞线	kg	7207.00		
411-8	预制预应力混凝土上部结构				
-a	C40 混凝土	m^3	196.80		
413-1	浆砌片石				
-a	M7.5 浆砌片石护坡	m^3	98.30		
-b	M7.5 浆砌片石锥坡	m^3	82.10		
413-2	浆砌块石				
-a	M7.5 浆砌块石锥基	m^3	121.30		
-b	M7.5 浆砌块石坡脚及挡墙	m^3	100.20		
415-2	水泥混凝土桥面铺装				
-a	厚 120mm C40 防水混凝土	m^2	443.19		
416-2	橡胶支座				
-a	圆板式橡胶支座（ϕ200×42mm）	个	56.00		
-b	四氟板式橡胶支座（F4ϕ200×44mm）	个	28.00		
417-2	伸缩缝				
-a	D-40 型伸缩缝	m	19.36		
420-1	钢筋混凝土盖板涵				
-a	1-1.0×1.0m	m	9.40		
-b	1-1.0×1.5m	m			
-c	1-1.5×1.5m	m	39.46		
-d	1-2.0×2.0m	m	22.36		
-e	1-3.0×3.0m	m	13.33		
-f	1-3.5×2.0m	m	26.06		
清单　第 400 章合计　人民币________________（元）					

工程量清单

合同段：S307 线×××至×××公路改建工程（A 标段）

清单　第 600 章　安全设施及预埋管线					
子目号	子 目 名 称	单位	数量	单价	合价
602-1	C25 级混凝土护栏				

续表

子目号	子 目 名 称	单位	数量	单价	合价
-b	钢筋混凝土防撞护栏（含基础）	m	3315.10		
604-1	单柱式交通标志				
-a	三角形板（90cm×90cm×90cm）	个	12.00		
-b	圆形板（直径 80cm）	个			
604-8	里程碑	个	4.00		
604-9	公路界碑	个			
604-10	百米桩	个	30.00		
605-1	热熔路面标线	m^2	1492.00		
605-9	路口反光柱	根	2.00		
605-10	橡胶减速垄	m	7.00		
清单　第 600 章合计　人民币________________（元）					

3.2 投标报价汇总表

合同段：S307 线×××至×××公路改建工程（A 标段）

序号	章次	科 目 名 称	金额（元）
1	100	总则	
2	200	路基	
3	300	路面	
4	400	桥梁、涵洞	
5	500	隧道	
6	600	安全设施及预埋管线	
7	700	绿化及环境保护设施	
8	第 100 章～700 章清单合计		
9	已包含在清单合计中的材料、工程设备、专业工程暂估价合计		
10	清单合计减去材料、工程设备、专业工程暂估价（即 8-9=10）		
11	计日工合计		
12	暂列金额（不含计日工合计总额）		
13	投标价（8+11+12）=13		

注：材料、工程设备、专业工程暂估价已包括在清单合计中，不应重复计入投标报价。

第 二 卷

第六章　图 纸（另册）

第 三 卷

第七章　技术规范

见《公路工程标准施工招标文件》（2009 年版）

第 四 卷

第八章　投标文件格式

见《公路工程标准施工招标文件》（2009 年版）

2.2 红旗桥至溪塔格公路改建工程两阶段施工图设计文件（内厝板中桥）

项目文件目录

设 计 说 明

1. 可批复意见的执行情况

在本次施工图设计中，桥涵宽度、设计荷载等均按省发展和改革委员会发改交能［2009］××号文件关于《省道××至××工程可行性研究报告》的批复精神执行。

2. 桥址区域自然条件

内厝板中桥桥梁位于内厝板东北面，中心桩号 K163+091.5，桥位跨越溪塔，溪桥轴线与水流交角为 75°，本桥无通航要求。拟建场地的地貌类型主要为冲洪成因类型，其余均为丘陵地貌单元。场地各岩土层至上而下分别为：冲填石①、卵石②、碎块状强风化凝灰岩⑥、中风化凝灰岩⑦。

场地各岩土层分布及其特征等详见 Q 市水电工程勘察院提供的关于《省道 307 线×××至×××公路改建工程工程地质勘察报告》。

3. 桥梁设计

3.1 设计标准

（1）设计荷载：公路-Ⅱ级。

（2）设计洪水频率：1/100。

（3）桥面宽度：净—8m（行车道）+2×0.5m（防撞护栏）。

（4）设计安全等级：二级。

（5）结构的设计基准期：100 年。

（6）抗震设计按Ⅶ度设防，设计地震动峰值加速度系数为 0.1。

3.2 方案选择

桥梁方案的选择是否合理，不但直接关系到桥梁本身的工程投资和使用效果，更影响到桥梁的施工工期。为此，我们在综合考虑经济、地质、地形及水文条件等因素，经过对几种方案的比较后推荐本方案，即上部结构采用 3～16m（板长 15.94m）的装配式预应力混凝土简支空心板，下部构造 0 号桥台采用柱式桥台，钻孔灌注桩基础；3 号桥台采用肋式桥台，钻孔灌注桩基础；桥墩采用柱式墩柱，钻孔灌注桩基础。

3.3 设计要点

（1）本桥流域面积 79.9 平方公里，$P=1\%$ 洪水位为 312.322m，本桥无通航要求，常水位较低，桥轴线与水流交角为 75°。

（2）空心板厚 0.8m，共 21 片空心板，空心板均与圆曲线切线平行布置。

（3）桥面铺装厚度 12cm，采用 C40 防水混凝土，防渗等级为 W6 级，全桥在两桥台处各设一道 D-40 型伸缩缝，其余桥面连续。

（4）支座：本设计在伸缩缝处采用四氟板式橡胶支座 ϕ200×44，其余采用圆板式橡胶支座 ϕ200×42，支座规格详见具体设计图纸。四氟板式橡胶支座应符合中华人民共和国行业标准《公路桥梁板式橡胶支座》（JT/T 4—2004）的要求。梁底支座处预埋钢板除不锈钢板外，其余的外露金属部分应作防锈处理，预涂环氧富锌底漆。

（5）桥台盖梁梁高 1.3m，宽 1.60m，0 号桥台柱及基础采用 ϕ1.3m 钻孔灌注桩，桩基要求以中风化花岗岩为持力层；3 号桥台肋板厚 1.0m，承台厚度 1.6m，基础采用 ϕ1.2m 钻孔灌注桩，桩基要求以中风化花岗岩为持力层，桩基沉渣厚度要求不大于 5cm。

（6）桥墩盖梁梁高 1.3m，宽 1.60m，基础采用 ϕ1.3m 钻孔灌注桩，桩基要求以中风化花岗岩为持力层，沉渣厚度不大于 5cm。

（7）抗震设防：上部构造采取防震落梁措施，即在空心板两端头铰缝处设置防侧向位移的防震锚栓，并在桥台上设横向挡块。

（8）采用较宽而深的铰缝，铰缝上缘将相邻板伸出的钢筋相焊接，以防铰缝开裂、渗水和板体外爬。

（9）桥梁台背长度为 3～4 倍台高范围内的填土应分层夯实，压实度不应小于 96%。特别是 3 号桥台台背填土材料内摩擦角要求大于 35°。

（10）耐久性设计：本桥按Ⅰ类环境进行耐久性设计，普通混凝土的最大水灰比不大于 0.55，最小水泥用量不小于 275kg/m^3，最大氯离子含量（与水泥用量相比）不大于 0.30%，最大碱含量不大于 3.0kg/m^3；预应力混凝土的最大水灰比不大于 0.45，最小水泥用量不小于 350kg/m^3，最大氯离子含量（与水泥用量相比）不大于 0.06%，最大碱含量不大于 3.0kg/m^3；混凝土的集料要求采用非碱活性集料。

（11）桥面排水采用横向排水，设置横泄式泄水管。

3.4 主要材料

（1）桥面铺装、桥面连续、预应力空心板、铰缝采用 C40 混凝土，盖梁、耳背墙、支座垫石、防震挡块、系梁、肋板及搭板均采用 C30 混凝土，承台、桩基础采用 C25 混凝土，防撞护栏采用 C30 混凝土。

（2）钢材要求如下：

a. 预应力钢束：采用高强度低松弛 270K 级钢绞线，公称直径为 15.2mm，其性能参数必须应符合中华人民共和国国家标准《预应力混凝土用钢绞线》（GB/T 5224—2003）的规定，其标准强度 $f_{py}=1860\text{MPa}$。

b. 普通钢筋：主要受力钢筋采用 HRB335 钢筋，其他分布钢筋采用 R235 钢筋。钢筋的主要技术性能必须符合国家标准《钢筋混凝土用钢 第 2 部分 热轧带肋钢筋》（GB 1499（2）—2007）的有关规定。

c. 锚具参考 OVM 锚固体系设计，必须符合中华人民共和国国家标准《预应力筋用锚具、夹具和连接器》（GB/T 14370—1993）、中华人民共和国交通行业标准《公路桥梁预应力钢绞线用锚具、连接器试验方法及检验规格》（JT 329.2—1997）等技术要求。若采用其他群锚体系时，也必须符合上述有关技术指标的要求。

d. 其他钢材：除特殊规定外，其余均采用 A3 钢，其技术性能必须符合国家标准的规定。

4. 施工要点

4.1 上部构造

(1) 后张法预应力空心板预应力钢绞线的标准强度为1860MPa，张拉控制应力1339MPa，孔道采用内径为55mm的波纹管，锚具采用YM15-5型。

(2) 为了使桥面铺装与预制空心板紧密结合成整体，预制空心板时顶层必须拉毛，拉毛采用垂直于跨径方向划槽，槽深0.5~1cm，横贯桥面，每延米桥长不少于10~15道，严防板顶滞留油腻。

(3) 要特别注意空心板的养生，混凝土强度必须达到设计强度的100%后方能起吊、运输。堆放时应在空心板端部用两点搁置，不得使上、下面倒置。

(4) 浇筑铰缝及桥面铺装混凝土前，必须用钢刷清除结合面上的浮皮，并用水冲洗后浇筑小石子混凝土。

(5) 凡需焊接的钢筋，均应满足受力构件焊接要求，并且要求在不同强度级的异种钢材相电焊时（如16锰和A3号钢相焊），其焊缝强度应保证高于较低强度级的钢材之强度。

(6) 钢筋需接长时应有可靠连接方法，同一断面钢筋接头数量应满足部颁《公路桥涵施工技术规范》有关要求。对于直径大于等于25mm的所有钢筋接头要求采用机械连接。

(7) 应注意结构整体施工，有关预埋件不得遗漏，并注意标高准确无误。

(8) 支座安装必须水平，伸缩缝施工应在厂家指导下进行。

(9) 施工单位在施工前应对所提供的设计图纸上的所有数据逐一消化理解，把可能存在的问题发现在实施之前。

(10) 其他施工未尽事宜应严格执行《公路桥涵施工技术规范》(JTJ 041—2000)。

(11) 桥梁施工时应严格遵守《公路工程施工安全技术规程》(JTJ 076—95)。

4.2 下部结构

基础施工时应认真做好地质资料记录，如发现地质与设计不符，应及时反馈以进行变更。基础施工时应加强地质监控，及时反馈岩性的变化，进行动态变更设计。

4.3 其他

(1) 对提供的设计图纸上的所有数据（特别是坐标和标高），施工前应逐一核对并消化理解，把可能存在的问题发现在实施之前。

(2) 施工中应尽可能采用先进技术和先进设备，确保施工质量。

(3) 台后、挡墙墙背填料采用透水性材料分层夯填，压实度要求达96%以上。

(4) 应注意结构的整体施工观念，部分相关图纸需同时使用，有关预埋件不得遗漏。其他施工未尽事宜应严格执行《公路桥涵施工技术规范》(JTJ 041—2000)。

桥梁工程数量表

S307 线×××至×××公路改建工程　　　　第 1 页　共 2 页

项目 / 序号	中心桩号	河名或桥名	右偏角 /(°)	孔数—跨径/(孔—m)	桥梁全长 /m	结构类型	采用图纸编号	上部构造 桥面宽度 /m	上部构造 防撞护栏宽度/m	下部构造 形式 桥台	下部构造 形式 桥墩	下部构造 形式 基础	河床地质情况	水文地质情况 设计流量/(m^3/s)	水文地质情况 设计流速/(m^3/s)	备注
1	2	3	4	5	6	7	8	9	10	11	12	13	14	15	16	17
	K163+091.5	内厝板中桥	75°	3×16	53.4	后张法预应力混凝土空心板		8.35	2×0.5	柱式/肋式桥台	柱式桥墩	桩基础				

项目 / 序号	工程数量 挖基坑土方(干处)/m^3	挖基坑冲填石(湿处)/m^3	工作平台/m^2	钢护筒 干处/kg	钢护筒 湿处/kg	冲击钻机冲孔 孔径1.2m孔深20m以内 冲填石/m	卵石/m	碎块状强风化凝灰岩/m	中风化凝灰岩/m	冲击钻机冲孔 孔径1.3m孔深20m以内 填土/m	冲填石/m	卵石/m	碎块状强风化凝灰岩/m	中风化凝灰岩/m	桩径120cm灌注桩 C25混凝土/m^3	R235/kg	HRB335/kg	备注
18	19	20	21	22	23	24	25	26	27	28	29	30	31	32	33	34	35	36
	34	27.3	98	4486.1	1548.3	25.24	6.4	4.8	23.96	4.33	8.14	17.24	18.12	58.37	68.3	1078.1	5526.8	

项目 / 序号	工程数量 桩径130cm灌注桩 C25混凝土/m^3	R235/kg	HRB335/kg	桥台承台 C25混凝土/m^3	HRB335/kg	桥台盖梁 C30混凝土/m^3	R235/kg	HRB335/kg	桥台防震挡块 C30混凝土/m^3	R235/kg	HRB335/kg	桥台耳、背墙 C30混凝土/m^3	HRB335 kg	桥台支座垫石 C30混凝土/m^3	R235/kg	桥台防震锚栓 C40混凝土/m^3	R235/kg	备注
37	38	39	40	41	42	43	44	45	46	47	48	49	50	51	52	53	54	55
	141	1836.4	11 638.1	90.36	6123	40.70	1549	3170	0.44	34.8	177	18.52	2151.4	1.71	685.3	0.054	10.4	

项目 / 序号	工程数量 桥台防震锚栓 HRB335/kg	锌铁皮/m^2	钢管/kg	桥台肋板 C30混凝土/m^3	R235/kg	HRB335/kg	桥墩支座垫石 C30混凝土/m^3	R235/kg	桥墩防震锚栓 C40混凝土/m^3	R235/kg	HRB335/kg	锌铁皮/m^2	钢管/kg	桥面排水 φ10PVC泄水管/(m/个)	桥墩盖梁 C30混凝土/m^3	R235/kg	HRB335/kg	备注
56	57	58	59	60	61	62	63	64	65	66	67	68	69	70	71	72	73	74
	27.7	1.78	7.92	49.4	863.0	3070.1	2.34	879.7	0.106	20.9	55.5	3.56	15.84	13.3/22	38.1	1411.4	3771.2	

编制：　　　　复核：

桥梁工程数量表

项目／序号	工程数量																	备注
	桥墩墩柱			桥墩系梁			桥墩防震挡块			空心板						封锚封端		
	C30 混凝土/m^3	R235/kg	HRB335/kg	C25 混凝土/m^3	R235/kg	HRB335/kg	C30 混凝土/m^3	R235/kg	HRB335/kg	预制 C40 混凝土/m^3	R235 钢筋/kg	HRB335 钢筋/kg	ϕj15.2 钢绞线/kg	ϕ55mm 波纹管/m	15-5 型锚具/套	C40 混凝土/m^3	HRB335 钢筋/kg	
75	76	77	78	79	80	81	82	83	84	85	86	87	88	89	90	91	92	93
	38.2	605.2	4189.4	13.68	330	1381.8	0.6	37.4	214.6	196.8	4301	30512	7761.6	1308.9	168	6.78	671	

项目／序号	工程数量																	备注
	铰缝		伸缩缝			桥面铺装		桥面连续		桥台搭板			橡胶支座					
	C40 混凝土/m^3	HRB335/kg	C50 钢纤维混凝土/m^3	CQF-MZL-40/(kg/m)	HRB335/kg	C40 防水混凝土/m^3	R235/kg	C40 防水混凝土/m^3	HRB335/kg	C30 混凝土/m^3	R235/kg	HRB335/kg	GJZF$_4$ ϕ200×44/dm^3	GJZ ϕ200×42/dm^3	A3 钢板/kg	不锈钢板/kg	HRB335/kg	
94	95	96	97	98	99	100	101	102	103	104	105	106	107	108	109	110	111	112
	13	1634.4	1.59	1548.8/19.36	573.2	56.71	5674.4	6.48	1620	28.18	174.9	3972.8	38.7	73.89	1154	94.3	188.3	

项目／序号	工程数量																	备注
	防撞护栏			护坡及锥坡														
	C30 混凝土/m^3	R235 钢筋/kg	HRB335 钢筋/kg	M7.5 浆砌片石护坡/m^3	M7.5 浆砌块石锥基/m^3	M7.5 浆砌片石锥坡/m^3	M7.5 浆砌块石坡脚及挡墙/m^3	开挖冲填石/m^3	砂砾垫层/m^3	锥坡填方 m^3	ϕ150 抽水台班/台班	草袋围堰(H=1.2m)/m						
113	114	115	116	117	118	119	120	121	122	123	124	125	126	127	128	129	130	131
	30.8	1580.6	4207.9	98.3	121.3	82.1	100.2	434.7	59.4	1452.7	108.3	41						

项目／序号	工程数量																	备注
132	133	134	135	136	137	138	139	140	141	142	143	144	145	146	147	148	149	150

编制：　　　　复核：

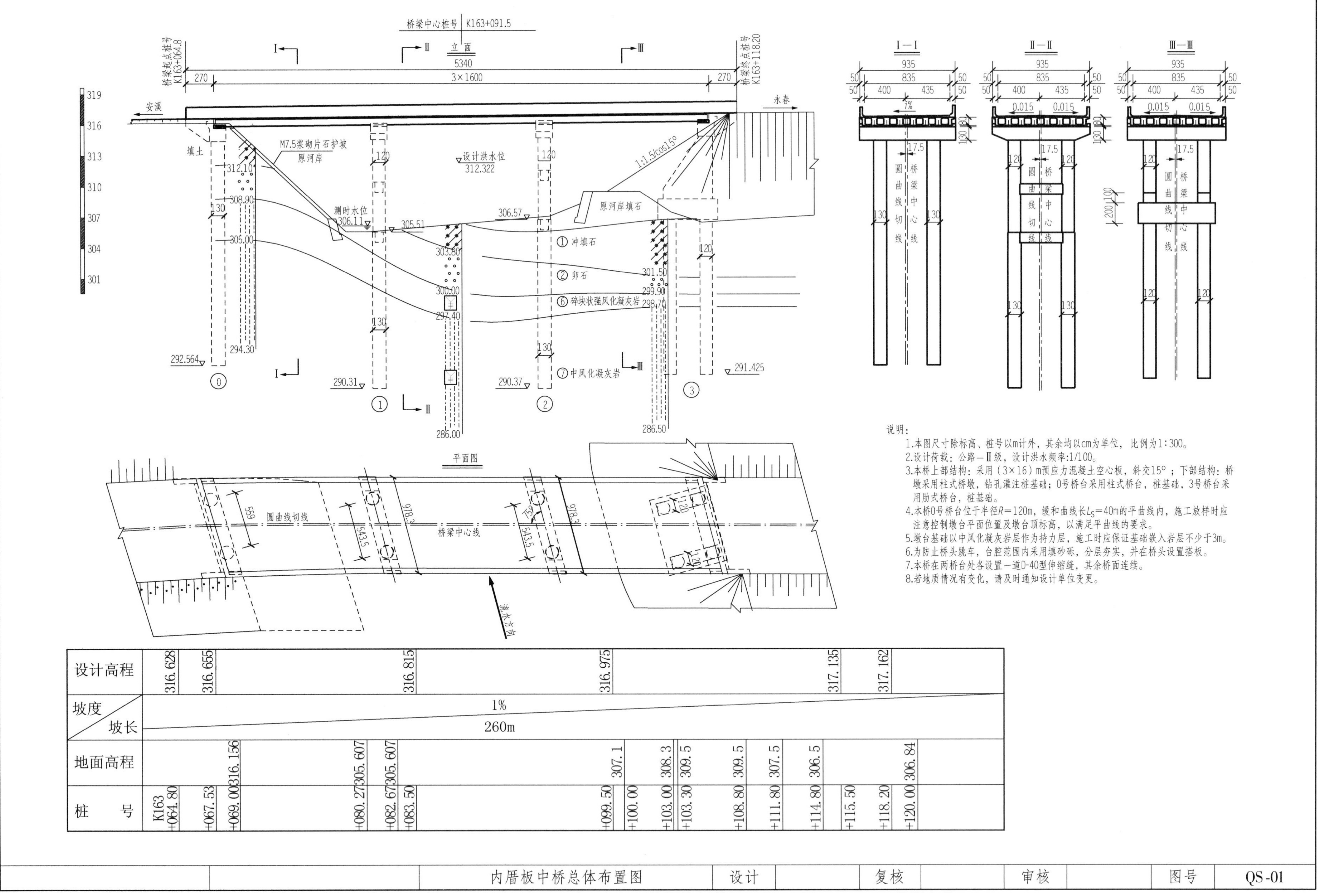

说明:

1. 本图尺寸除标高、桩号以m计外，其余均以cm为单位，比例为1:300。
2. 设计荷载：公路—Ⅱ级，设计洪水频率:1/100。
3. 本桥上部结构：采用（3×16）m预应力混凝土空心板，斜交15°；下部结构：桥墩采用柱式桥墩，钻孔灌注桩基础；0号桥台采用柱式桥台，桩基础，3号桥台采用肋式桥台，桩基础。
4. 本桥0号桥台位于半径$R=120$m，缓和曲线长$L_S=40$m的平曲线内，施工放样时应注意控制墩台平面位置及墩台顶标高，以满足平曲线的要求。
5. 墩台基础以中风化凝灰岩层作为持力层，施工时应保证基础嵌入岩层不少于3m。
6. 为防止桥头跳车，台腔范围内采用填砂砾，分层夯实，并在桥头设置搭板。
7. 本桥在两桥台处各设置一道D-40型伸缩缝，其余桥面连续。
8. 若地质情况有变化，请及时通知设计单位变更。

桩号	设计高程	地面高程
K163+064.80	316.628	
+067.53	316.655	
+069.00		316.156
+080.27		305.607
+082.67		305.607
+083.50	316.815	
+099.50	316.975	307.1
+100.00		
+103.00		308.3
+103.30		309.5
+108.80		309.5
+111.80		307.5
+114.80		306.5
+115.50	317.135	
+118.20	317.162	
+120.00		306.84

坡度 1%，坡长 260m

	内厝板中桥总体布置图	设计		复核		审核		图号	QS-01

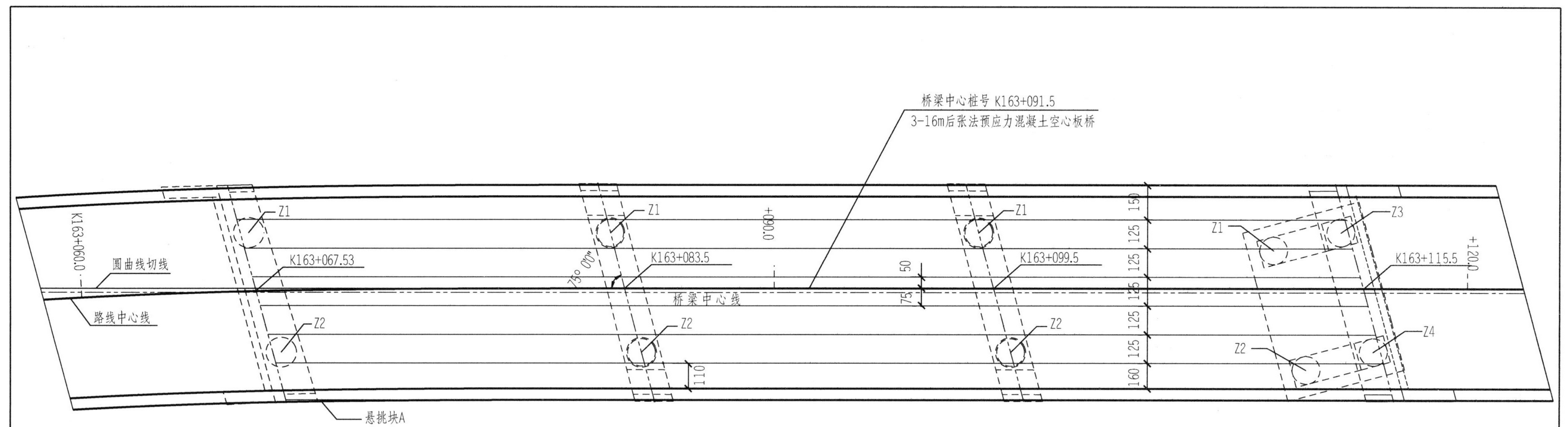

空心板平面布置图

桩位坐标表

墩台号	点号	坐标(N)	坐标(E)
0号台	Z1	2 811 291.1329	490 273.8719
	Z2	2 811 286.5250	490 277.0374
1号墩	Z1	2 811 296.2824	490 288.6479
	Z2	2 811 291.8025	490 291.7255
2号墩	Z1	2 811 301.6202	490 303.7312
	Z2	2 811 297.1402	490 306.8088
3号台	Z1	2 811 304.8875	490 315.4932
	Z2	2 811 300.2795	490 318.6588
	Z3	2 811 306.9259	490 318.4605
	Z4	2 811 302.3180	490 321.6260

说明：

1.本图尺寸除坐标、桩号以m计外，其余均以cm为单位。

2.本桥0号台(K163+067.5–082.672)位于半径R=120m、缓和曲线长L_s=40m的平曲线内。圆曲线加宽值通过全桥整体加宽35cm，悬挑块A（由K163+067.5对应的内移值8.5cm引起的）可通过防撞护栏外侧10cm来调整。

3.墩台平行于与圆曲线切线（JD3–K163+009.6）成75°夹角方向设置。

4.空心板均与圆曲线切线平行布置。

5.上述桩位坐标施工单位须与设计核实无误后，方可放样施工。

内厝板中桥坐标表及空心板平面布置图	设计		复核		审核		图号	QS-02

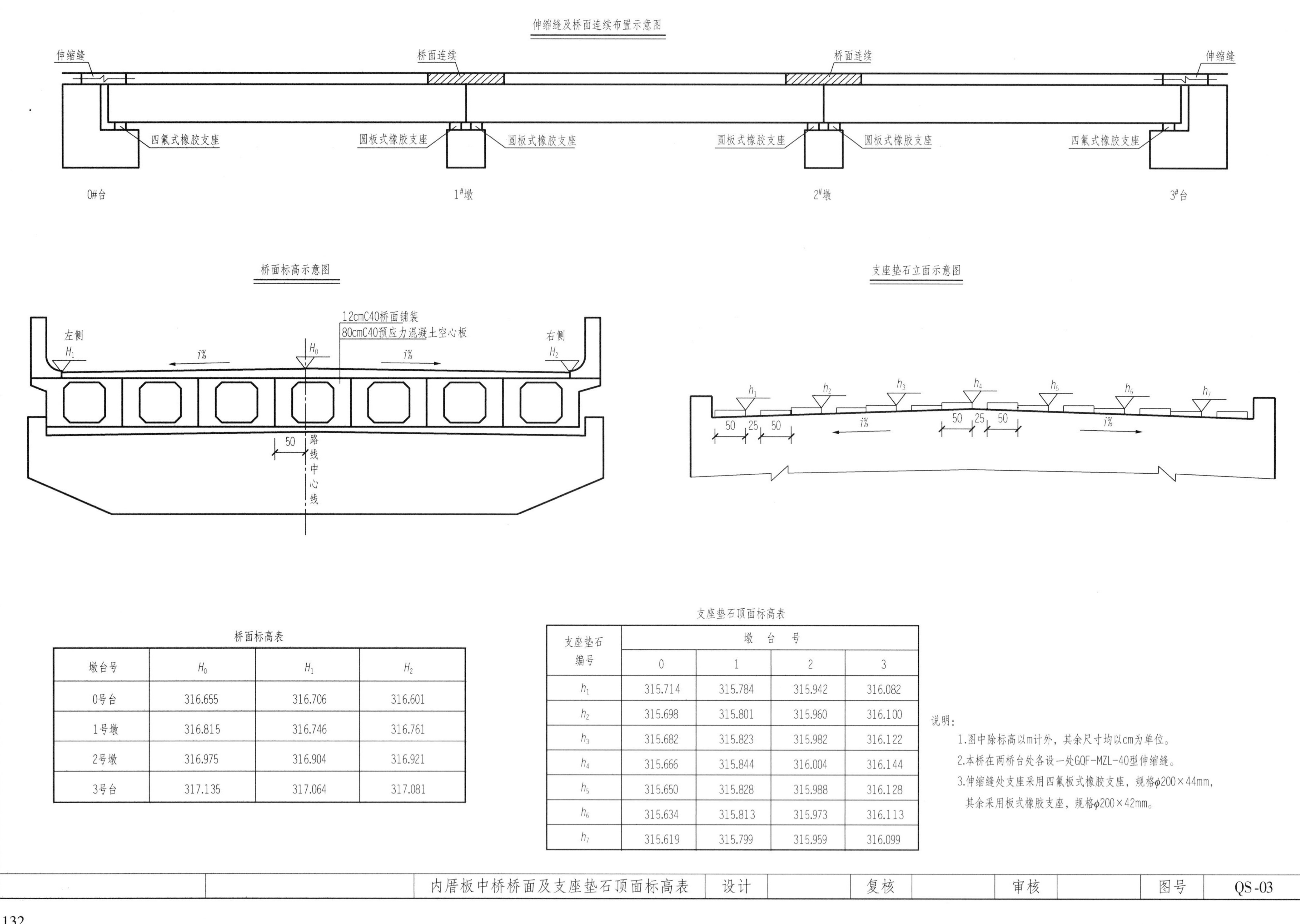

桥面标高表

墩台号	H_0	H_1	H_2
0号台	316.655	316.706	316.601
1号墩	316.815	316.746	316.761
2号墩	316.975	316.904	316.921
3号台	317.135	317.064	317.081

支座垫石顶面标高表

支座垫石编号	墩台号			
	0	1	2	3
h_1	315.714	315.784	315.942	316.082
h_2	315.698	315.801	315.960	316.100
h_3	315.682	315.823	315.982	316.122
h_4	315.666	315.844	316.004	316.144
h_5	315.650	315.828	315.988	316.128
h_6	315.634	315.813	315.973	316.113
h_7	315.619	315.799	315.959	316.099

说明：

1.图中除标高以m计外，其余尺寸均以cm为单位。

2.本桥在两桥台处各设一处GQF-MZL-40型伸缩缝。

3.伸缩缝处支座采用四氟板式橡胶支座，规格ϕ200×44mm，其余采用板式橡胶支座，规格ϕ200×42mm。

		内厝板中桥桥面及支座垫石顶面标高表	设计		复核		审核		图号	QS-03

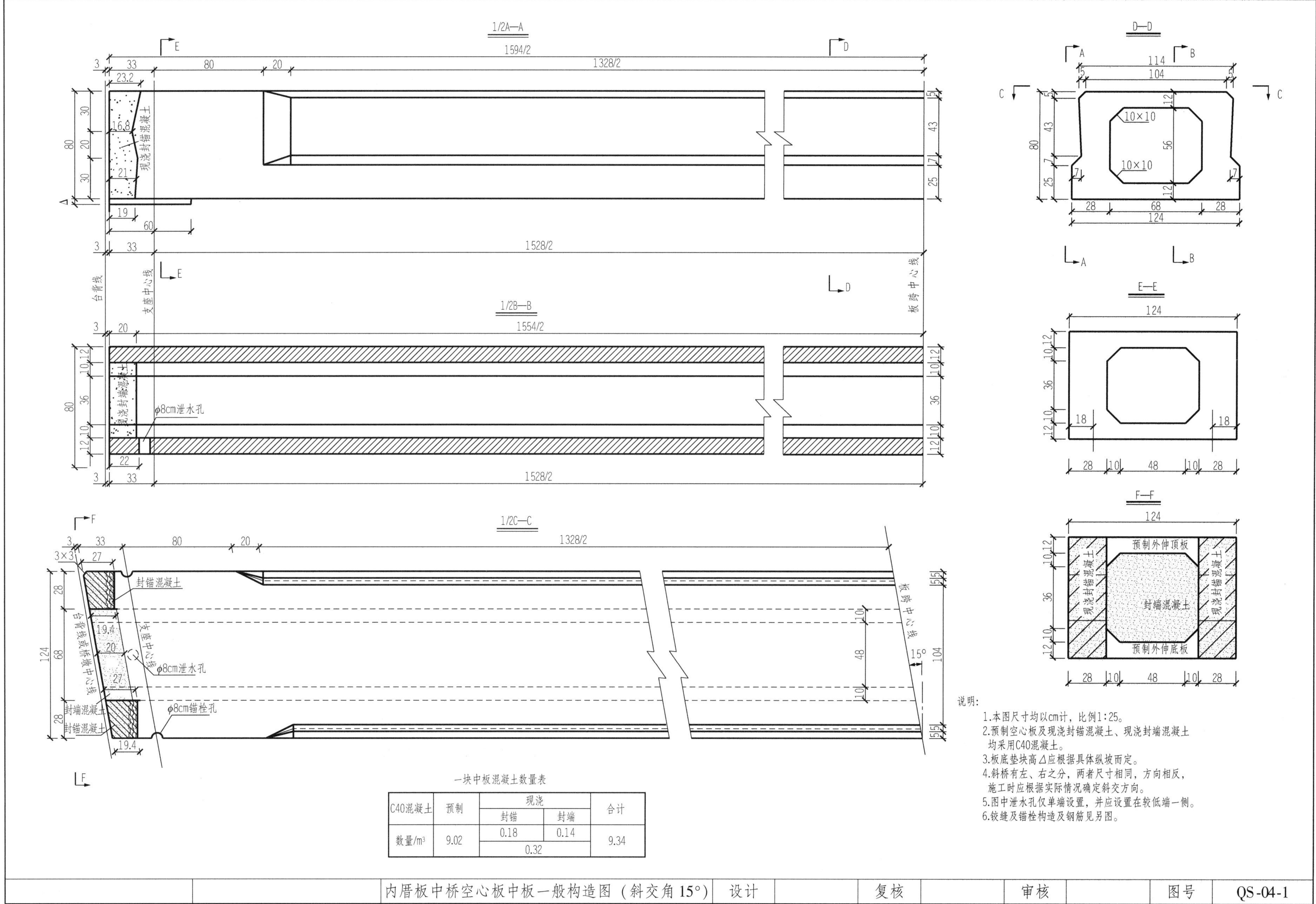

一块中板混凝土数量表

C40混凝土	预制	现浇		合计
		封锚	封端	
数量/m³	9.02	0.18	0.14	9.34
		0.32		

说明：

1. 本图尺寸均以cm计，比例1:25。
2. 预制空心板及现浇封锚混凝土、现浇封端混凝土均采用C40混凝土。
3. 板底垫块高Δ应根据具体纵坡而定。
4. 斜桥有左、右之分，两者尺寸相同，方向相反，施工时应根据实际情况确定斜交方向。
5. 图中泄水孔仅单端设置，并应设置在较低端一侧。
6. 铰缝及锚栓构造及钢筋见另图。

内厝板中桥空心板中板一般构造图（斜交角15°）	设计		复核		审核		图号	QS-04-1

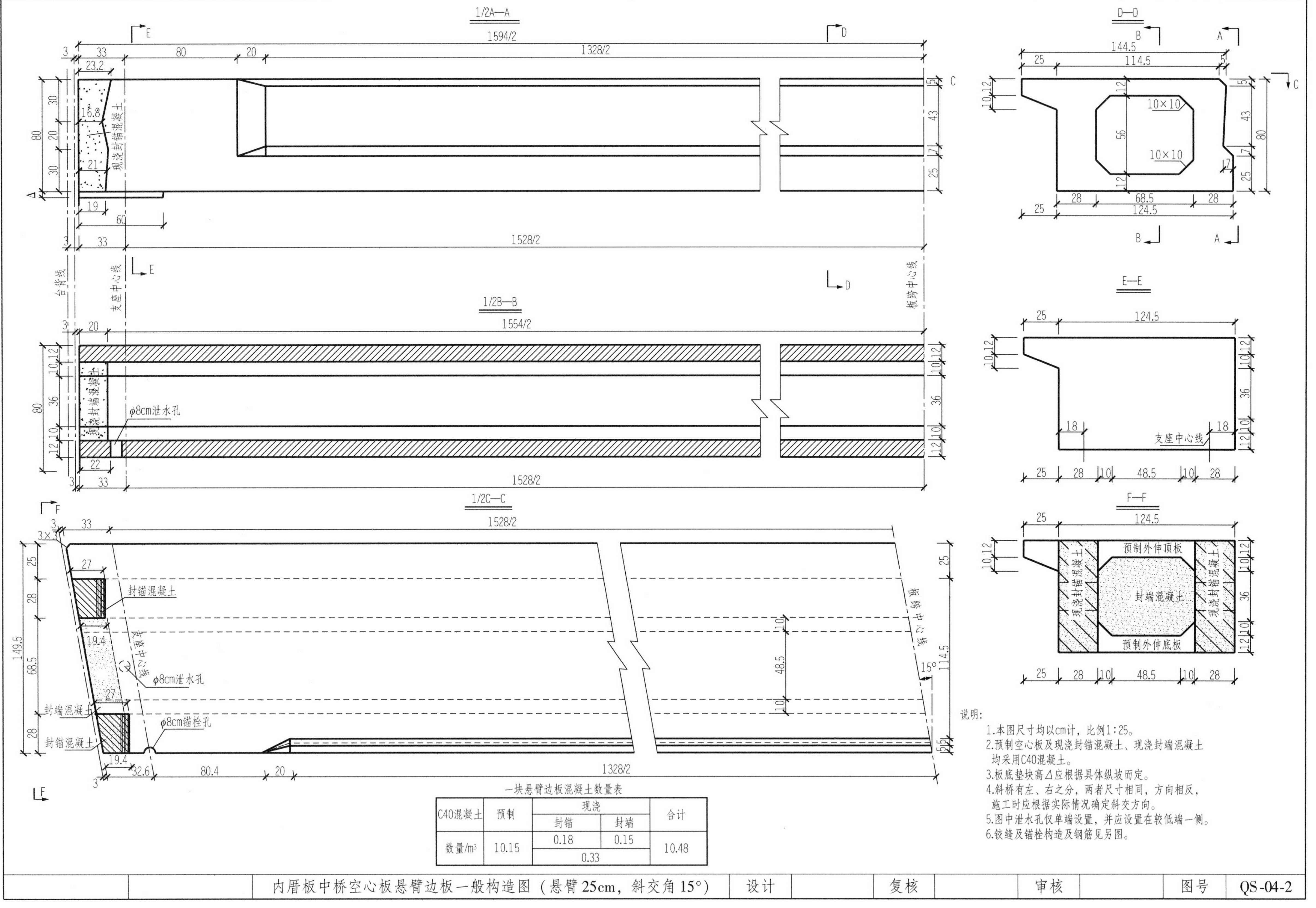

一块悬臂边板混凝土数量表

C40混凝土	预制	现浇		合计
		封锚	封端	
数量/m³	10.15	0.18	0.15	10.48
		0.33		

说明:

1. 本图尺寸均以cm计，比例1:25。
2. 预制空心板及现浇封锚混凝土、现浇封端混凝土均采用C40混凝土。
3. 板底垫块高Δ应根据具体纵坡而定。
4. 斜桥有左、右之分，两者尺寸相同，方向相反，施工时应根据实际情况确定斜交方向。
5. 图中泄水孔仅单端设置，并应设置在较低端一侧。
6. 铰缝及锚栓构造及钢筋见另图。

	内厝板中桥空心板悬臂边板一般构造图（悬臂25cm，斜交角15°）	设计		复核		审核		图号	QS-04-2

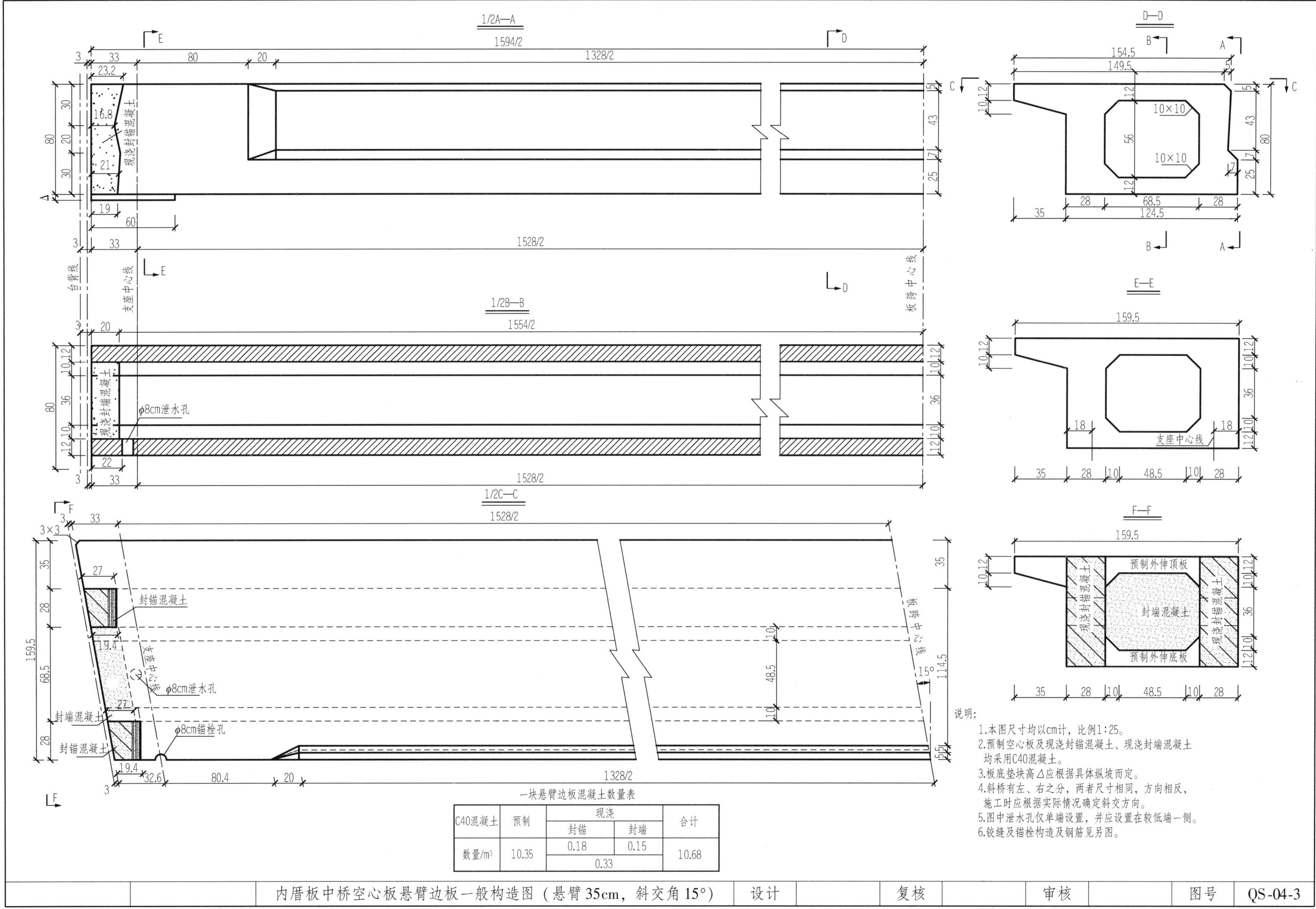

一块悬臂边板混凝土数量表

C40混凝土	预制	现浇		合计
		封锚	封端	
数量/m³	10.35	0.18	0.15	10.68
		0.33		

说明：

1.本图尺寸均以cm计，比例1:25。
2.预制空心板及现浇封锚混凝土、现浇封端混凝土均采用C40混凝土。
3.板底垫块高Δ应根据具体纵坡而定。
4.斜桥有左、右之分，两者尺寸相同，方向相反，施工时应根据实际情况确定斜交方向。
5.图中泄水孔仅单端设置，并应设置在较低端一侧。
6.铰缝及锚栓构造及钢筋见另图。

内盾板中桥空心板悬臂边板一般构造图（悬臂35cm，斜交角15°）	设计		复核		审核		图号	QS-04-3

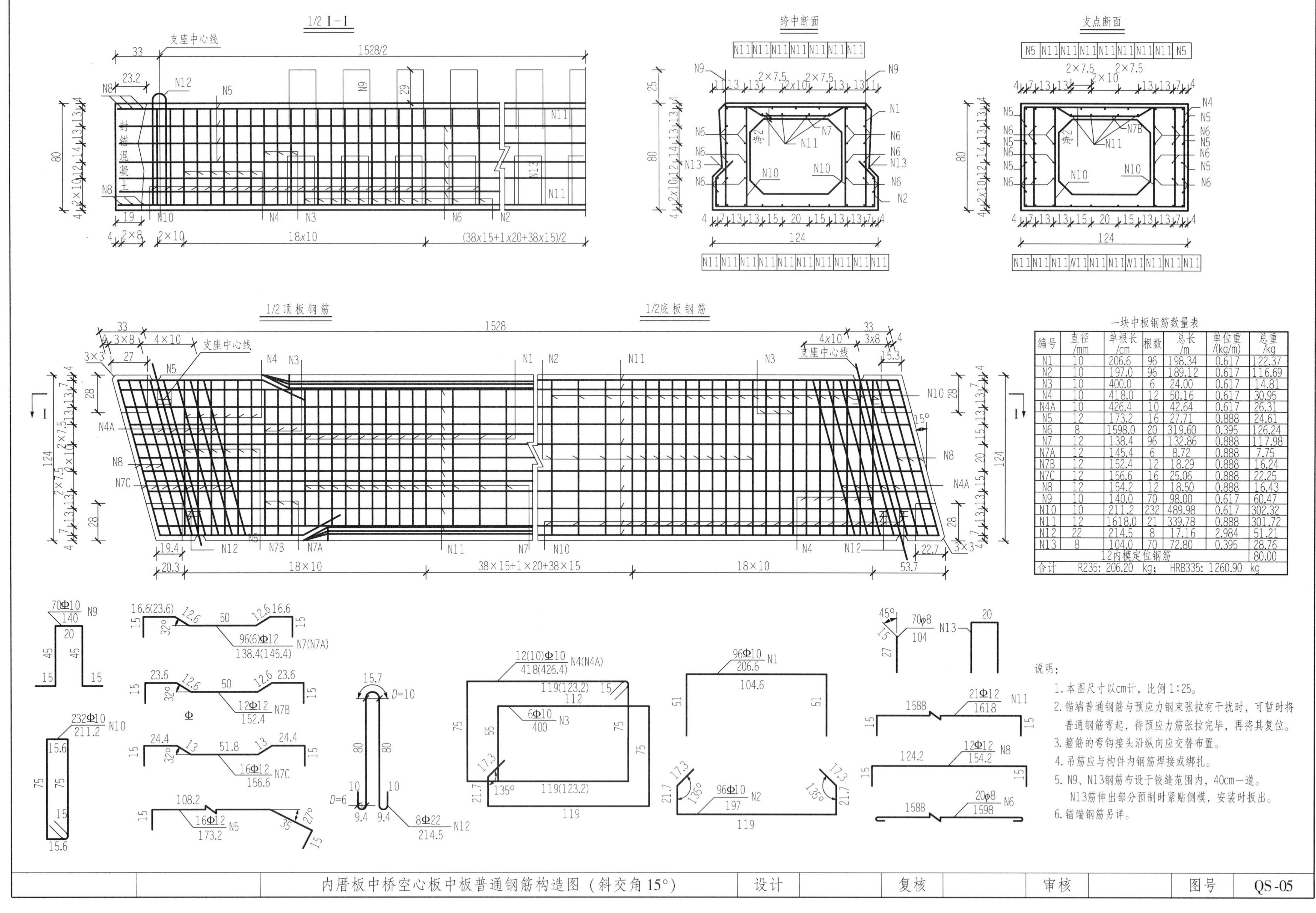

一块中板钢筋数量表

编号	直径 /mm	单根长 /cm	根数	总长 /m	单位重 /(kg/m)	总重 /kg
N1	10	206.6	96	198.34	0.617	122.37
N2	10	197.0	96	189.12	0.617	116.69
N3	10	400.0	6	24.00	0.617	14.81
N4	10	418.0	12	50.16	0.617	30.95
N4A	10	426.4	10	42.64	0.617	26.31
N5	12	173.2	16	27.71	0.888	24.61
N6	8	1598.0	20	319.60	0.395	126.24
N7	12	138.4	96	132.86	0.888	117.98
N7A	12	145.4	6	8.72	0.888	7.75
N7B	12	152.4	12	18.29	0.888	16.24
N7C	12	156.6	16	25.06	0.888	22.25
N8	12	154.2	12	18.50	0.888	16.43
N9	10	140.0	70	98.00	0.617	60.47
N10	10	211.2	232	489.98	0.617	302.32
N11	12	1618.0	21	339.78	0.888	301.72
N12	22	214.5	8	17.16	2.984	51.21
N13	8	104.0	70	72.80	0.395	28.76
12内模定位钢筋						80.00
合计	R235: 206.20 kg; HRB335: 1260.90 kg					

说明：

1. 本图尺寸以cm计，比例1:25。
2. 锚端普通钢筋与预应力钢束张拉有干扰时，可暂时将普通钢筋弯起，待预应力筋张拉完毕，再将其复位。
3. 箍筋的弯钩接头沿纵向应交替布置。
4. 吊筋应与构件内钢筋焊接或绑扎。
5. N9、N13钢筋布设于铰缝范围内，40cm一道。N13筋伸出部分预制时紧贴侧模，安装时扳出。
6. 锚端钢筋另详。

内厝板中桥空心板中板普通钢筋构造图（斜交角15°）	设计		复核		审核		图号	QS-05

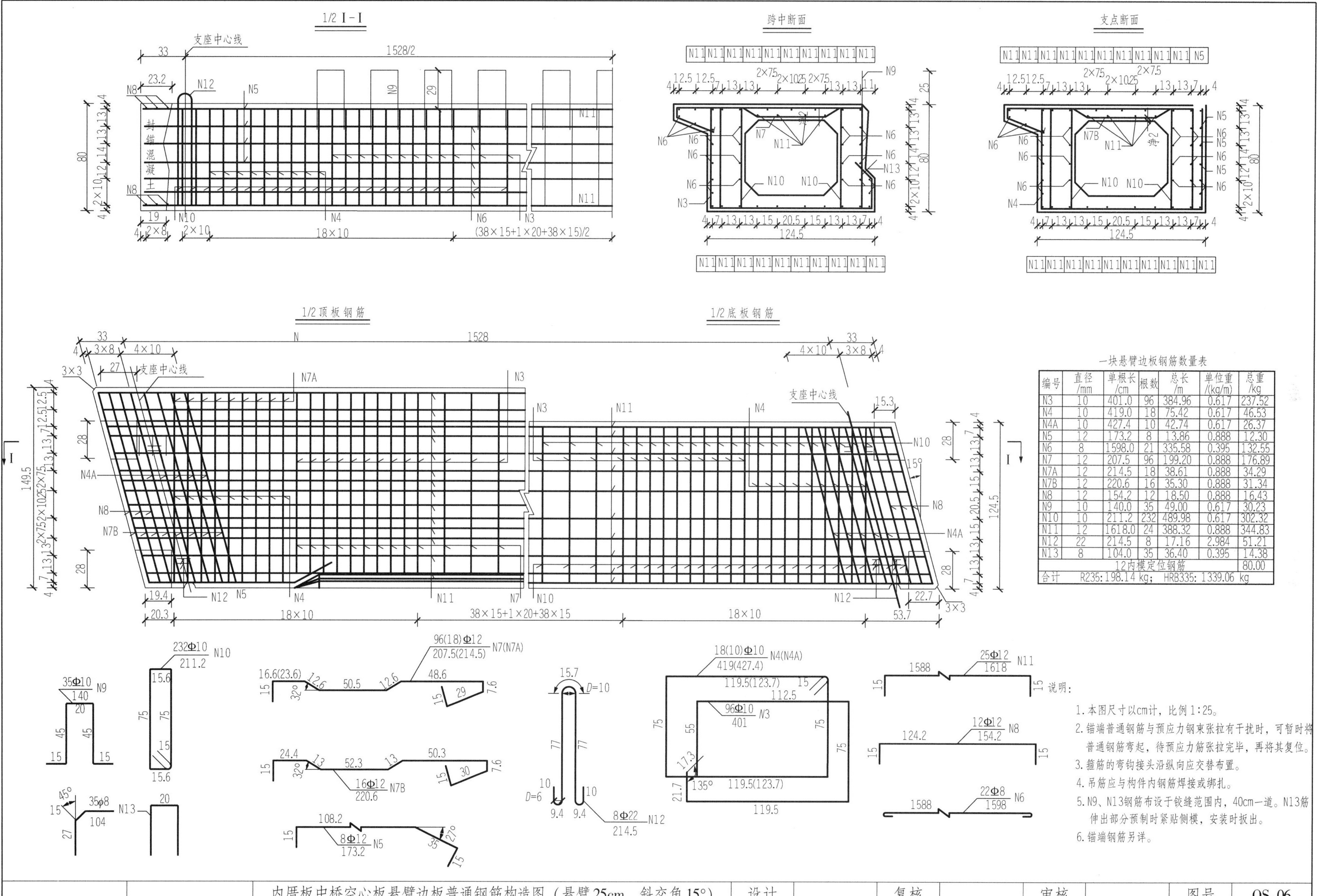

一块悬臂边板钢筋数量表

编号	直径/mm	单根长/cm	根数	总长/m	单位重/(kg/m)	总重/kg
N3	10	401.0	96	384.96	0.617	237.52
N4	10	419.0	18	75.42	0.617	46.53
N4A	10	427.4	10	42.74	0.617	26.37
N5	12	173.2	8	13.86	0.888	12.30
N6	8	1598.0	21	335.58	0.395	132.55
N7	12	207.5	96	199.20	0.888	176.89
N7A	12	214.5	18	38.61	0.888	34.29
N7B	12	220.6	16	35.30	0.888	31.34
N8	12	154.2	12	18.50	0.888	16.43
N9	10	140.0	35	49.00	0.617	30.23
N10	10	211.2	232	489.98	0.617	302.32
N11	12	1618.0	24	388.32	0.888	344.83
N12	22	214.5	8	17.16	2.984	51.21
N13	8	104.0	35	36.40	0.395	14.38
12内模定位钢筋						80.00
合计	R235: 198.14 kg; HRB335: 1339.06 kg					

说明:

1. 本图尺寸以cm计，比例1:25。
2. 锚端普通钢筋与预应力钢束张拉有干扰时，可暂时将普通钢筋弯起，待预应力筋张拉完毕，再将其复位。
3. 箍筋的弯钩接头沿纵向应交替布置。
4. 吊筋应与构件内钢筋焊接或绑扎。
5. N9、N13钢筋布设于铰缝范围内，40cm一道。N13筋伸出部分预制时紧贴侧模，安装时拔出。
6. 锚端钢筋另详。

		内盾板中桥空心板悬臂边板普通钢筋构造图（悬臂25cm，斜交角15°）	设计		复核		审核		图号	QS-06

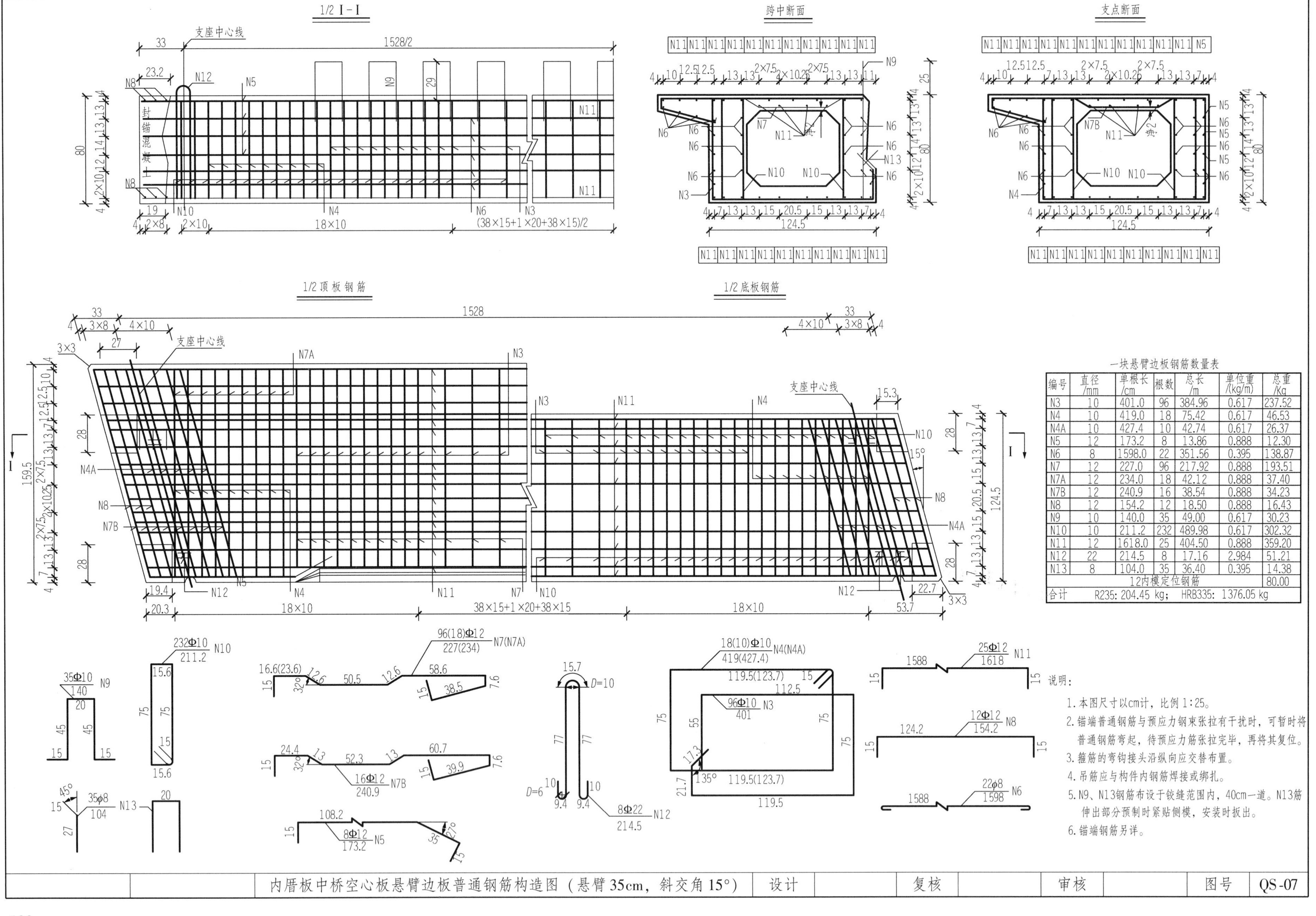

一块悬臂边板钢筋数量表

编号	直径 /mm	单根长 /cm	根数	总长 /m	单位重 /(kg/m)	总重 /Kg
N3	10	401.0	96	384.96	0.617	237.52
N4	10	419.0	18	75.42	0.617	46.53
N4A	10	427.4	10	42.74	0.617	26.37
N5	12	173.2	8	13.86	0.888	12.30
N6	8	1598.0	22	351.56	0.395	138.87
N7	12	227.0	96	217.92	0.888	193.51
N7A	12	234.0	18	42.12	0.888	37.40
N7B	12	240.9	16	38.54	0.888	34.23
N8	12	154.2	12	18.50	0.888	16.43
N9	10	140.0	35	49.00	0.617	30.23
N10	10	211.2	232	489.98	0.617	302.32
N11	12	1618.0	25	404.50	0.888	359.20
N12	22	214.5	8	17.16	2.984	51.21
N13	8	104.0	35	36.40	0.395	14.38
	12内模定位钢筋					80.00
合计	R235: 204.45 kg; HRB335: 1376.05 kg					

说明：

1. 本图尺寸以cm计，比例1:25。
2. 锚端普通钢筋与预应力钢束张拉有干扰时，可暂时将普通钢筋弯起，待预应力筋张拉完毕，再将其复位。
3. 箍筋的弯钩接头沿纵向应交替布置。
4. 吊筋应与构件内钢筋焊接或绑扎。
5. N9、N13钢筋布设于铰缝范围内，40cm一道。N13筋伸出部分预制时紧贴侧模，安装时扳出。
6. 锚端钢筋另详。

内厝板中桥空心板悬臂边板普通钢筋构造图（悬臂35cm，斜交角15°）	设计		复核		审核		图号	QS-07

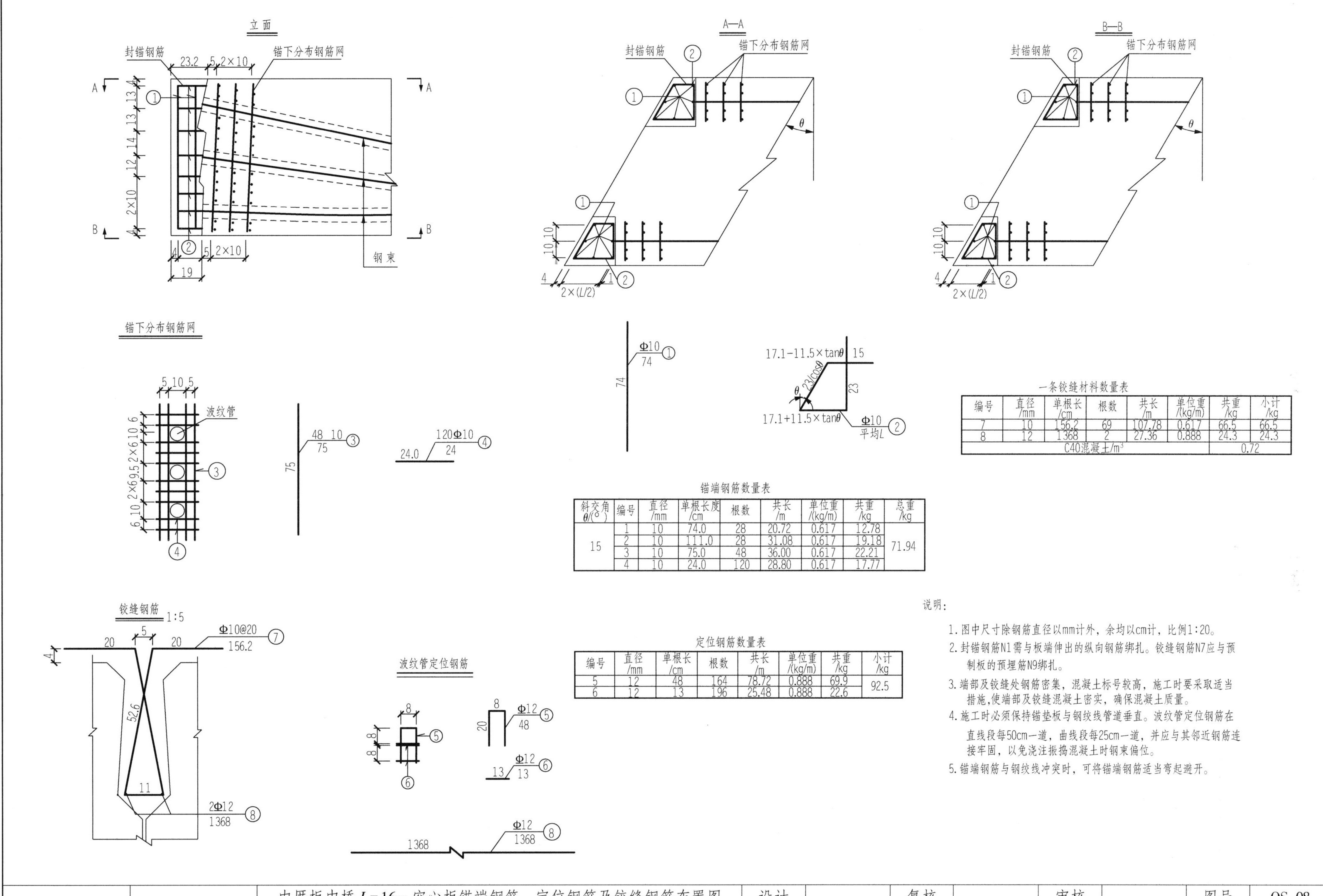

锚端钢筋数量表

斜交角 θ/(°)	编号	直径 /mm	单根长度 /cm	根数	共长 /m	单位重 /(kg/m)	共重 /kg	总重 /kg
15	1	10	74.0	28	20.72	0.617	12.78	71.94
	2	10	111.0	28	31.08	0.617	19.18	
	3	10	75.0	48	36.00	0.617	22.21	
	4	10	24.0	120	28.80	0.617	17.77	

一条铰缝材料数量表

编号	直径 /mm	单根长 /cm	根数	共长 /m	单位重 /(kg/m)	共重 /kg	小计 /kg
7	10	156.2	69	107.78	0.617	66.5	66.5
8	12	1368	2	27.36	0.888	24.3	24.3
C40混凝土/m^3						0.72	

定位钢筋数量表

编号	直径 /mm	单根长 /cm	根数	共长 /m	单位重 /(kg/m)	共重 /kg	小计 /kg
5	12	48	164	78.72	0.888	69.9	92.5
6	12	13	196	25.48	0.888	22.6	

说明：

1. 图中尺寸除钢筋直径以mm计外，余均以cm计，比例1:20。
2. 封锚钢筋N1需与板端伸出的纵向钢筋绑扎。铰缝钢筋N7应与预制板的预埋筋N9绑扎。
3. 端部及铰缝处钢筋密集，混凝土标号较高，施工时要采取适当措施,使端部及铰缝混凝土密实，确保混凝土质量。
4. 施工时必须保持锚垫板与钢绞线管道垂直。波纹管定位钢筋在直线段每50cm一道，曲线段每25cm一道，并应与其邻近钢筋连接牢固，以免浇注振捣混凝土时钢束偏位。
5. 锚端钢筋与钢绞线冲突时，可将锚端钢筋适当弯起避开。

		内厝板中桥 L=16m 空心板锚端钢筋、定位钢筋及铰缝钢筋布置图	设计		复核		审核		图号	QS-08

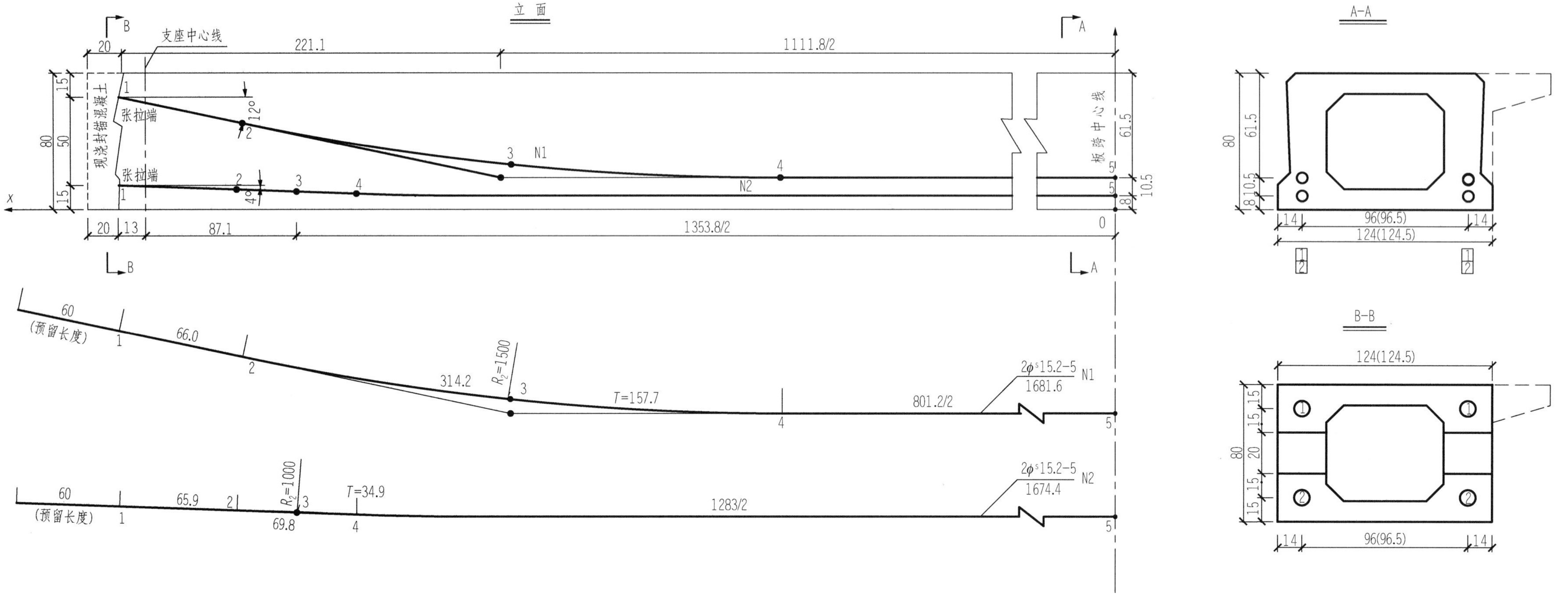

立面

A-A

B-B

预应力钢束坐标表

束编号	坐标	张拉端 1	竖弯 起点 2	竖弯 曲中 3	竖弯 终点 4	跨中 5
1	x	777.0	712.4	557.4	400.6	0.00
1	y	65.0	51.3	26.7	18.5	18.5
2	x	777.0	711.2	676.4	641.5	0.00
2	y	15.00	10.4	8.6	8.00	8.00

钢束竖弯曲线要素表及一块板钢绞线材料数量表

束号	竖弯曲线 α/(°)	竖弯曲线 R/cm	竖弯曲线 T/cm	直径 /mm	每束长度 /cm	束数	单端延伸量 /cm	共长 /m	共重 /kg	φ55mm波纹管长度 /m	15—5型锚具 /套
1	12	1500	157.7	ϕ^s15.2—5	1681.6	2	5.28	33.64	369.6	62.33	8
2	4	1000	34.9	ϕ^s15.2—5	1674.4	2	5.38	33.49			

说明：

1.本图尺寸除钢绞线直径以mm计，余均以cm计，比例1:25。
2.预应力钢束竖向坐标值为钢束重心至梁底距离。
3.管道采用波纹管成孔,波纹管内径5.5cm，外径6.2cm。
4.钢绞线选用ϕ^s15.2—5，标准强度f_{pk}=1860MPa,其技术性能必须符合国标《预应力混凝土钢绞线》(GB/T5224—2003)的标准。每束钢绞线的张拉控制应力为0.72f_{pk}=1339MPa，控制张拉力为930.6kN，两端张拉,千斤顶型号为YCW100B。
5.竖弯曲线要素图例： 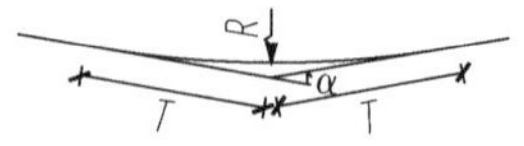
6.预制板须在预制14d及强度达100%后方可张拉。钢绞线应左右对称张拉，张拉顺序为N1、N2号束。
7. ▣表示预应力束张拉位置，○表示预应力束通过位置。
8.断面图中括号内数据适用于边板。

	内厝板中桥预应力钢束构造布置图	设计		复核		审核		图号	QS-09

OVM15锚具构造

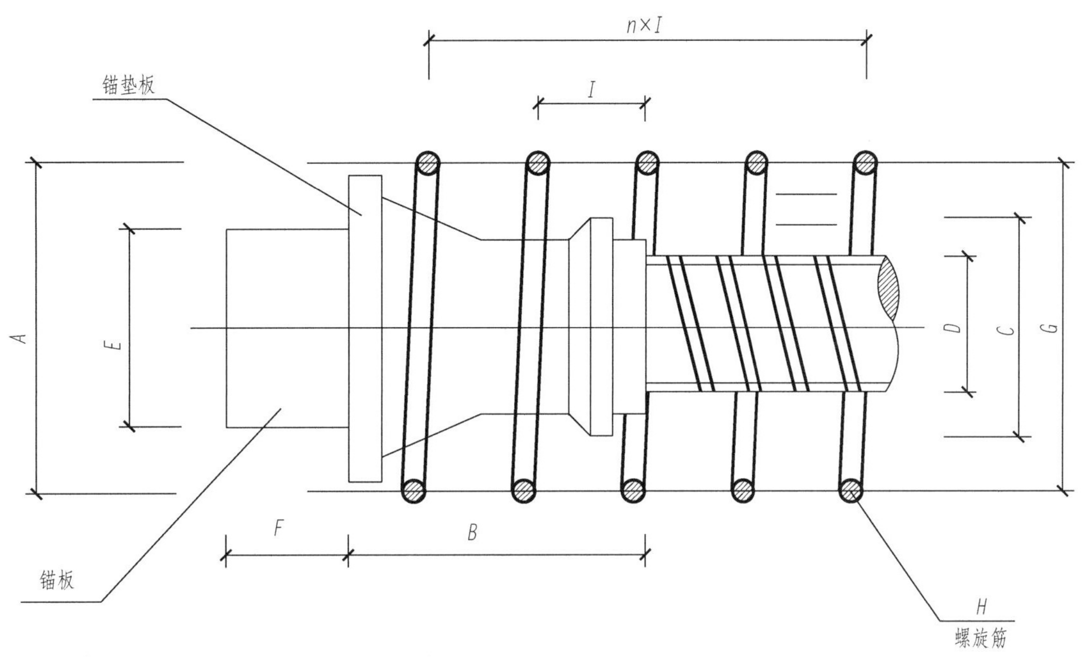

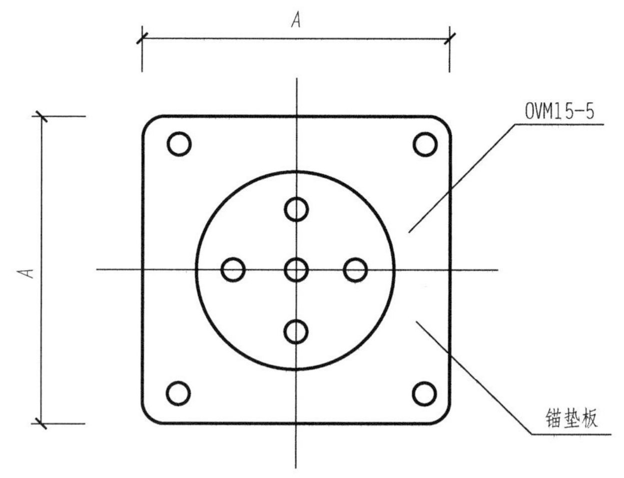

OVM15型锚具构造尺寸表

锚具规格	锚垫板			波纹管径		锚板		螺旋筋			
	A	B	C	D(φ外)	D(φ内)	E(φ)	F	G(φ)	H(φ)	I	n/圈
OVM15-5	180	130	93	62	55	115	48	170	12	50	5

一块板锚具数量表

锚具规格	合计/套
OVM15-5	8

说明：

1.本图尺寸均以mm为单位，比例1:10。

2.锚具的安装及配用的千斤顶型号请参照厂家的指导意见。

3.本图参照OVM型锚具尺寸，具体应以供货厂家提供的产品为准。

	内厝板中桥 $L=16$m 预应力空心板锚具构造图	设计		复核		审核		图号	QS-10

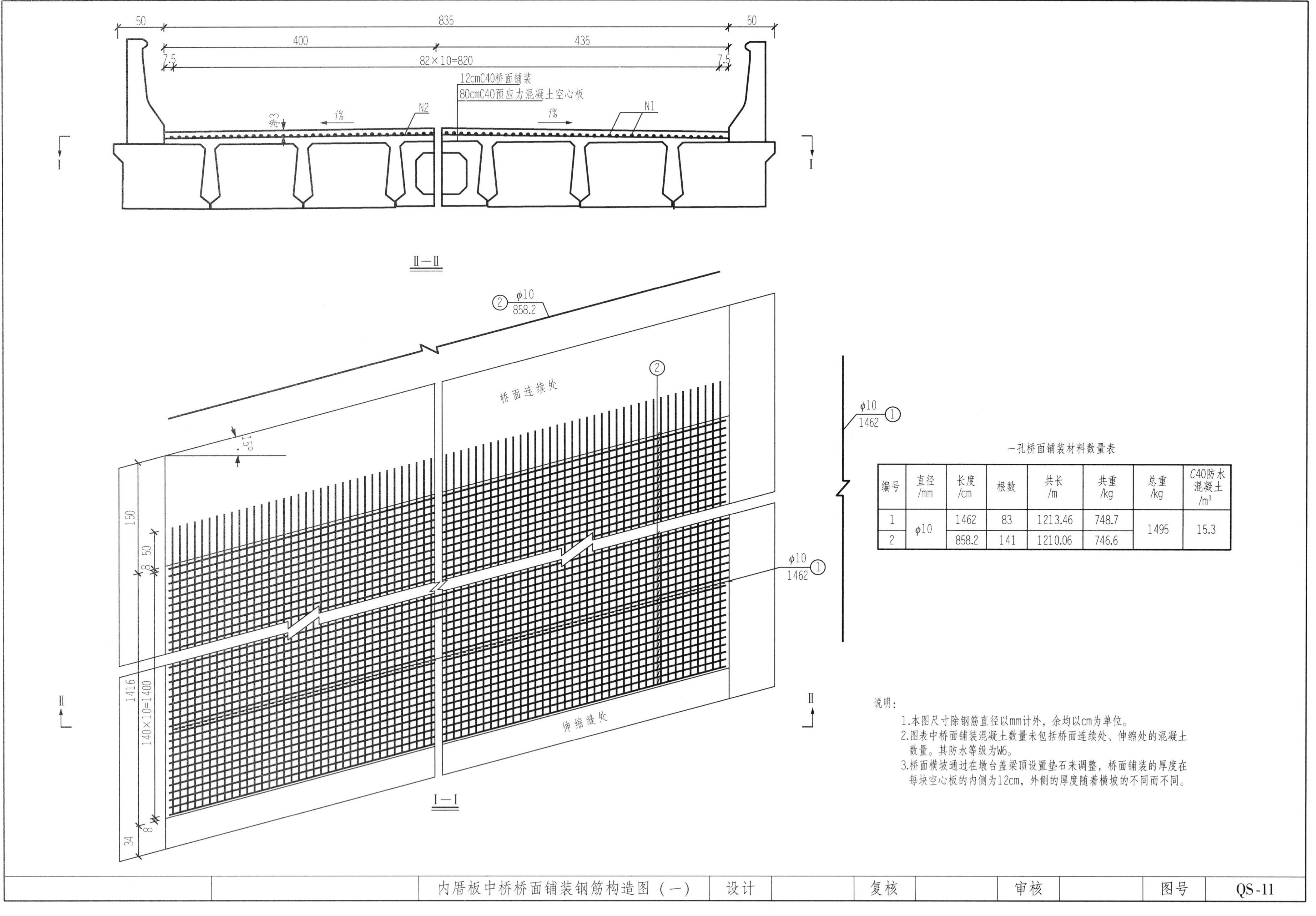

一孔桥面铺装材料数量表

编号	直径/mm	长度/cm	根数	共长/m	共重/kg	总重/kg	C40防水混凝土/m^3
1	φ10	1462	83	1213.46	748.7	1495	15.3
2		858.2	141	1210.06	746.6		

说明：

1.本图尺寸除钢筋直径以mm计外，余均以cm为单位。
2.图表中桥面铺装混凝土数量未包括桥面连续处、伸缩处的混凝土数量。其防水等级为W6。
3.桥面横坡通过在墩台盖梁顶设置垫石来调整，桥面铺装的厚度在每块空心板的内侧为12cm，外侧的厚度随着横坡的不同而不同。

内厝板中桥桥面铺装钢筋构造图（一）	设计		复核		审核		图号	QS-11

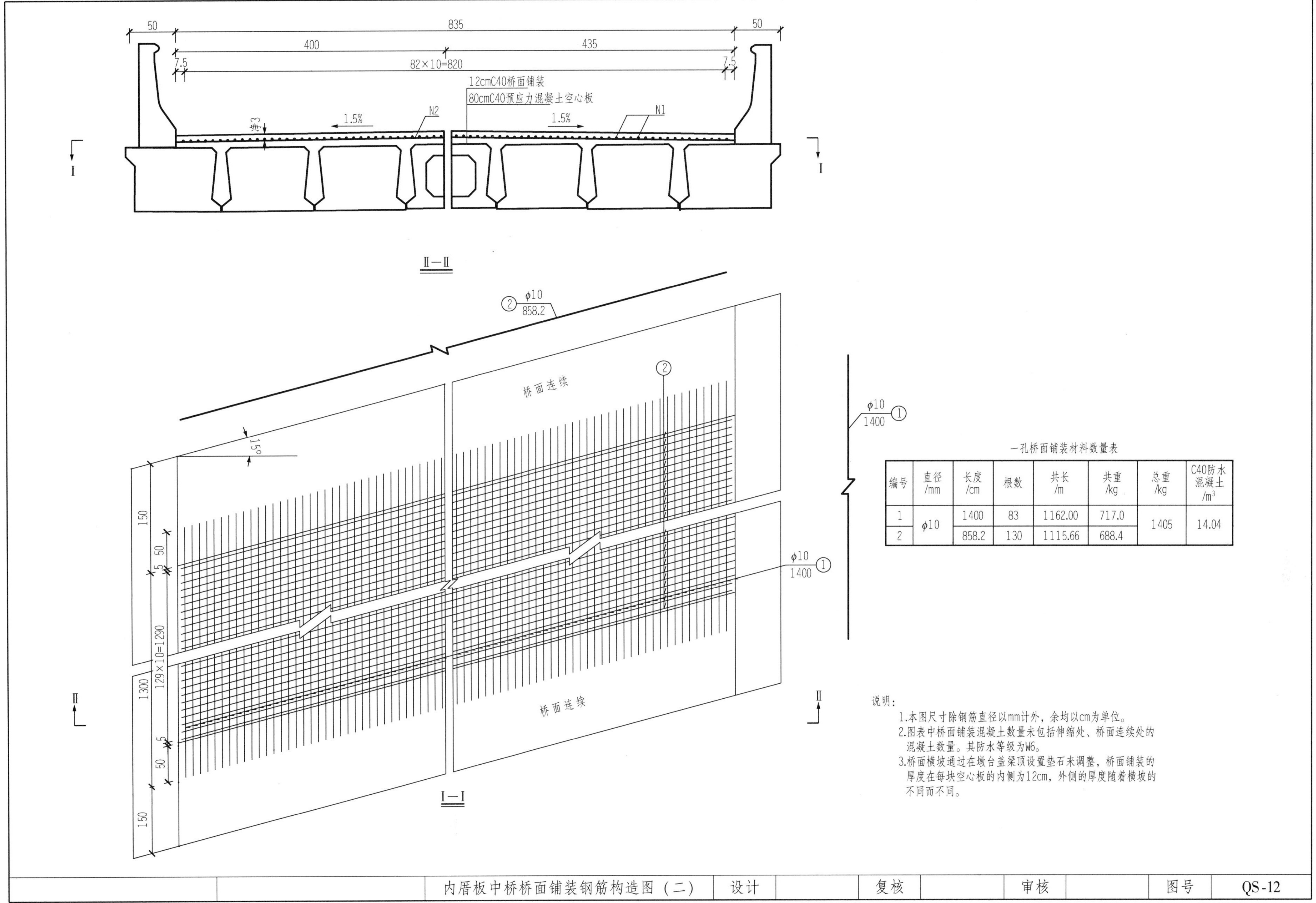

一孔桥面铺装材料数量表

编号	直径/mm	长度/cm	根数	共长/m	共重/kg	总重/kg	C40防水混凝土/m³
1	φ10	1400	83	1162.00	717.0	1405	14.04
2		858.2	130	1115.66	688.4		

说明：

1.本图尺寸除钢筋直径以mm计外，余均以cm为单位。

2.图表中桥面铺装混凝土数量未包括伸缩处、桥面连续处的混凝土数量。其防水等级为W6。

3.桥面横坡通过在墩台盖梁顶设置垫石来调整，桥面铺装的厚度在每块空心板的内侧为12cm，外侧的厚度随着横坡的不同而不同。

	内厝板中桥桥面铺装钢筋构造图（二）	设计		复核		审核		图号	QS-12

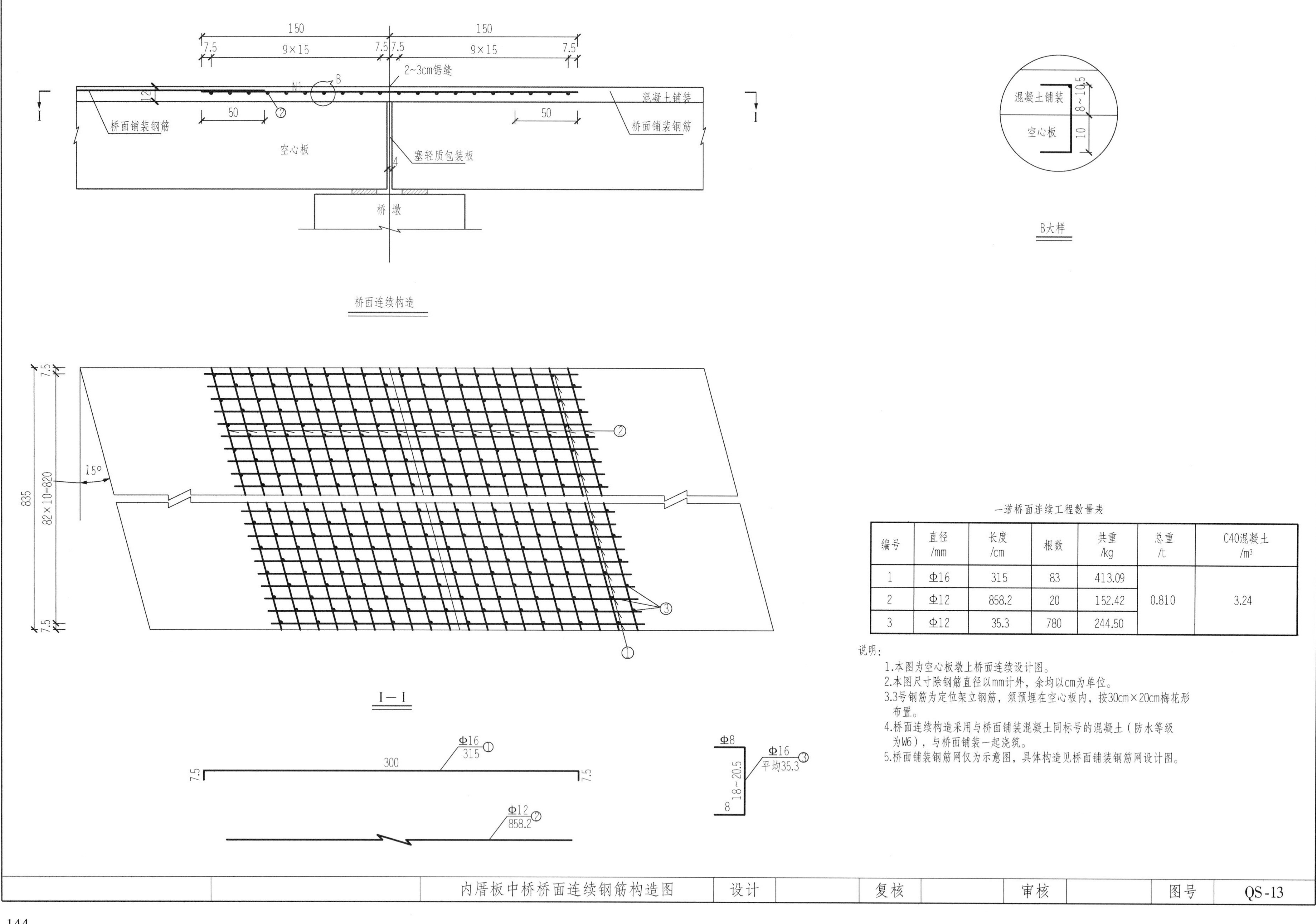

一道桥面连续工程数量表

编号	直径/mm	长度/cm	根数	共重/kg	总重/t	C40混凝土/m³
1	Φ16	315	83	413.09	0.810	3.24
2	Φ12	858.2	20	152.42		
3	Φ12	35.3	780	244.50		

说明:

1.本图为空心板墩上桥面连续设计图。
2.本图尺寸除钢筋直径以mm计外，余均以cm为单位。
3.3号钢筋为定位架立钢筋，须预埋在空心板内，按30cm×20cm梅花形布置。
4.桥面连续构造采用与桥面铺装混凝土同标号的混凝土（防水等级为W6），与桥面铺装一起浇筑。
5.桥面铺装钢筋网仅为示意图，具体构造见桥面铺装钢筋网设计图。

	内厝板中桥桥面连续钢筋构造图	设计		复核		审核		图号	QS-13

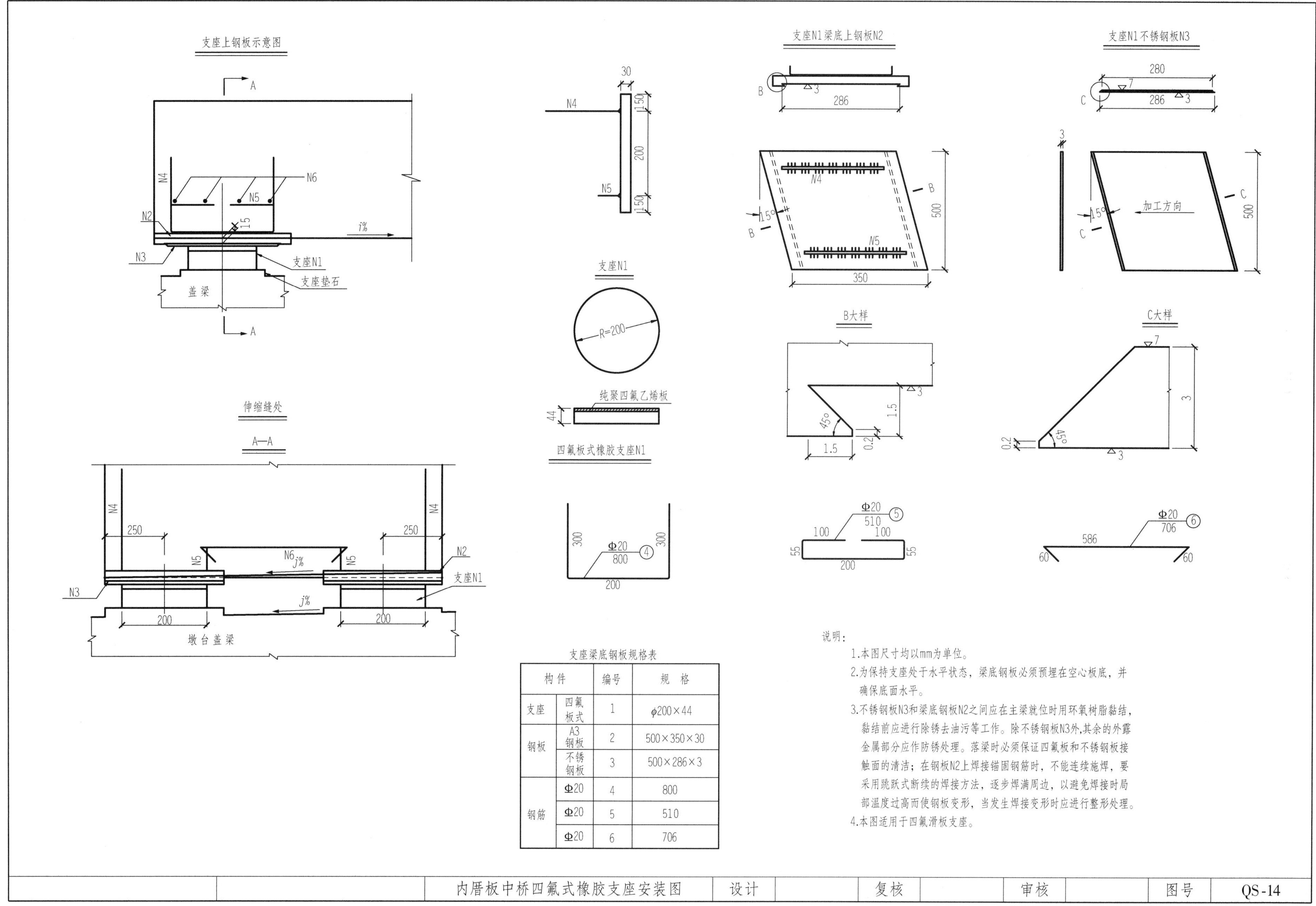

支座梁底钢板规格表

构件		编号	规　格
支座	四氟板式	1	φ200×44
钢板	A3钢板	2	500×350×30
	不锈钢板	3	500×286×3
钢筋	Φ20	4	800
	Φ20	5	510
	Φ20	6	706

说明:

1.本图尺寸均以mm为单位。

2.为保持支座处于水平状态，梁底钢板必须预埋在空心板底，并确保底面水平。

3.不锈钢板N3和梁底钢板N2之间应在主梁就位时用环氧树脂黏结，黏结前应进行除锈去油污等工作。除不锈钢板N3外,其余的外露金属部分应作防锈处理。落梁时必须保证四氟板和不锈钢板接触面的清洁；在钢板N2上焊接锚固钢筋时，不能连续施焊，要采用跳跃式断续的焊接方法，逐步焊满周边，以避免焊接时局部温度过高而使钢板变形，当发生焊接变形时应进行整形处理。

4.本图适用于四氟滑板支座。

	内盾板中桥四氟式橡胶支座安装图	设计		复核		审核		图号	QS-14

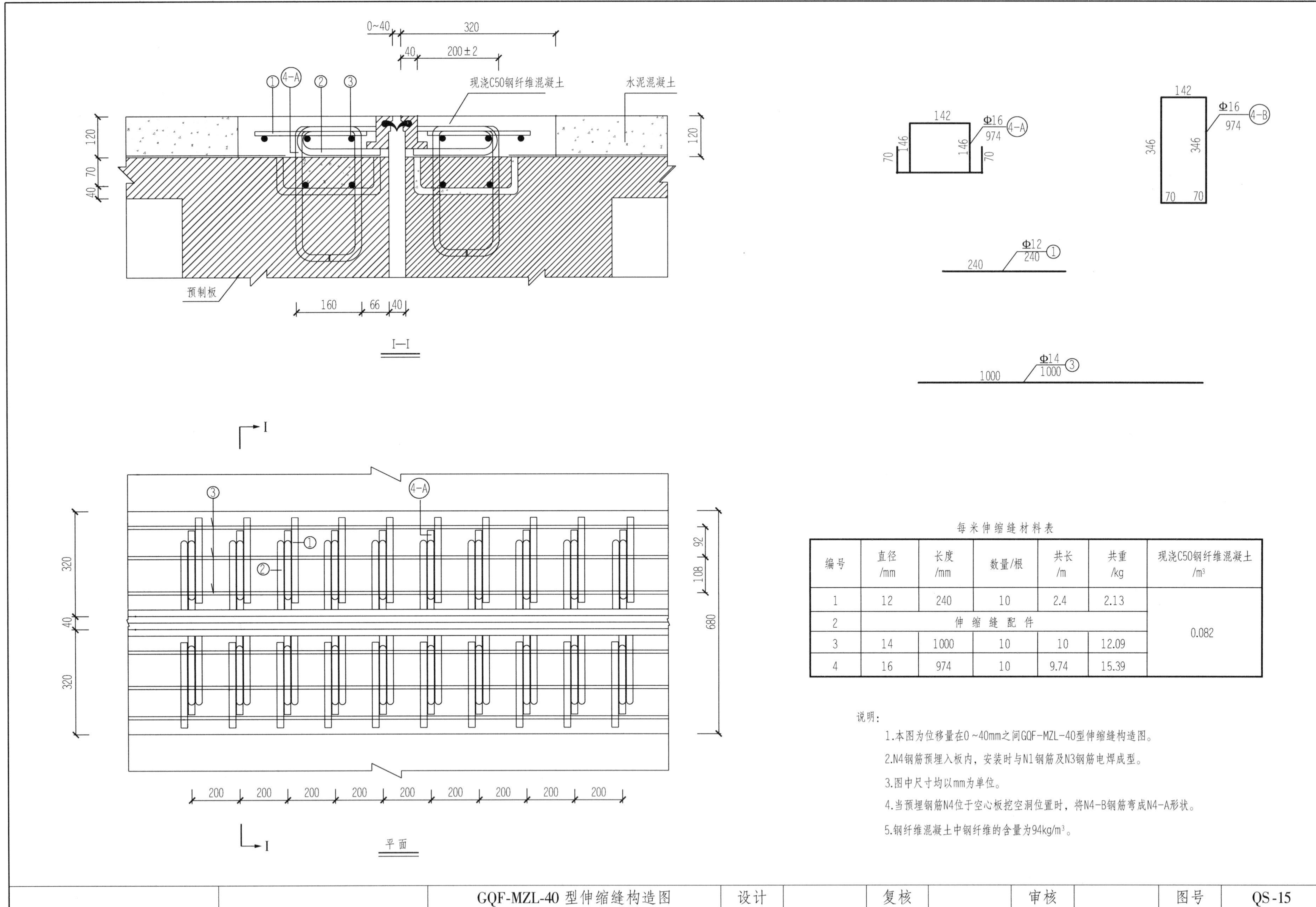

每米伸缩缝材料表

编号	直径/mm	长度/mm	数量/根	共长/m	共重/kg	现浇C50钢纤维混凝土/m³
1	12	240	10	2.4	2.13	0.082
2	伸缩缝配件					
3	14	1000	10	10	12.09	
4	16	974	10	9.74	15.39	

说明：

1.本图为位移量在0~40mm之间GQF-MZL-40型伸缩缝构造图。

2.N4钢筋预埋入板内，安装时与N1钢筋及N3钢筋电焊成型。

3.图中尺寸均以mm为单位。

4.当预埋钢筋N4位于空心板挖空洞位置时，将N4-B钢筋弯成N4-A形状。

5.钢纤维混凝土中钢纤维的含量为94kg/m³。

	GQF-MZL-40型伸缩缝构造图	设计		复核		审核		图号	QS-15

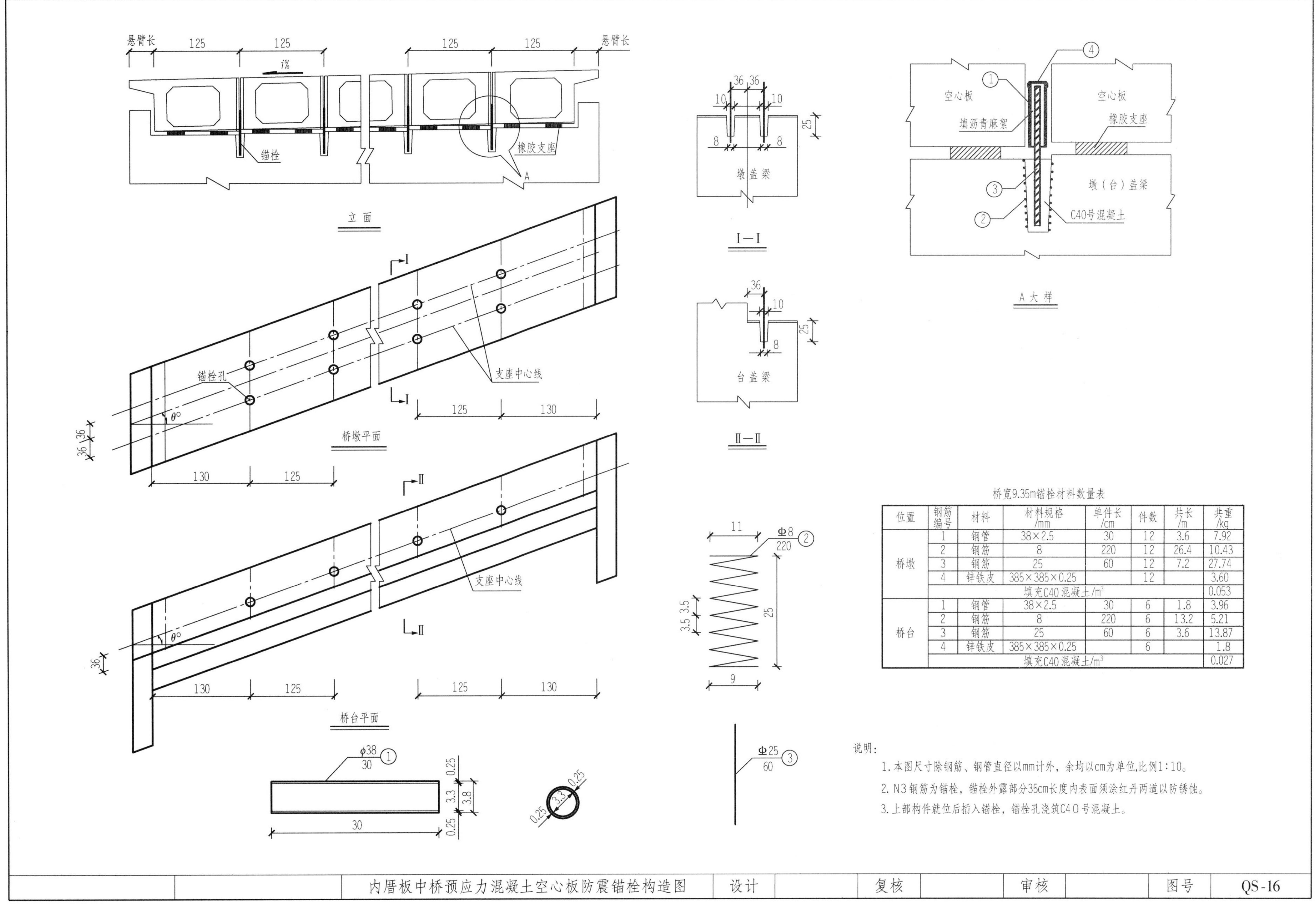

桥宽9.35m锚栓材料数量表

位置	钢筋编号	材料	材料规格 /mm	单件长 /cm	件数	共长 /m	共重 /kg
桥墩	1	钢管	38×2.5	30	12	3.6	7.92
	2	钢筋	8	220	12	26.4	10.43
	3	钢筋	25	60	12	7.2	27.74
	4	锌铁皮	385×385×0.25		12		3.60
	填充C40混凝土/m³						0.053
桥台	1	钢管	38×2.5	30	6	1.8	3.96
	2	钢筋	8	220	6	13.2	5.21
	3	钢筋	25	60	6	3.6	13.87
	4	锌铁皮	385×385×0.25		6		1.8
	填充C40混凝土/m³						0.027

说明：

1. 本图尺寸除钢筋、钢管直径以mm计外，余均以cm为单位,比例1:10。
2. N3钢筋为锚栓，锚栓外露部分35cm长度内表面须涂红丹两道以防锈蚀。
3. 上部构件就位后插入锚栓，锚栓孔浇筑C40号混凝土。

		内厝板中桥预应力混凝土空心板防震锚栓构造图	设计		复核		审核		图号	QS-16

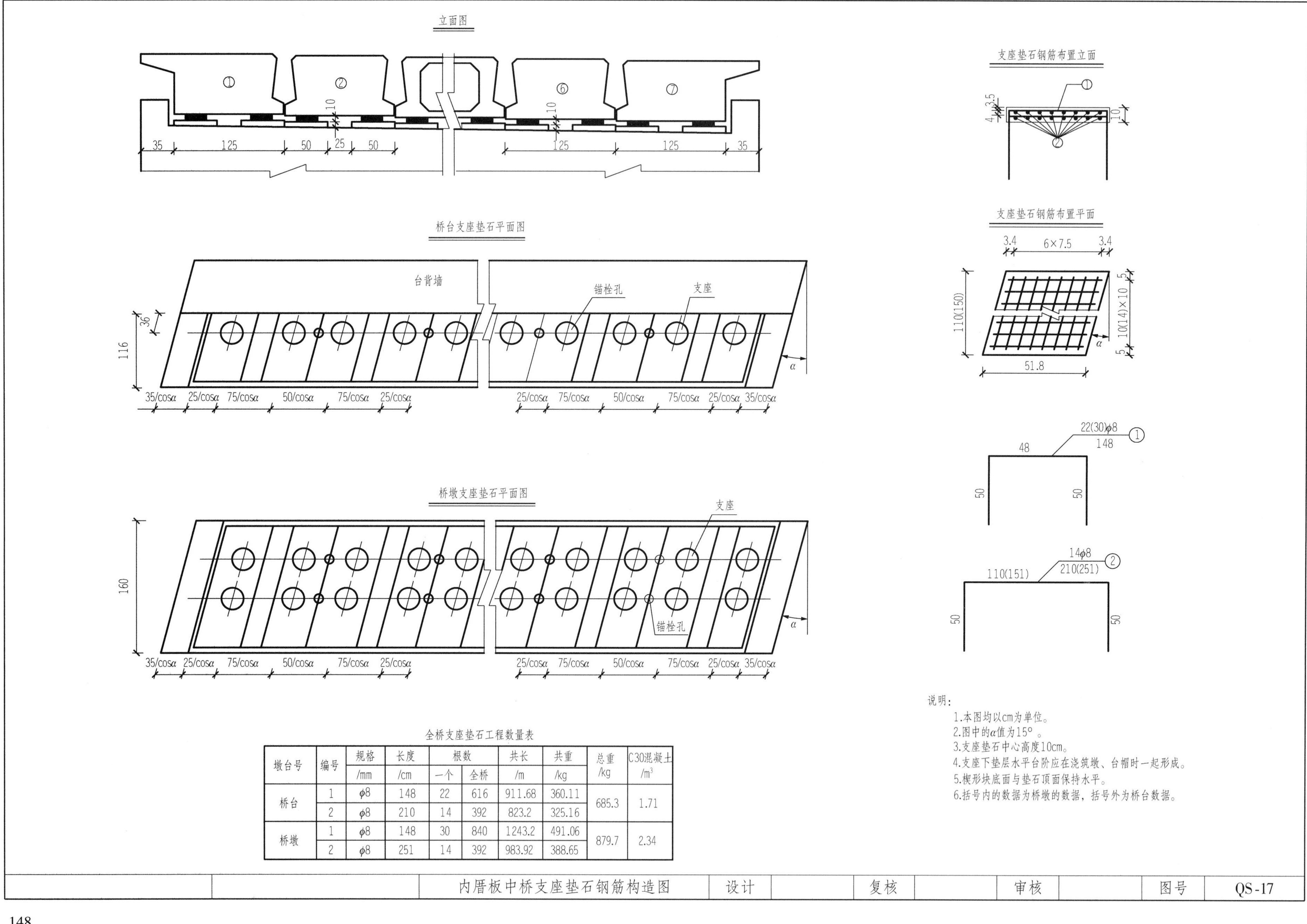

全桥支座垫石工程数量表

墩台号	编号	规格 /mm	长度 /cm	根数 一个	根数 全桥	共长 /m	共重 /kg	总重 /kg	C30混凝土 /m³
桥台	1	φ8	148	22	616	911.68	360.11	685.3	1.71
	2	φ8	210	14	392	823.2	325.16		
桥墩	1	φ8	148	30	840	1243.2	491.06	879.7	2.34
	2	φ8	251	14	392	983.92	388.65		

说明:

1.本图均以cm为单位。
2.图中的α值为15°。
3.支座垫石中心高度10cm。
4.支座下垫层水平台阶应在浇筑墩、台帽时一起形成。
5.楔形块底面与垫石顶面保持水平。
6.括号内的数据为桥墩的数据，括号外为桥台数据。

内唇板中桥支座垫石钢筋构造图	设计		复核		审核		图号	QS-17

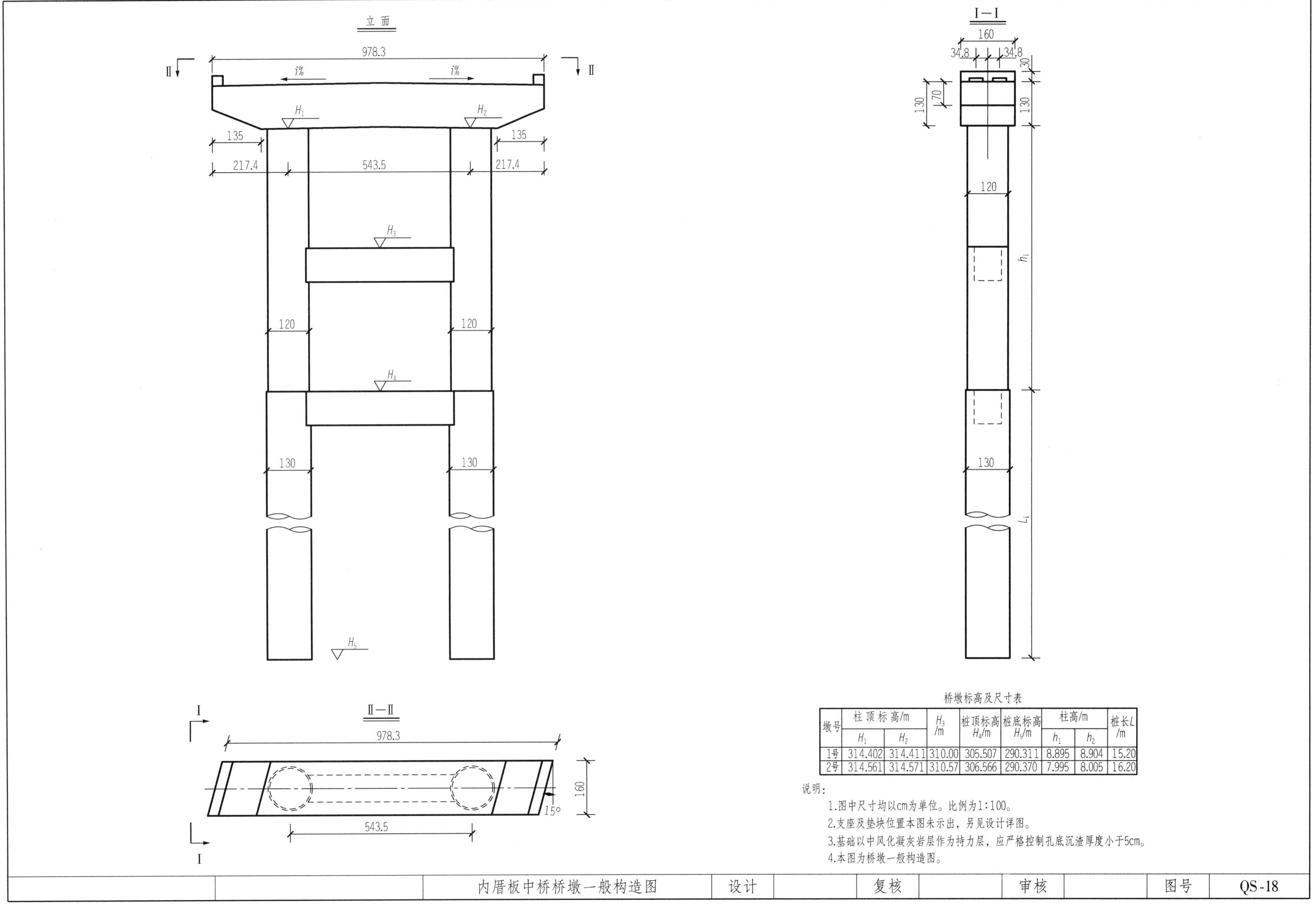

桥墩标高及尺寸表

墩号	柱顶标高/m		H_3 /m	桩顶标高 H_4/m	桩底标高 H_5/m	柱高/m		桩长L /m
	H_1	H_2				h_1	h_2	
1号	314.402	314.411	310.00	305.507	290.311	8.895	8.904	15.20
2号	314.561	314.571	310.57	306.566	290.370	7.995	8.005	16.20

说明：

1.图中尺寸均以cm为单位。比例为1:100。

2.支座及垫块位置本图未示出，另见设计详图。

3.基础以中风化凝灰岩层作为持力层，应严格控制孔底沉渣厚度小于5cm。

4.本图为桥墩一般构造图。

		内厝板中桥桥墩一般构造图	设计		复核		审核		图号	QS-18

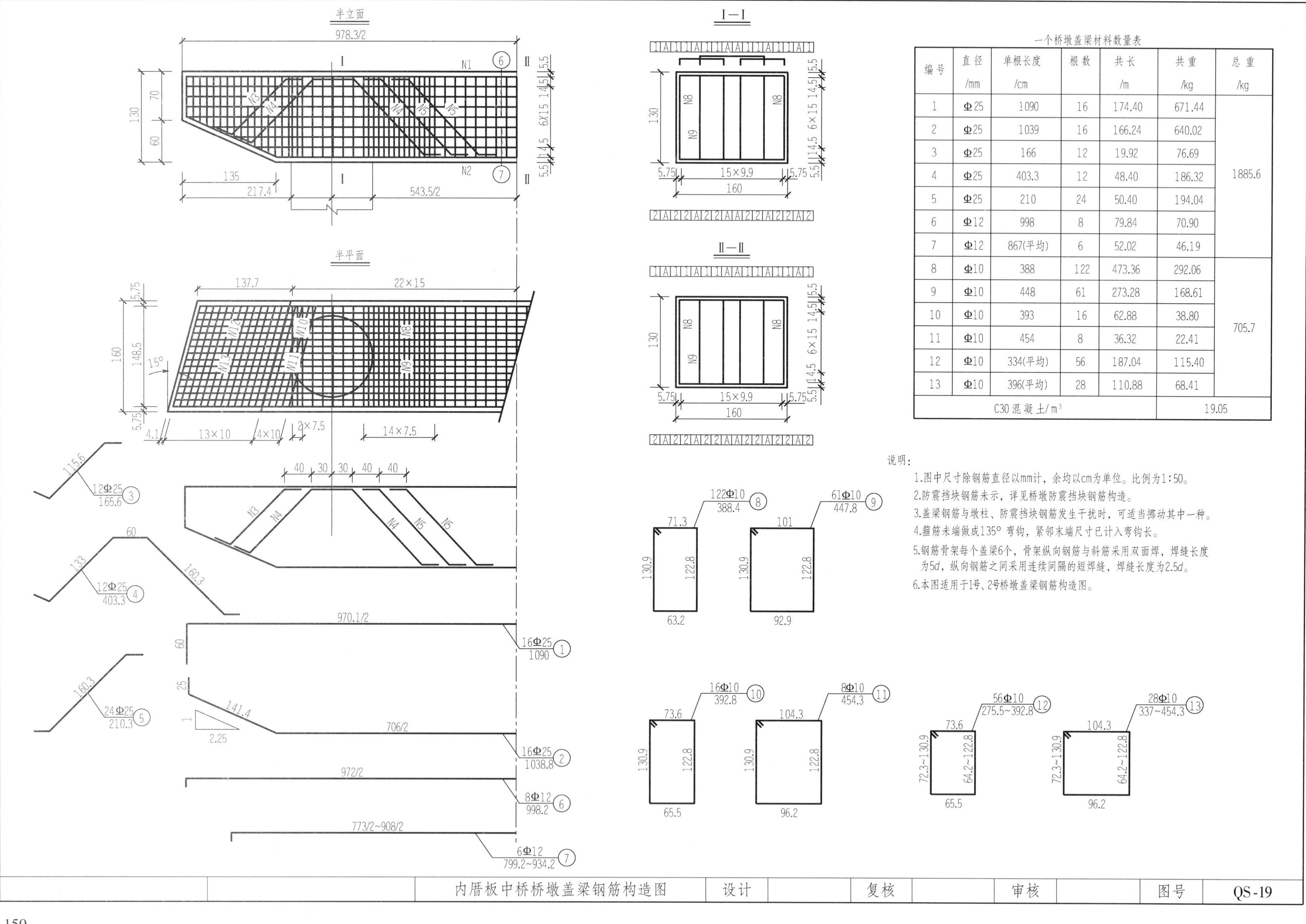

一个桥墩盖梁材料数量表

编号	直径 /mm	单根长度 /cm	根数	共长 /m	共重 /kg	总重 /kg
1	Φ25	1090	16	174.40	671.44	1885.6
2	Φ25	1039	16	166.24	640.02	
3	Φ25	166	12	19.92	76.69	
4	Φ25	403.3	12	48.40	186.32	
5	Φ25	210	24	50.40	194.04	
6	Φ12	998	8	79.84	70.90	
7	Φ12	867(平均)	6	52.02	46.19	
8	Φ10	388	122	473.36	292.06	705.7
9	Φ10	448	61	273.28	168.61	
10	Φ10	393	16	62.88	38.80	
11	Φ10	454	8	36.32	22.41	
12	Φ10	334(平均)	56	187.04	115.40	
13	Φ10	396(平均)	28	110.88	68.41	
C30混凝土/m³					19.05	

说明：

1.图中尺寸除钢筋直径以mm计，余均以cm为单位。比例为1:50。
2.防震挡块钢筋未示，详见桥墩防震挡块钢筋构造。
3.盖梁钢筋与墩柱、防震挡块钢筋发生干扰时，可适当挪动其中一种。
4.箍筋末端做成135°弯钩，紧邻末端尺寸已计入弯钩长。
5.钢筋骨架每个盖梁6个，骨架纵向钢筋与斜筋采用双面焊，焊缝长度为5d，纵向钢筋之间采用连续间隔的短焊缝，焊缝长度为2.5d。
6.本图适用于1号、2号桥墩盖梁钢筋构造图。

内厝板中桥桥墩盖梁钢筋构造图	设计		复核		审核		图号	QS-19

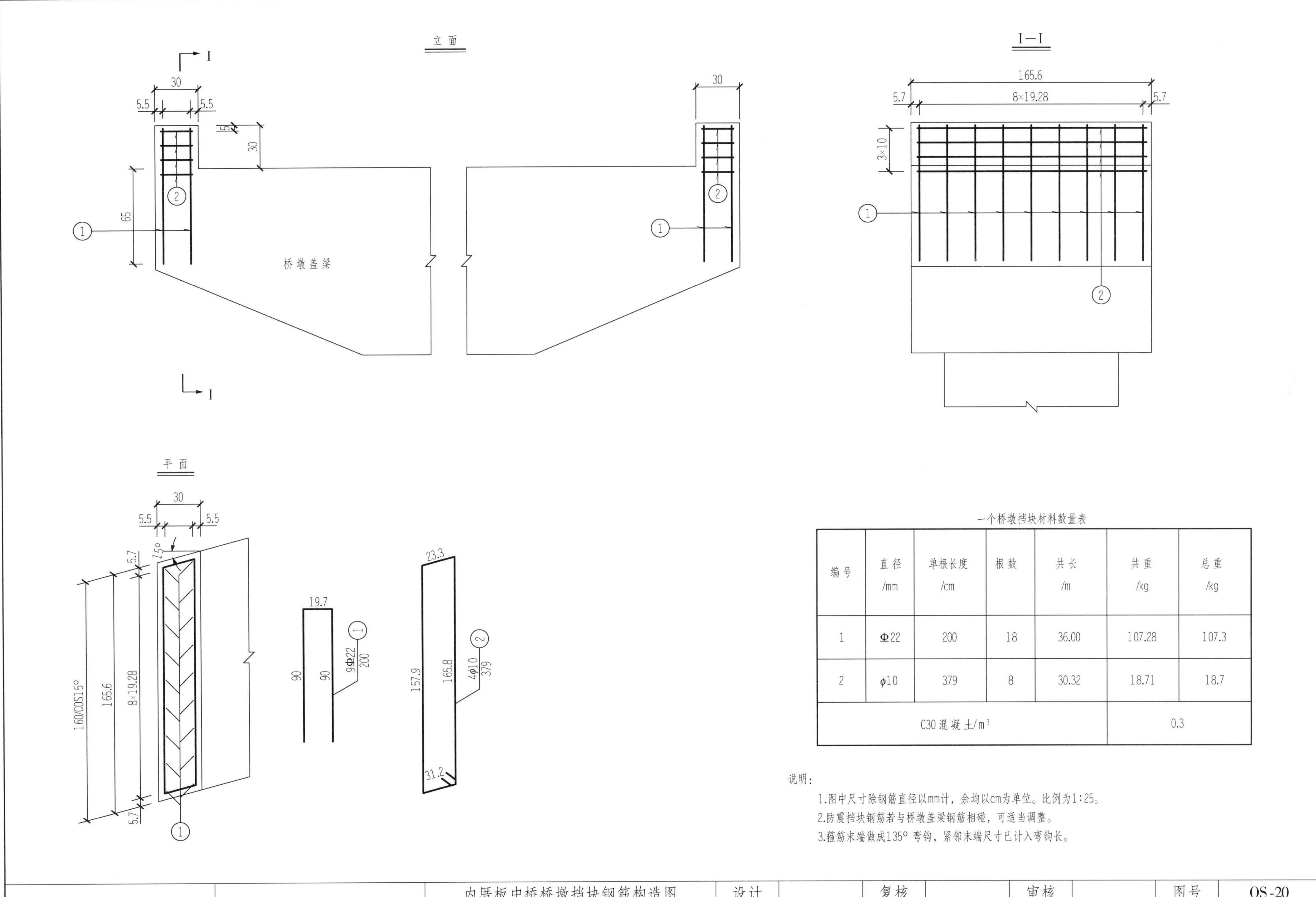

一个桥墩挡块材料数量表

编号	直径 /mm	单根长度 /cm	根数	共长 /m	共重 /kg	总重 /kg
1	Φ22	200	18	36.00	107.28	107.3
2	φ10	379	8	30.32	18.71	18.7
C30混凝土/m³					0.3	

说明：

1.图中尺寸除钢筋直径以mm计，余均以cm为单位。比例为1:25。

2.防震挡块钢筋若与桥墩盖梁钢筋相碰，可适当调整。

3.箍筋末端做成135°弯钩，紧邻末端尺寸已计入弯钩长。

内厝板中桥桥墩挡块钢筋构造图	设计		复核		审核		图号	QS-20

立 面

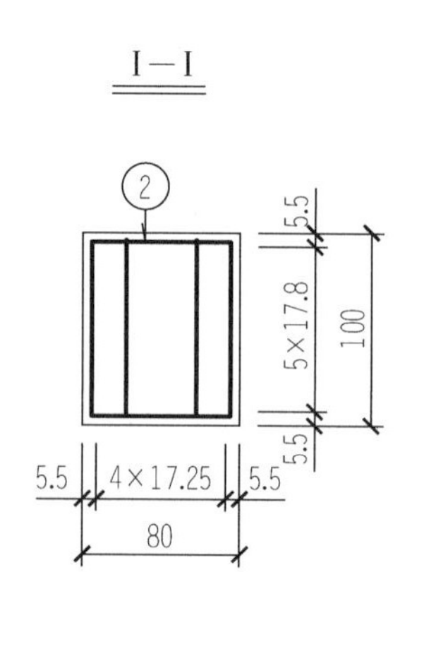
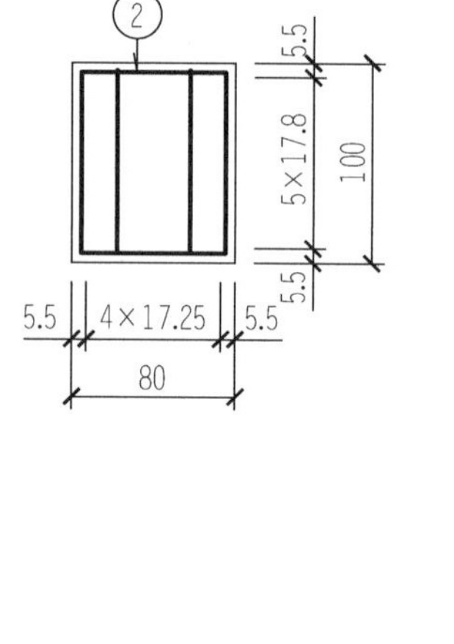

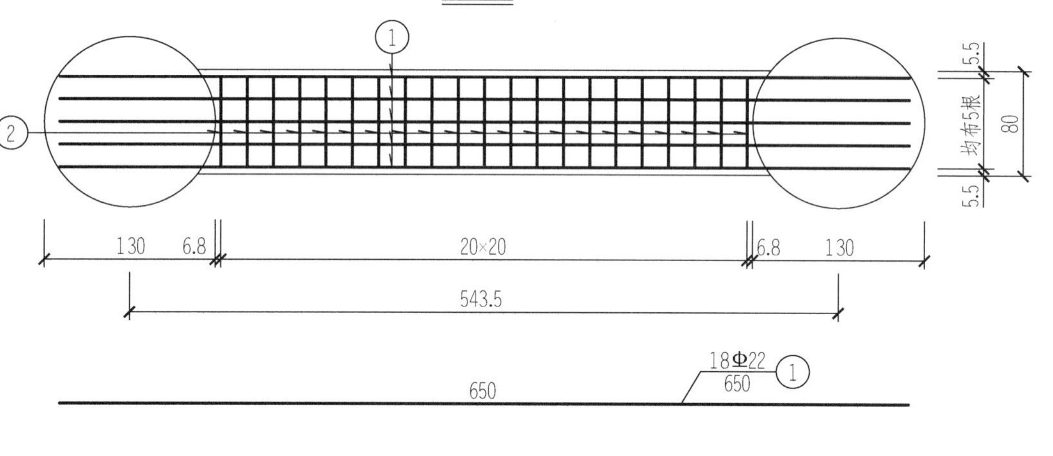
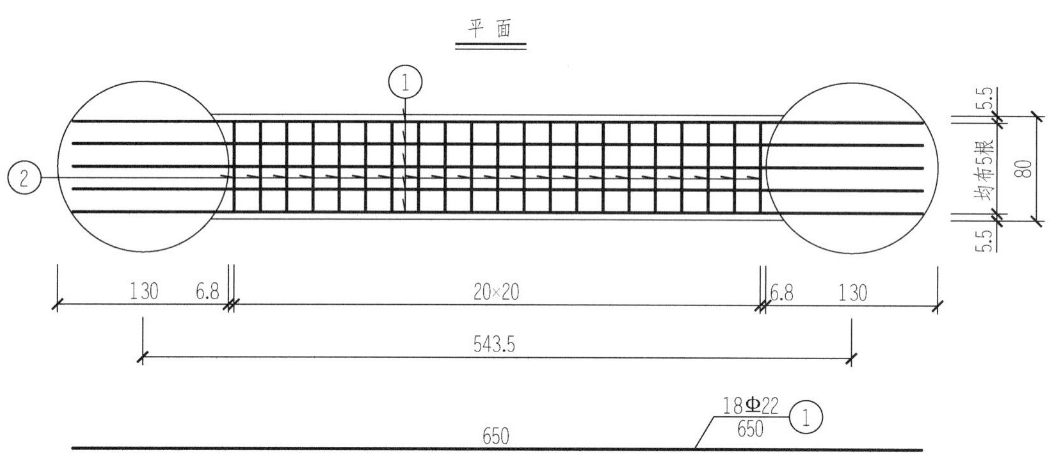

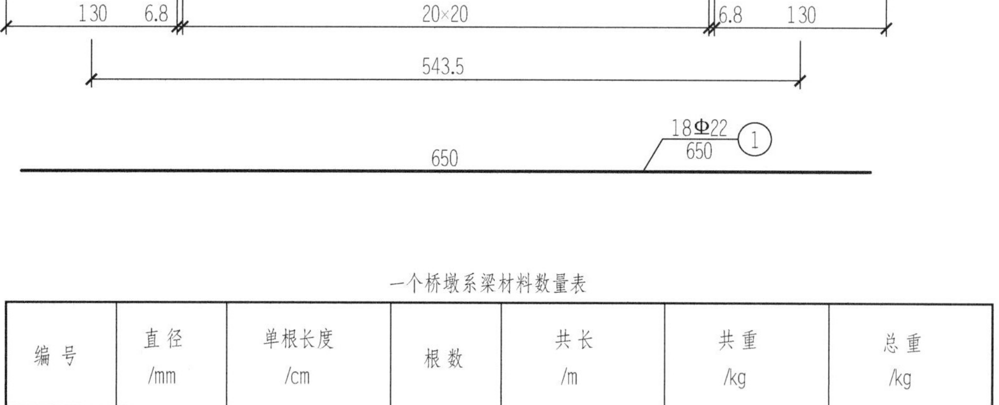

42φ10 311 ②

一个桥墩系梁材料数量表

编号	直径/mm	单根长度/cm	根数	共长/m	共重/kg	总重/kg
1	Φ22	650	18	117.00	348.66	348.7
2	φ10	311	42	130.62	80.59	80.6
C30混凝土/m³					3.38	

说明：

1.图中尺寸除钢筋直径以mm计，余均以cm为单位。比例为1:25。
2.箍筋末端做成135°弯钩，紧邻末端尺寸已计入弯钩长。
3.系梁钢筋若与墩柱、桩基钢筋相碰，可适当调整。
4.本图适用于1号、2号桥墩底系梁钢筋构造图。

内厝板中桥桥墩底系梁钢筋构造图	设计		复核		审核		图号	QS-21

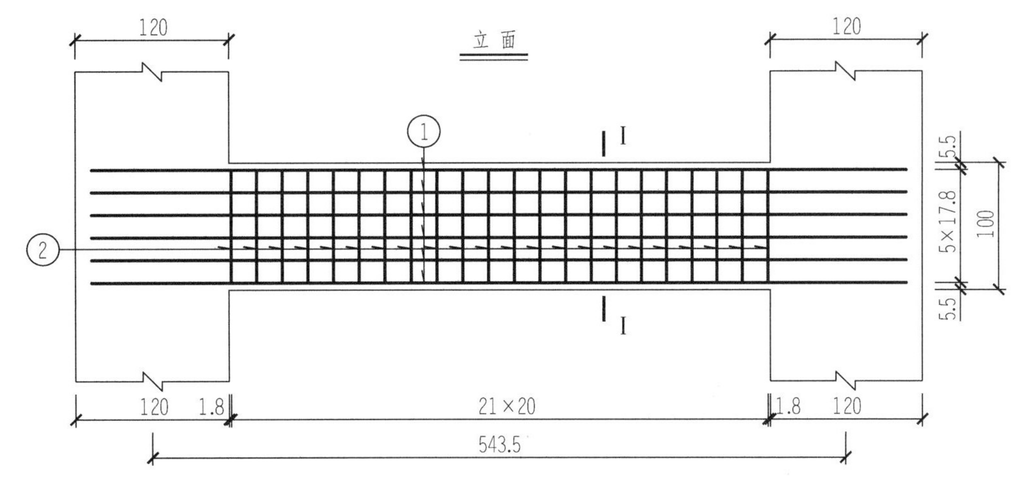

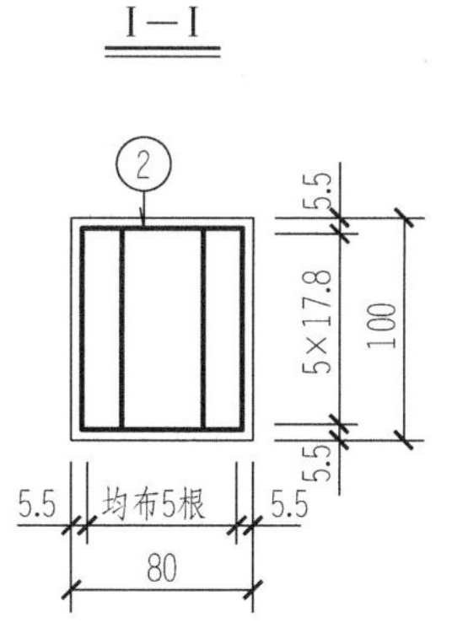

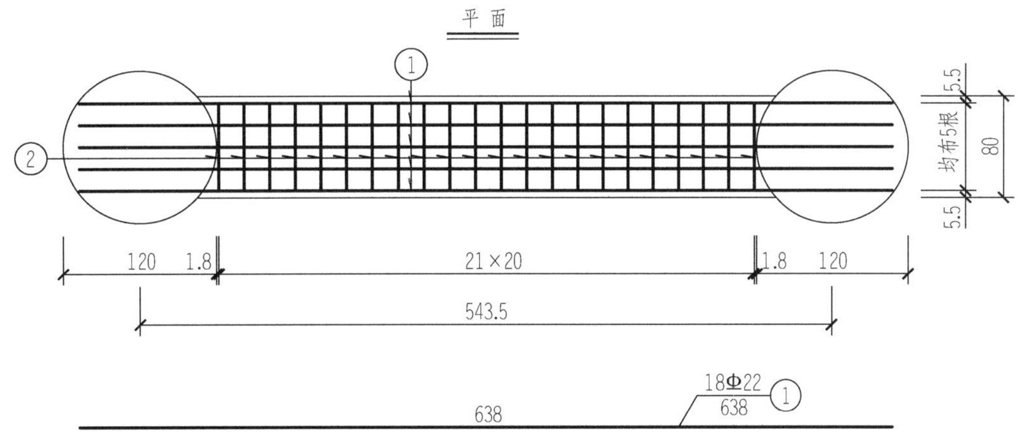

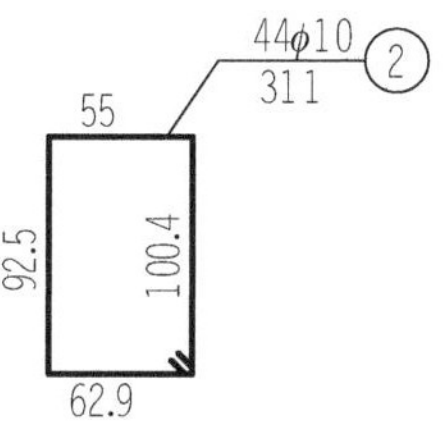

638 18Φ22 638 ①

一个桥墩系梁材料数量表

编号	直径 /mm	单根长度 /cm	根数	共长 /m	共重 /kg	总重 /kg
1	Φ22	638	18	114.84	342.22	342.2
2	φ10	311	44	136.84	84.43	84.4
C30混凝土/m³					3.46	

说明：

1.图中尺寸除钢筋直径以mm计，余均以cm为单位。比例为1:25。
2.箍筋末端做成135°弯钩，紧邻末端尺寸已计入弯钩长。
3.系梁钢筋若与墩柱、桩基钢筋相碰，可适当调整。
4.本图适用于1号、2号桥墩中系梁钢筋构造图。

	内厝板中桥桥墩中系梁钢筋构造图	设计		复核		审核		图号	QS-22

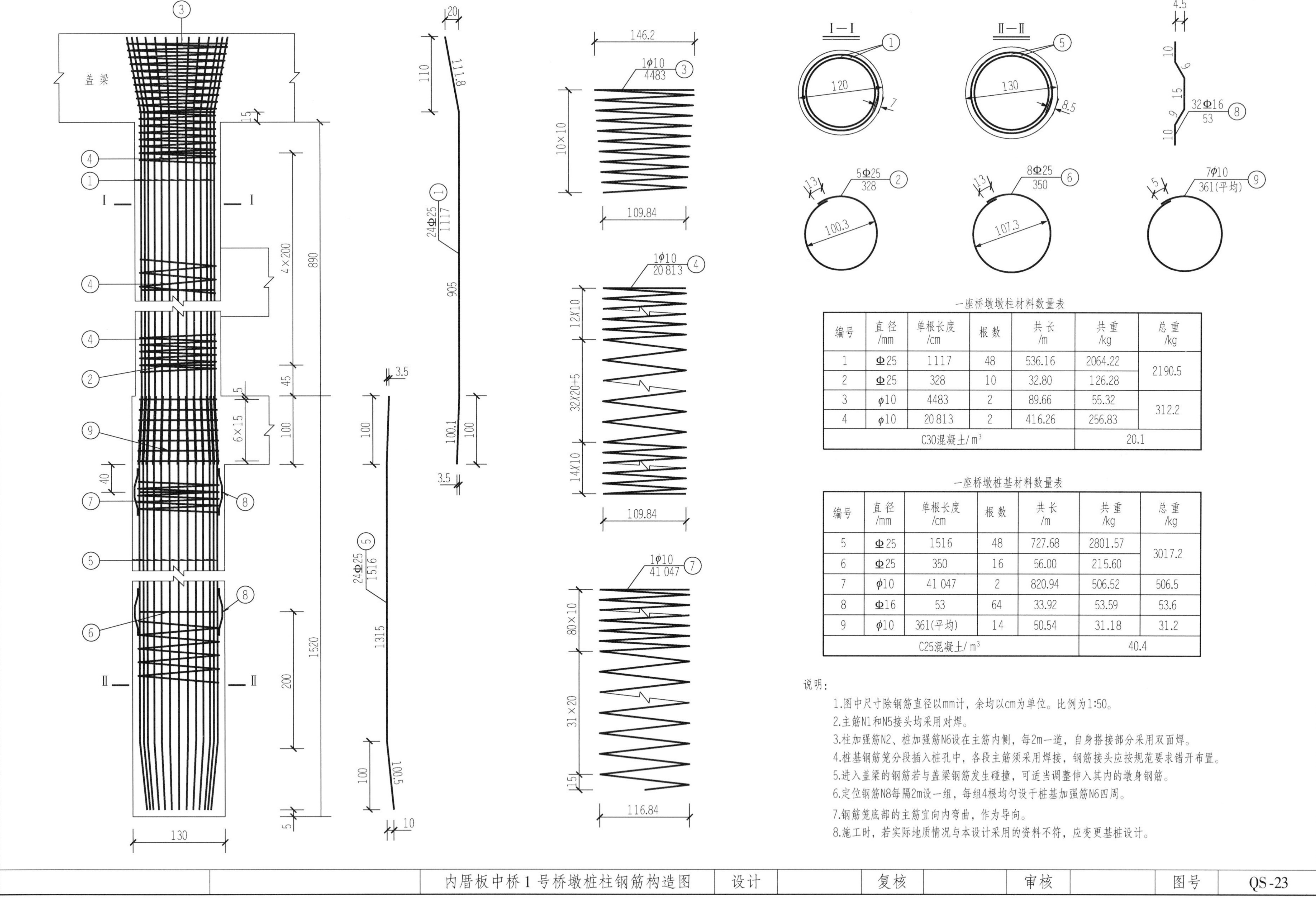

一座桥墩墩柱材料数量表

编号	直径/mm	单根长度/cm	根数	共长/m	共重/kg	总重/kg
1	Φ25	1117	48	536.16	2064.22	2190.5
2	Φ25	328	10	32.80	126.28	
3	φ10	4483	2	89.66	55.32	312.2
4	φ10	20 813	2	416.26	256.83	
C30混凝土/m³					20.1	

一座桥墩桩基材料数量表

编号	直径/mm	单根长度/cm	根数	共长/m	共重/kg	总重/kg
5	Φ25	1516	48	727.68	2801.57	3017.2
6	Φ25	350	16	56.00	215.60	
7	φ10	41 047	2	820.94	506.52	506.5
8	Φ16	53	64	33.92	53.59	53.6
9	φ10	361(平均)	14	50.54	31.18	31.2
C25混凝土/m³					40.4	

说明：

1.图中尺寸除钢筋直径以mm计，余均以cm为单位。比例为1:50。
2.主筋N1和N5接头均采用对焊。
3.柱加强筋N2、桩加强筋N6设在主筋内侧，每2m一道，自身搭接部分采用双面焊。
4.桩基钢筋笼分段插入桩孔中，各段主筋须采用焊接，钢筋接头应按规范要求错开布置。
5.进入盖梁的钢筋若与盖梁钢筋发生碰撞，可适当调整伸入其内的墩身钢筋。
6.定位钢筋N8每隔2m设一组，每组4根均匀设于桩基加强筋N6四周。
7.钢筋笼底部的主筋宜向内弯曲，作为导向。
8.施工时，若实际地质情况与本设计采用的资料不符，应变更基桩设计。

内厝板中桥 1 号桥墩桩柱钢筋构造图	设计		复核		审核		图号	QS-23

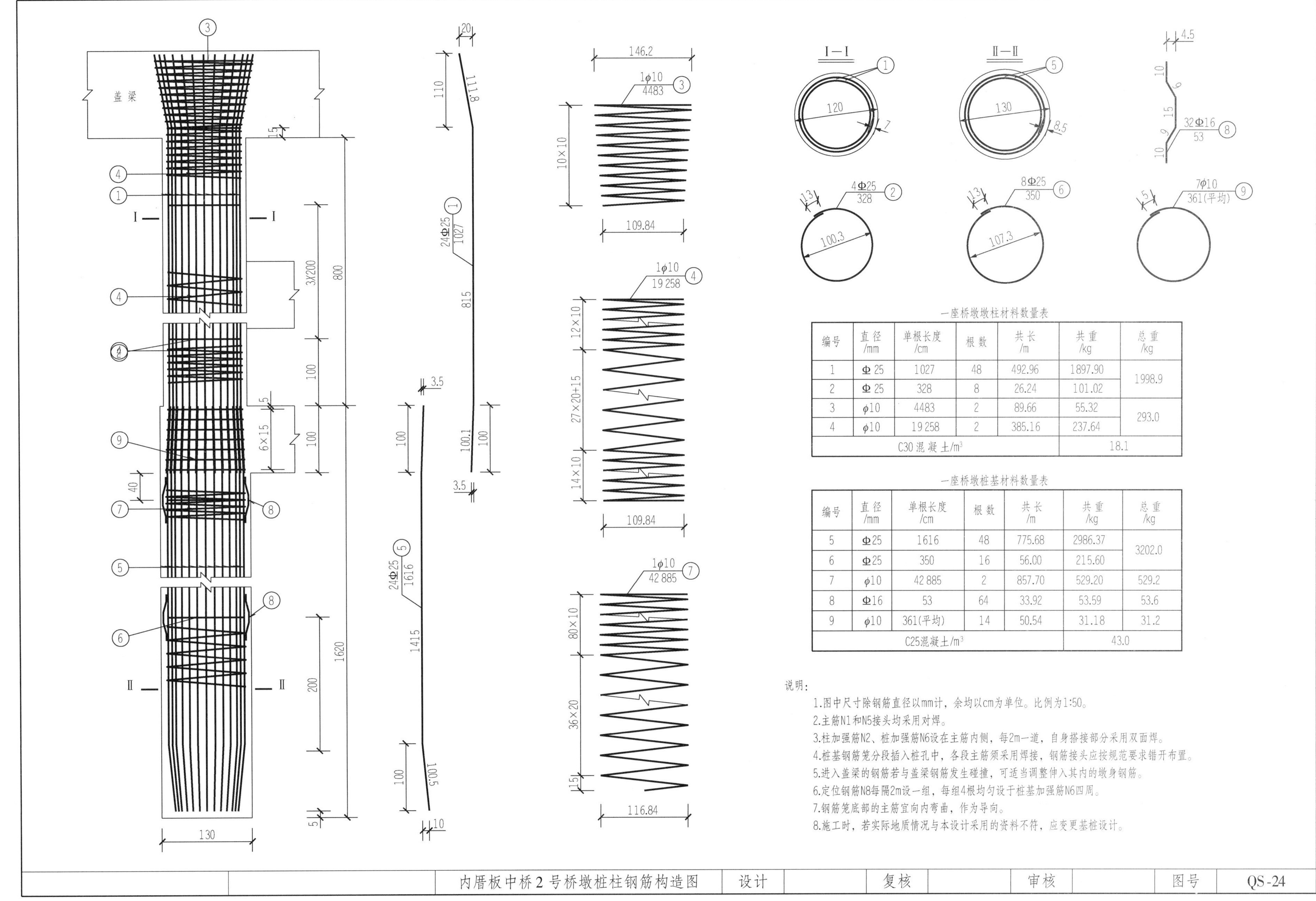

一座桥墩墩柱材料数量表

编号	直径 /mm	单根长度 /cm	根数	共长 /m	共重 /kg	总重 /kg
1	Φ 25	1027	48	492.96	1897.90	1998.9
2	Φ 25	328	8	26.24	101.02	
3	φ10	4483	2	89.66	55.32	293.0
4	φ10	19 258	2	385.16	237.64	
C30 混凝土/m³					18.1	

一座桥墩桩基材料数量表

编号	直径 /mm	单根长度 /cm	根数	共长 /m	共重 /kg	总重 /kg
5	Φ25	1616	48	775.68	2986.37	3202.0
6	Φ25	350	16	56.00	215.60	
7	φ10	42 885	2	857.70	529.20	529.2
8	Φ16	53	64	33.92	53.59	53.6
9	φ10	361(平均)	14	50.54	31.18	31.2
C25混凝土/m³					43.0	

说明：

1.图中尺寸除钢筋直径以mm计，余均以cm为单位。比例为1:50。
2.主筋N1和N5接头均采用对焊。
3.柱加强筋N2、桩加强筋N6设在主筋内侧，每2m一道，自身搭接部分采用双面焊。
4.桩基钢筋笼分段插入桩孔中，各段主筋须采用焊接，钢筋接头应按规范要求错开布置。
5.进入盖梁的钢筋若与盖梁钢筋发生碰撞，可适当调整伸入其内的墩身钢筋。
6.定位钢筋N8每隔2m设一组，每组4根均匀设于桩基加强筋N6四周。
7.钢筋笼底部的主筋宜向内弯曲，作为导向。
8.施工时，若实际地质情况与本设计采用的资料不符，应变更基桩设计。

	内厝板中桥2号桥墩桩柱钢筋构造图	设计		复核		审核		图号	QS-24

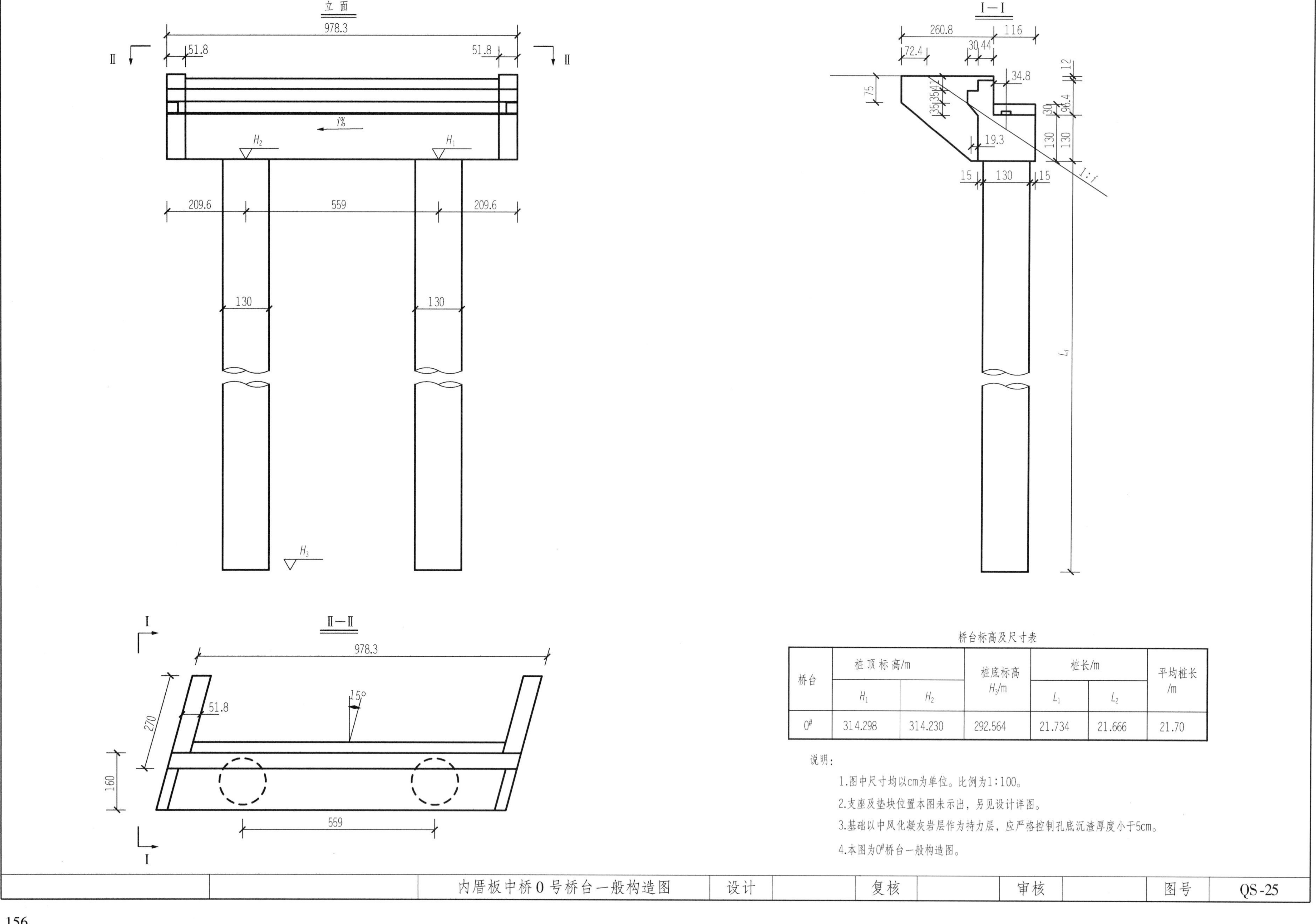

桥台标高及尺寸表

桥台	桩顶标高/m		桩底标高 H_3/m	桩长/m		平均桩长/m
	H_1	H_2		L_1	L_2	
0#	314.298	314.230	292.564	21.734	21.666	21.70

说明：

1.图中尺寸均以cm为单位。比例为1:100。

2.支座及垫块位置本图未示出，另见设计详图。

3.基础以中风化凝灰岩层作为持力层，应严格控制孔底沉渣厚度小于5cm。

4.本图为0#桥台一般构造图。

	内厝板中桥0号桥台一般构造图	设计		复核		审核		图号	QS-25

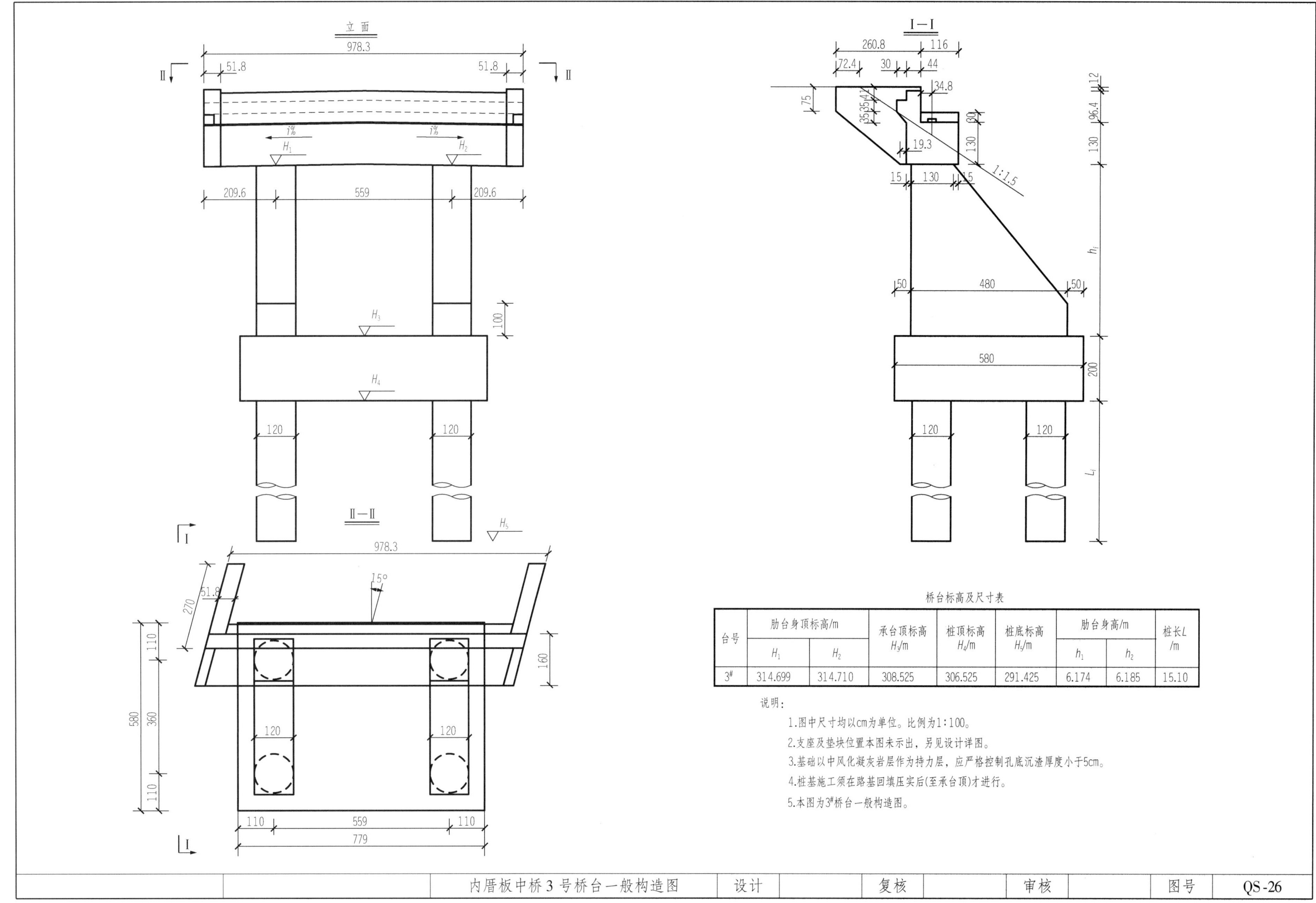

桥台标高及尺寸表

台号	肋台身顶标高/m		承台顶标高 H_3/m	桩顶标高 H_4/m	桩底标高 H_5/m	肋台身高/m		桩长L /m
	H_1	H_2				h_1	h_2	
3#	314.699	314.710	308.525	306.525	291.425	6.174	6.185	15.10

说明：

1.图中尺寸均以cm为单位。比例为1:100。
2.支座及垫块位置本图未示出，另见设计详图。
3.基础以中风化凝灰岩层作为持力层，应严格控制孔底沉渣厚度小于5cm。
4.桩基施工须在路基回填压实后(至承台顶)才进行。
5.本图为3#桥台一般构造图。

	内厝板中桥3号桥台一般构造图	设计		复核		审核		图号	QS-26

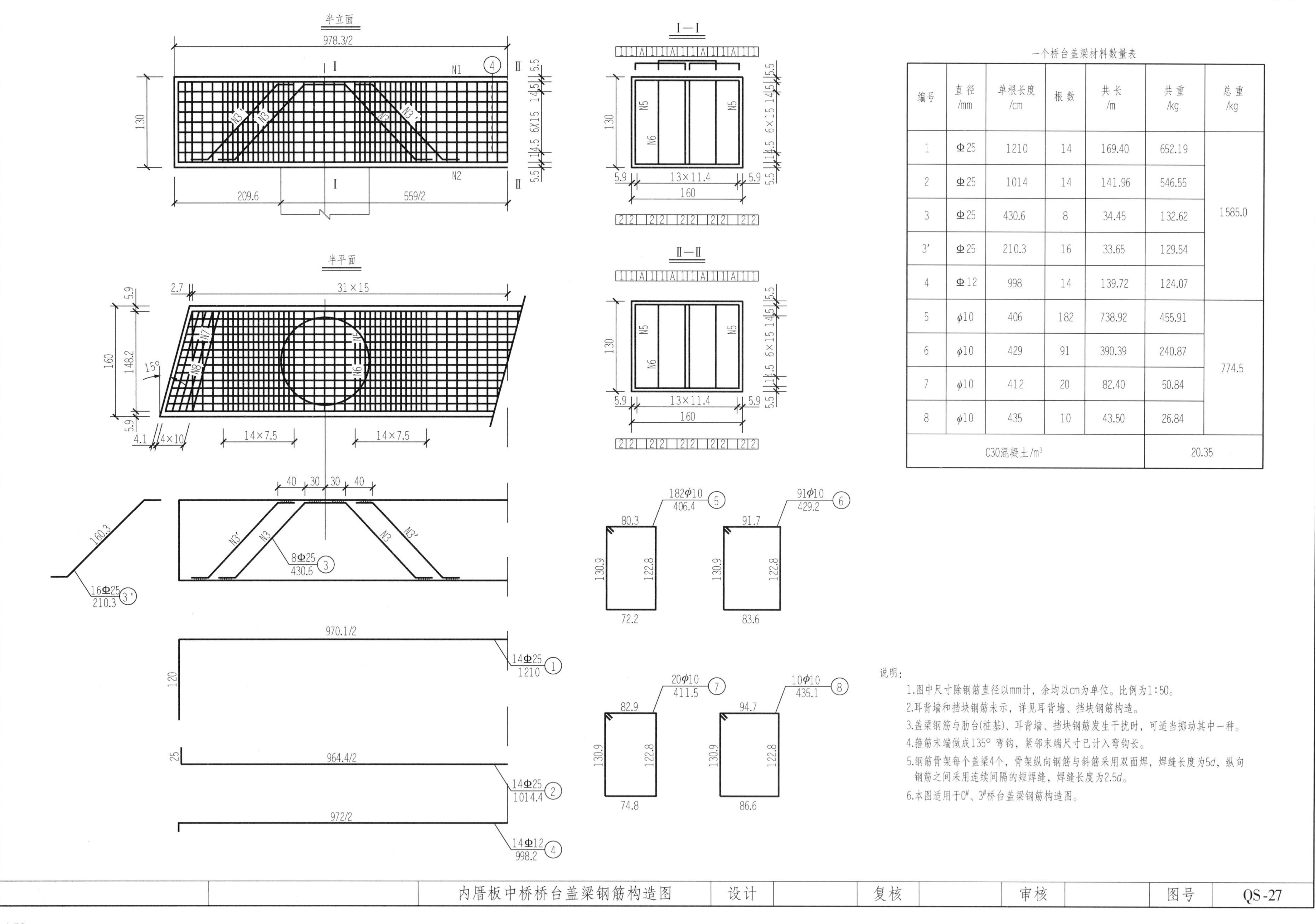

一个桥台盖梁材料数量表

编号	直径/mm	单根长度/cm	根数	共长/m	共重/kg	总重/kg
1	Φ25	1210	14	169.40	652.19	1585.0
2	Φ25	1014	14	141.96	546.55	
3	Φ25	430.6	8	34.45	132.62	
3′	Φ25	210.3	16	33.65	129.54	
4	Φ12	998	14	139.72	124.07	
5	φ10	406	182	738.92	455.91	774.5
6	φ10	429	91	390.39	240.87	
7	φ10	412	20	82.40	50.84	
8	φ10	435	10	43.50	26.84	
C30混凝土/m³					20.35	

说明：

1.图中尺寸除钢筋直径以mm计，余均以cm为单位。比例为1:50。
2.耳背墙和挡块钢筋未示，详见耳背墙、挡块钢筋构造。
3.盖梁钢筋与肋台(桩基)、耳背墙、挡块钢筋发生干扰时，可适当挪动其中一种。
4.箍筋末端做成135°弯钩，紧邻末端尺寸已计入弯钩长。
5.钢筋骨架每个盖梁4个，骨架纵向钢筋与斜筋采用双面焊，焊缝长度为5d，纵向钢筋之间采用连续间隔的短焊缝，焊缝长度为2.5d。
6.本图适用于0#、3#桥台盖梁钢筋构造图。

内厝板中桥桥台盖梁钢筋构造图	设计		复核		审核		图号	QS-27

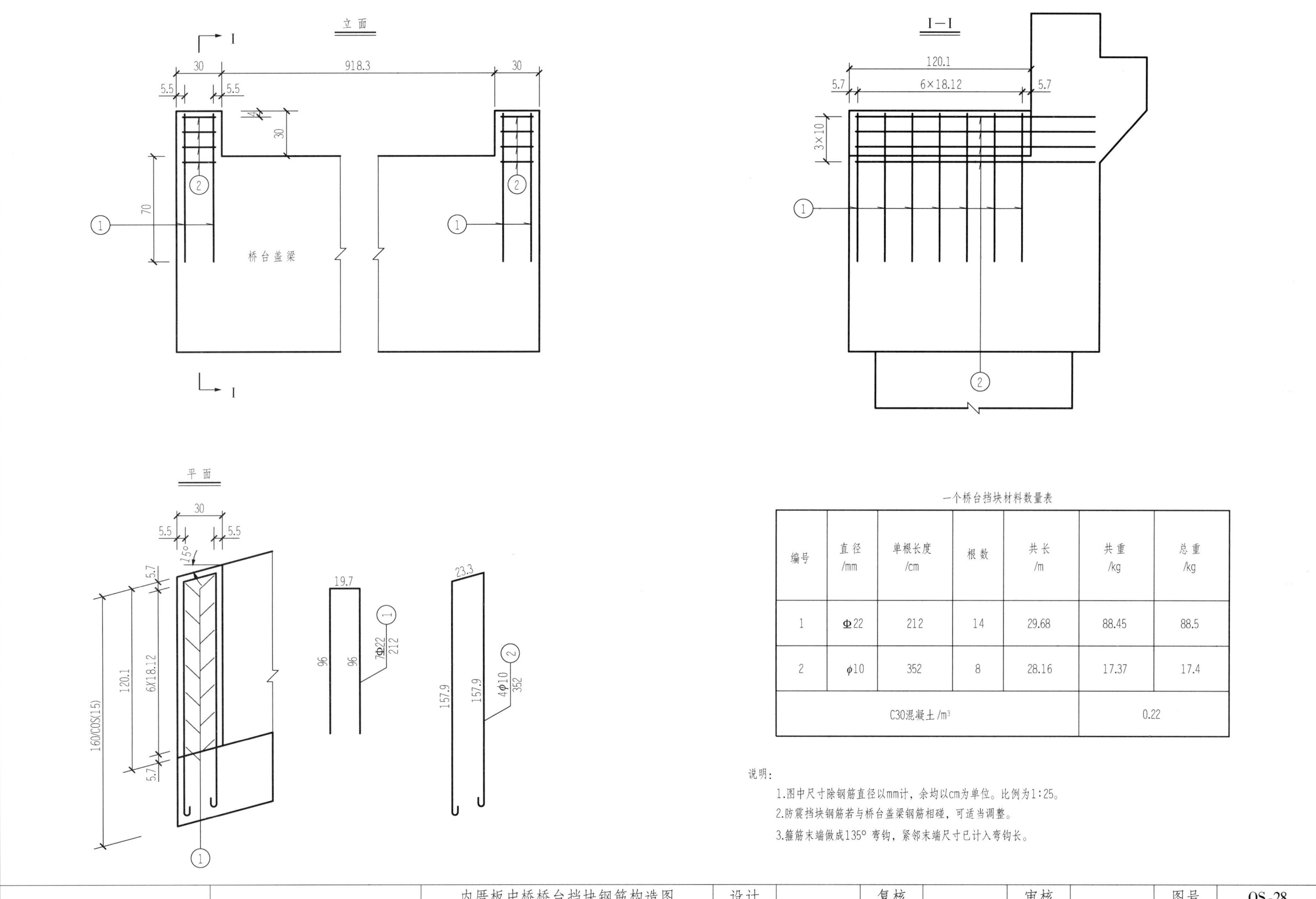

一个桥台挡块材料数量表

编号	直径 /mm	单根长度 /cm	根数	共长 /m	共重 /kg	总重 /kg
1	Φ22	212	14	29.68	88.45	88.5
2	φ10	352	8	28.16	17.37	17.4
C30混凝土/m³					0.22	

说明：

1.图中尺寸除钢筋直径以mm计，余均以cm为单位。比例为1:25。

2.防震挡块钢筋若与桥台盖梁钢筋相碰，可适当调整。

3.箍筋末端做成135° 弯钩，紧邻末端尺寸已计入弯钩长。

		内厝板中桥桥台挡块钢筋构造图	设计		复核		审核		图号	QS-28

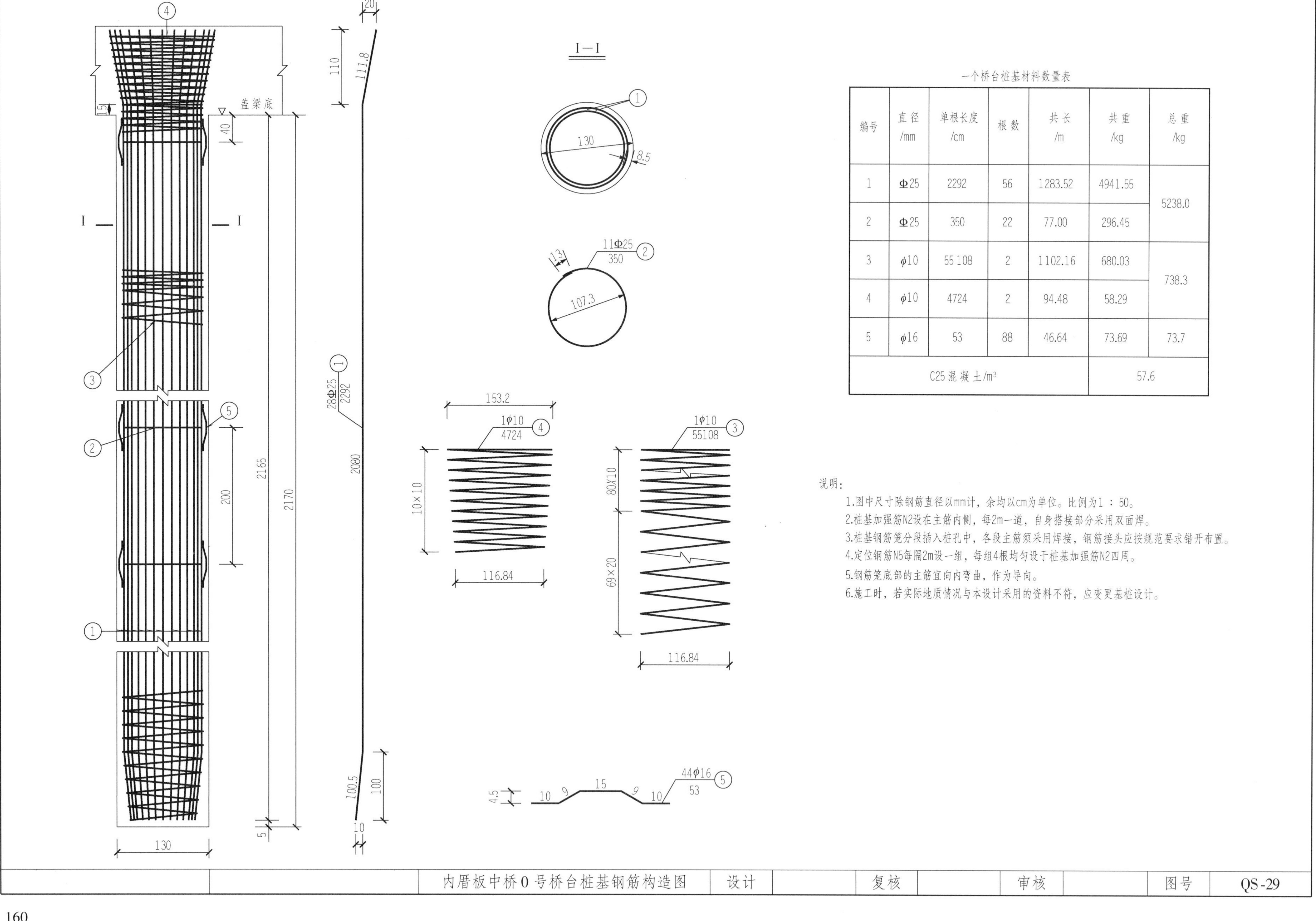

一个桥台桩基材料数量表

编号	直径/mm	单根长度/cm	根数	共长/m	共重/kg	总重/kg
1	Φ25	2292	56	1283.52	4941.55	5238.0
2	Φ25	350	22	77.00	296.45	
3	φ10	55108	2	1102.16	680.03	738.3
4	φ10	4724	2	94.48	58.29	
5	φ16	53	88	46.64	73.69	73.7
C25混凝土/m³					57.6	

说明：

1.图中尺寸除钢筋直径以mm计，余均以cm为单位。比例为1：50。
2.桩基加强筋N2设在主筋内侧，每2m一道，自身搭接部分采用双面焊。
3.桩基钢筋笼分段插入桩孔中，各段主筋须采用焊接，钢筋接头应按规范要求错开布置。
4.定位钢筋N5每隔2m设一组，每组4根均匀设于桩基加强筋N2四周。
5.钢筋笼底部的主筋宜向内弯曲，作为导向。
6.施工时，若实际地质情况与本设计采用的资料不符，应变更基桩设计。

内厝板中桥0号桥台桩基钢筋构造图	设计		复核		审核		图号	QS-29

一个桥台台身材料数量表

编号	直径/mm	单根长度/cm	根数	共长/m	共重/kg	总重/kg
1	Φ25	848	16	135.68	522.37	3070.1
2	Φ25	277	12	33.24	127.97	
3	Φ25	850	44	374.00	1439.90	
4	Φ25	950	16	152.00	585.20	
5	Φ12	505(平均)	88	444.40	394.63	
6	φ10	495	48	237.60	146.60	863.0
7	φ10	322(平均)	100	322.00	198.67	
8	φ10	133	314	417.62	257.67	
9	φ10	486	76	369.36	227.90	
10	φ10	521(平均)	10	52.10	32.15	
C30 混凝土/m^3					49.44	

说明：

1. 图中尺寸除钢筋直径以mm计，余均以cm为单位。比例为1:80。
2. 桥台盖梁横坡由台肋变高形成，台高指肋台身平均高度。
3. 箍筋末端做成135°弯钩，紧邻末端尺寸已计入弯钩长。

内厝板中桥3号桥台台身钢筋构造图	设计		复核		审核		图号	QS-30

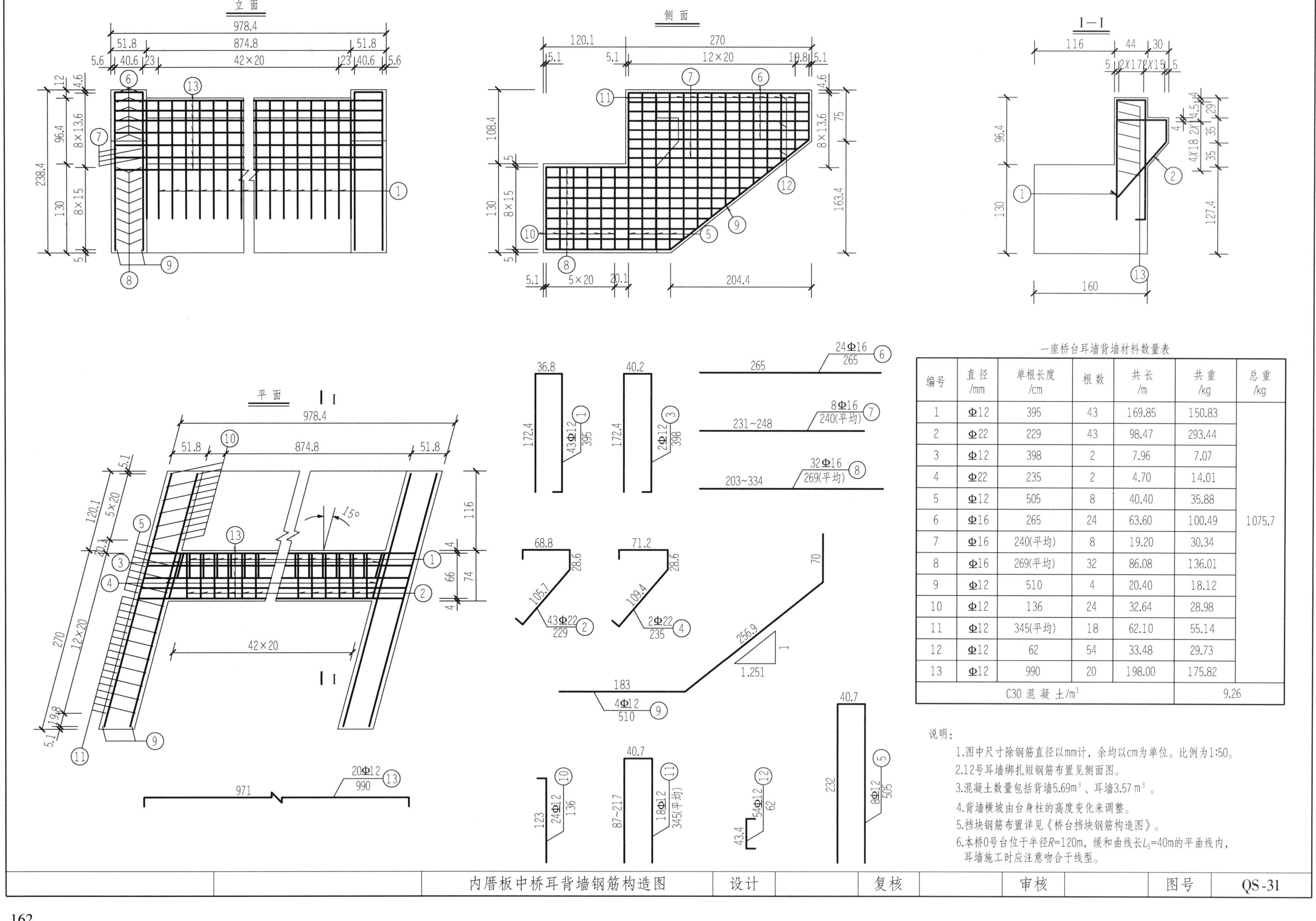

一座桥台耳墙背墙材料数量表

编号	直径/mm	单根长度/cm	根数	共长/m	共重/kg	总重/kg
1	Φ12	395	43	169.85	150.83	1075.7
2	Φ22	229	43	98.47	293.44	
3	Φ12	398	2	7.96	7.07	
4	Φ22	235	2	4.70	14.01	
5	Φ12	505	8	40.40	35.88	
6	Φ16	265	24	63.60	100.49	
7	Φ16	240(平均)	8	19.20	30.34	
8	Φ16	269(平均)	32	86.08	136.01	
9	Φ12	510	4	20.40	18.12	
10	Φ12	136	24	32.64	28.98	
11	Φ12	345(平均)	18	62.10	55.14	
12	Φ12	62	54	33.48	29.73	
13	Φ12	990	20	198.00	175.82	
C30 混凝土/m³					9.26	

说明：

1.图中尺寸除钢筋直径以mm计，余均以cm为单位。比例为1:50。
2.12号耳墙绑扎短钢筋布置见侧面图。
3.混凝土数量包括背墙5.69m³、耳墙3.57m³。
4.背墙横坡由台身柱的高度变化来调整。
5.挡块钢筋布置详见《桥台挡块钢筋构造图》。
6.本桥0号台位于半径R=120m，缓和曲线长L_S=40m的平曲线内，耳墙施工时应注意吻合于线型。

内厝板中桥耳背墙钢筋构造图	设计		复核		审核		图号	QS-31

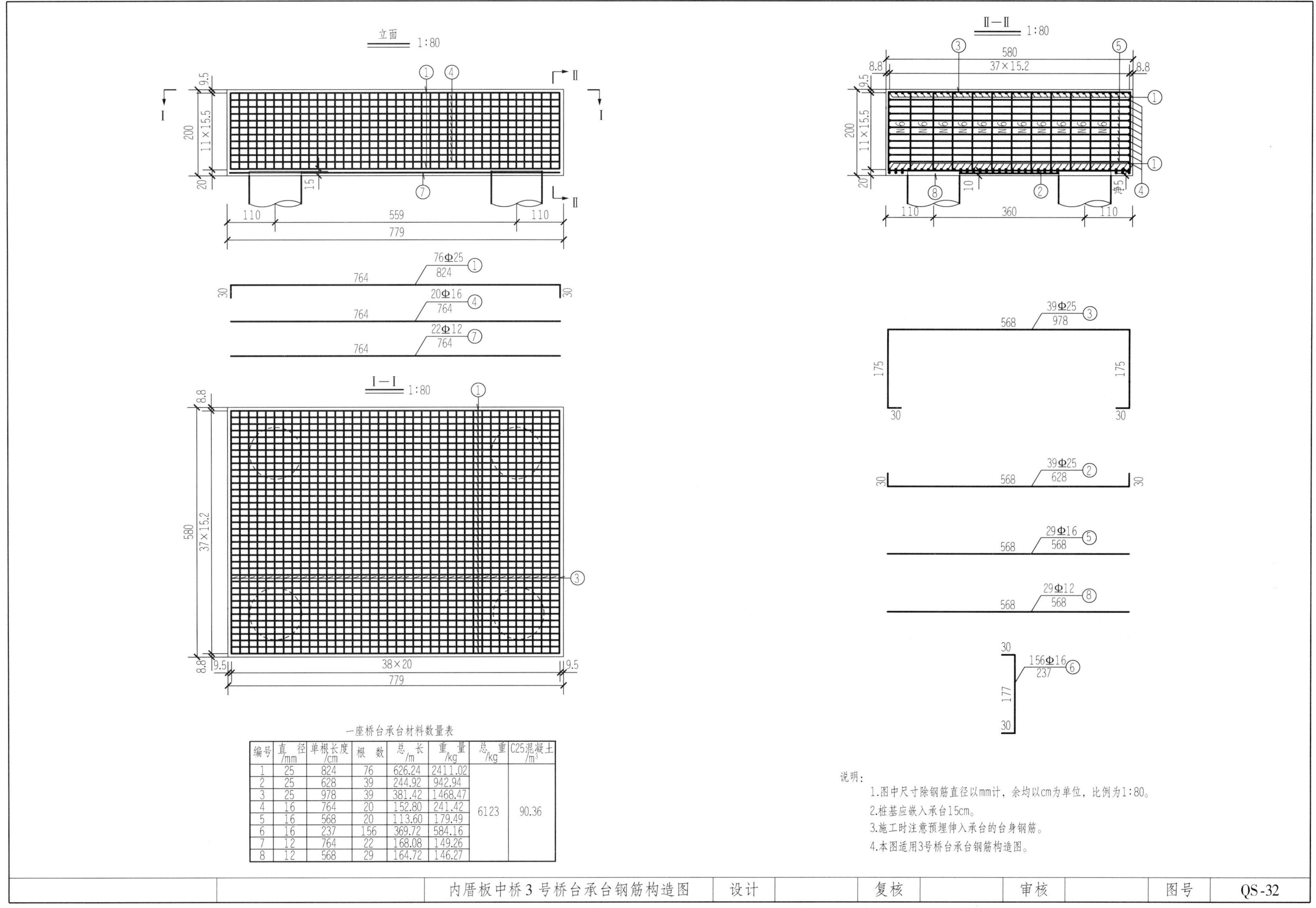

一座桥台承台材料数量表

编号	直径/mm	单根长度/cm	根数	总长/m	重量/kg	总重/kg	C25混凝土/m³
1	25	824	76	626.24	2411.02	6123	90.36
2	25	628	39	244.92	942.94		
3	25	978	39	381.42	1468.47		
4	16	764	20	152.80	241.42		
5	16	568	20	113.60	179.49		
6	16	237	156	369.72	584.16		
7	12	764	22	168.08	149.26		
8	12	568	29	164.72	146.27		

说明：

1.图中尺寸除钢筋直径以mm计，余均以cm为单位，比例为1:80。

2.桩基应嵌入承台15cm。

3.施工时注意预埋伸入承台的台身钢筋。

4.本图适用3号桥台承台钢筋构造图。

	内厝板中桥3号桥台承台钢筋构造图	设计		复核		审核		图号	QS-32

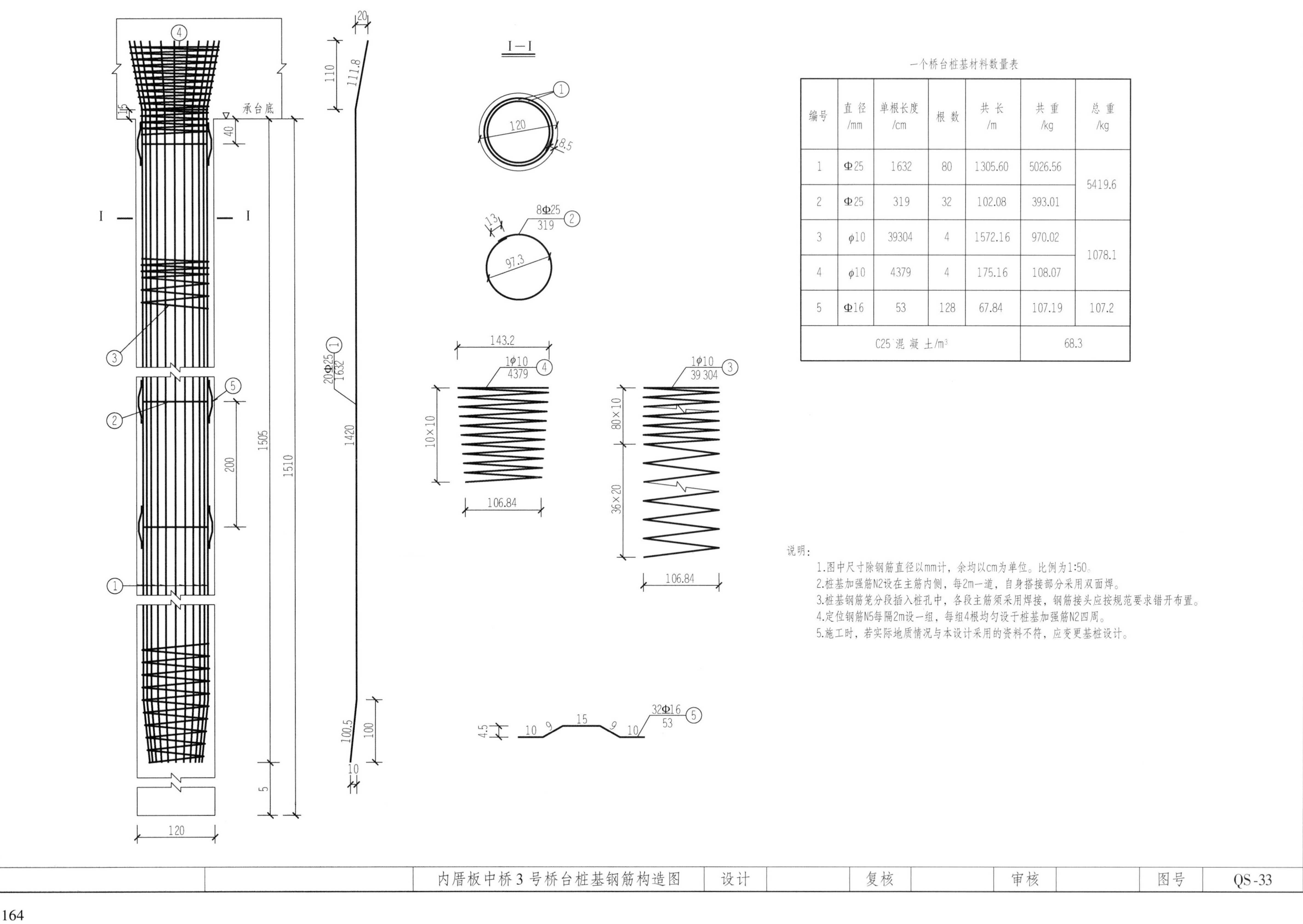

一个桥台桩基材料数量表

编号	直径/mm	单根长度/cm	根数	共长/m	共重/kg	总重/kg
1	Φ25	1632	80	1305.60	5026.56	5419.6
2	Φ25	319	32	102.08	393.01	
3	φ10	39304	4	1572.16	970.02	1078.1
4	φ10	4379	4	175.16	108.07	
5	Φ16	53	128	67.84	107.19	107.2
C25混凝土/m³					68.3	

说明：

1. 图中尺寸除钢筋直径以mm计，余均以cm为单位。比例为1:50。
2. 桩基加强筋N2设在主筋内侧，每2m一道，自身搭接部分采用双面焊。
3. 桩基钢筋笼分段插入桩孔中，各段主筋须采用焊接，钢筋接头应按规范要求错开布置。
4. 定位钢筋N5每隔2m设一组，每组4根均匀设于桩基加强筋N2四周。
5. 施工时，若实际地质情况与本设计采用的资料不符，应变更基桩设计。

	内厝板中桥3号桥台桩基钢筋构造图	设计		复核		审核		图号	QS-33

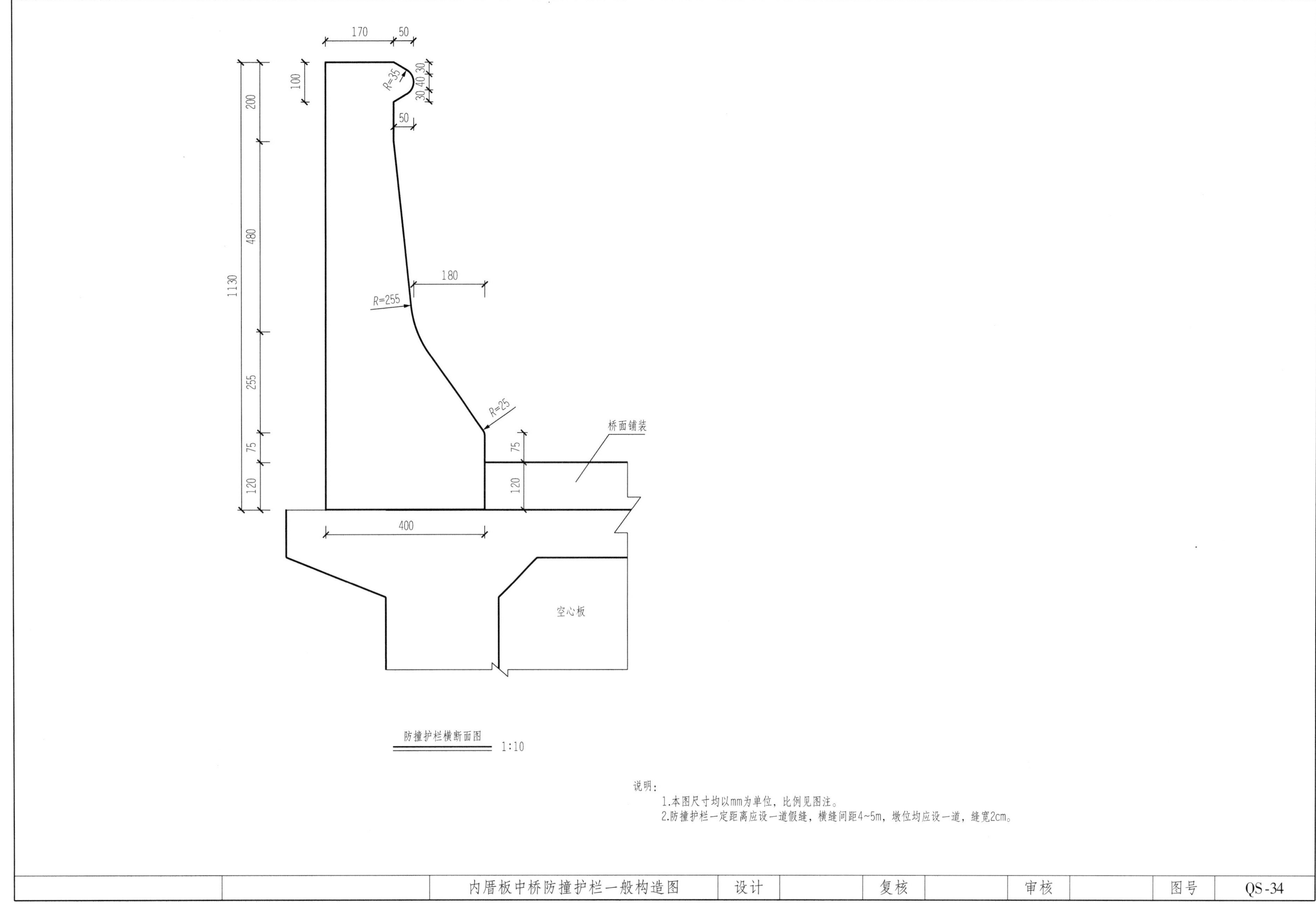

防撞护栏横断面图 1:10

说明：

1.本图尺寸均以mm为单位，比例见图注。

2.防撞护栏一定距离应设一道假缝，横缝间距4~5m，墩位均应设一道，缝宽2cm。

		内厝板中桥防撞护栏一般构造图	设计		复核		审核		图号	QS-34

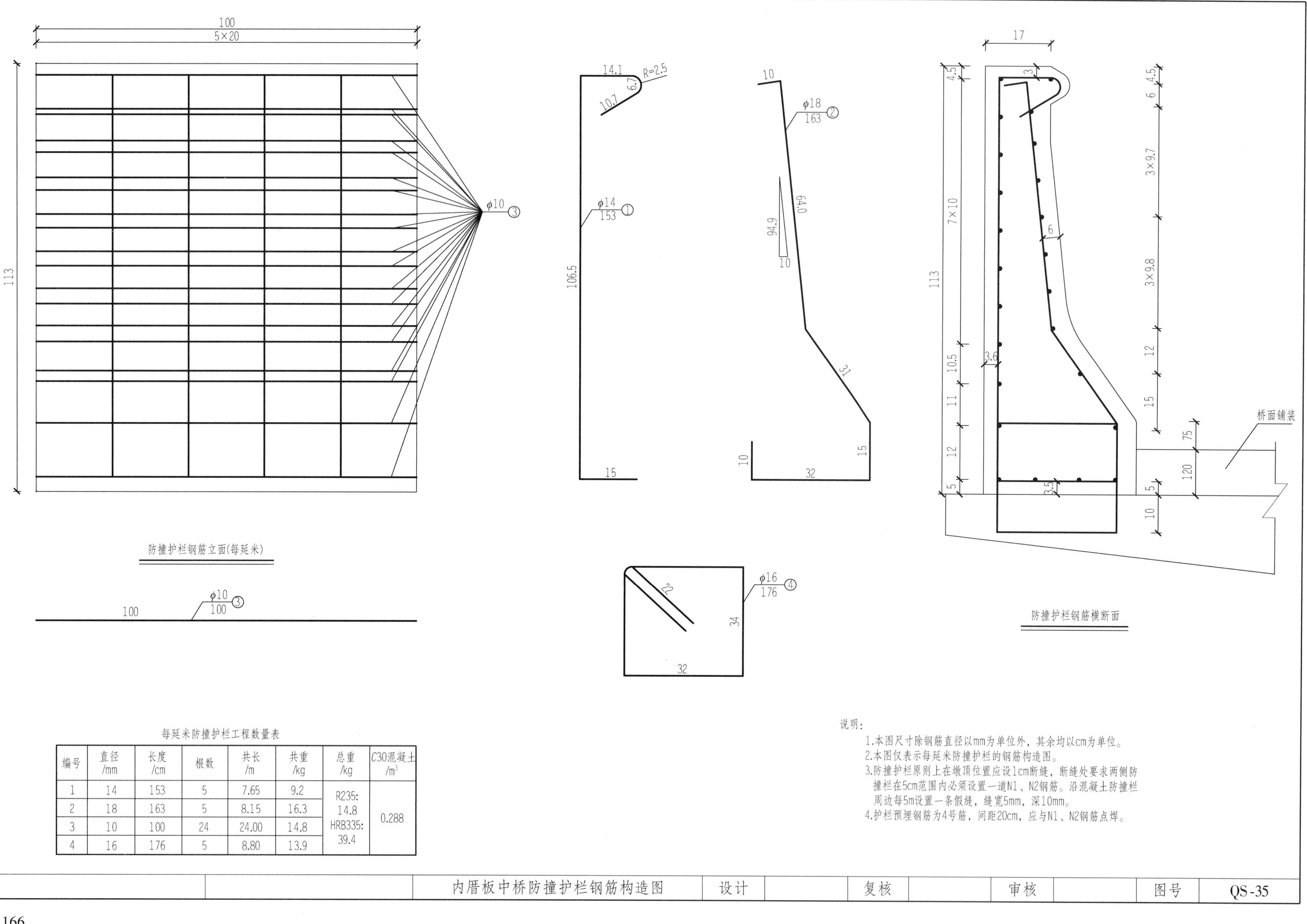

每延米防撞护栏工程数量表

编号	直径/mm	长度/cm	根数	共长/m	共重/kg	总重/kg	C30混凝土/m^3
1	14	153	5	7.65	9.2	R235: 14.8 HRB335: 39.4	0.288
2	18	163	5	8.15	16.3		
3	10	100	24	24.00	14.8		
4	16	176	5	8.80	13.9		

说明:

1.本图尺寸除钢筋直径以mm为单位外，其余均以cm为单位。
2.本图仅表示每延米防撞护栏的钢筋构造图。
3.防撞护栏原则上在墩顶位置应设1cm断缝，断缝处要求两侧防撞栏在5cm范围内必须设置一道N1、N2钢筋。沿混凝土防撞栏周边每5m设置一条假缝，缝宽5mm，深10mm。
4.护栏预埋钢筋为4号筋，间距20cm，应与N1、N2钢筋点焊。

内厝板中桥防撞护栏钢筋构造图	设计		复核		审核		图号	QS-35

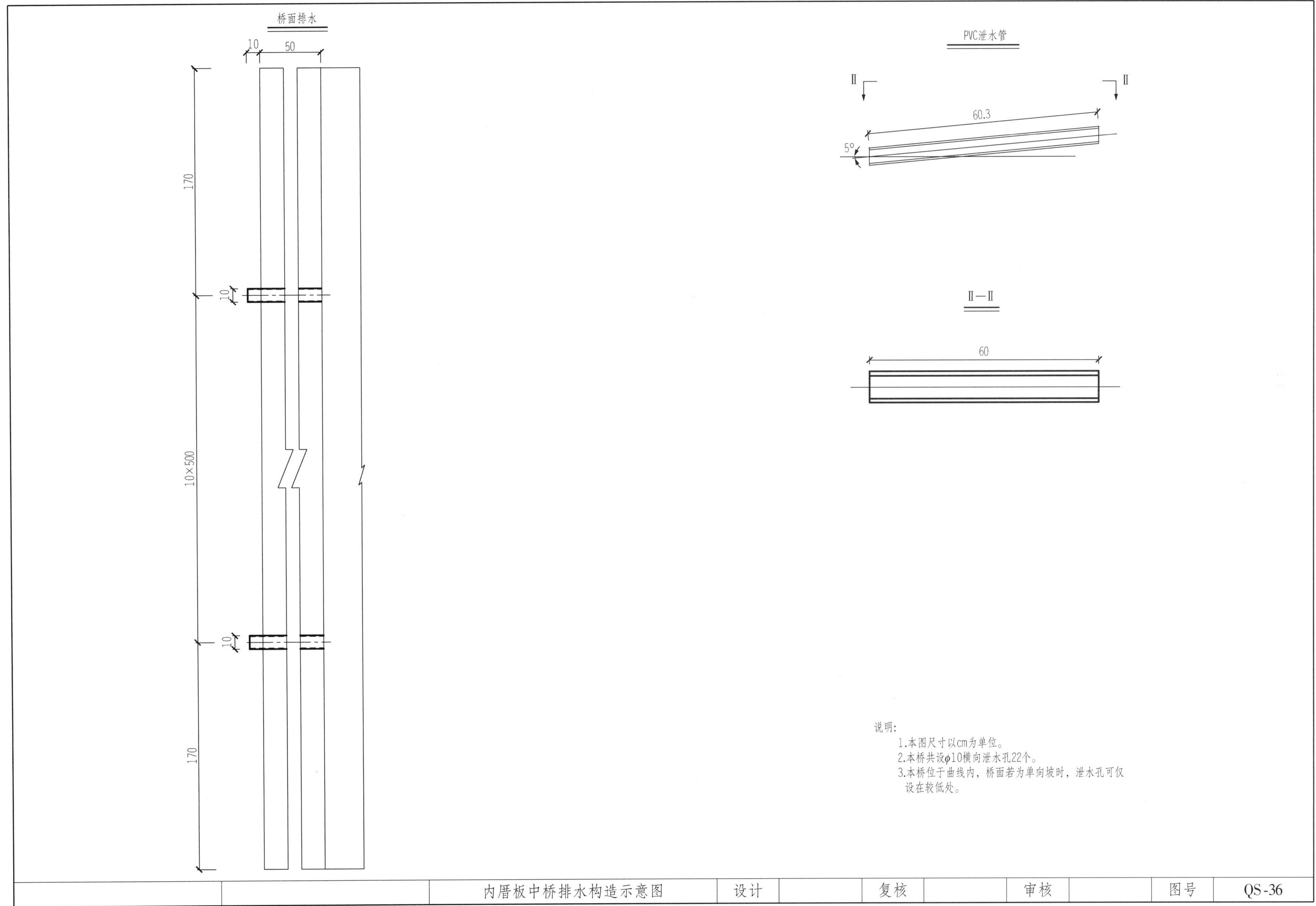

说明:

1.本图尺寸以cm为单位。

2.本桥共设ϕ10横向泄水孔22个。

3.本桥位于曲线内，桥面若为单向坡时，泄水孔可仅设在较低处。

		内厝板中桥排水构造示意图	设计		复核		审核		图号	QS-36

I—I 1:200

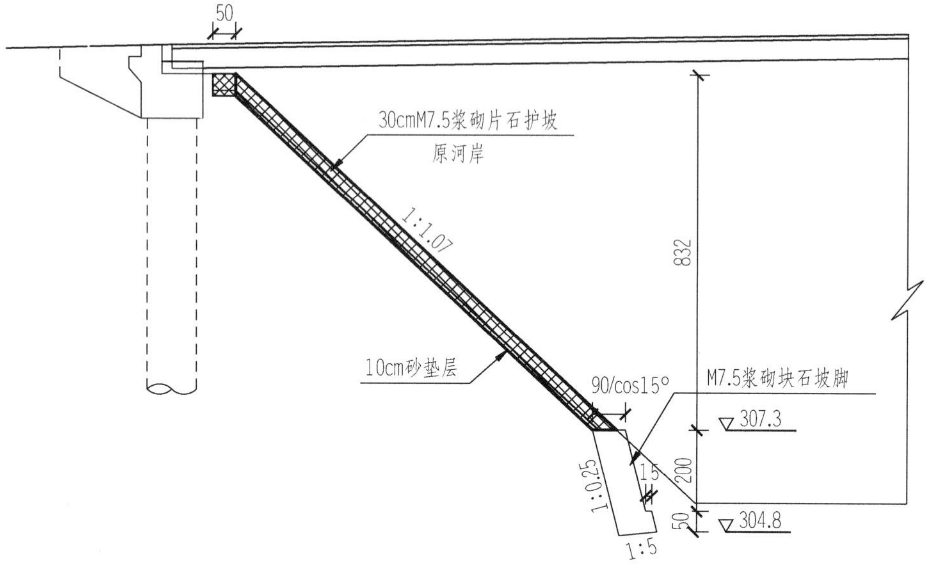

30cmM7.5浆砌片石护坡

原河岸

1:1.07

10cm砂垫层

90/cos15°

M7.5浆砌块石坡脚

▽307.3

▽304.8

1:0.25

1:5

50 832 200 15 50

平 面 1:200

211 75° 935 750 500 I—I

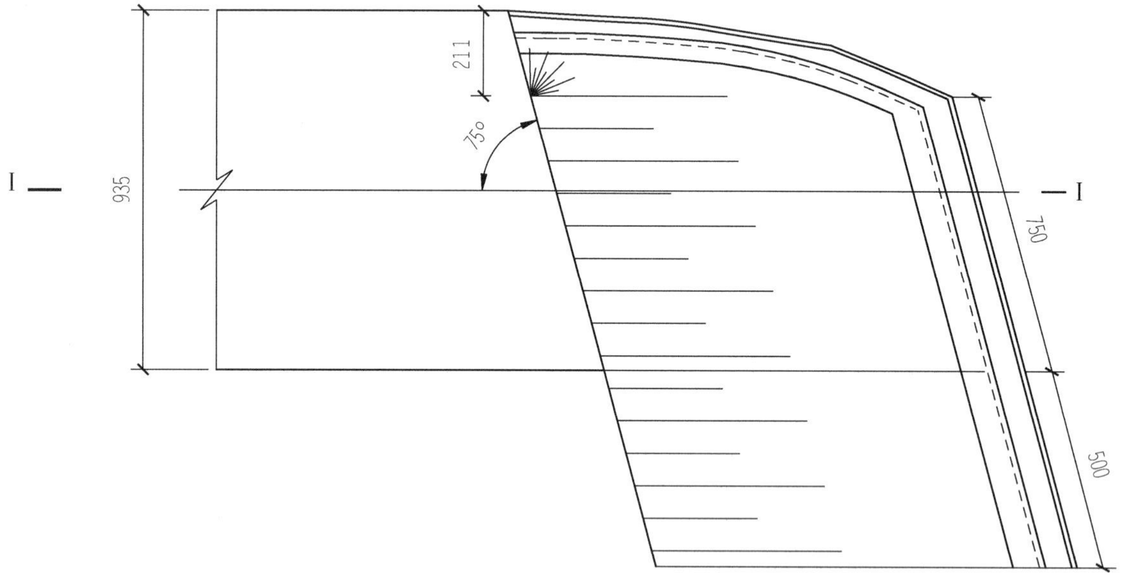

锥坡工程数量表

项 目	数 量
M7.5浆砌片石护坡/m³	59.0
M7.5浆砌块石坡脚/m³	54.4
砂砾垫层/m³	18.9
锥坡填方/m³	470.2
开挖石方/m³	189.6

说明:

1.图中尺寸以cm计。比例见图注。
2.护脚应保证埋置深度不小于50cm。
3.本图适用于0号桥台前原有河岸边坡。

	内厝板中桥0号桥台锥坡构造图	设计		复核		审核		图号	QS-37

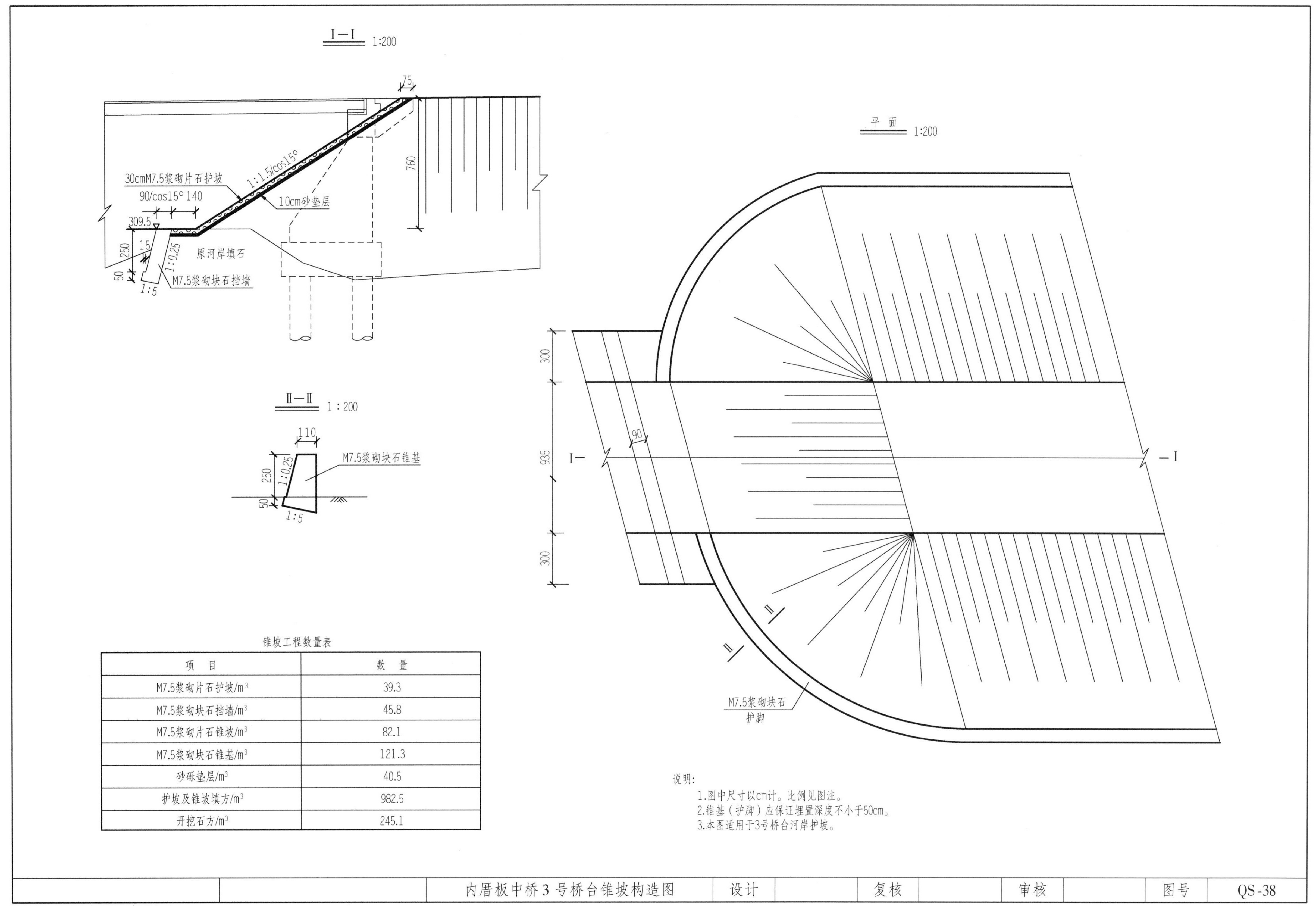

锥坡工程数量表

项 目	数 量
M7.5浆砌片石护坡/m³	39.3
M7.5浆砌块石挡墙/m³	45.8
M7.5浆砌片石锥坡/m³	82.1
M7.5浆砌块石锥基/m³	121.3
砂砾垫层/m³	40.5
护坡及锥坡填方/m³	982.5
开挖石方/m³	245.1

说明:

1.图中尺寸以cm计。比例见图注。
2.锥基（护脚）应保证埋置深度不小于50cm。
3.本图适用于3号桥台河岸护坡。

		内厝板中桥3号桥台锥坡构造图	设计		复核		审核		图号	QS-38

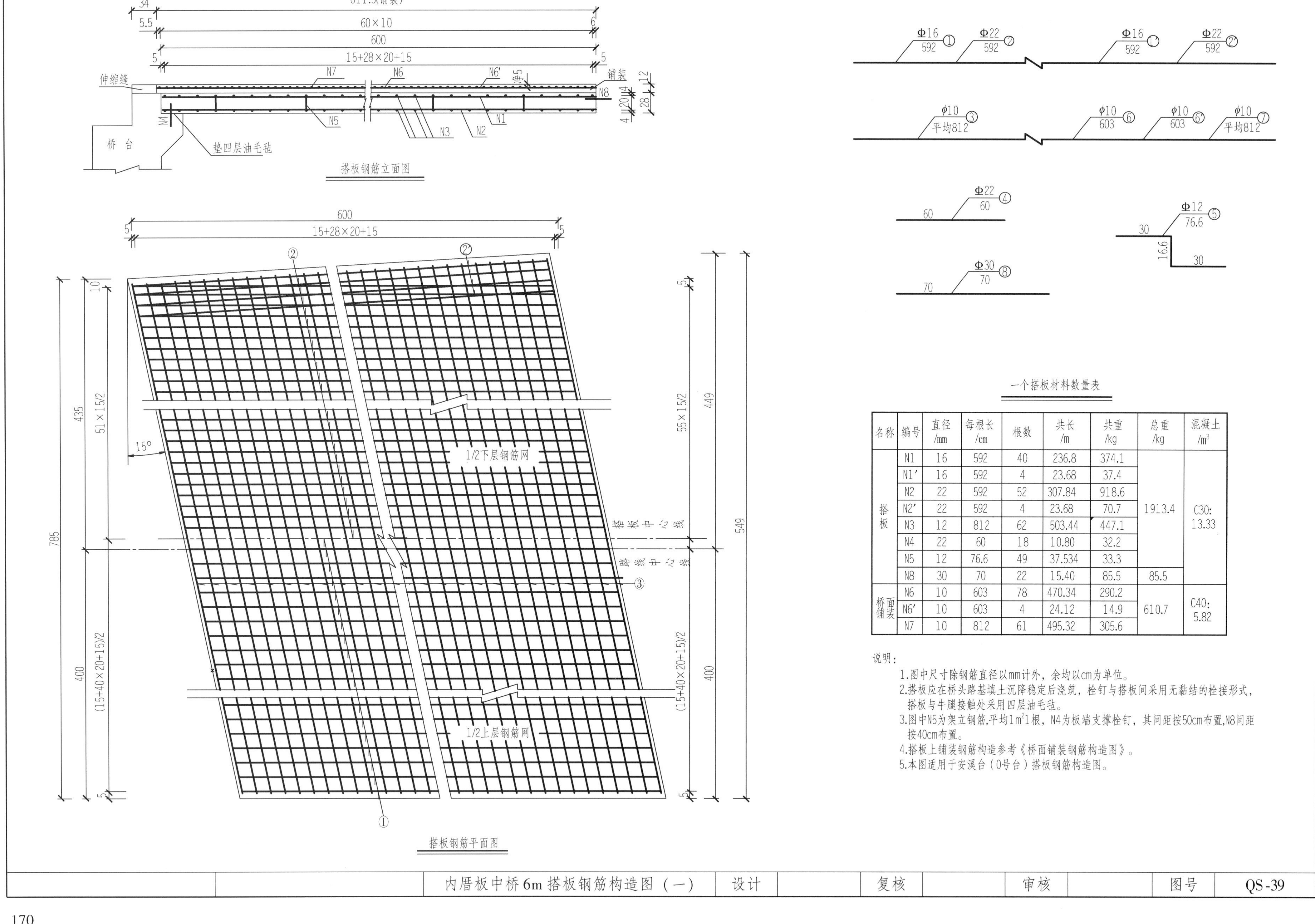

一个搭板材料数量表

名称	编号	直径/mm	每根长/cm	根数	共长/m	共重/kg	总重/kg	混凝土/m³
搭板	N1	16	592	40	236.8	374.1	1913.4	C30: 13.33
	N1′	16	592	4	23.68	37.4		
	N2	22	592	52	307.84	918.6		
	N2′	22	592	4	23.68	70.7		
	N3	12	812	62	503.44	447.1		
	N4	22	60	18	10.80	32.2		
	N5	12	76.6	49	37.534	33.3		
	N8	30	70	22	15.40	85.5	85.5	
桥面铺装	N6	10	603	78	470.34	290.2	610.7	C40: 5.82
	N6′	10	603	4	24.12	14.9		
	N7	10	812	61	495.32	305.6		

说明：

1.图中尺寸除钢筋直径以mm计外，余均以cm为单位。
2.搭板应在桥头路基填土沉降稳定后浇筑，栓钉与搭板间采用无黏结的栓接形式，搭板与牛腿接触处采用四层油毛毡。
3.图中N5为架立钢筋,平均1m²1根，N4为板端支撑栓钉，其间距按50cm布置,N8间距按40cm布置。
4.搭板上铺装钢筋构造参考《桥面铺装钢筋构造图》。
5.本图适用于安溪台（0号台）搭板钢筋构造图。

内厝板中桥6m搭板钢筋构造图（一）	设计		复核		审核		图号	QS-39

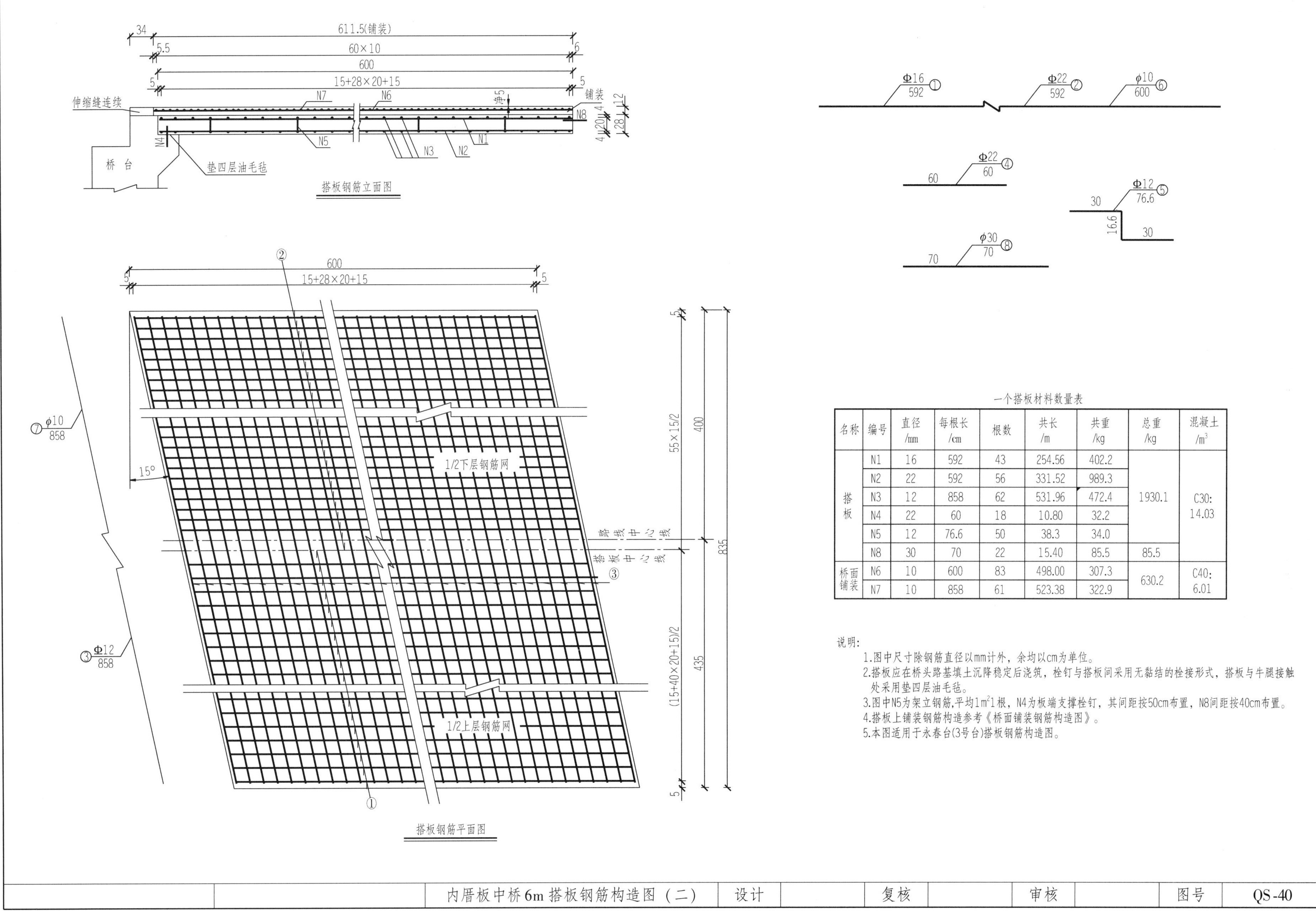

一个搭板材料数量表

名称	编号	直径 /mm	每根长 /cm	根数	共长 /m	共重 /kg	总重 /kg	混凝土 /m^3
搭板	N1	16	592	43	254.56	402.2	1930.1	C30: 14.03
	N2	22	592	56	331.52	989.3		
	N3	12	858	62	531.96	472.4		
	N4	22	60	18	10.80	32.2		
	N5	12	76.6	50	38.3	34.0		
	N8	30	70	22	15.40	85.5	85.5	
桥面铺装	N6	10	600	83	498.00	307.3	630.2	C40: 6.01
	N7	10	858	61	523.38	322.9		

说明:

1.图中尺寸除钢筋直径以mm计外，余均以cm为单位。

2.搭板应在桥头路基填土沉降稳定后浇筑，栓钉与搭板间采用无黏结的栓接形式，搭板与牛腿接触处采用垫四层油毛毡。

3.图中N5为架立钢筋,平均1m²1根，N4为板端支撑栓钉，其间距按50cm布置，N8间距按40cm布置。

4.搭板上铺装钢筋构造参考《桥面铺装钢筋构造图》。

5.本图适用于永春台(3号台)搭板钢筋构造图。

内厝板中桥6m搭板钢筋构造图（二）	设计		复核		审核		图号	QS-40

主要参考文献

交通运输部 . 2009. 公路工程标准施工招标文件（2009 年版）[S]. 北京：人民交通出版社.

文德云 . 2004. 公路工程施工招标投标文件编制示例 [M]. 北京：人民交通出版社.